역주

당의통략

譯註 黨議通略

周而弗比乃君子之公心
比而弗周寔小人之私意

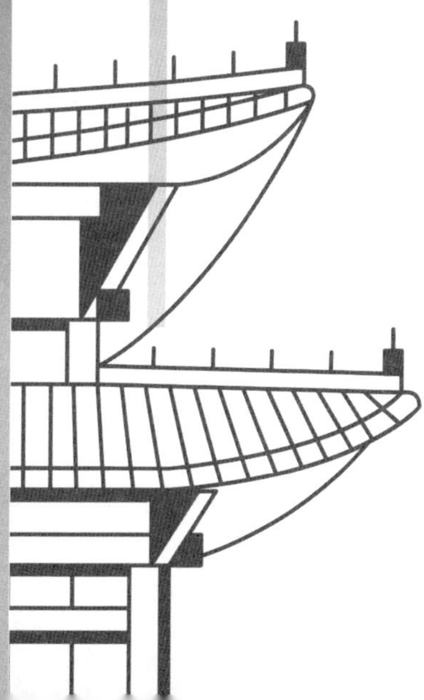

연세대학교 출판문화원

역주 당의통략

譯註 黨議通略

2025년 7월 25일 1판 1쇄

저자 최연식
펴낸곳 연세대학교 출판문화원
주소 서울특별시 서대문구 연세로 50
등록 1955년 10월 13일(제9-60호)
전화 02) 2123-3378~80
팩스 02) 2123-8673
전자우편 ysup@yonsei.ac.kr
홈페이지 http://press.yonsei.ac.kr
인쇄 화신문화(주)

ISBN 978-89-6850-912-4 (93910)

값 40,000원

*이 저서는 연세대학교 학술연구비의 지원으로 이루어진 것입니다.

역자 서문

철새 정당, 명망가 정당. 모두 우리나라 정당의 병폐를 지적할 때 쓰는 표현들이다. 철새 정당은 선거철이면 등장했다가 선거에 지면 사라지는 물거품(泡沫·포말) 정당을 꼬집는 말이다. 명망가 정당은 이념에 기초한 결사체가 아니라 유력한 지도자의 명성에만 의존하는 사익(私益) 집단을 가리키는 용어다. 이런 정당은 보편적 세계관과 체계적 신념에 뿌리를 내리고 자라지 않았기 때문에, 그들의 강령과 정책은 공론이나 공익과 괴리되기 쉽고 그래서 단명하기 마련이다.

철새 정당, 명망가 정당의 속절없는 명멸(明滅). 이념도 없고 원칙도 무시하는 파벌 간 계파 투쟁의 난무. 정치발전에 역행하는 이런 퇴행적 정당정치의 남상(濫觴)이 혹시 조선의 당쟁은 아닐까? 조선의 당파는 아무런 신념도 없이 오로지 제가 속한 집단의 사익을 지키기 위해 영수의 지휘에 따라 일사불란하게 모였다가 흩어지는 오늘날의 철새 정당, 명망가 정당 같은 집단이었을까? 그래서 결국 당쟁이 나라를 망하게 했을까?

당쟁 망국론의 뿌리는 식민사학이고, 그 원조는 시데하라 타이라(幣

原坦)다. 그는 1907년 『한국정쟁지(韓國政爭志)』에서 조선의 정파는 "원래 주의(主義)를 가지고 서로 대립하는 공당(公黨)이 아니라 이해(利害)를 따지며 서로 배제하는 사쟁(私爭)" 집단이라고 주장했다. 그리고 1920년대에는 오다 쇼고(小田省吾)나 세노 우마쿠마(瀨野馬熊) 등이 같은 주장을 반복했다.

그러나 조선의 국학자 안확(安廓)은 1923년 발간된 『조선문명사』에서 조선사를 자치의 역사라는 관점에서 기술하면서, "근대정치는 당파로 인해 발달했고 오히려 당파가 진보하지 못하고 두절(杜絶)되어 정치가 쇠퇴했다"고 단언했다. 더욱이 그는 노론과 북인을 자유당에, 그리고 소론과 남인을 보수당에 비견하면서, 정조 중엽부터 당의(黨議)가 없어져서 오히려 세도(勢道) 정치가 난무하게 되었다고 비판했다. 당쟁 망국론에 대한 통렬한 일갈이자, 세도정치를 초래한 탕평 정치의 역설을 간파한 선구적 통찰이었다.

그런데 흥미롭게도 식민사학의 당쟁 망국론과 안확의 근대성론이 기대고 있는 논의의 출발점은 모두 『당의통략』이다. 물론 식민사학은 『당의통략』의 「원론」에 실린 8가지 당쟁 원인론을 자신들의 목적에 맞게 편의적으로 활용했을 뿐이다. 반면에 안확은 『당의통략』 「원론」에 소개된 8가지 쟁점을 당파 또는 당의(黨議) 발생의 유래로 설명하면서, 그러한 당파의 발생은 정치발전의 결과라고 주장했다. 이처럼 『당의통략』은 비판의 근거로서 부정적으로 이용되든, 아니면 정치발전의 근거로서 긍정적으로 해석되든, 1920년대 이래로 조선시대의 당쟁을 논할 때 가장 중요하고도 기초가 되는 자료로 활용되었다. 그 결과 최근까지 상당히 많은 연구 성과가 축적되었고, 이미 여러 종류의 번역서도 출간되어 있다.

그럼에도 내가 또 하나의 새로운 보잘것없는 번역을 시도한 것은, 이건창이 「자서(自序)」에서 표현한 대로, 내가 보기에도 편한 자료를 만들어 보려는 생각 때문이었다. 그러기 위해서 나는 우선 원저의 사료적 가치를 훼손하지 않기 위해 단 한 글자도 빠뜨리지 않고 꼼꼼히 번역했다. 그리고 역사에 관심 있는 독자라면 누구나 쉽게 읽을 수 있도록, 어려운 용어는 풀어쓰고 자세한 설명을 덧붙였다.

나는 이 책이 역사 분야의 독자들뿐만 아니라 현실 정치에 관심 있는 독자들에게도 도움이 되기를 바란다. 요즘의 한국 정치에서 나타난 가장 파괴적인 기현상은 제왕적 대통령의 배타적 독선과 특정 정당의 일방적 독주가 평행선을 질주하고 있다는 점이다. 이런 정치권력 간의 극단적 갈등과 대립은 그 원형 또는 전형을 조선의 당쟁에서 찾을 수 있지 않을까? 그러나 나는 『당의통략』에서 왕권의 일탈과 전횡에 대한 집단지성의 목숨을 건 저항, 임금과 신하 사이의 권력 투쟁이 초래할 파국을 막으려는 협치의 미학, 그리고 이념과 원칙에 입각한 당파 간 경쟁과 타협의 현장을 확인할 수 있다고 생각한다.

이건창은 「자서」에서 조부 이시원이 『국조문헌』을 편찬할 때 술이부작(述而不作), 즉 전술(傳述)하기는 했지만, 창작하지는 않았다고 밝혔다. 이건창이 『당의통략』을 집필한 정신도 그것과 일치할 것이다. 사실 나도 『당의통략』을 번역하면서, 이건창이 정파적 입장으로부터 최대한 떨어져서 객관적 관점을 지키려고 했음을 여러 곳에서 확인했다. 그러나 『당의통략』 곳곳에는 그의 정파적 입장도 많이 투영되었다. 그래서 이건창의 육촌 아우 이건방은 「발문(跋文)」에서 이건창의 허물은 당을 하지 않은 것에 있다고 했지만, 동시에 이건창 역시 당파에 속한 사람이라는 점을 숨김없이 드러냈다. 나도 『당의통략』을 번역하면서 최대한 원문에 충실하려 했지만, 때에 따라 문맥적 이해를 돕기 위해 췌언(贅言)을 덧붙인 부분도 있다. 혹시 이것 때문에 이건창의 객관성과 당파성이 희석되지는 않았을지 염려되기도 한다.

이 번역의 저본은 1912년 조선광문회에서 간행된 활자본『당의통략』이다. 조선광문회 본의 오류는 연세대학교 소장본과 서울대학교 규장각 소장본을 교차 검토하여 보완했다.「원론」부분의 오류는『명미당집(明美堂集)』을 활용해 바로잡았다. 그리고 임금의 교지와 상소문 등은『조선왕조실록』과 대조하여 수정했다. 최근에 발표된 연구 성과를 통해 미공개 필사본들의 존재를 확인했지만, 교감에 반영하지는 못했다. 새로 발굴된 자료들을 활용해 더욱 정교한 번역이 발간될 때 나의 번역이 참고되기를 바란다.

내가『당의통략』을 번역하려고 마음먹은 것은 대략 10년 전쯤의 일이다. 당시 나는 한문 원문 입력부터 난감해하고 있었는데, 박사과정에 재학 중이던 김호직 군이 OCR(Optical Character Recognition)이라는 방법을 알려줬고, 직접 OCR 작업을 진행해 줬다. 그 후 박사학위를 받고 지금은 연구자로 활약하고 있는 김 박사에게 먼저 고마움을 전한다. 또 이번 번역은 출판사에 원고를 넘기기 전에 5번의 번역과 윤문 작업을 거쳤는데, 네 번째 윤문 과정에서는 아내가 많은 도움을 주었다. 나는 2020년에『조선 지식인의 국가경영법』을 출간할 때 서문에서 백낙천의 '노구능해(老嫗能解)'라는 말을 소개했었다. 나이 든 아낙도 너끈히 이해할 수 있어야 좋은 글이라는 뜻이다. 이번에는 아내가 '노구'가 되어 내가 쉽게 읽힐 수 있는 글을 쓰도록 도왔다. 연세대학교 출판문화원의 김성수, 심영주, 이서휘 선생님은 출판 도서 선정부터 출판 작업 진행과 최종 출판까지 전 과정을 꼼꼼히 챙겨주었다. 끝으로 이 책이 출판될 수 있도록 도와준 모든 이들에게 고마운 마음을 전한다.

2025년 6월

역자 씀

범례

1. 번역의 저본은 1912년 조선광문회에서 간행된 활자본『당의통략』이다. 조선광문회 본의 오류는 연세대학교 소장본, 서울대학교 규장각 소장본,『명미당집(明美堂集)』,『조선왕조실록』과 대조하여 바로잡았다.

2. 번역문은 되도록 현대의 우리말로 푸는 것을 원칙으로 했다. 그러나 고사성어나 역사 용어 등의 번역에서 한문 병기(倂記)가 필요할 때는 풀어쓴 우리말 뒤 괄호 안에 한자와 한글음을 표기했다.

3. 인명, 지명, 서명, 역사 용어 등은 처음 나왔을 때 괄호 안에 한자를 병기했다.

4. 번역문과 원문에 표기된 각 장의 소제목과 문단 번호는 역자가 임의로 붙인 것이다.

차 례

제2장 인조·효종 시대

제3장 현종 시대

제4장 숙종 시대

제6장 영조 시대

校勘·標點 黨議通略

자서 自序

01 돌아가신 의정부군(議政府君)[1]께서 『국조문헌(國朝文獻)』 백여 권을 편찬하셨다. 모두 손수 기록하신 것인데, 글자가 콩알만큼 잘아서 큰 글씨로 쓰면 권수가 서너 배는 될 것이다. 요즘 사대부 집안에 저술의 권수와 분량이 이만큼 풍부한 경우는 드물 것이다.

02 세간에 어떤 이는 "가문에 소장된 비전(秘傳)과 알려지지 않은 사실은 바깥사람에게는 보이지 않는 것이다"라고 말했다. 그러나 부군께서는 평생 고심하고 힘을 기울여 전술(傳述)하기는 했지만, 창작하지는 않으셨다.[2] 이 책의 모든 내용은 역대의 사관들이 기록한 교령(敎令), 장주(章奏) 및 선배나 이름난 공경(公卿)의 지문(誌文), 행장(行狀), 문장(文章), 편지 등에 실린 것이다. 다만 해를 날줄로 삼고 달을 씨줄로 삼아 종류에 따라 모으고 사안에 따라 간추려 온전한 체제를 갖추었을 따름이다. 당장이라도 여러 필사관(筆寫官)에게 맡겨 큰 도시에서 간행하는 것도 불가능한 일은 아니다.

03 다만 후손에게 남기신 은덕이 깃들어 있고, 편질(篇帙)도 방대하여, 감히 남의 귀와 눈에 번거로움을 끼칠 수도 없었다. 또한 십여 년 전부터는 내가 벼슬살이로 사방을 떠돌았기 때문에 책을 끼고 다닐 수 없어, 휴가를 얻어 고향에 돌아오면 한 번씩 꺼내어 포쇄(曝曬)하는 것

1 이건창의 조부 이시원(李是遠)이다.

2 공자(孔子)의 술이부작(述而不作)에 견준 것이다. 『논어(論語)』, 「술이(述而)」 1.

이 고작이었다. 상(喪)을 당해 예제(禮制)를 지킬 무렵부터는[3] 집에 머무는 날이 늘었지만, 심한 창독(瘡毒)으로 시력이 감퇴하여 이따금 책을 들기는 했어도 읽을 수는 없었다. 대개 부군께서 이 책을 기록할 때는 춘추가 50세 내외였고, 60세에 이르러서도 중단하지 않으셨는데, 나는 이제 겨우 마흔도 못 되었다.

04 돌이켜 생각해 보면 내가 어릴 적에 부군의 품이나 무릎에서 글을 배울 때, 책을 읽고 공부하는 겨를에 옛일을 날마다 조금씩 문득문득 들려주셨는데, 야사는 더욱 자세하게 말씀해 주셨다. 나는 그때만 해도 어리석어서 이해하지 못하는 것이 많았지만, 부군의 말씀은 술술 이어져서 마치 훤히 깨우친 사람에게 이야기하시는 것 같았다. 부군께서 돌아가신 뒤에는 내게도 지식이 조금씩 쌓여 전에 듣던 것을 찾아 해석해 보았으나, 기억이 아득하여 끊어진 맥락을 이을 수 없으니, 여한이 끝이 없다. 지금도 그러한데, 하물며 지금보다 더 먼 훗날이랴! 눈은 더욱 어두워지고 기억은 더욱 흐려져 다시 젊어질 리 없으니, 끝내 이 책의 편찬을 마치지 못해 부군께서 아주 가까이에서 주신 가르침(辟咡之誨·벽이지회)[4]을 저버릴까 두렵다. 그런데 지금 세상에는 선생이나 어른이라도 옛 말씀과 지난 행적을 많이 아는 이가 드물어, 아우들과 그 외의 벗들이 도리어 나를 연락 끊긴 항구의 유일한 뗏목으로 여기며 때때로 물으니 부끄럽고 두렵다.

05 이에 부군께서 저술한 여러 편 중에서 관련이 가장 깊은 것들을 골라 두 권으로 만들어 요점을 제시하고 빈틈을 채워서 내가 보기에도

---

3 이건창은 1884년에 모친당을 당했고, 1888년에 부친상을 당했다.

4 벽(辟)은 아주 가깝다는 뜻이고, 이(咡)는 입가를 뜻한다. 벽이지회(辟咡之誨)는 입가에 아주 가까이 접근하여 가르친다는 뜻이다. 『예기(禮記)』, 「곡례 상(曲禮 上)」에 "벽이조지(辟咡詔之)"라는 용례가 보인다.

편하고 아우들의 질문에도 대응하려고 했다. 다만 머리와 꼬리의 차례를 세우고 일의 정황이나 글의 기세를 다소 연결하고자 했기 때문에, 부득이하게 가끔 억견(臆見)이나 완곡한 말을 사이사이에 보탠 것이 있다. 요컨대 감히 드러내놓고 정본으로 삼아서 여럿이 함께 좋아할 만한 것은 못 된다.

06 다만 내가 당의(黨議)를 앞세운 이유는 설명이 필요하다. 우리나라 조정에서 이러한 당쟁의 폐해는 역대에 없던 것이다. 그런데 목릉(穆陵) 을해년(1575, 선조 8)부터 원릉(元陵) 을해년(1755, 영조 31)까지 180년 동안 공사(公私)의 문자 기록은 누가 옳고 누가 그른지, 누가 이득을 보고 누가 손해를 보는지, 누가 바르고 누가 사악한지, 누가 충신이고 누가 역적인지 가릴 것 없이, 열 개 중 일곱이나 여덟이 당의에서 벗어나지 않았다.

07 훗날 정사(正史)를 편찬하는 자는 반드시 먼저 당의의 대략을 추리고 사마천(司馬遷)의 글과 반고(班固)의 뜻을 모방해 따로 하나의 책을 만들어 두어야 다른 것들도 정리되어 문란해지지 않을 것이다. 마치 『송사(宋史)』에서 먼저 「도학전(道學傳)」을 표제(標題)로 세우고 다음으로 「유림전(儒林傳)」과 「문원전(文苑傳)」을 따로 묶은 것과 같다. 대개 일이란 때에 따라 변하고 역사의 선례도 때에 따라 다르다. 이 말도 내가 예전에 부군께 들었던 것으로, 그 큰 뜻만 기록해 둔다. 아, 안타깝도다!

제1장 선조·광해군 시대

第一章

1. 이준경과 이이, 그리고 유성룡

01 선조 초(1572)에 영의정 이준경(李浚慶)이 죽었다. 그가 죽기 전에 상소했다. "요즘 사람들이 거만하고 과장된 말로 붕당을 결성하고 있습니다. 결국은 뿌리 뽑기 어려운 나라의 근심거리가 될 것입니다." 당시 유신(儒臣) 이이(李珥)가 도학(道學)과 재주로 산림(山林)의 영수(領袖)가 되었고, 임금도 그를 매우 존중하고 총애했다. 이준경의 말은 이이 등을 지목한 것이었다.

02 이이가 소를 올려 변명했다. "조정이 맑고 밝은데 어찌 붕당이 있겠습니까? 사람이 죽으려 할 때는 그 말이 선량하거늘, 이준경이 죽을 때 한 말은 사악했습니다." 삼사(三司)에서 이준경의 관직을 박탈하자고 청했다.

03 유성룡(柳成龍) 혼자 가담하지 않으며 말했다. "대신이 죽을 때가 가까워져 올린 말에 부당함이 있으면 물리치는 것까지는 가당하지만, 처벌까지 한다면 너무 심하지 않겠습니까?" 좌의정 홍섬(洪暹) 등도 말했다. "이준경은 공덕(功德)이 있으니, 처벌할 수 없습니다." 비로소 논란이 가라앉았다. 이준경의 말이 수년 뒤에 들어맞았다.

2. 을해당론: 동서분당

01 예전에 명종이 윤원형(尹元衡)을 쫓아내고 이량(李樑)을 등용했다. 이량의 누나는 인순왕후(仁順王后: 명종비 심 씨)의 어머니다. 인순왕후의 동생 심의겸(沈義謙)은 아직 어렸기 때문에 이량은 탐욕스러운 짓을 마음대로 할 수 있었다. 심의겸이 장성하여 지위가 높아지자, 외삼촌 이량의 죄를 임금에게 몰래 아뢰어 귀양보냈고, 마침내 선배들을 끌어들여 자기편으로 만들고 어질다는 명성을 얻었다.

02 전랑(銓郞) 오건(吳健)이 김효원(金孝元)을 추천해 자기 자리를 잇게 하려 했으나, 심의겸이 가로막았다. 김효원은 곤궁했지만 청렴한 선비여서 후배들로부터 존경을 받았다. 그는 젊었을 때 윤원형의 데릴사위 이조민(李肇敏)과 친하게 지내며 심지어 이부자리를 챙겨 찾아가기도 했다. 심의겸이 공적인 일로 윤원형의 집에 갔다가 그 상황을 목격했다. 이 때문에 심의겸은 김효원을 윤원형의 문객(門客)이라며 배척했다. 김계휘(金繼輝)가 손을 휘두르며 가로막고 말했다. "삼가 입 밖에 내지 말게. 그것은 그의 어린 시절 일이네."

03 훗날 김효원은 마침내 전랑이 되었고, 많은 명사를 끌어들여 자신을 돕게 하니, 명성이 더욱 자자해졌다. 어떤 이가 심의겸의 아우 심충겸(沈忠謙)이 전랑 직을 이을 만하다고 추천했다. 김효원이 말했다. "천관(天官: 이조)이 어찌 외척 집안의 물건이더냐!" 그리고 심의겸을 헐뜯어 말했다. "이 사람은 아둔해서 쓸모가 없다." 당시에는 인순왕후가 이미 승하하여 심의겸에게는 궁궐 안에서 이끌어줄 세력이 없었다. 선비들도 심의겸의 명성이 헛된 것이라며 배척했고, 심의겸의 처지를 두둔하던 선배들도 그를 배척했다. 사람들은 "김효원이 원한을 갚은

것"이라고 말했다.

04 박순(朴淳)이 좌의정으로 있을 때, 대사간(大司諫) 허엽(許曄)이 사소한 일로 박순의 허물을 따지자, 박순이 스스로 물러났다.[1] 드디어 이때부터 당의(黨議)가 갈렸다. 당시에는 김효원을 주축으로 김우옹(金宇顒), 유성룡, 허엽, 이산해(李山海), 이발(李潑), 정유길(鄭惟吉), 정지연(鄭芝衍) 등을 '동인(東人)'이라 불렀다. 김효원이 서울 동쪽 건천(乾川)에 살았기 때문이다. 심의겸을 주축으로 박순, 김계휘, 정철(鄭澈), 윤두수(尹斗壽), 구사맹(具思孟), 홍성민(洪聖民), 신응시(辛應時) 등은 '서인(西人)'이라 불렀다. 심의겸이 서울 서쪽 정릉방(貞陵坊)에 살았기 때문이다. 동인은 명예와 절개를 즐기고 숭상했으며, 서인은 노련한 사람이 많아서 몸가짐이 신중했다. 어리석은 자들도 두 당에 많이 달라붙어서, 간혹 양쪽에 드나들면서 상대방을 공격하는 사람도 있었다. 이것을 '을해당론(乙亥黨論, 1575, 선조 8)'이라고 한다.

3. 이이의 양시양비론

01 좌의정 노수신(盧守愼)이 이이의 말을 인용해 임금에게 아뢨다. "심의겸과 김효원이 서로 시끄럽게 언쟁하니 사림(士林)이 진정되지 못할까 두렵습니다. 청컨대 두 사람을 모두 내보내십시오." 임금이 물었다. "두 사람은 무슨 일로 서로 언쟁하는가?" 노수신이 말했다. "평생의 허물과 잘못을 두고 언쟁합니다."

---

1 원문에는 박순의 직책을 우의정으로 기록했으나, 『선조수정실록』의 기록에 따르면, 박순의 직책은 좌의정이었다. 당시 재령(載寧) 지방에서 종이 주인을 살해한 사건이 발생했는데, 검시(檢屍) 잘못으로 사인을 밝히지 못해 오랫동안 옥사를 판결하지 못했다. 그러자 죽은 자의 족당이었던 대사간 허엽이 해당 사건을 맡았던 좌의정 박순의 잘못을 따지며 그의 파직을 요청했고, 박순도 병을 핑계로 사직했다(『선조수정실록』, 8년 7월 1일).

02 이이가 말했다. "이 두 사람이 서로 몹시 싫어하고 원망하기만 하는 것은 아닙니다. 다만 세상 풍속이 경솔하고 천박해서 친척과 옛 친구들이 각자 전해 들은 소문을 가지고 서로 고발하여 어지러움이 이 지경에 이르렀습니다. 대신들이 진정시키려 하고 있으니, 곧 좋아질 것입니다." 이에 임금이 김효원을 경흥부사(慶興府使)로 임명하고, 심의겸을 개성유수(開城留守)로 삼았다. 이조판서 정대년(鄭大年) 등이 말했다. "경흥은 오랑캐와 가까워서 서생에게 적합한 곳이 아닙니다." 그래서 부령(富寧)으로 옮겼는데, 부령 또한 변방인지라 동인은 김효원의 억울함을 힘껏 호소하고, 노수신과 이이를 책망했다. 이이는 임금에게 김효원을 다시 내지(內地)로 옮기자고 청원했고, 이발을 전랑으로 추천했다.

03 일 년 남짓 뒤에 수찬(修撰) 김성일(金誠一)이 경연(經筵)에서 탐욕스럽고 더러운 일이 자행되고 있음을 장황하게 말했다. 이어서 허엽도 윤두수가 진도군수(珍島郡守) 이수(李銖)로부터 쌀을 뇌물로 받았다고 탄핵했다. 이발은 윤두수의 아우 윤근수(尹根壽)와 그의 조카 윤현(尹晛)의 드러나지 않은 악행도 아울러 거론했는데, 사실이 아닌 말이 많았다. 김계휘가 소를 올려 변론하자, 이발이 직접 사헌부에 가서 장사꾼 장세량(張世良)을 붙잡아 윤두수에게 바치려고 진도 쌀을 받아서 감추었는지 심문했다. 살갗이 성한 데가 없을 정도로 장세량을 고문했지만, 그는 끝까지 굴복하지 않았다. 임금이 이 일을 의심하여 장세량을 석방하고 신문하지 말라고 명했다. 승지 송응개(宋應漑) 등이 그럴 수 없다고 따지자, 임금은 오히려 송응개를 파직했다. 이때 이발 등이 언론이 공정해야 한다고 주장하며 날이 갈수록 비분강개하자, 비록 임금에게서는 버려졌으나, 그를 따라붙는 선비들은 더욱 많아졌다.

04 이이가 여러 번 이발과 정철에게 편지를 보내 국사에 협력할 것을 권고했으나, 둘 다 듣지 않았다. 도리어 두 사람 모두 이이가 모호한 태도를 보인다며 불쾌해했다. 처음에 동인과 서인으로 갈라지기 시작했을 때, 이이는 중립을 지키며 어느 한쪽으로 치우치거나 기울지 않았다. 어떤 이가 이이를 비웃었다. "천하에 어찌 양쪽이 다 옳고 양쪽이 다 그를 수 있는가?" 이이가 대답했다. "주(周)나라 무왕(武王)과 백이(伯夷)·숙제(叔齊)는 둘 다 옳고, 춘추시대의 전쟁 당사자는 둘 다 그르다."

05 그 후 이이는 이발 등이 쌀 뇌물 사건을 교묘하게 꾸며내는 것을 보고서 차츰 바르지 못하다고 여기고, 생각이 점점 서인 쪽으로 기울었다. 지사(知事) 백인걸(白仁傑)이 동서를 화합시킬 소를 올리자고 청하자, 이이가 상소문을 엮어주었다. 백인걸은 성품이 소탈해 그 일을 누설했다. 정언(正言) 송응형(宋應泂)이 "경연에 참석하는 신하가 남을 대신해 상소문 초안을 잡아 주어서는 안 된다"며 이이를 탄핵했다. 김우옹이 말했다. "이이는 군자니, 탄핵할 수 없다. 우리가 어찌 송응형 한 사람 때문에 소인으로 전락할 수 있겠는가!" 곧이어 그가 송응형의 경질을 청했다. 송응형은 송응개의 동생이다.

4. 전랑천대법 폐지의 경위

01 동인 우성전(禹性傳)은 명성이 높았다. 그의 무리가 서로 높이 받들며 우성전이 지위를 얻으면 모든 것이 이루어질 것이라고 여겼다. 우성전이 일찍이 한 기생을 좋아하여 상을 당했을 때도 그 기생이 머리를 풀어 헤치고 드나들었다. 이발이 조문을 가서 그것을 보고 깜짝

놀랐다. 자신의 풍모에 긍지를 가지고 있던 재야 출신 장령(掌令) 정인홍(鄭仁弘)이 맨 먼저 우성전을 탄핵했다. 동인은 정인홍이 사실은 이발의 말을 듣고 탄핵한 것은 알지 못하고 이이가 시킨 것으로 의심했다.

02 이이가 대사헌(大司憲)이 되자, 정인홍이 이이에게 요청했다. "듣건대 심의겸이 상중에 벼슬을 하려고 했다니, 의리상 그런 사람과는 조정에 함께 있을 수 없네. 함께 심의겸을 탄핵하세." 이이가 말했다. "일이 오래되었고, 소문은 믿을 게 못 되네. 게다가 심의겸은 지금 어미 없는 병아리요 썩은 쥐 꼴이니, 어찌하여 그냥 내버려두지 못하는가?"

03 정인홍이 벼슬을 버리고 귀향하려 하자, 이발이 이이를 설득하며 말했다. "공께서는 선비들이 공에게 서운함이 있다는 것을 아십니까? 지금 공께서 진실로 심의겸 한 사람을 끊을 수 있다면, 선비들은 공을 따를 것이고, 동인과 서인도 다시 합칠 것입니다. 그런데 공께서는 심의겸은 안타깝고, 유독 떠나가는 정인홍은 안타깝지 않습니까?"

04 결국 이이가 마음을 움직여 정인홍과 연명으로 장계(狀啓)를 올리기로 했다. "청양군(靑陽君) 심의겸이 권력을 탐하고 세력을 즐겨 선비들의 마음을 많이 잃었습니다. 그의 파직을 청합니다." 장계의 초안이 잡히자, 이이가 정인홍을 돌아보며 말했다. "앞으로 한 구절의 말도 보태거나 늘려서는 안 되네." 정인홍도 승낙했다.

05 다음날 정인홍이 혼자서 장계를 올렸다. "심의겸이 선비들을 끌어들여 자신의 명성과 세력을 구축하려 합니다." 임금이 물었다. "먼저는 선비들의 마음을 잃었다고 하더니, 이제는 선비들을 끌어들였다고 하니, 누구를 끌어들였는가?" 정인홍이 대답했다. "윤두수, 윤근수, 정철입니다."

06 이이가 정인홍에게 말했다. "정철은 개결(介潔)한 선비로 심의겸에게 아부할 사람은 아니네. 그리고 내가 정철을 추천했는데, 내가 지금 언관으로 있으면서 그대의 정철 탄핵을 받아들인다면, 나는 곧 이랬다저랬다 하는 사람이 되고 마네." 정인홍은 처지가 난처해지자, 다시 소를 올려 말했다. "정철은 심의겸의 당이 아닙니다. 신이 전에 올린 장계는 실상을 놓친 것이니, 신을 경질하십시오."

07 이이가 다시 소를 올렸다. "정철과 심의겸은 두터운 정은 있으나 기질과 취미는 사뭇 다릅니다." 정언 윤승훈(尹承勳)이 이이를 반박했다. "무릇 사람은 뜻이 같고 기질이 합한 뒤에야 서로 친밀해지는 것입니다. 이미 정이 두텁다고 말하고서 어찌 사뭇 다르다고 하십니까?" 이이가 변명했다. "한유(韓愈)와 유종원(柳宗元), 사마광(司馬光)과 왕안석(王安石), 소식(蘇軾)과 장돈(章惇)이 모두 정은 형제와 같았으나 속마음은 북쪽의 연(燕)나라와 남쪽의 월(越)나라 사이 같았다." 그리고 무식한 윤승훈이 선비들을 따라다니며 그들의 지시를 받았다고 헐뜯었다.

08 임금이 윤승훈을 외직으로 쫓아내자, 대사헌 이기(李墍) 등이 소를 올렸다. "이이가 부당하게 도리어 윤승훈을 헐뜯고 대각(臺閣: 사헌부와 사간원)을 경멸하니, 청컨대 저도 함께 파직하소서." 이이가 처음에 심의겸을 탄핵한 것은 동인을 위로하려는 것이었지만, 정철을 구원하고 윤승훈을 배척하는 데 이르자, 동인으로부터 더욱 미움을 받게 되었다. 이이가 탄식하며 말했다. "요즘 사람들이 나를 윤승훈의 상대로 여기니, 내가 어찌 이 지경에 이르게 되었는가!"

09 얼마 지나지 않아 종실(宗室)의 경안령(慶安令) 이요(李瑤)란 자가 임금과 마주한 자리에서 시대의 폐습에 대해 장황하게 말했다. "유

성룡, 이발, 김효원, 김응남(金應南)이 마음대로 권력을 휘둘러 나라를 그르쳤기 때문입니다." 임금이 기꺼이 받아들여 전랑을 추천하여 교대하는 법(銓郎薦代法·전랑천대법)을 폐지했다. 옛 관례에 따르면 전랑은 반드시 젊은 유신 가운데서 엄격하게 선발하되, 탁류(濁流)와 청파(清波)의 구별을 구실로 서로 밀어주고 끌어주었다. 심의겸과 김효원 사이의 틈도 여기에서 비롯되었다. 이때 이르러 전랑천대법을 갑자기 혁파하자, 동인은 모두 두려워 탄식했고, 유성룡 등도 불안해하며 조정을 떠났다. 당시 사람들은 모두 "이요가 이이의 지시를 받은 것"이라고 말했다.

5. 계미삼찬: 박근원, 송응개, 허봉 탄핵 사건

01 이때(1583, 선조 16) 마침 북쪽 오랑캐 이탕개(尼湯介)가 변방을 침입했다. 임금은 이이를 병조판서로 발탁해 군사에 관한 일을 모두 맡겼다. 이이는 인력과 물자를 편의대로 징발하며, 때로는 먼저 일을 처리하고 나중에 아뢰기도 했다.

02 하루는 이이가 임금의 부름을 받고 입궐했는데, 현기증으로 병조(兵曹)에 누워 있다가 임금에게 나아가지 못하자, 임금이 의원을 보내 병세를 보살폈다. 이에 삼사의 송응개, 이발, 허봉(許篈) 등이 이이의 전횡과 교만을 탄핵하자, 이이가 대죄(待罪)했다. 임금이 더욱 도탑게 이이를 위로하고 권면하자, 이이가 간청했다. "좌우의 신하들과 상의하여 신의 죄를 용서할 수 있다고 하신다면, 신도 감히 정무에 참여하지 않을 수 없습니다. 그렇지 않다면 청컨대 신을 귀양보내거나 죽이시어 신의 탄핵을 말한 자들을 용납하십시오." 그러자 삼사는 "이이가 아

랫사람을 억누르고 윗사람의 눈을 가린다"고 말했다.

03 영의정 박순과 호군(護軍) 성혼(成渾)이 이이를 두둔하고 송응개 등을 배척했으며, 성혼은 논의의 주동자를 엄중히 조사하라고 청했다. 좌의정 김귀영(金貴榮)과 우의정 정지연이 말했다. "이 일은 모름지기 평정심으로 처리해야 한다. 조정이 이이를 아낀다면 마땅히 그의 명예만 보전하면 된다. 지금 대각을 꺾고 말의 뿌리까지 캐내려고 한다면 훗날 권간(權奸)이 나라를 장악하더라도 누가 감히 따질 수 있겠는가!" 임금이 김귀영과 정지연을 꾸짖고 파직하자, 도승지 박근원(朴謹元)이 소를 올려 두 정승의 파직을 만류하고, 이이 및 박순과 성혼을 내쫓으라고 요청했다. 박근원, 송응개, 허봉은 모두 일찍이 이이에게 탄핵당한 적이 있었는데, 이때 와서 이이를 비난하고 욕보이는 것이 더욱 심해졌다.

04 일찍이 이이는 어릴 때 서모와 마음이 맞지 않아 집을 버리고 산에 들어갔다가, 후에 뉘우치고 돌아와 큰 학자가 되었다. 과거에 급제한 뒤 소를 올려 스스로 그 일을 거론했다. 송응개가 이이를 심하게 헐뜯으며 말했다. "이이는 본래 중이었는데, 신분을 바꿔 환속해서 권세 있는 가문의 도움을 받아 산림에 드나들었다. 스스로 당대의 특출한 존재로 생각하며 초연한 척 당론의 시비를 떠나 심의겸의 단점을 드러내기도 하고 김효원의 장점을 드러내기도 했다. 지극히 공정하다는 명성을 추구하면서 아래로는 세상을 속이고 위로는 전하를 기만했다. 처음에는 양비론을 펼치다 결국에는 자신의 주장을 세 번이나 바꿨다. 속으로 계략을 꾸며 남을 함정에 빠뜨리고 지혜를 뽐내며 제멋대로 하다가 조정을 어지럽혔다. 이것은 나라를 팔아먹는 간사한 짓이다."

05 이것에 대해 태학생(太學生) 유공진(柳拱辰) 등 470명, 전라도 유

생 서태수(徐台壽), 황해도 유생 유대춘(柳帶春) 등 4백여 명 및 왕자 사부(王子師傅) 하락(河洛) 등이 서로 연이어 이이와 성혼을 위해 소를 올려 변론하니, 임금이 칭찬하고 가상히 여겼다. 마침내 어필(御筆)로 친히 교문(敎文)[2]을 지어 말했다. "부족한 사람이 임금 자리에 있어 조정이 편안하지 못하고, 형조가 형벌을 그르쳐 국시(國是)가 안정되지 않았다. 저자에서 죽여야 할 죄를 오히려 너그럽게 용서하여 가벼운 법을 널리 베푸노라." 박근원, 송응개, 허봉을 귀양보내라고 명했다. 이것을 '계미삼찬(癸未三竄, 1583, 선조 16)'이라고 한다.

6. 이이와 성혼의 당

01 임금이 여러 번 하교하여 이이와 성혼을 높이 칭찬하며 말했다. "이이는 진실로 군자다. 당이 있는 것이 걱정이 아니라, 오히려 당이 적은 것이 걱정이다. 나도 주희(朱熹)의 말처럼 이이와 성혼의 당에 들어가고 싶다."

02 대사성(大司成)[3] 김우옹이 소를 올려 갈등 조정을 청했다. 상소의 대략은 다음과 같다.

> *이이는 유학에 박식하고 밝은 시대를 만난 인물입니다. 전하께서 마음을 쏟아 의지하고 신임하시니, 그의 계책은 실행되었고 발언은 받아들여졌습니다. 그러나 안타깝게도 그의 뜻은 컸으나 재주는 어설펐고, 도량은 얕고 견해는 치우쳤습니다. 친밀함에 가리고 소견에*

---

2 교문(敎文): 임금이 내리는 글.

3 원문에는 대간(大諫)으로 기록되어 있으나, 『선조실록』, 16년 7월 19일과 『선조수정실록』, 16년 7월 1일 기사에 따라 김우옹의 당시 관직을 대사성으로 바로잡았다.

얽매여, 천하의 임무 달성을 위해 온 나라의 공론을 모아야 했지만 그러지 못했습니다. 한갓 자기의 사사로움만 돌보고 온 세상의 민심을 거슬렀습니다. 임금에게 자주 글을 올려 아뢨으나 억지 변명을 면치 못했고, 시행한 일도 가볍고 서툴러서 사람들의 바람을 채워주지 못했습니다. 선비들의 마음도 이이가 도모한 일에 실망하기 시작했으니, 한 사람만의 사사로운 의견은 아닙니다.

그러나 이이의 본심에 어찌 다른 뜻이 있었겠습니까! 이이의 본심이야 선비들이 헤아리지 못할 것도 없으니, 처음부터 갑자기 공격하려는 뜻이 있었던 것은 아니었습니다. 뜻하지 않게 삼사의 논의가 점점 과격해지고, 탄핵하는 글도 너무 혹독했으니, 듣기에도 자못 놀랄 정도였습니다. 이이가 저지른 잘못되고 실정에 맞지 않는 일을 가지고 "임금에게 거만하고 권력을 마음대로 휘두른다"고 손가락질했으며, 또 그의 말씨가 고분고분하지 않은 것을 가지고 "임금에게 변하지 않는 총애를 요구하며 공론을 배척했다"는 이름을 덧씌웠고, 심지어 "나라를 그르친 소인"이라고 지목하면서, 추악하고 방자하게 헐뜯고 배척했습니다. 이런 말이 어찌 사람의 마음을 감복시킬 수 있겠습니까!

아마도 그 원인은 근래에 이이와 선비들이 자못 서로 화합하지 않아서 기괴한 이론(異論)이 그 사이에서 어지럽게 섞여 나왔기 때문입니다. 예컨대 지난번 경안령 이요가 문득 유성룡 등 네 명의 전횡을 지적했으나, 유성룡 등은 모두 청아(淸雅)하다는 명망이 있어 산림으로부터 존중받는 참으로 정부의 보배로운 신하들입니다. 그런데 이요가 말 한마디 발설하자, 여론은 점점 뒤숭숭해졌고 이이에 대한 의혹은 더욱 짙어졌습니다. 그리하여 이 일을 계기로 경솔하게 일 꾸미

기를 좋아하는 무리가 한꺼번에 일어나 공격을 감행하기 시작했으니, 이 또한 어찌 선비들의 본심이었겠습니까! 유성룡은 이미 물러났고, 대각에는 여론을 진정시킬 중망 있는 인물이 더는 없어서, 제멋대로 배척하는 것이 여기까지 이르게 되었습니다.

성혼의 상소로 말하자면, 온 조정을 붕당이라 헐뜯으면서, 선비들의 본심을 헤아리지 않았으며, 이이가 남에게 중상을 받았다고 여기면서도 인심을 잃은 이유는 따지지 않았습니다. 재야의 인사로서 조정의 곡절은 헤아리지 못하면서 다만 세상을 불평하는 마음만 품었습니다. 그 말이 비록 중도를 잃었지만, 또한 어찌 깊이 허물할 수 있겠습니까!

간절히 원하건대 전하께서 이이에 대해서는 그의 본심은 헤아리시되, 거칠고 어긋난 병폐가 있음도 살피소서. 삼사에 대해서는 그들의 경솔함은 억제하시되, 선비들의 심정도 살펴서 정성껏 깨우쳐주시고, 거리낌 없이 마음을 열게 하여 막지도 꺾지도 마시되, 날카로운 기세만 점점 누그러뜨리시면, 대체로 사리에 맞을 것입니다.

임금이 받아들이지 않았다.

03 이이는 동인에게 인심을 잃은 뒤 항상 우울하여 즐거워하지 않으며 말했다. "진실로 공정한 안목을 가진 사람이 있다면 오랫동안 내가 한 일을 관찰하고서 반드시 나의 마음을 밝혀줄 것이다." 이이가 이조판서로 임명되자, 자신의 허물을 들어 벼슬을 사양하고 박근원과 허봉의 사면을 요청했는데, 임금이 모두 윤허하지 않았다. 그러나 끝까지 송응개의 사면은 요청하지 않았다.

04 이이가 또 말했다. "계미년 때 삼사의 모든 신하는 경솔하여 다시

쓸 수 없다." 그리고 백유함(白惟咸)을 전랑으로 선발하고 오로지 서인만 등용했다. 이이의 문객 송익필(宋翼弼)이 시골 선비들을 많이 모아 날마다 소를 올리며 동인의 지난날 잘못을 들춰냈다. 이이가 막지 못하자, 동인의 원망은 더욱 골수에 사무쳤다. 얼마 지나지 않아 이이가 죽자, 집안에 저주 사건이 벌어졌는데, 어떤 이는 동인 소행이라고 했다.

7. 선조의 변심

01 전에는 임금이 이이를 매우 융숭하게 대우했으나, 그가 죽은 뒤에는 은혜와 예우가 매우 박절했다. 영의정 노수신이 계미삼찬(박원근, 송응개, 허봉)의 사면을 요청하자, 임금이 윤허하며 말했다. "송응개 등은 이이가 간사하다고 말했는데, 이이는 과연 간사한가?" 노수신이 말했다. "이이는 자기에게 아첨하는 것을 좋아하는 자였습니다."

02 이때부터 동인은 임금의 뜻이 바뀐 것을 알아채고 꾀를 모아 이이, 성혼, 박순, 정철, 신응시, 박응남(朴應男), 김계휘, 윤두수, 윤근수, 박점(朴漸), 이해수(李海壽), 홍성민, 구봉령(具鳳齡) 등이 모두 심의겸의 당이라고 지목했고, 삼사는 하루도 쉬지 않고 그들을 탄핵했다. 이발이 상소를 올려 말했다. "신은 일찍이 경국제세(經國濟世)로는 이이를 인정했고, 도학으로는 성혼을 추앙해, 평소 매우 두터이 사귀었으나, 지금은 공론이 무겁고 사적인 정분은 가벼운 때입니다. 옛 친구도 생각해야 하지만 나라를 저버릴 수는 없습니다." 임금이 그 말을 매우 신뢰했다.

03 공주 교수(公州敎授) 조헌(趙憲)과 생원 이귀(李貴)는 이이와 성혼의 문인으로 거듭 소를 올려 스승의 억울함을 호소했다. 그리고 노수

신, 정유길, 유전(柳坱), 이산해, 권극례(權克禮), 김응남, 백유양(白惟讓), 노직(盧稙), 송언신(宋彦愼), 이호민(李好閔), 노직(盧稷) 등을 두루 헐뜯었으나, 임금이 답하지 않았다. 조헌이 상소를 멈추지 않자, 임금이 그 상소문을 불태우라 명하고 귀양보냈다.

8. 기축옥사: 서인 집권의 계기

01 정여립(鄭汝立)은 전주 사람으로 총명하고 논쟁을 잘했다. 이이가 기특하게 여겨 수찬으로 천거했다. 정여립은 늘 이이를 공자에 견주었다. 이이가 죽자, 이발에게 붙어 아첨하면서 이이를 해치는 일이라면 언제나 진심으로 달갑게 여겼다. 일찍이 그가 경연에서 이이를 몹시 헐뜯자, 임금이 말했다. "정여립은 지금의 형서(邢恕)[4]로다."

02 당시 조정은 동인으로 가득 차 있었는데, 이발은 정여립을 선두주자로 여겨 힘껏 추천했지만, 임금은 끝까지 등용하지 않았다. 그래서 정여립은 관직을 버리고 고향으로 돌아가 사방의 무뢰한들을 모아 향사례(鄕射禮)를 핑계로 몰래 반역을 꾀했다. 조헌의 상소에 정여립이 반드시 반역할 것이라는 말이 있었지만, 당시 사람들은 모두 비웃었다.

03 송익필은 천민으로 태어났지만, 재주와 기개가 있었다. 이이와 성혼의 친구였는데, 세상에서는 그를 서인이 꾸민 음모의 주역으로 불렀다. 이때 송익필이 어떤 사람과 방죽 문제로 다투다가 형조의 수색을 받게 되어 입장이 매우 군색해지자, 상황을 뒤집어 궁지에서 벗어날

---

4 형서(邢恕): 중국 송(宋)나라 사람. 자는 화숙(和叔). 정호(程顥)의 문하에 드나들며 명성을 얻었다. 어사(御史)를 거쳐 어사중승(御史中丞)을 지냈다. 그러나 일관성이 없어 사마광의 문객이 되었고, 이어 장돈에게 붙었다가 다시 채경(蔡京)의 심복이 되기도 했다. 나중에는 선(禪)에 심취했다. 이욕이 강하여 지조가 없는 소인이나 스승의 뜻을 따르지 않고 배역한 패륜아라는 의미로 자주 인용된다.

궁리를 하고 있었다. 그러던 중 호남에 사는 성혼과 정철의 문인 및 빈객들과 왕래하며 모의하다가, 정여립이 모반하려는 정황을 낱낱이 포착해 그 지역 사람을 시켜 고변하게 했다. 정여립은 호남에서 살았는데 고변한 글이 처음에 황해도 감사(黃海監司)로부터 보고된 것은 송익필이 배천(白川)에 살고 있었기 때문이다.

04 당시 이산해와 정언신(鄭彦信)이 정승으로 나랏일을 맡고 있었다. 정언신과 정여립은 같은 문중이어서 서로 사이가 좋았기 때문에, 모반을 고변한 사람이 함부로 말했다는 이유로 그의 목을 베려 하자, 대사헌 홍성민이 옳지 않다며 막았다. 그래서 사령(使令)을 보내 정여립을 체포하려 했으나, 정여립은 도주했다. 팔도를 샅샅이 수색하자 정여립은 스스로 목을 찔러 죽었다. 그 시체를 수레에 싣고 서울로 옮겨와 무릎을 꿇려 목을 베었다. 그의 아들 정옥남(鄭玉男)을 국문(鞫問)했는데, 정언신이 위관(委官)[5]이 되어 한 달이 넘도록 옥사를 끌었다.

05 송익필의 설득으로 정철이 소를 올려 논박했다. "국문하는 과정이 거칠고 느립니다." 백유함도 다시 말했다. "이발 등이 정여립과 서로 결탁했기 때문에, 정언신이 반역의 죄상을 감싸며 덮어주었습니다." 영의정 노수신이 임금에게 말했다. "역변(逆變)은 신하들 사이에서 발생한 것이기 때문에 마땅히 조용히 처리해야 하며 헛된 말에 동요되어서는 안 됩니다."

06 임금이 노수신과 정언신의 책임을 물어 파면하고 정철을 정승으로 기용했고, 백유함은 헌납으로 임명했다. 또 성혼을 이조참판으로 임명하고 김우옹과 정인홍을 귀양보내라고 명했다. 정여립과 친했기 때

5 위관(委官): 죄인을 신문할 때, 의정대신(議政大臣) 가운데서 임시로 뽑아 임명한 재판장.

문이다.

07 정철은 정여립의 조카 정집(鄭緝)과 호남 백성 선홍복(宣弘福)의 밀고를 바탕으로 정언신, 홍종록(洪宗祿), 정창연(鄭昌衍), 이발, 백유양, 정언신의 아우 정언지(鄭彦智), 이발의 아우 이길(李洁)을 국문하자고 청했다. 그들 중 정창연만 석방되었고, 나머지는 모두 변방으로 귀양보내졌다. 이것을 '기축옥사(己丑獄事, 1589, 선조 22)'라고 한다.

9. 임금에 맞서는 서인, 조헌

01 대간(臺諫)[6] 백유함 등이 송언신 등 십여 명을 한꺼번에 탄핵해 어떤 이는 귀양 가고 어떤 이는 파직당했다. 호남 유생 정암수(丁巖壽)가 이산해, 한효순(韓孝純), 유성룡, 김응남, 이양원(李陽元)을 열거하며 그들이 당을 결성해 나라를 그르치고 있으니, 모두 처벌하라고 요청했다.

02 조헌이 귀양에서 돌아오자, 호남 유생 양산숙(梁山璹)과 함께 정암수와 같은 내용으로 번갈아 상소했다. 임금이 평소 조헌을 미워했기 때문에 곧바로 답했다. "조헌이 아직도 두려운 줄 모르는구나. 다시 마천령(摩天嶺)을 넘고 싶은가 보다!" 그리고서 특별히 유성룡을 이조판서로 임명하고 점점 동인을 등용하자, 서인 세력이 분열되었다.

03 다시 임금이 교서를 내렸다. "송익필은 도망친 사노(私奴)인데, 날마다 조헌과 상소할 일만 도모하는구나. 반드시 죄를 추궁해 다스리겠다." 그러자 송익필이 서인의 집에 숨어서 끝까지 나오지 않았다.

04 동인 홍여순(洪汝諄)은 전라감사로 좌천되었는데, 처벌을 피하

6 대간(臺諫): 대관(臺官)과 간관(諫官)을 아울러 이르던 말.

고 상을 받을 목적으로, 유생 양천회(梁千會), 양천경(梁千頃), 강해(姜海), 정암수 등과 모의해 정여립의 당을 염탐했다. 그 결과 먼저 나주 훈도(羅州訓導) 정개청(鄭介淸)이 정여립을 위해 길지(吉地)를 봐줬다고 밀고해 정개청을 국문했지만, 증거가 나오지 않았다.

05 정개청은 학문에 힘쓰고 옛것을 좋아해서, 박순이 그를 조정에 천거해 벼슬을 주었다. 나중에 이산해와 친하게 지내서, 서인이 이 때문에 그를 미워했다. 정개청의 저서 속에 '동한(東漢) 때 절의(節義)의 폐단'[7]이란 말이 있었다. 정암수가 이것을 근거로 소를 올려 "정개청은 절의를 배반한 자"라고 주장했고, 결국 그는 절의를 배반했다는 죄로 곤장을 맞고 유배 가는 도중에 죽었다.

10. 동인 수괴 길삼봉을 찾아라!

01 최영경(崔永慶)은 진주 사람이다. 일찍이 조식(曹植)을 스승으로 모시고 배웠다. 효도와 우애가 지극했고, 곤궁했지만 청렴하기로는 당대의 으뜸이었다. 성혼도 그를 매우 존중해서 사람들에게 말했다. "내가 최 군을 만나고 돌아오면 맑은 바람이 소매에 가득 찬다." 이 때문에 임금의 부름을 받아 벼슬이 지평(持平)에 이르렀다. 뒤에 이산해, 정언신과 가까이 지내면서, 몸은 시골에 있었으나 멀리서 조정의 논의를 듣게 되었고, 차츰 성혼, 정철과 틈이 생겼다.

02 정여립 옥사가 일어나자, 죄인들은 모두 "길삼봉(吉三峯)이 상장(上將)"이라고 진술했다. 조정에서 대대적으로 길삼봉을 찾았다. 나중

---

7 정개청은 '동한진송소상부동설(東漢晉宋所尙不同說)'이란 글에서 주자(朱子)의 말을 인용하며 "동한의 절의는 말년에 가서는 자기만 귀하게 여기고 남은 천하게 여기는 폐단을 남겼다"고 주장했다. 『우득록(愚得錄)』, 권1, 「논학(論學)」; 『연려실기술(燃藜室記述)』, 제14권, 「선조조고사본말(宣祖朝故事本末)」, 기축당적(己丑黨籍), 정개청.

에 죄인들이 진술하기를, "삼봉(三峯)은 진주에 사는 사노(私奴)"라고도 했고, "삼봉은 나주의 선비"라고도 했고, "삼봉은 최 씨이지 길 씨가 아니다"라고도 했다. 그의 나이와 모습에 대한 말도 사람마다 달라서 어떤 이는 "30세"라고도 했고, 어떤 이는 "60세"라고도 했고, 어떤 이는 "얼굴이 말랐다"고도 했고, 어떤 이는 "살이 쪘고 구레나룻이 났다"고도 했다. 결국 "삼봉은 틀림없이 진주 선비 최영경으로 나이 60에 마르고 구레나룻이 난 자일 것이다"라는 유언비어가 떠돌았다.

03 어떤 이가 홍여순에게 말했다. "서인들이 최영경을 정개청보다 더 미워하니, 진실로 최영경을 잡아 고하면 큰 공이 될 것이다." 그러자 홍여순이 비밀리에 경상우병사(慶尙右兵使) 양사형(梁士瑩)에게 알려서 아전을 풀어 최영경을 체포하게 했다. 최영경의 집을 수색하여 그가 쓴 글들을 찾아냈는데, 세상일을 비난한 글이 많았고, 또 역옥(逆獄)[8]을 사화(士禍)에 비유하기도 했다.

04 양천경이 소를 올려 말했다. "최영경이야말로 정여립의 진짜 우두머리입니다." 임금이 최영경을 국문하라고 명했다. 최영경이 국문장소로 나아가는데, 풍채가 당당하여 옥졸들이 서로 돌아보며 놀라고 감탄했다.

05 당시 정철이 옥사를 주관했는데, 문사랑(問事郎)[9] 이항복(李恒福)이 정철에게 조용히 말했다. "옥사가 일어난 때부터 지금까지 한 해를 넘기며 수많은 죄인의 진술이 있었지만, 누가 최영경을 수괴(首魁)로 지목했습니까? 지금 거리에 떠도는 말만으로 만에 하나 처사(處士)를 불행한 처지에 빠뜨리게 된다면 공께서는 어떻게 그 책임을 모면하

---

8 역옥(逆獄): 역적 사건이나 반역 사건에 대한 옥사.

9 문사랑(問事郎): 문사랑관(問事郎官). 죄인을 문초할 때 기록과 낭독을 맡은 낭관.

시겠습니까? 또한 밖의 논의를 듣건대, 공과 최영경 사이에 원한이 있다고 하는데, 어찌 그런 일이 있겠습니까?" 정철이 깨닫고 옥사의 진행을 멈추었다.

06 때마침 성혼도 정철에게 편지를 보내 최영경을 구해주라고 부탁했다. 정철이 장황하게 임금에게 아뢨다. "최영경은 행실이 올바르고 기개와 절조가 있어서 역모에 응하지 않았을 것입니다." 그 덕분에 최영경이 석방되었다. 최영경이 옥에서 나오자, 성혼이 아들 성문준(成文濬)을 보내 위로했다. 최영경은 성혼이 자신을 구해준 것은 모르고 성문준에게 말했다. "내가 네 아비에게 미움을 받았기 때문에 이 지경에 이르게 되었다." 대간 구성(具宬)과 조흡(趙洽) 등은 성혼의 문인이었다. 이들은 최영경의 말을 듣고 분노하여 "최영경을 다시 국문하자"고 아뢨다. 임금도 최영경을 미워했기 때문에 정여립과 내통한 상황을 다시 신문하라고 명했다. 결국 최영경은 옥에서 죽었다.

07 정언신 등도 정여립과 내통했다는 이유로 다시 국문했다. 정언신이 처음 체포되었을 때, 그의 아들 정율(鄭慄)이 정여립과 오랫동안 왕래하지 않았다며 소를 올려 변명했다. 성혼이 정철에게 편지를 보내 "대신은 죽일 수 없다"고 말했기 때문에 처벌이 줄어들었다. 뒤에 임금이 정여립의 문서를 검열하는 중에 정언신의 서찰이 많이 발견되자, 정언신이 속인 것에 분노하여 곤장을 쳐서 귀양보냈는데, 도중에 죽었다. 정율은 부끄럽고 원망스러워 자살했다.

08 이발은 평소 두터운 명망을 자부했다. 정철도 비록 이발을 미워했지만, 임금에게 여러 번 말했다. "이발이 정여립과 사귀었지만, 친애하여 악한 것을 알지 못했을 따름입니다. 어찌 천하에 두 명의 정여립이 있겠습니까!" 임금이 듣지 않고, 더욱 신문하라고 명령했다. 정철이

휴가를 요청해 유성룡이 대신 위관을 맡았다. 당시 이발은 거듭된 형벌로 거의 죽을 지경이었다. 유성룡과 이발은 같은 동인이었으나, 서로 사이가 좋지 않았다. 또한 두렵고 조심스러워서 감히 구원하지 못했고, 결국 곤장을 쳐서 죽였다.

09 이발의 70세 어머니와 8세 아들, 그리고 아우 이길이 모두 옥에서 죽었다. 백유양도 세 아들과 함께 죽었다. 그런데 그의 사촌 동생인 백유함은 날마다 대각에 나아가 이발 등을 탄핵하고 공격하며 의기양양 우쭐대니 사람들이 모두 미워했다. 참봉(參奉) 윤기신(尹起莘), 도사(都事) 조대중(曹大中), 별좌(別坐) 유몽정(柳夢井)이 모두 당시에 명망이 있었는데, 죄 없이 죽었다. 이때 사방에서 고변하는 자가 서로 이어져 옥사를 벌인 지 1년 만에 연루된 동인이 천 명에 달했다.

11. 남북으로 분열하는 동인

01 정철은 성격이 지나치게 강했다. 술 마시며 허세부리기를 즐겼고, 거리낌 없이 함부로 말하고도 자신은 즐거워했다. 노수신이 정승 자리에서 파직되어 대죄하고 있었는데, 정철이 사람을 보내 물었다. "상공(相公)께서 전에 정여립을 천거해 끌어들였는데, 지금은 어떻게 생각하십니까?" 노수신이 대답했다. "사람을 보는 눈이 처음부터 끝까지 같을 수는 없는 법이네."

02 정개청이 진술할 때 주자(朱子)의 말을 인용하자, 정철이 성난 목소리로 꾸짖었다. "네가 어찌 감히 주자를 들먹이느냐! 주자가 스승을 배반했다더냐!" 정개청이 박순을 배반한 일을 두고 한 말이었다.

03 정철은 최영경이 국문 받는 모습을 멀리서 지켜보고 웃으며 말했

다. "저런 모습으로 우거진 대숲 속에 거만하게 누워서 세상을 비웃고 풍자했으니, 사람들이 현자라고 칭송할 만하구나." 그리고서 손으로 자기 목을 그어 보이며 말했다. "저자가 나를 이렇게 하려 했었지." 최영경이 "정철을 효수해야 한다"고 말한 적이 있었기 때문이다.

04 그러나 정철은 정언신, 이발, 최영경을 죽음에서 구하려고 애썼다. 다만 동인은 그 사실을 몰랐다. 어떤 사람이 전하기를, "정집과 선홍복이 처형당할 때, '동인을 많이 끌어들이라고 우리를 속이더니, 어찌하여 우리까지 죽이려 하느냐'며 울부짖더라"라고 했다. 아마도 그것은 정철의 문객인 호남의 선비들이 한 일이지, 정철은 알지도 못한 일이었을 것이다.

05 성혼은 도학으로 유종(儒宗)이 되었는데, 이이가 죽은 뒤부터는 정철 등이 매번 일이 있을 때마다 편지를 보내 의논하여 결정했다. 옥사가 발생하자, 성혼은 시골에 머물면서 조정에 나가지 않았다. 그래서 동인들을 구원하고 풀어주려 했지만, 성과를 거두지는 못했다. 그런데 동인들은 도리어 성혼이 정철을 사주해 동인을 모두 죽였다고 말했다.

06 예전에 정인홍이 우성전을 탄핵한 일이 있었는데, 주동자는 이발이었다. 유성룡, 김성일, 이경중(李敬中), 이덕형(李德馨)은 모두 우성전을 두둔했다. 정여립이 이발에게 붙어서 전랑 직을 구하려 했는데 이경중이 방해했다. 정인홍이 이경중을 가리켜 샘내고 질투한다고 했다. 정여립이 처형되자, 유성룡이 임금에게 "이경중이 선견지명이 있었다"고 아뢨다. 당시 이경중은 이미 죽었지만, 임금이 관직을 추증할 것을 명했다. 정인홍은 이 일로 처벌을 받았다. 이발이 죽을 때 유성룡이 그를 구원하지 않아서 정인홍의 당은 결국 유성룡과 원수가 되었다. 그래서 남인(南人)과 북인(北人)으로 갈라졌는데, 우성전이 남산(南山)에

살았고, 이발은 북악(北岳)에 살았기 때문이다.

12. 광해군이냐, 신성군이냐!: 세자 책봉을 둘러싼 논쟁

01 정여립 옥사 이후 당시의 여론은 대부분 좌의정 정철로 쏠렸지만, 영의정 이산해와 우의정 유성룡도 임금의 신임을 받아 등용되었다. 성혼과 정철이 함께 이산해를 축출하려 하자, 송익필이 이를 누설했다. 이산해도 두려워서 그들을 해칠 생각을 품었다.

02 세자가 아직 책봉되지 않았는데, 조정의 신하들 대부분은 광해군(光海君)에게 기대를 걸고 있었고, 임금은 인빈(仁嬪)의 소생 신성군(信城君)을 아꼈다. 이 와중에 정철이 이산해에게 임금을 만나 건저(建儲)[10]를 청하자고 약속했고, 이산해도 승낙했다. 그런데 임금을 만나기 하루 전에 이산해가 몰래 인빈의 아우 김공량(金公諒)을 불러 말했다. "지금 정승 정철이 광해군을 세우기 위해 신성군 모자와 그대를 죽이려고 한다." 김공량이 매우 놀라 곧바로 입궁해 인빈에게 그 말을 전했고, 인빈은 임금에게 울며 하소연했다. 그러나 임금은 믿지 않으며 말했다. "그것은 뜬 소문이다."

03 다음날 이산해는 병을 핑계로 임금을 만나지 않았고, 정철과 유성룡만 함께 임금을 만났다. 정철이 먼저 건저 문제를 거론하자 임금이 몹시 화를 내며 말했다. "내가 지금 이렇게 건재하거늘, 그대는 무엇을 하고자 하는가?" 정철은 허둥지둥 나왔고, 유성룡은 감히 아무 말도 꺼내지 못하고 물러났다.

04 이에 동인 측 조정 신료들과 유생들이 번갈아 소를 올려 정철이 제

---

10 건저(建儲): 왕의 자리를 계승할 왕세자나 황태자를 정하던 일.

멋대로 최영경을 죽인 것과 그 밖의 여러 죄를 공격했다. 삼사도 이산해의 지시를 받아 합동으로 장계를 올리려 하자, 김수(金睟)도 친분이 있던 우성전을 찾아가 삼사의 합동 장계에 참여하는 문제를 의논했다. 그러나 우성전은 평소 이산해를 미워했기 때문에 김수의 참여를 말렸다.

05 대사헌 홍여순이 상소로 우성전과 김수를 탄핵하여 그들의 관직을 박탈했다. 이에 남인과 북인 사이의 논쟁이 더욱 격렬해지면서, 동인이란 이름은 결국 사라졌다. 홍여순이 일찍이 말했다. "최영경은 동인이 끼워주지 않자, 특별히 이산해에게 붙어서 우성전을 탄핵했기 때문에, 마침내 이산해와 함께 북인의 우두머리가 되었다."

06 대사헌 이원익(李元翼) 등이 연거푸 장계를 올려 정철·윤두수 등을 모두 귀양보냈다. 서인으로 지목된 자들은 모두 쫓아냈다. 양천경을 매로 쳐서 죽였고, 최영경의 관직을 추증했으며, 정철 등의 죄를 조정에 방을 붙여 게시했고, 유성룡에게 이조판서의 사무를 겸하도록 했으며, 남인과 북인을 모두 등용했다.

13. 전란 중의 당쟁: 화친을 둘러싼 논쟁

01 이듬해(1592, 선조 25)에 왜구가 쳐들어왔다. 임금이 피란하는 길에 개성에 도착하니, 백성들이 길을 막고 정철을 소환하라고 요구했고, 신하들은 모두 이산해가 나랏일을 그르쳤다고 비난했다. 황신(黃愼)이 초안한 임금의 교서에 다음과 같은 말이 들어 있었다. "제일 먼저 촉(蜀) 땅으로 피난하자고 주장한 양국충(楊國忠)[11]의 머리를 베어야 한

11 양국충(楊國忠). 양귀비(楊貴妃)의 사촌 오빠. 양귀비 때문에 궁중에 출입하게 되자, 당 현종(玄宗)이 국충(國忠)이라는 이름을 하사했다. 이임보(李林甫)의 뒤를 이어 정승이 되었다가 안록산(安祿山)의 난 때 제일 먼저 촉 땅으로 피란하자는 계책을 제안했다.

다.” 이산해가 도성을 버리고 피난하자고 주장했던 것을 말한 것이다. 임금이 이산해를 귀양 보냈고, 유성룡도 같은 처벌을 청하자 파직했다. 윤두수를 유배지에서 불러들여 좌의정으로 임명했고, 정철도 평양으로 불러들였다. 이때부터 서인들이 차츰차츰 조정에 진출하기 시작했다.

02 임금이 의주에 도착하자, 윤근수가 홍여순과 이원익을 탄핵하려 했다. 성혼이 말했다. “어찌 이원익을 탄핵할 수 있겠는가?” 양사(兩司: 사헌부와 사간원)가 홍여순, 송언신, 이홍로(李弘老), 임몽정(任蒙正), 유영길(柳永吉)을 귀양보내자고 청하자, 이홍로가 다시 상소를 올려 윤두수를 비난하고 이산해를 두둔하니, 서로의 편 가름이 어지럽기 짝이 없었다. 임금이 시를 지어 신하들에게 보였다. “신하들이여! 오늘 이후에도 차마 다시 서인 동인 따지려는가?” 그러나 신하들은 끝까지 뉘우치지 않았다.

03 갑오년(1594, 선조 27)에 임금이 서울로 돌아오자, 정승 윤두수를 파면하고, 유성룡, 김응남, 정탁(鄭琢)을 연이어 정승으로 임명했다. 당시 종묘(宗廟)와 사직(社稷)은 터만 남아 풀이 우거졌고, 온갖 일을 새로 시작했다. 대사헌 김우옹 등이 먼저 정철의 죄를 거론하며, 최영경의 억울한 죽음이 전쟁을 불러일으켰다고 주장했다. 삼사에서는 정엽(鄭曄)과 신흠(申欽)이 정철을 두둔하고 김우옹을 배척하자, 임금은 정엽 등을 파면했다. 김우옹은 비록 정인홍, 정여립과 친하게 지냈으나, 유성룡을 더욱 존중했기 때문에 결국 남인이 되었다.

04 이때 명나라 장수 호택(胡澤)이 명나라 조정의 의중을 전하며, 우리나라가 우선 명나라에 왜의 조공을 허락하자고 주청하라고 권했다. 유성룡이 임금의 허락을 얻고자 성혼과 함께 입대(入對)[12]했다. 성혼이

12 입대(入對): 궁중에 들어가 임금을 알현하던 일.

힘껏 말했다. "나라의 형세가 위태롭고 급박하니, 모름지기 군대의 날카로운 기세를 잠시 느슨하게 해서 나라의 안전을 도모해야 합니다." 임금이 몹시 노하여 박절하게 책망했다. 유성룡은 입을 다물고 감히 아무 말도 못 하고 물러 나왔다. 이에 삼사가 교대로 글을 올려 유성룡의 화친 주장을 공격했다. 김우옹, 유영경(柳永慶)도 화친을 반대하는 주장을 했지만, 김우옹은 성혼만 공격했다.

05 유영경과 이이첨(李爾瞻)은 북인이다. 둘이 유성룡을 미워하여 함께 소리높여 말했다. "화친을 주장한 자는 유성룡인데, 김우옹을 시켜 오직 성혼만 공격하게 하고 자신은 빠져나오니, 유성룡은 참으로 간사하다." 이로 말미암아 김우옹도 제멋대로 성혼을 공격하지 못했다.

06 전에 임금이 피난할 때, 파주를 지나다가, "성혼의 집이 어디인가?" 물었다. 이홍로가 옆에 있다가 강 위에 보이는 마을을 가리키며 거짓으로 말했다. "저곳입니다." 임금이 말했다. "어찌하여 성혼은 나를 찾아오지 않는가?" 이홍로가 말했다. "이런 시국에 그가 어찌 기꺼이 오겠습니까?" 당시 성혼은 집에 있었으나, 임금의 수레가 지나간 뒤에야 비로소 소식을 듣고 따라가려 했으나, 왜병이 이미 길을 막아서, 결국 산중으로 피신해 들어갔었다.

07 마침 광해군의 분조(分朝)[13]가 이천(伊川)에 있어서 광해군이 성혼을 불렀다. 그래서 성혼이 이천에 갔다가 방향을 바꾸어 영변(寧邊)으로 가서 임금을 뵈었다. 이홍로가 또 참소하며 말했다. "성혼이 이번에 온 것은 광해군을 위해 전하의 전위(傳位)를 도모하려는 것입니다." 임금이 매우 화가 났으나, 마침 도성을 떠나 피난하던 때라 성혼에게

13 분조(分朝): 조정이 피란할 때, 임금과 세자가 따로 피란하여 세자가 거느리는 조정.

의지하는 것이 중요했기 때문에 억지로 성혼을 높이 예우했다.

08 서울로 돌아온 뒤에 성혼이 해주에서 복명(復命)[14]했다. 그러자 임금이 성혼을 꾸짖으며 말했다. "전에 내가 경이 사는 곳을 지났는데, 경은 나를 보러 오지 않았다. 나에게 큰 죄를 지은 것이다." 얼마 지나지 않아 다시 화친을 주장했다는 이유로 견책을 당하자, 성혼은 두렵고 부끄러워 고향으로 돌아갔다가 갑자기 죽었다(1598, 선조 31). 자신의 마음속 생각을 임금에게 다 드러내지 못했다고 여겨 장례를 간소하게 치르라고 유언했다.

09 그때는 정철도 이미 죽은 뒤였다(1593, 선조 26). 임금은 대간의 말에 따라 정철의 관직을 박탈했다. 이때부터 서인은 모두 쫓겨났고, 남인과 북인이 번갈아 가며 서로를 공격했다.

14. 유성룡의 주화오국을 둘러싼 남북 논쟁

01 유성룡은 비록 강직한 절개는 부족했지만, 재주와 식견은 중흥공신(中興功臣) 중 으뜸이었다. 이원익, 이덕형도 나라를 다시 일으켜 세우는 데(再造·재조) 공로가 있었다. 유성룡은 이순신(李舜臣)을 천거했고, 처음부터 끝까지 그를 힘껏 보호했다. 그래서 서인과 북인이 유성룡을 미워했고 이순신까지 의심해서, 이들을 헐뜯는 모의는 안 해본 것이 없었다. 마침내 이순신이 징계받자, 그의 어머니마저 애태우다 죽었다. 김덕령(金德齡)도 서인에게 살해당했고, 곽재우(郭再祐)는 가까스로 위기를 모면했다. 모두 당쟁이 몰고 온 결과였다.

02 서인은 조헌, 양산숙, 고경명(高敬命)이 죽은 이후 절개와 의리로

---

14 복명(復命): 명령을 받고 일을 처리한 사람이 그 결과를 보고함.

는 우세했지만, 공로와 업적으로는 사실상 동인보다 못했다. 이와 관련된 구체적인 사실은 다른 책에도 적혀 있으므로, 여기에서는 다만 당쟁에 관련된 논의만 밝힌다. 아래의 내용도 이와 같다.

03 이산해가 축출당했으나, 임금은 끝까지 그를 되돌아보며 그리워했다. 정탁이 임금의 뜻에 영합하며 비위를 맞추어 이산해를 용서하자고 청하자, 김우옹이 정탁을 탄핵하고 정승 직에서 파면했다. 북인이 말했다. "유성룡은 이산해가 다시 등용되어 자신을 핍박할까 봐 김우옹을 시켜 정탁을 쫓아낸 것이다." 이 때문에 북인은 유성룡을 더욱 미워했다.

04 때마침 조선은 양호(楊鎬)[15]에 대한 탄핵이 무고라며 명나라에 사신을 보내 그를 변호하고자 했다. 임금은 유성룡에게 그 임무를 맡기려 했으나, 유성룡은 병을 이유로 거절했다. 이 때문에 임금이 유성룡을 박대했다. 이이첨은 이 일로 유성룡을 탄핵하려 했으나, 이헌국(李憲國)이 따르지 않았다. 임금은 이이첨이 옳다며 이헌국을 파직했다.

05 남이공(南以恭)과 김신국(金藎國)이 이산해의 아들 이경전(李慶全)에게 청관(淸官·홍문관 관리)의 길을 터주려고 했으나, 전랑 정경세(鄭經世)가 고집을 부리며 허락하지 않았다. 남이공 등은 정경세가 유성룡의 지시를 받았다고 의심했다. 그리고 남이공 등은 임금이 마음속으로 유성룡을 싫어하는 것을 알아채고, 곧바로 유성룡이 화친을 주장하여 나라를 그르친 것(主和誤國·주화오국)과 군사를 뽑을 때 이익을 꾀한 것 등 여러 죄를 탄핵하고, 아울러 우성전 등 남인들을 논박했다.

06 김우옹이 유성룡을 구원하자, 이기가 김우옹을 함께 탄핵했다.

---

15 양호(楊鎬): 1597년(선조 30) 정유재란 때 경략조선군무사(經略朝鮮軍務使)로 참전했다. 울산에서 벌어진 도산성(島山城) 전투에서 크게 패했는데, 이를 승리로 보고하였다가 들통나 파면되었다.

대간 문홍도(文弘道)는 홍여순과 정인홍의 지시를 받고 상소로 유성룡을 비난하며, 노기(盧杞)와 진회(秦檜)[16]에 비유했다. 김신국도 북인이다. 그러나 그는 문홍도의 말이 너무 심하다고 여겨 그의 말을 고치려 했다. 문홍도가 책임을 지고 물러나자, 임금은 김신국을 파면했다. 이원익이 상소하여 "유성룡은 청렴하고 충성스러운데 홍여순이 참소하여 무고한 것입니다"라고 말하고, 임국로(任國老), 채겸길(蔡謙吉), 정영국(鄭榮國) 등을 탄핵했다. 이들은 모두 북인이다.

15. 대북과 소북, 그리고 육북과 골북으로 나뉜 대북

01 이덕형은 본래 남인이었다. 이산해의 사위였기 때문에 남인과 북인 양쪽에 출입했다. 이 무렵 북인의 당세가 점점 왕성해지는 것을 보고서 다시 남인 측에 가담했다. 북인 중에서 지조를 지키는 자들은 점차 홍여순 등과 일하는 것을 부끄러워했다.

02 이기가 이조판서가 되어 홍여순을 대사헌에 의망(擬望)[17]하려 하자, 전랑 남이공이 붓을 꼭 쥐고서 그의 이름을 쓰지 않았다. 김신국이 상소하여 홍여순이 재앙을 싫증도 내지 않고 즐긴다며 탄핵했다. 그러자 홍여순은 유희서(柳希緖)를 사주해 탄핵하기를, 남이공, 김신국, 송일(宋馹), 박이서(朴彝叙), 이덕형(李德泂), 경섬(慶暹), 이필영(李必榮) 등이 경솔하고 천박하다고 지목하며, 어떤 이는 파면했고 어떤 이는 쫓아냈다. 유희분(柳希奮)만 임금의 외척이라는 이유로 탄핵을 모면했다.

---

16 노기(盧杞)와 진회(秦檜): 노기는 당(唐)나라 사람으로 덕종(德宗) 때 정사를 전횡했다. 진회는 송나라 고종(高宗) 때 정승으로, 금(金)나라에 빼앗긴 영토를 탈환한 악비(岳飛)를 무고하게 죽이고 화친을 주장했던 간신이다.

17 의망(擬望): 세 명의 후보자 중 한 명으로 추천하던 일.

03 남이공과 김신국 등은 요직을 차지하고 있어서 당시에 명망이 있었고, 명예와 재주를 매우 소중히 여겼다. 그래서 이들에 의해 뜻을 잃었다가 다시 앞다퉈 조정에 진출하려는 자들은 모두 이산해, 홍여순에게 달려가 하소연했다. 이에 이산해와 홍여순을 중심으로 하는 자들은 '대북(大北)'이 되었고, 남이공과 김신국을 중심으로 하는 자들은 '소북(小北)'이 되었다. 그런데 소북이 견책당하자, 이산해와 홍여순이 다시 권력을 다투어 이산해의 당을 '육북(肉北)'이라 불렀고, 홍여순의 당을 '골북(骨北)'이라 불렀다.

04 이이첨이 상소하여 홍여순을 탄핵하자, 임금은 둘 다 내쫓고 다시 서인을 진출시켰다. 얼마 지나지 않아 체찰사(體察使)[18] 이귀가 영남에서 돌아와 정인홍이 고향에서 불법을 저지른 일을 거론했다. 정인홍이 상소로 변명했다. "신은 성혼, 정철과 잘 지내지 못했고, 유성룡과도 유쾌한 사이는 아니었습니다. 그래서 지금 그들 무리가 신을 이처럼 미워하게 되었습니다." 이어서 성혼이 죄를 엮어 최영경을 죽인 것, 국난 때 임금을 만나러 달려오지 않은 것, 화친을 주장한 것 등 여러 일을 격렬하게 비난했고, 아울러 정경세가 상중에 술을 마셨다고 탄핵했다. 대사헌 황신이 소를 올려 성혼에 대한 무고를 변론했다. 임금이 황신을 경질하고, 조정에 있는 서인을 모두 쫓아냈고, "간사한 성혼(奸渾·간혼), 악독한 정철(毒澈·독철)"이라고 하교했다. 유영경을 이조판서로 삼고, 정인홍을 대사헌으로 삼았다.

05 이항복은 평생 당에 참여하지 않았다. 당시 이항복은 유영경이 이조판서가 되는 것을 막고자 했다. 그 때문에 이항복은 유영경의 당에

---

18 체찰사(體察使): 지방에 군란이 있을 때 임금을 대신하여 그곳에 가서 일반 군무를 맡아보던 임시 벼슬. 보통 정승이 겸임했다.

의해 탄핵당했고, 정철의 복심으로 지목되어 정승 직에서 파면되었다. 정인홍이 임금의 부름을 받고 달려와, 최영경에 대한 두 번째 국문 때 대간 구성이 지은 죄를 첫머리에 거론하자, 구성을 귀양보냈다. 얼마 지나지 않아 유영경이 정승이 되어 정권을 장악하자, 임금은 정인홍 등 여럿을 파면하거나 경질하고 오로지 소북만 등용했다.

16. 소북의 분열: 유당과 남당

01 광해군을 세자로 세운 뒤(1592, 선조 25) 20년 동안 명나라에 여러 번 사신을 보내 세자 책봉을 요청했는데, 명나라는 임해군(臨海君)이 장자라고 버티면서 허락하지 않았다. 임해군과 광해군은 모두 공빈 김 씨(恭嬪 金氏)[19]가 낳았다. 임해군은 광포(狂暴)하여 덕망을 많이 잃었고, 광해군은 감무(監撫)[20]의 공이 있어서 의인왕후(懿仁王后)가 일찍이 양자로 삼았는데, 조정과 재야가 모두 그에게 기대를 걸고 있어서 이견이 없었다.

02 의인왕후가 죽은 뒤(1600, 선조 33), 예조 관리들이 명나라에 다시 사신을 보내 세자 책봉을 요청하자고 하자, 임금이 말했다. "왕비 책봉은 청하지 않고 세자 책봉만 청하는 것은 무슨 까닭이냐?" 결국 인목왕후(仁穆王后)를 책봉했는데(1602, 선조 35), 나중에 인목왕후가 영창대군(永昌大君)을 낳았다(1606, 선조 39). 영의정 유영경이 세종(世宗) 때 광평군(廣平君), 임영군(臨瀛君) 두 대군이 태어났을 때의 예를 들어 백관을 거느리고 임금에게 하례를 드리려 했다. 그러자 좌의정 허

---

19 이건창은 공빈을 박 씨(朴氏)로 기록했지만, 공빈은 김희철(金希哲)의 딸이므로 김 씨로 바로잡는다.

20 감무(監撫): 감국무군(監國撫軍)의 준말. 세자가 임금을 도와 나라를 돌보고 군사를 통솔하던 일.

욱(許頊)과 우의정 한응인(韓應寅)이 말했다. "대군 한 명을 낳았다고 꼭 하례를 드려야겠습니까?" 그러자 유영경도 하례를 그만두었다. 그러나 사람들은 모두 유영경이 임금의 뜻에 영합해 영창대군의 지위를 튼튼히 하려 한다고 의심했다.

03 임금이 병에 걸려 세자에게 왕위를 물려준다는 전교를 비밀리에 내리려고 정승들을 불렀다. 유영경이 말했다. "지금은 현직 정승을 부른 것이니 다른 정승들은 참여할 수 없소." 다른 정승들이 모두 물러가자, 유영경이 홀로 장계를 올려 전교를 거두라고 요청하며 말했다. "오늘의 전교는 '여러 사람의 뜻'과 무관하게 내리신 것이니, 신은 감히 명을 받들지 못하겠습니다." 병조판서 박승종(朴承宗)이 유영경과 함께 군대를 거느리고 궁궐을 호위하며 비상사태를 대비했다. 민심이 흉흉한 가운데 모든 사람이 말했다. "유영경이 세자를 임금으로 옹립하지 않으려 한다."

04 당시 이산해와 이이첨은 유영경에게 쫓겨나서 오랫동안 등용되지 못했다. 이들은 광해군과 비밀리에 결탁해 훗날의 계획을 세우고자, 광해군 빈(嬪)의 오빠 유희분과 밤낮으로 모여 의논했다. 때마침 민심이 뒤숭숭해지자, 이들은 대간 송석경(宋錫慶)을 사주해 약을 잘못 썼다는 이유로 어의 허준(許浚)의 죄를 따지게 하고, 그 책임을 유영경에게도 전가하려 했다. 당시 유영경이 마침 약원도제조(藥院都提調)였기 때문이다. 유영경이 송보(宋駂)를 시켜 다른 사안으로 송석경을 맞받아 공격하자, 임금이 송석경을 파직시켰다.

05 이산해와 이이첨은 계획이 실행되지 않자, 이성(李惺)과 이담(李憺)을 영남으로 보내 정경세에게 유영경이 세자를 위태롭게 할 계책을 세운다고 자세히 설명하고, 그에게 상소할 것을 권했다. 정경세가 사양

하며 말했다. “길이 다르면 일을 함께 도모하지 않는 법이오.” 다시 정인홍을 찾아가서 설득했더니, 정인홍이 분개하며 고향에서 상소했다. “유영경은 임금의 뜻을 비밀에 부치려고 정승들을 물리쳤습니다. 유영경이 말한 ‘여러 사람의 뜻’이란 온 나라 사람이 원하지 않는다는 말입니까? 아니면 사당(私黨)인 유영경의 당이 원하지 않는다는 말입니까? 나중에 유영경 자신이 사미원(史彌遠)이 되어 우리 세자를 제왕(濟王)으로 만들려는 것입니까?”[21]

06 임금이 몹시 화를 내며 말했다. “정인홍은 세자가 속히 보위를 물려받게 하려는구나. 신하 된 자가 차마 섬기던 임금의 퇴위를 능사로 여기는구나!” 이때부터 광해군이 문안할 때마다 임금이 번번이 꾸짖으며 말했다. “책봉의 명도 받지 못했는데 어찌하여 세자라고 칭하느냐! 다시는 문안하러 오지 말거라.” 광해군은 땅에 엎드려 피를 토했다. 대간 이효원(李效元) 등이 “정인홍이 임금을 동요시키고 부자 사이를 이간했다”고 탄핵했고, 아울러 이산해, 이경전, 그리고 이이첨 등을 논박해 모두 귀양 보냈다. 진사(進士) 정온(鄭蘊)이 상소하여 정인홍을 구하려 했으나, 임금은 답하지 않았다.

07 그때 허욱, 성영(成泳), 최천건(崔天健), 홍식(洪湜), 성준구(成俊耉), 이효원, 이유홍(李惟弘), 김대래(金大來), 송응순(宋應洵), 이덕온(李德溫), 송보, 송일, 남복규(南復圭), 유성(柳惺), 박승종, 유영근(柳永謹), 유영순(柳永詢), 이정(李瀞), 이경기(李慶禥), 박이장(朴而章), 황섬(黃暹), 황하(黃昰), 황근중(黃謹中), 조명욱(曹明勗), 성이문(成以

21 사미원(史彌遠, 1164-1233)은 남송(南宋) 영종(寧宗) 때 정승으로 영종이 죽자, 거짓 조서(詔書)로 황자(皇子) 횡(竑)을 제왕(濟王)으로 봉하여 호주(湖州)로 쫓아내고 이종(理宗)을 세웠다. 『송사(宋史)』, 권414, 「사미원전(史彌遠傳)」.

文), 민경기(閔慶基), 박안현(朴顔賢), 신광립(申光立), 신요(申橈)는 모두 유영경을 지지하여 '유당(柳黨)'이라 불렀다. 김신국 또한 유당에 들어갔다.

08 남이공, 김시국(金蓍國), 남이신(南以信), 박이서, 임연(任兗), 임장(任章)은 유영경에게 붙지 않아서 '남당(南黨)'이라고 불렀다. 유희분은 비록 광해군 때문에 대북과 함께 일을 계획했으나, 본래는 소북이었다. 더욱이 남이공과 친했기 때문에 남당이라고 칭했다. 이들은 모두 소북에서 갈라져서 둘로 나뉜 것이다.

17. 폐모론 이후의 북인, 그리고 남사고의 예언

01 선조가 승하하자(1608, 선조 41), 그날로 광해군이 즉위했다. 광해군은 이산해를 원상(院相)[22]으로 삼았고, 정인홍과 이이첨을 석방해 등용했으며, 유영경과 김대래를 죽였다. 유당은 모두 연루되어 처벌받았지만, 소북이 모두 쫓겨나지는 않았다. 유희분이 힘을 썼기 때문이다.

02 이때부터 역적이 나라를 장악하여, 첫 번째로 임해군을 죽였고, 두 번째로 진릉군(晉陵君)을 죽였고, 세 번째로 영창군(永昌君)을 죽였고, 네 번째로 능창군(綾昌君)을 죽였고, 다섯 번째로 연흥부원군(延興府院君) 김제남(金悌男)의 시신을 베고서 폐모에 관한 논의(廢母論·폐모론)를 매듭지었다. 이 사건 앞뒤로 흉악한 논의를 주장한 자들은 정인홍, 이이첨, 허균(許筠), 백대형(白大珩), 정조(鄭造), 윤인(尹訒), 이위경(李偉卿), 한찬남(韓纘男), 박정길(朴鼎吉), 박도홍(朴

---

22 원상(院相): 왕이 죽은 뒤 졸곡(卒哭)까지 스무엿새 동안 임금을 보좌하여 정무를 맡아보던 임시 벼슬. 중망 있는 원로 재상급 또는 원임자(原任者)가 맡았다.

道弘), 채겸길, 이상항(李尙恒), 이병(李覮), 한희길(韓希吉) 등으로 모두 대북이다. 그들의 회유와 협박을 받아 자기 생각은 다르다고 주장하지 못한 자는 재상 한효순 이하 이루 다 기록할 수 없는데, 그들도 모두 대북이다.

03 문창부원군(文昌府院君) 유희분, 밀창부원군(密昌府院君) 박승종, 광창부원군(廣昌府院君) 이이첨은 모두 훈신(勳臣)으로 책봉되어 '삼창(三昌)'이라고 불렸다. 그러나 유희분과 박승종은 이이첨과 입장이 조금 달랐다. 박승종은 서궁(西宮: 인목대비)을 보호한 공도 있었지만, 결국은 광해군을 따라 죽었다. 유희분과 박승종, 이 두 사람은 소북이다. 남이공의 당에도 폐모론에 가담하지 않은 사람이 많았다. 이산해는 광해군 초에 죽었는데, 그의 아들 이경전은 이이첨과 틈이 생겨 소북이 되었다가 뒤에 다시 남인이 되었다고 한다.

04 당시에 정의를 지키며 절개를 세운 자들로 이원익, 이덕형, 정구(鄭逑) 같은 이들은 모두 남인이었고, 이항복, 정홍익(鄭弘翼), 김덕함(金德諴), 오윤겸(吳允謙) 같은 이들은 모두 서인이었다. 대북에서는 기자헌(奇自獻)만 영의정으로서 바른 주장을 내세우다가 이항복과 함께 귀양을 갔다. 정온은 처음에는 정인홍을 스승으로 섬기다가 정인홍과 끝까지 갈 수 없음을 깨닫고서 스스로 제자의 적(籍)을 끊고서 상소하여 자신의 의견을 끝까지 밝혔다. 정창연, 이명(李溟), 유몽인(柳夢寅)이 정온을 지지하며 독립하자, 사람들이 그들을 '중북(中北)'이라 불렀다고 한다.

05 예전에 술사(術士) 남사고(南師古)가 사람들에게 말했다. "서울 동쪽에 낙봉(駱峯)이 있고 서쪽에 안현(鞍峴)이 있는데, 두 산은 서로 다투는 모습을 하고 있다. 반드시 동인과 서인의 다툼이 있을 것이다.

낙(駱)은 글자를 쪼개면 각마(各馬)가 되니, 동인은 반드시 분열하여 제각기 갈라설 것이다. 안(鞍)은 글자를 쪼개면 혁이안(革而安)이 되니, 서인은 반드시 시대를 개혁한 뒤에 안정을 찾을 것이다." 나중에 그의 말이 모두 입증되었다.

선조·광해군 시대의 당인들

<동인(東人)>

권극례(權克禮), 김귀영(金貴榮), 김성일(金誠一), 김우옹(金宇顒), 김응남(金應南), 김효원(金孝元), 노수신(盧守愼), 노직(盧稙), 노직(盧稷), 박근원(朴謹元), 백유양(白惟讓), 송언신(宋彦愼), 송응개(宋應漑), 송응형(宋應泂), 우성전(禹性傳), 유몽정(柳夢井), 유성룡(柳成龍), 윤기신(尹起莘), 윤승훈(尹承勳), 유전(柳塡), 이기(李墍), 이길(李洁), 이발(李潑), 이산해(李山海), 이양원(李陽元), 이호민(李好閔), 정개청(鄭介淸), 정대년(鄭大年), 정언신(鄭彦信), 정언지(鄭彦智), 정여립(鄭汝立), 정유길(鄭惟吉), 정율(鄭慄), 정인홍(鄭仁弘), 정지연(鄭芝衍), 정창연(鄭昌衍), 정탁(鄭琢), 조대중(曹大中), 최영경(崔永慶), 한효순(韓孝純), 허봉(許篈), 허엽(許曄), 홍여순(洪汝諄), 홍종록(洪宗祿)

<서인(西人)>

강해(姜海), 구봉령(具鳳齡), 구사맹(具思孟), 구성(具宬), 김계휘(金繼輝), 김덕함(金德諴), 박순(朴淳), 박응남(朴應男), 박점(朴漸), 백유함(白惟咸), 서태수(徐台壽), 성혼(成渾), 성문준(成文濬), 송익필(宋翼弼), 신응시(辛應時), 신흠(申欽), 심의겸(沈義謙), 양산숙(梁山璹), 양천경(梁千頃), 양천회(梁千會), 오윤겸(吳允謙), 유공진(柳拱辰), 유대춘(柳帶春), 윤근수(尹根壽), 윤두수(尹斗壽), 이귀(李貴), 이이(李珥), 이항복(李恒福), 이해수(李海壽), 정암수(丁巖壽), 정엽(鄭曄), 정홍익(鄭弘翼), 정철(鄭澈), 조헌(趙憲), 조흡(趙洽), 하락(河洛), 홍성민(洪

聖民), 황신(黃愼)

<남인(南人)>

김성일, 김수(金晬), 김우옹, 우성전, 유성룡, 이경중(李敬中), 이덕형(李德馨), 이원익(李元翼), 이헌국(李憲國), 정경세(鄭經世), 정구(鄭逑)

<북인(北人)>

김신국(金藎國), 남이공(南以恭), 문홍도(文弘道), 송언신, 이경전(李慶全), 이기, 이발, 이산해, 이이첨(李爾瞻), 이홍로(李弘老), 임국로(任國老), 임몽정(任蒙正), 유영경(柳永慶), 유영길(柳永吉), 정영국(鄭榮國), 정인홍, 정탁, 채겸길(蔡謙吉), 최영경, 홍여순

<대북(大北)> ⇒ 육북(肉北, 이산해 중심), 골북(骨北, 홍여순 중심)

기자헌(奇自獻), 박도홍(朴道弘), 박정길(朴鼎吉), 백대형(白大珩), 윤인(尹訒), 이병(李覮), 이산해, 이상항(李尙恒), 이위경(李偉卿), 이이첨, 정인홍, 정조(鄭造), 채겸길, 한찬남(韓纘男), 한희길(韓希吉), 허균(許筠), 홍여순, 한효순

<소북(小北)> ⇒ 유당(柳黨, 유영경 중심), 남당(南黨, 남이공 중심)

<유당>

김대래(金大來), 김신국, 남복규(南復珪), 민경기(閔慶基), 박승종(朴承宗), 박안현(朴顏賢), 박이장(朴而章), 성준구(成俊耈), 성영(成泳), 성이문(成以文), 송보(宋騁), 송응순(宋應洵), 송일(宋馹), 신광립(申光立), 신요(申橈), 유성(柳惺), 유영경, 유영근(柳永謹), 유영순(柳永詢),

이경기(李慶祺), 이덕온(李德溫), 이유홍(李惟弘), 이정(李瀞), 이효원(李效元), 조명욱(曺明勖), 최천건(崔天健), 허욱(許頊), 홍식(洪湜), 황근중(黃謹中), 황섬(黃暹), 황하(黃昰)

<남당>

김시국(金蓍國), 남이공, 남이신(南以信), 박이서(朴彝叙), 유희분(柳希奮), 임연(任兗), 임장(任章)

<중북(中北)>

정온(鄭蘊), 정창연(鄭昌衍), 이명(李溟), 유몽인(柳夢寅)

제2장 인조·효종 시대

第二章

1. 서인과 남인의 이이·성혼 문묘종사 논쟁

01 인조반정으로 떳떳한 인륜(彝倫·이륜)이 다시 바로잡혔다. 문무(文武)의 훈신 김류(金瑬), 이귀, 신경진(申景禛), 구굉(具宏), 장유(張維), 홍서봉(洪瑞鳳), 최명길(崔鳴吉), 심명세(沈命世) 등은 모두 이이와 성혼의 문인이거나 이항복이 일찍이 끌어들여 천거한 사람들이다. 이들은 폐고(廢錮)[1] 상태에서 기용되어 의거에 협력했다. 대북은 정인홍, 이이첨 이하 모두 처형되어 그 뒤로는 감히 대북이라 일컫는 자가 없었고, 국론은 마침내 서인으로 쏠렸다.

02 서인은 동인에게 쌓인 원한이 많아서 남인과 북인을 모두 폐고하려 했는데, 그 주장의 주동자는 김상헌(金尙憲)이었다. 그러나 그 당시에 예전의 덕 있는 신하들은 모두 죽었지만, 오직 이원익은 살아남아서, 반정 다음 날 한강 강가에서 가마를 타고 조정에 나아가니, 민심이 비로소 크게 안정되었다. 마침내 임금이 그를 수상으로 세우니, 이로써 남인이 또다시 폐고되지 않았다. 소북은 자립할 수 없어서 많은 이들이 서인과 남인에게 투항하여 붙었다.

---

1 폐고(廢錮): 평생 벼슬을 하지 못하게 하는 처분.

03 신하들이 제일 먼저 성혼과 정철의 복관(復官)과 사제(賜祭)[2]를 요청했다. 이어서 이원익도 기축년의 죄인 이발 등의 복관을 요청했다. 임금이 두 요청을 모두 허락했다. 이에 서울과 지방의 유생들이 이이와 성혼의 문묘종사(文廟從祀)를 청원했다. 그러자 영남 유생들이 번갈아 상소하며 이이와 성혼을 헐뜯었다. "이이는 산에 들어가 신체를 훼손했으니, 유교의 명분과 가르침에 흠집을 냈고, 성혼은 임금을 버리고 나라를 배반했으며, 선비들을 음해하여 죽였습니다."

04 서인 오윤겸, 조익(趙翼) 등이 소를 올려 영남 유생들의 무고를 따지자, 임금이 "두 사람의 허물은 모든 사람이 다 아는 것"이라고 전교했다. 이로부터 문묘종사의 가부(可否)가 서인과 남인이 싸우는 중요한 안건이 되었으며, 이 문제를 두고 조정 신하와 유생들이 서로 투서하며 다투지 않는 시절이 없었다고 한다.

2. 북인의 몰락: 기자헌·유몽인 옥사

01 기자헌은 절개를 확고히 지켰으나, 본래 대북이었고, 그의 아들 기준격(奇俊格)이 역모를 꾀해 처형되었기 때문에 결국 등용되지 못했다. 이괄(李适)의 난 때 고변서(告變書)에 이름이 실린 기자헌과 북인 김원량(金元亮), 윤수겸(尹守謙), 이시언(李時言), 현집(玄緝) 등이 붙잡혔다. 그런데 임금이 피난할 때 김류가 "즉시 죄수들을 참형해 반군과 내통할 길을 끊어야 한다"고 주장했다. 이귀가 반대했다. "임금이라면 한 명이라도 죄 없는 사람을 죽여서는 안 되는데, 지금 까닭 없이 부당한 형벌을 가하는 것이 옳겠는가?" 김류가 다시 강경하게 주장하자,

---

2 사제(賜祭): 중국 황제가 조선 왕의 상에, 혹은 조선의 왕이 사망한 신하나 신하의 사후 묘 등에 내리는 제사.

이귀가 말했다. "기자헌은 임금을 보필한 옛 정승으로 광해군 조정에서 절개를 세웠는데, 이제 다른 죄수들과 뒤섞여 처형당하게 되었습니다. 바라건대 창졸간이어서 어쩔 수 없이 처형했다는 뜻을 알려서 죽는 자가 자신에게 죄가 없었다는 것을 알게 하소서." 또 목을 베지 말고 목을 매어 죽이자고 주장했다. 그리하여 김원량 등 49명을 하룻밤 사이에 모두 죽였다. 이원익이 조회에 참석하여 처음 소식을 듣고 깜짝 놀라 "이렇게 많이 베어 죽였는데 수상으로서 모르고 있었으니, 내가 늙었구나! 내 장차 어디에 쓰이겠는가!"라고 말하고, 탄식하며 자책하기를 그치지 않았다.

02 북인인 전 판서 권진(權縉)의 영남으로 귀양 갔는데, 훈신 구인후(具仁垕)가 감사 민성휘(閔聖徽)를 시켜 곧바로 목을 베게 했다. 사태가 평정되고서 함부로 죄인을 죽였다는 이유로 민성휘를 체포했다. 공신들이 모두 "민성휘의 마음은 실로 나라를 위한 것이었습니다"라고 말하자, 그의 관직을 삭탈하는 것으로 그쳤다.

03 유몽인은 본래 중북으로 폐모론에 참여하지 않았다. 반정 후에 서산(西山)으로 도망가서 나오지 않다가 나중에 체포되었다. 유몽인이 자신이 지은 「노과부시(老寡婦詩)」[3]를 진술하자, 옥사를 맡은 자가 자백한 것으로 여겨 베어 죽였다. 그의 생질(甥姪) 홍서봉이 당시 훈신이

---

3 『연려실기술』, 제23권, 「인조조고사본말(仁祖朝故事本末)」, 유몽인의 옥사(柳夢寅之獄) 조에 아래의 시가 실려 있다. 당시 옥사를 맡은 자는 이 시를 보고 유몽인이 불사이군(不事二君)의 뜻을 드러낸 것으로 이해했다.

70세 늙은 과부 / 七十老孀婦
단정히 빈방 지키고 있네 / 端居守空壺
주위 사람들이 시집가라 권하는데 / 傍人勸之嫁
무궁화처럼 잘생긴 미남이라네 / 善男顏如槿
여사의 시를 익히 외워서 / 慣誦女史詩
태임(太妊)과 태사(太姒)의 교훈을 조금은 알고 있으니 / 稍知妊姒訓
흰머리에 젊은 모양 꾸민다면 / 白首作春容
어찌 연지분이 부끄럽지 않으리오 / 寧不愧脂粉

었으나 그를 구제하지는 못했다. 이때부터 박홍구(朴弘耉), 이인거(李仁居), 유효립(柳孝立), 정운동(鄭雲同), 권대진(權大進)의 옥사가 이어졌고, 뒤숭숭하고 불안한 상황이 수년 동안 이어졌다. 낙담한 자가 대략 온 나라의 절반쯤 되었는데, 조정이 평정 회복에 힘쓰지 않았기 때문에 이 지경에 이르게 되었다.

04 의정부에서 포고문을 지어 팔도에 두루 알렸다. "기자헌, 유몽인이 폐주(廢主, 광해군)를 위해 복수하려고 흉악한 계책을 꾸며 역적들의 뿌리가 되었다." 그리고 대북에게 죄를 덧씌우며, "광해군과 공모하여 선조(宣祖)를 독살했다"고 기록했다. 그러나 그 주장은 전혀 증거가 없었다.

3. 서인과 남인, 그리고 북인: 삼색도화

01 선조의 서자인 인성군(仁城君) 이공(李珙)이 여러 번 역적에게 말려들자, 유효립 옥사 뒤에 백관이 조정에서 사형시킬 것을 요청했다. 대간 정온이 상소했다. "이제 증거의 허실(虛實)은 따지지 않고 오로지 역적의 진술만 믿는다면, 역옥이 사라질 때가 없을 것입니다. 비록 지금의 인성군을 제거하더라도 어찌 또 다른 인성군이 나오지 않겠습니까? 그렇게 된다면, 안타깝게도 선왕의 아들들이 남아나지 못할 것입니다. '은나라 거울이 멀지 않다'[4]라고 했는데 가까이는 광해군 시대에 있습니다. 가령 광해군 시대에 정치가 혼란스러웠다고 하더라도, 광해군

---

4 『시경(詩經)』, 「대아(大雅)」 편에 다음과 같은 구절이 있다. "은(殷)나라의 거울은 먼 데 있지 않다(殷鑑不遠). 전대(前代)인 하(夏)나라에 있다(在夏后之世)." 은나라 주왕(紂王)이 거울로 삼아 경계해야 할 일은 전대의 하나라 걸왕(桀王)이 어질지 못한 정치를 하여 망한 일이라는 뜻으로, 자기가 거울로 삼아 경계하여야 할 선례는 바로 가까이에 있다는 말이다.

이 동기를 죽이지 않고 모후를 폐하지 않았다면, 비록 전하에게 덕이 있더라도 전하께서 이 자리를 차지하지 못했을 것입니다." 정온이 다시 훈신들을 몹시 헐뜯으며 말했다. "전하께서 이 무리 때문에 나라를 얻었으나 끝내 이 무리 때문에 나라를 잃을 것입니다." 임금이 처음에는 이공을 죽이려 하지 않았으나, 훈신들이 앞다투어 죽이자고 주장하기를 멈추지 않으므로 어쩔 수 없이 따랐다.

02 때마침 국혼(國婚) 계획을 논의했는데, 동인 윤의립(尹毅立)의 딸이 선발되자, 훈신 이귀와 김자점 등이 힘껏 막았다. 검열(檢閱) 목성선(睦性善)과 정자(正字) 유석(柳碩)이 임금의 뜻에 부응해 현안을 말하면서, 조정의 신하가 인성군을 죽이고 윤 씨와의 혼사를 깨뜨린 등의 일을 비판하고 배척했다. 부제학(副提學) 정경세와 전한(典翰) 이준(李埈) 등은 조정의 남인들과 함께 자신들의 주장이 고결한 논의라고 주장하면서, 심지어 이귀 등이 골육(骨肉)을 참혹하게 죽였다며 이이첨과 비교하기도 했다. 서인은 분노하고 원망하며 "남인이 이 일을 계기로 조정의 판세를 바꾸려 한다"고 말했다. 그러나 정온과 정경세는 절의가 있고 경세에 밝으며 행실이 바른 것으로 소문났고, 그들이 주장하는 바는 조정과 재야에 모두 알려진 것이었기 때문에, 드러내고 배척할 수 없었다. 다만 목성선과 유석은 지위가 낮고 어렸기 때문에, 서인이 떼지어 일어나 그들을 공격했다.

03 김상헌이 정경세의 뒤를 이어 부제학이 되자 소를 올려 "목성선과 유석은 자기들의 당을 외척으로 만들고자 했으니, 평화로운 때에는 외척의 도움을 엮어서 역적들이 추대하는 왕자를 지키려 했고, 세상이 어지러운 때에는 인성군을 죽이지 말자는 말을 건의한 공로를 보답받고자 했습니다"라고 비난했는데, 듣는 사람들이 모두 심하다고 여겼

다. 우의정 신흠과 대간 황호(黃床)는 서인이었다. 그러나 정경세 등을 두둔하다가 이귀의 꾸지람을 받았다. 대간 이성구(李聖求)는 남인이었으나, 도리어 목성선을 공격하며 그의 상소를 불사르자고 청하여, 이 때문에 갑자기 등용되어 정승으로 임명되었다.

04 당시 남인으로 높은 자리에 올라 권력을 잡은 자는 이성구, 이광정(李光庭), 장현광(張顯光), 김시양(金時讓) 등 몇 사람뿐이었다. 북인으로는 남이웅(南以雄)뿐이었는데, 그는 일찍이 이조판서가 되어 주의(注擬)할[5] 때마다 서인, 남인, 북인을 나란히 써서 삼망(三望)[6]을 만드니, 당시에 '삼색도화(三色桃花)'라고 불렀다. 그러나 남이웅은 오래지 않아 탄핵을 받고 물러났다.

05 조경(趙絅)은 깨끗하다는 명성으로 당시에 존경받았다. 일찍이 조경이 대간으로서 공신이자 정승인 홍서봉을 탐욕스럽고 사치스럽다고 탄핵하자, 김상헌이 조경을 하옥시키라고 청했다. 민형남(閔馨男)이 상소하여 "간관 국문은 우리나라 조정(國朝)에서는 없던 일입니다"라고 말하자, 국문이 중지되었다. 이계(李烓)는 글을 잘 지었고 논쟁을 좋아했는데, 김상헌과 원수진 일이 있었다. 인조 21년(1643) 1월 김상헌이 두 번째로 선양(瀋陽)에 억류되었는데, 이계는 청나라 사람에게 붙어서 나라가 비밀리에 추진하던 일을 고해바친 사건으로 극형을 받았다.[7] 그러나 사안이 분명하지 않아 남인들은 원통하게 여겼다. 당시 조정의 논의는 원종 추숭(元宗追崇) 및 강화(講和)와 척화(斥和) 문제

---

5 주의(注擬): 벼슬아치를 임명할 때 임금에게 후보자 세 사람을 정하여 올리던 일.

6 삼망(三望): 벼슬아치를 발탁할 때 후보자 셋을 임금에게 추천하던 일.

7 이 사건을 김상헌 측의 기록인 『청음선생연보(淸陰先生年譜)』, 제2권, 숭정(崇禎) 16년(1643) 1월 기사는 다음과 같이 기록했다. "역적 이계가 불법 무역을 한 일이 발각되어 오랑캐들이 체포해 봉황성(鳳凰城)에 가두었다. 그러자 이계가 조정의 기밀을 오랑캐들에게 고하면서 그 여파가 선생에게까지 미치게 하고서 자신은 모면하려고 했다. 이에 조정에서는 이계를 잡아다 처형했다."

로 비록 이견이 있었으나, 서인과 남인 문제와는 모두 관계없으므로 기록하지 않는다.

4. 경험이냐, 기개냐? 노서와 소서의 대립

01 반정 초에는 훈신이 권력을 잡았지만, 선비들도 많이 따랐는데, 그중 김상헌의 풍모와 판단력이 뛰어났다. 여기에서 훈서(勳西)와 청서(淸西)의 명목이 나뉘었는데, 얼마 지나지 않아 또 노서(老西)와 소서(少西)로 바뀌었다. 훈서 가운데는 김류가 노서를 이끌었고, 이귀는 소서를 이끌었다. 노서인 신흠, 오윤겸, 김상용(金尙容)은 서인과 남인을 함께 등용하려고 애썼다. 그러나 삼사의 박정(朴炡), 나만갑(羅萬甲), 이기조(李基祚), 강석기(姜碩期) 등은 모두 김상헌의 풍모를 흠모하며 스스로 소서라고 일컬었다.

02 남이공은 유희분과 당을 결성해 광해군 조정에서 고위 관리가 되었다. 그러나 끝까지 폐모론에 참여하지 않자, 세상에서는 이것을 훌륭하게 여겼다. 이경직(李景稷)은 본래 당이 없었지만, 이이첨과는 먼 일가였다. 이이첨이 서성(徐渻)을 해치려 하자, 이경직이 서성과 집안끼리 대대로 사귀어 온 정이 있어서 이이첨을 찾아가 만나서 서성을 풀어주게 했다. 이 때문에 이경직을 좋아하지 않는 자들은 이경직이 이이첨과 내통했다고 떠들었고, 폐모론이 제기되자, 이경직은 폐모론 정청(庭請)[8]에 참여하지 않았다는 이유로 처벌받았다.

03 이때 오윤겸은 남이공을 대사헌으로 추천하고, 김상용은 이경직을 대사간으로 추천했는데, 박정 등이 이것을 비판했다. 이귀도 임금에

---

8 정청(庭請): 세자나 의정이 백관을 거느리고 궁정에 이르러 큰일을 보고하고 명령을 기다리던 일.

게 아뢨다. "오윤겸과 김상용이 김류와 합세해 허물 있는 사람들을 끌어들여 진출시키려 합니다." 그리고 김류는 박정 등이 사납고 어리석어 제멋대로 한다고 배척했다. 임금은 박정 등이 당을 결성한다고 의심하고, 그들을 국문하려고까지 하다가, 얼마 뒤에 멀리 귀양보내라고 명했다. 대제학 장유가 상소로 삼사를 구원하자, 임금이 그를 나주목사(羅州牧使)로 내보내니, 조정이 논란으로 몹시 소란스러웠다.

04 완성군(完城君) 최명길이 상소하여 양쪽을 화해시키려 했다. 상소의 대략은 다음과 같다.

> *당파가 나뉜 이래 권력을 잡은 자들은 전조(銓曹: 이조와 병조)를 권력의 뿌리로 여기고 삼사를 발톱과 어금니로 여겼습니다. 또 그 가운데에서 명망이 높은 한 사람을 추대해 당수로 세우고, 모든 인재의 등용과 파면 및 조정 정치의 시비(是非)를 한결같이 당수의 개인 집에서 결정했습니다. 그러므로 삼사의 논의가 마치 한 사람의 입에서 나오는 것과 같아서, 전형(銓衡)하는 지위에 있는 사람은 탄핵하거나 논박하지 못했고, 당수의 집에는 안장을 얹은 말(鞍馬·안마)이 문 앞에 가득 늘어서니, 당당하던 모두의 조정이 마침내 사당(私黨)의 소굴이 되었습니다.*
>
> *반정 이후로는 이쪽과 저쪽의 인재가 동시에 등용되었지만, 모두 자기들의 명성과 덕망으로 이룬 것이고, 남이 이끌어주는 힘에 의지하지는 않았습니다. 그러므로 전조의 권한이 가벼워지기 시작했고, 대각에서 일을 논의할 때도 상관의 지시를 받지 않았습니다. 비록 엇갈리는 주장들이 간간이 나오기도 했지만, 진실로 맑은 조정의 아름다운 사업을 해치지는 않았습니다. 다만 지금 몇몇 신하의 지론은 너*

무 준엄하고, 남을 책망하는 것도 너무 가혹하기는 합니다. 그 결과 쇠뇌에서 화살이 한꺼번에 발사되듯이, 유언비어가 난무하며 상대방을 잇달아 함정에 빠뜨렸으니, 이것이야말로 안타까운 일입니다.

남이공은 유희분, 박승종과 친하기는 하지만, 폐모론을 주장하던 자들과는 원수가 되어 여러 해 동안 귀양을 살았습니다. 정무를 맡아본 경험도 이미 오래 쌓였고, 계획과 사려가 넉넉하고 깊어서 진실로 나랏일을 함께 도모할 만합니다. 그래서 신이 전조에 있을 때 추천하여 등용하려 했으나 실행하지는 못했습니다. 나중에 김류의 제안에 따라 비로소 청현(淸顯)[9]직에 추천했는데, 젊은이들이 받아들이지 않아, 마침내 풍랑이 일었습니다.

그러나 신이 지금 남이공을 버리고 젊은이들을 구원하는 것은 신의 견해가 바뀌었기 때문이 아닙니다. 진실로 신하들이 남이공을 공격하는 것은 그를 완전히 버리자는 것이 아니라, 다만 청환(淸宦)에 추천하는 것을 허용하지 말자는 것일 뿐입니다. 가령 조정에서 젊은 신하들은 박절하게 경질하고, 남이공은 계속 쓴다면, 그것이 옳겠습니까? 어찌하여 젊은 신하들의 기세를 거듭 꺾어, 깨끗한 언론을 주장하는 선비들이 모두 불만을 품게 하여, 남이공의 앞길을 또다시 막으려 하십니까?

이경직이 일찍이 이이첨을 찾아갔더니, 이이첨이 그를 서재로 맞아들였는데, 이이첨의 사위 박자흥(朴自興)이 이를 보고 헐뜯는 말을 만들어 전파했습니다. 게다가 이경직은 폐모론 정청에 참여하지 않

---

9 청현(淸顯): 청환(淸宦)과 현직(顯職). 청환은 학식과 문벌이 높은 사람에게 시키던 규장각, 홍문관 따위의 벼슬로 지위와 봉록은 높지 않으나 뒷날에 높이 될 자리였으며, 현직은 문무의 양반이 맡던 높고 중요한 직위라는 뜻이다.

아서 헤아리기 어려운 함정에 빠졌습니다. 나중에 비로소 사람들이 이경직의 본심을 알았지만, 그 외의 비방들이 어지럽게 뒤섞여 지금까지 이어지고 있습니다.

이경직은 신과 동년배입니다. 젊어서부터 재주가 있다는 명성이 있었고, 선비들과 사귀고 부모를 섬기는 데에도 눈여겨볼 만한 행실이 있었습니다. 다만 재주를 믿고 호기를 부리는 것은 그의 결점입니다. 그가 이이첨의 서재에서 나눈 사적인 말은 참고가 될 만한 증거가 분명하지 않으나, 폐모론 정청에 관해 이견을 세운 사실은 사건의 진행 과정에 증거가 남아 있습니다. 그러므로 밝히기 어려운 잘못으로 증거가 있는 올바른 일을 가려서는 안 됩니다. 이것이 선배들의 주장입니다.

그러나 비록 그가 폐모론에 호응하지는 않았지만, 권간(權奸)의 문턱에 발을 디뎠으니, 결국 오이밭에서 신발을 고쳐 신은 혐의에서는 벗어나기 어려울 것입니다. 이러한 후배의 말 또한 공정한 논의에서 나온 것이니, 후배의 말을 근거로 후배를 처벌할 수는 없습니다.

말세에 풍속이 들뜨고 경박하여 명목 가르기를 좋아하는 떠들썩한 말들이 나돈 것이 어제오늘의 일이 아닙니다. 반정 초에 또한 청서, 훈서, 윤서(尹西), 신서(申西)의 명목이 매우 다양하게 전파되었는데, 아무 탈 없이 끝난 것은 조정이 그것들을 특별히 구분하지 않고 무심하게 처리했기 때문입니다.

대체로 선배들은 이미 나이도 많고 경력도 많아서 그들의 논의는 항상 너그럽게 용서함을 주장했고, 후배는 혈기가 한창 강하고 명예와 절개를 지키려고 힘쓰기 때문에 그들의 말은 항상 맑고 높은 것을 주장했습니다. 너그럽게 용서하는 자는 정에 치우치는 데 흐르기도

하고, 맑고 높은 자는 과격하고 각박한 데 빠지기도 합니다. 양자가 숭상하는 것이 상반되지만, 세상일은 늘 그러한 것입니다.

신이 젊을 때 사귀던 한 무리의 선비 중에 황신, 정엽, 오윤겸과 같은 사람들은 유학(儒學)과 올바른 행동으로 선배들로부터 존중받았고, 김류, 홍서봉, 김상헌 등은 맑은 이름과 아름다운 명성으로 후배들로부터 추앙을 받았습니다. 그런데 일을 논의할 때는 완급이 같지 않아 후배들이 선배의 말을 조롱하고 비평하는 일도 많았습니다. 그러나 선배들이 대처하는 것이 온화하여 끝내 개의치 않았으니, 이것이 온전하게 사귀는 도리입니다.

세월이 점점 흐르고 사람 일도 점점 변해 옛날의 후배가 도리어 오늘의 선배가 되었습니다. 그리고 전날의 맑고 높은 주장은 한 무리의 젊은이들에게 양보하고, 자신은 남의 기롱과 비평을 받아들여야 하는 처지에 서게 될 것입니다. 서로 바뀌는 이치가 참으로 한바탕 웃음거리입니다. 지금 선배들의 너그럽게 용서하는 도리가 유독 티끌 한 점 없을 수 없는 몇몇 사람들에게만 해당하고, 한때 맑은 의론을 지켰던 선비에게는 해당하지 않는다면, 배가 한쪽으로 기운다고 배 안의 사람 모두가 왼쪽에서 오른쪽으로 이동하는 것과 무엇이 다르겠습니까?

05 윤서와 신서는 윤방(尹昉)과 신흠 두 집안의 자제들을 일컫는데, 오래지 않아 다시 합쳤다.

5. 한당과 산당의 갈등

01 인조 말년에 다시 '원당(原黨)', '낙당(洛黨)', '산당(山黨)', '한당(漢黨)'의 명목이 생겼다. 원당은 원평부원군(原平府院君) 원두표(元斗杓)가 중심이었고, 낙당은 상낙부원군(上洛府院君) 김자점(金自點)이 중심이었는데, 모두 훈신이다. 산당은 김집(金集)이 중심이었는데, 송준길(宋浚吉)과 송시열(宋時烈) 등이 보좌했으며, 모두 연산(連山)과 회덕(懷德)의 산림에 살던 사람들이었기 때문에 산당이라고 불렀다. 한당은 김육(金堉)과 신면(申冕)이 중심이었는데, 모두 한강(漢江)가에 살았기 때문에 한당이라고 불렀다.

02 전에 김상헌이 의리를 부르짖으며 화친을 배척하더니, 남한산성에서 내려온 뒤에는 산속으로 돌아가 숨어버렸다. 그 뒤에 청나라 사람에게 발각되어 선양[10]의 객사에 갇혔지만, 굴복하지 않았다. 여러 해가 지난 뒤 돌아와서 정승으로 임명되었으며, 김장생(金長生)과 그의 아들 김집이 임금을 보좌할 재주가 있다며 추천했다. 김장생은 조정에 진출했다가 얼마 지나지 않아 죽었고, 김집이 상복을 벗자, 찬선(贊善)으로 기용해 세자를 보좌하게 했다. 이때 김육이 경제(經濟)전문가로 기용되어 공부(貢賦)를 개혁해 대동법(大同法)을 시행하자고 건의했으나, 김집이 반대했다.

03 이때 마침 이조판서 자리가 비어 있었다. 조정과 재야에서는 김집이 이조의 정무를 맡아줄 것을 바랐다. 그런데 임금이 임담(林墰)을 이조판서로 삼자, 김집이 벼슬을 버리고 떠났다. 삼사와 관학(館學)에서 번갈아 상소를 올려 김집을 만류하라고 청했다. 또 임담에게 명하여

10 이건창은 연경의 객사(燕館)라고 적었으나, 김상헌이 갇혔던 곳은 선양이었다.

어진 이를 위해 길을 터주게 하라고 요청하자, 임담이 그만두고 물러났다. 임금이 김집을 부르자, 조카 김익희(金益熙)가 김집을 찾아가 임금의 뜻을 알렸다. 이에 김집이 돌아와 이조판서가 되어 어진 선비들을 모두 끌어들여 조정에 포진시켰다. 송시열과 송준길 두 송 씨를 필두로 윤선거(尹宣擧), 이유태(李惟泰)를 차례로 불러들였다. 남인인 권시(權諰), 허목(許穆), 윤휴(尹鑴) 등도 또한 그 선발 대열에 포함되자, 선비들이 엄정하게 그 형세를 바라보았다.

04 세상에 전해지기를, 반정 초에 훈신들이 모여 맹세할 때 두 가지 밀약이 있었다. 그것은 "국혼(國婚)을 놓치지 말자는 것과 산림을 높은 자리에 등용하자는 것"이었다. 형세를 굳혀서 명분과 실리를 동시에 거두려는 것이었다.

05 바야흐로 송시열 등이 왕성하게 명성을 떨치자, 훈신 김자점, 원두표, 이후원(李厚源)이 앞다퉈 서로 추천하며 영도자가 되어 주기를 청했다. 소현세자 빈(昭顯世子嬪) 강(姜) 씨를 사사(賜死)한 변고는 실제로는 김자점이 빚어낸 것이었다. 구체적인 사실은 다른 글에 적혀 있다. 선비들의 공론이 이 일 때문에 김자점을 배척하고 원두표와 이후원에게 쏠리자, 김자점이 매우 분하게 여겼다. 신면이 때마침 높은 지위에 오르자, 김익희와 권세를 다투었다. 김익희가 산당 사람들의 두터운 신망에 의지하여 신면이 김자점과 당을 결성했다고 탄핵했다.

06 조경이 대사헌이 되어 남인들과 함께 여러 당을 모두 무너뜨리려고 했다. 이 일이 일어나기 전에 송준길이 집의(執義)로서 경연을 열어 김자점과 당을 결성했다는 이유로 이시만(李時萬), 이이존(李以存), 신면, 이지항(李之恒), 이해창(李海昌), 엄정구(嚴鼎耉), 황호를 귀양 보내자고 청했다. 또 원두표와 당을 결성했다는 이유로 이행진(李行進),

이시해(李時楷)를 파면시키라고 청했다. 이들 모두 선비로서 공신과 정승에게 붙은 것이 구실이 되었는데, 사람 수의 많고 적음과 형벌의 경중은 모두 달랐다.

07 효종(孝宗)이 즉위하자, 청나라를 토벌하여 복수하려는 마음을 단단히 먹고서 모든 국정에서 송준길과 송시열의 의견만 듣고 김자점은 내쫓았다. 이에 김자점이 역관 이형장(李馨長)을 시켜 청나라 사람에게 참소(讒訴)하며 말했다. "새 임금이 옛 신하들을 물리치고 산림 사람들을 진출시켜 서열도 따지지 않고 기용하니, 장차 무엇을 하려는 뜻이 있을 것입니다." 이에 청나라에서 6명의 사신을 파견해 조사하고 물었으나 사태의 윤곽을 파악할 수 없었다. 영의정 이경석이 몸소 책임을 지고 예조판서 조경과 함께 의주의 옥에 갇혔는데, 얼마 지나지 않아 청나라 사람들이 의심을 풀고 조사를 그만두었다.

08 김자점은 처음에는 귀양을 명받았으나, 얼마 지나지 않아 반역을 꾀한 사실이 발각되어 아들 김익(金釴)과 함께 처형되었다. 김익이 죽음이 임박해 진술했다. "김자점이 이형장을 보내 청나라 사람에게 송시열 등을 결박해 가라고 부탁했는데, 그 꾀는 신면으로부터 나온 것입니다." 신면은 고문을 받았으나 굴복하지 않고 죽었다. 뒤에 이형장을 국문했는데, 이형장은 죽음에 이르러서도 오히려 "신면은 무죄"라고 말했다.

09 어떤 이가 전하기를, 송시열 등이 장차 조정에 부임하려고 할 때, 신면이 대대로 귀한 집 출신으로 높은 명성이 있었기 때문에 사람을 시켜 신면에게 자신들의 의중을 전달했다고 한다. 그러자 신면이 말했다. "산당 사람들이 정말로 조정에 나오려 하는가?" 사자(使者)가 답했다. "그렇습니다." 신면이 말했다. "나와서 장차 무엇을 하려 하는가?" 사

자가 답했다. "청나라에 복수하여 치욕을 씻고 강빈(姜嬪)의 억울함을 풀어주는 것, 이 두 가지 일이 오늘날 먼저 할 일입니다." 신면이 말했다. "내가 산당 사람들에게 감사드린다. 그대들은 봉황과 같아서 그 명성만 듣고도 사람들이 저절로 우러를 테니, 때맞춰 나오면 조정의 모범이 되는 것도 안 될 것은 없다. 다만 세상으로 내려와 닭과 오리처럼 바쁘게 몰려다니면 부인과 어린이들의 웃음거리가 되지 않을 수 없을 것이다." 그 말이 전해지자, 산당이 크게 화를 냈는데, 결국 신면이 이것 때문에 죽었다고 한다.

10 민신(閔愼)이라는 사람이 있었는데, 그의 할아버지가 죽었을 때 그의 아버지는 불치병을 앓고 있었다. 송시열은 송(宋)나라 광종(光宗)과 영종(寧宗)의 사례를 인용해 민신이 아버지를 대신해 제사를 물려받게(承重·승중)[11] 했다. 김육이 대간을 시켜 민신이 아버지를 폐했다고 탄핵하게 했고, 송시열도 비판했다. 김육이 죽자, 그의 아들 김좌명(金佐明)이 수도(隧道)[12]를 내서 장사를 지냈는데, 송시열이 또 사람을 시켜 상소하여 분수에 넘치는 일이라고 논박하게 했다. 조한영(曹漢英)은 김육을 두둔하고 민정중(閔鼎重)과 민유중(閔維重)은 송시열을 두둔하며 서로 다투었지만, 문제는 해결되지 않았다. 이로부터 산당과 한당의 틈새가 물과 불같이 갈라졌다.

11 명성왕후(明聖王后)가 세자빈으로 책봉되어 김 씨가 외척이 되었다. 김좌명이 본래 재간과 능력이 있었기 때문에 세상에서 아버지를 이어서 정승이 될 것이라고 기대했다. 그런데 송시열이 공공연히 말했다.

---

11 승중(承重): 아들이나 손자가 아버지나 할아버지로부터 한 집안을 거느릴 권리를 물려받는 일. 아버지나 할아버지를 대신해 조상의 제사를 받듦.

12 수도(隧道): 묘도(墓道).

"외척은 다시 쓸 수 없다." 선비들이 송시열을 두려워하여 많은 이들이 김좌명을 방문하지도 못했다. 김좌명의 아들 김석주(金錫胄)가 문장으로 명성이 높았지만, 과거에 급제한 지 10년이 지나도록 청현 직에 나아가지 못하자, 송시열에 대한 원한이 뼈에 사무쳤다. 어떤 이가 정태화(鄭太和)에게 말했다. "산당 사람들과 외척의 원한이 깊은데 어찌하면 다시 풀 수 있겠습니까?" 정태화가 말했다. "세상의 변화가 무궁한데 다시 합칠 수 있을지 없을지 어찌 알겠나? 나는 늙었지만, 그대들은 혹시 그날을 볼 수도 있겠지."

❁ 인조·효종 시대의 당인들 ❁

<서인>

구굉(具宏), 구인후(具仁垕), 김류(金瑬), 김상헌(金尙憲), 민성휘(閔聖徽), 신경진(申景禛), 신흠, 심명세(沈命世), 오윤겸, 이귀, 장유(張維), 조익(趙翼), 최명길(崔鳴吉), 홍서봉(洪瑞鳳), 황호(黃戾)

<서인> ⇒ 훈서(勳西), 청서(淸西)

<훈서> ⇒ 노서(老西)

김류, 김상용(金尙容), 신흠, 오윤겸

<청서> ⇒ 소서(少西)

강석기(姜碩期), 김상헌, 나만갑(羅萬甲), 박정(朴炡), 오윤겸, 이기조(李基祚), 장유, 정엽, 황신

<윤서(尹西)> 윤방(尹昉) 집안 자제들

<신서(申西)> 신흠 집안 자제들

<원당(原黨)>

원두표(元斗杓), 이후원(李厚源)

<낙당(洛黨)>

김자점(金自點)

<산당(山黨)>

김집(金集), 민유중(閔維重), 민정중(閔鼎重), 송시열(宋時烈), 송준길(宋浚吉), 윤선거(尹宣擧), 이유태(李惟泰)

<한당(漢黨)>

김석주(金錫胄), 김육(金堉), 김좌명(金佐明), 신면(申冕), 조한영(曺漢英)

<남인>

권시(權諰), 김시양(金時讓), 목성선(睦性善), 유석(柳碩), 윤휴(尹鑴), 이계(李烓), 이광정(李光庭), 이성구(李聖求), 이원익, 이준(李埈), 장현광(張顯光), 정경세, 조경(趙絅), 허목(許穆)

<북인>

권진(權縉), 기자헌, 기준격(奇俊格), 김원량(金元亮), 남이공, 남이웅(南以雄), 유몽인, 윤수겸(尹守謙), 이시언(李時言), 정온, 현집(玄緝)

<무당파>

이경직(李景稷)

제3장 현종 시대

第三章

1. 기해예송: 서인 예론의 실질적 승리

01 효종이 승하했을 때(1659, 효종 10), 자의대비(慈懿大妃)는 동조(東朝)[1]에 살고 있었다. 명나라 예법(大明禮·대명례)과 우리나라 제도(國制·국제)에는 임금의 어머니는 아들이 죽었을 때 장자(長子)와 중자(衆子)를 가리지 않고 모두 1년 복(朞年服·기년복)을 입도록 규정되어 있었다.[2] 그런데 찬성(贊成) 송시열이 『의례(儀禮)』「상복(喪服)」 편에 나오는 "서자(庶子)는 제사를 물려받았더라도 아버지가 그를 위해 3년 복을 입을 수 없다"는 구절을 인용하며, 마땅히 고례(古禮)인 『의례』에 따라 1년 복을 입어야 한다고 주장했다. 효종이 본래 인조의 차적자(次嫡子)이지 장자는 아니라는 주장이었다.

02 진선(進善) 윤휴가 말했다. "『의례』 주소(注疏)에 '첫째 아들이 죽으면 둘째 아들을 세우고 또한 장자라고 부른다'고 했다. 효종이 세자의 지위를 이었으니, 바로 이 문장과 부합한다."

03 송시열이 말했다. "『의례』 주소에 의하면, '제사를 물려받았지만

1 동조(東朝): 한(漢)나라 고조(高祖) 5년에 모후(母后)를 받들기 위하여 세운 장락궁(長樂宮)이 조현(朝見)을 받던 미앙궁(未央宮)의 동쪽에 있었던 데서 유래함. 흔히 대비(大妃)와 대비전(大妃殿)을 가리키는 말로 쓰임.

2 명나라 예법의 규정은 『대명률집해부례(大明律集解附例)』「명례(名例)」, 복제(服制), 자최부장기(齊衰不杖期) 조에 있고, 국제의 규정은 『경국대전(經國大典)』「예전(禮典)」, 오복(五服) 조에 있다.

3년 복을 입을 수 없는 네 가지 예외가 있는데, 그중 하나가 체이부정(體而不正)이다.' 자기 아버지의 몸에서 태어나서(體) 제사를 물려받았더라도 적장자가 아니면 정이 될 수 없다(不正)는 말이다." 영의정 정태화가 송시열을 제지하며 말했다. "그대는 다시는 이런 말을 하지 마시오. 만일 간사한 사람들이 이 말을 트집잡고 조정에서 재앙을 엮는다면 어찌하겠소?"

04 윤휴가 다시 『예기(禮記)』를 인용했다. "임금의 상사(喪事)에는 내외의 종친들이 모두 참최복(斬衰服)[3]을 입는데, 임금과 신하의 구별을 중하게 여기기 때문이다." 송시열이 반박하며 말했다. "자식이 어머니를 신하로 여기는 도리는 없다." 결국 정태화가 우리나라 제도에 따라 1년 복으로 정하여 송시열과 윤휴의 주장은 모두 시행되지 않았다.

2. 체이부정 논란과 예송 금지령

01 현종 원년(1660)에 장령 허목이 상소했다. "체이부정은 첩의 아들을 말하는 것입니다. 효종은 대비의 적자(嫡子)인데 부정이라고 할 수 있습니까?" 송시열은 고향으로 돌아가 있었고, 이유태가 조정에 남아서 네 가지 예외 설을 매우 힘껏 주장했다. 어떤 이가 이유태에게 말했다. "지금 1년 복은 우리나라 제도에 근거한 것이지 고례를 따른 것이 아니라고 말하기만 하면, 그들의 논의가 수그러들 것이다." 이유태는 따르지 않았다.

02 송시열이 다시 의견을 아뢨다. "『의례』 주소의 '장자가 죽으면 둘째 아들을 세우고 그를 장자라고 부른다'는 문장을 근거로 참최복을 입

3 참최복(斬衰服): 거친 베로 짓되 아랫단을 꿰매지 않고 접는 상복.

어야 한다고 주장하지만, 신은 장자가 죽었다는 말이 어느 때 죽었다는 말인지 모르겠습니다. 그것은 장자가 어려서 죽어서 아버지가 상복을 입지 않는 경우를 말하는 것 아니겠습니까? 가령 장자가 성인이 되어 죽어서 아버지가 이미 참최복을 입고 나서 차적자를 세웠는데, 그가 죽어서 또 장자라고 부르며 다시 참최복을 입으면, 어찌 『의례』의 두 번 참최복을 입지 않는다는 뜻에 맞겠습니까? 서(庶)는 첩의 아들(妾子·첩자)이라는 호칭이기도 하지만, 정실 소생(嫡出·적출)의 둘째 아들도 똑같이 서자라고 부릅니다. 서는 천한 호칭이 아니고 맏아들 이외의 아들들(衆子·중자)을 말하는 것입니다. 효종이 인조의 서자가 되어도 실로 해로운 것은 없습니다. 옛날에 문왕(文王)이 장남 백읍고(伯邑考)를 버리고 무왕을 세웠지만, 주공(周公)은 예를 만들어 어른과 젊은이를 정성스럽게 분별했습니다. 지금 허목이 말한 바와 같다면, 단궁(檀弓)이 문복(免服)을 입은 것과 자유(子游)가 마최복(麻衰服)을 입은 것은[4] 족히 거들떠볼 것도 없다는 것입니까?" 송시열이 또 말했다. "세종의 여덟 왕자가 연이어 세자가 되었다가 모두 죽으면 세종은 8번 참최복을 입어야 합니까?" 송준길의 주장도 송시열과 대략 같았다.

03 윤휴가 이유태에게 편지를 보냈다. "예에 장자를 위해 참최복을 입는다고 한 것은 장자가 할아버지와 아버지의 종통을 이었다는 말인데, 그것은 백성들의 집에서나 그러는 것입니다. 반면에 조종(祖宗)과 사직의 종통(宗統)을 이어받아, 천하의 신과 사람의 주인이 되면, 그가

---

4 단궁의 문복과 자유의 마최복에 관한 일화는 『예기』, 「단궁」 편에 나오는데, 모두 적자 또는 적손(嫡孫)을 세워야 한다는 취지의 이야기들이다. 단궁의 문복은 공의 중자(公儀仲子)가 적자의 상을 당했을 때 적손을 버리고 서자를 후사(後嗣)로 삼자 단궁이 이를 기롱하는 뜻에서 예법에 맞지 않는 상복인 문복을 입고 가서 조문했던 것을 말한다. 자유의 마최복은 사구 혜자(司寇惠子)의 초상에 혜자의 친구인 자유가 친구 사이에 조문하는 예에 어긋나는 마최복을 입고 조문한 것을 말하는데, 이는 혜자가 적자를 폐하고 서자를 후사로 삼은 것을 기롱하는 뜻에서 그렇게 한 것이다. 『예기』, 「단궁 상(檀弓 上)」.

가장 큰 어른이 되고 가장 높은 종주(宗主)가 됩니다. 그러므로 적자의 지위를 빼앗고(奪嫡·탈적) 종통을 빼앗는 것(奪宗·탈종)[5]은 사안이 일상의 윤리와 결코 다르니, 왕가의 예는 때때로 사대부나 서인(庶人)의 예와 다릅니다. 예컨대 주나라 태왕(太王)[6]의 종통은 삼남 왕계(王季)[7]에게 이어졌지, 장남 태백(太伯)에게 돌아가지 않았고, 한나라 왕실의 종통은 무릉(茂陵)[8]에게 이어졌지, 임강(臨江)[9]에게 돌아가지 않았습니다. 종통이 있는 곳에는 복(服)도 높고, 복이 낮아지면 종통도 바뀌는 것입니다. 지금 장자와 서자의 설을 고집하여 대통의 엄중함을 흐리는 것은 저잣거리의 예법으로 왕가의 전례를 논하는 것입니다. 이 또한 왕가의 종통을 둘로 나누고 왕가의 존귀함을 깎아내리는 것 아니겠습니까?"

04 송시열이 다시 변명했다. "장자가 종통을 주장하는 것은 경도(經道)고, 차자가 종통을 빼앗는 것은 권도(權道)다. '세운다(立)'라고 하지 않고 '빼앗는다(奪)'라고 한 것은 성인이 경도와 권도의 뜻을 엄하게 구분한 것이다. 복제와 종통은 두 가지 다른 사안이다. 복이 강등되는 것은 적자의 의리를 밝힌 것이요, 종통이 옮겨지는 것은 임금을 높이는 도리이다."

05 광해군 때 윤선도(尹善道)가 이이첨을 성토하다가 유배되었는데, 사실은 유희분의 지시를 받은 것이었다. 이 때문에 인조반정 뒤에도 높

---

5 탈적탈종(奪嫡奪宗): 종손(宗孫)이 끊어지거나 미약해진 때에 유력한 지손(支孫)이 종손을 누르고 종손 행세를 하는 것.

6 태왕(太王): 고공단보(古公亶父). 훗날 무왕이 태왕으로 추숭. 장남 태백(太伯), 차남 우중(虞仲), 삼남 계력(季歷)을 두었다.

7 왕계(王季): 이름은 계력. 고공단보의 셋째 아들이고, 문왕의 아버지.

8 무릉(茂陵): 한나라 무제(武帝)의 능호(陵號). 한나라 경제(景帝)의 11남.

9 임강(臨江): 한나라 경제의 장남 유영(劉榮). 경제 4년(B.C. 153)에 후궁 율희(栗姬)가 낳은 유영을 태자로 책봉했으나, 경제 7년(B.C. 150)에 폐위시켜 임강왕(臨江王)에 봉하고, 왕태후(王太后)가 낳은 아들 교동왕(膠東王) 유철(劉徹)을 태자로 책봉했다.

이 등용되지 못했다. 윤선도는 효종이 즉위하기 전의 스승이었으므로, 효종이 즉위한 뒤 높은 자리 얻기를 바랐으나, 송시열 등에 의해 가로막혀 원망과 질투가 쌓였다. 이에 이때 와서 윤선도가 상소했다. "송시열은 종통은 종묘와 사직을 주관하는 임금인 효종에게 돌리고도, 적통(嫡統)은 이미 죽은 장자인 소현세자에게 돌렸습니다. 종통과 적통이 어찌 둘로 나뉠 수 있겠습니까? 부왕(父王)을 계승하여 천명을 받았어도 정통(正統)이라고 말하지 못한다면, 이분은 가짜 세자(假世子·가세자)요 대리 황제(攝皇帝·섭황제)입니까? 주나라 고공단보(古公亶父)가 비록 계력(季歷)을 후계자로 세웠지만, 고공단보의 종통은 오히려 태백의 후손에게 있다는 말입니까? 이런 논리라면 온 나라 사람들의 뜻도 안정되지 않을뿐더러, 계력의 자손은 어떻게 보호할 수 있겠습니까?"

06 복제를 논의하던 초기에는 세상 사람들이 윤휴의 설을 더 많이 지지했다. 윤선거 부자도 처음부터 3년설이 옳다고 주장했다. 그러나 바야흐로 송시열이 빈사(賓師)[10] 대접을 받고 있었고, 서인들이 존경하며 따르고 있어서, 감히 그를 어기지 못했다. 그러다가 윤휴의 글이 나오고 윤선도의 상소가 발표되면서, 남인들이 이것을 빌미로 송시열을 죽이고 서인을 축출하려 했다는 것이 처음으로 알려졌다.

07 이에 서인들이 들고일어나 송시열을 두둔하고 윤선도를 공격했다. 부제학 유계(兪棨)가 먼저 윤선도의 상소를 불사르자고 청했고, 삼사와 성균관에서는 국문을 청하기도 했고, 처형을 청하기도 했다. 우윤(右尹) 권시가 상소했다. "윤선도가 헐뜯고 참소했으니 비록 밉기는 하지만, 용감히 말한 선비이고 효종의 옛 스승이기도 하니, 가벼이 죽일

10 빈사(賓師): 임금에게 귀한 손님 대접을 받던 학자.

수 없습니다." 삼사의 공격이 권시에게 쏠리자, 권시가 사직하고 귀향했다. 윤선도를 삼수(三水)로 귀양보냈고, 허목을 지방의 고을로 쫓아냈다.

08 조사기(趙嗣基)가 상소로 윤선도 등을 구원하며, 송시열을 지목해 임금을 폄훼하고 상기(喪期)를 줄였다고 주장하다가 유배되었다. 영남 유생 유세철(柳世哲) 등 천여 명이 「상복고증(喪服攷證)」이란 글로 상소했다. "역대 임금께서 서로 전한 적통이 마침내 어둡고 컴컴하며 밝지 못한 곳으로 돌아갔습니다." 임금이 상소한 유생들에게 유벌(儒罰)[11]을 내리라고 명하고 조정 안팎에 교시를 내렸다. "기해년(1659, 현종 즉위년)의 복제는 실제로 『오례의(五禮儀)』를 따른 것이고, 고례(古禮)를 쓴 것이 아니다. 다시 계략을 꾸며 함정에 빠뜨리는 자가 있다면 마땅히 중형을 적용할 것이다." 이로부터 10년 동안 예송은 엄격히 금지되었다.

09 판중추부사(判中樞府事) 조경은 노련했고 명망이 두터웠으며, 수찬 홍우원(洪宇遠)은 청렴한 선비로 이름났었다. 이때 모두 윤선도를 구원하려다 조정 진출이 가로막혀 등용되지 못하자, 남인들이 더욱 앙심을 품었다.

3. 갑인예송: 남인 예론의 승리

01 인선왕후(仁宣王后: 효종비)가 죽자(1674, 현종 15), 자의대비의 복제가 다시 논의되었다. 처음에는 예조판서 조형(趙珩) 등이 자의대비의 상복을 1년 복으로 정해 아뢨다. 이때 송시열은 조정 밖에 있었고,

---

11 유벌(儒罰): 유생들이 정한 벌칙. 부황(付黃), 삭적(削籍) 따위가 있다.

김수흥(金壽興), 김수항(金壽恒) 형제가 정승이 되어 국사를 담당하고 있었다. 조정은 논의를 통해, 인선왕후를 위한 대비의 상복 제도를 선왕 때와 같이 1년 복으로 할 수 없다고 판단하고, 곧바로 고쳐서 9개월 복인 대공복(大功服)으로 정하자고 요청했다.

02 영남 유생 도신징(都愼徵)이 상소했다. "인선왕후를 위한 대비의 복제를 대공복으로 정한 것은 전하를 중서부(衆庶婦)의 소생으로 여기는 것이니, 이것은 곧 전하가 적손(嫡孫)이 아니라 중서손(衆庶孫)이라는 것입니다." 임금이 김수흥 등을 불러 물었다. "기해년의 복제는 실제로 우리나라 제도인 『오례의(五禮儀)』를 썼는데,[12] 오늘의 대공복 논의는 기해년 때와 같은가 다른가?" 김수흥 등이 감히 분명하게 말하지 못하자, 연달아 네 번을 묻고 네 번을 아뢰다가 결국 말했다. "기해년에는 여러 의견이 분분하다가 마침내 우리나라 제도에 근거해 결정했지만, 조정 안팎의 사람들은 모두 3년 복을 시행하지 못하는 근거로 고례의 네 가지 예외 설을 생각했습니다. 지금 대공복을 청하는 것도 중자부(衆子婦)로 간주해 상복을 정하자는 뜻입니다."

03 임금이 몹시 노했다. "기해년의 복제에 대해 나는 우리나라 제도를 썼다고 생각했는데, 조정 안팎에서는 고례를 썼다고 간주하니, 이것은 국가에 적용되는 것은 가볍게 여기고 신하들에게 적용되는 것은 무겁게 여기는 것이다. 경 등은 모두 선왕의 두터운 은혜를 입고도 감히 '체이부정'설을 주장하고 있으니, 임금은 박하게 대하면서 누구를 두텁게 대하려는 것인가?" 이에 김수흥, 조형 및 대간 남이성(南二星) 등을

12 기해년에 복제를 『국조오례』의 에 따라 정했다는 것은 이건창의 착오이다. 현종 15년 7월 6일 도신징은 상소에서 '국조경전(國朝經典)'에 장자와 장자부를 위한 복제는 모두 기년복으로 규정되어 있다고 언급했고, 7월 13일 진행된 현종과 김수흥의 문답에서 김수흥은 논쟁의 근거가 된 『국제』란 『경국대전』, 「예전」의 오복 조임을 적시했다.

귀양 보냈고, 아울러 대간과 간관의 벼슬을 깎아버렸다. 그들이 김수흥을 구원하려고 했기 때문이다.

04 원래 김석주는 송시열을 원망했기에 남인 허적(許積) 등과 결탁해 깊이 교분을 맺었다. 종실 이정(李楨)과 이남(李柟) 등은 모두 인조의 손자들로 궁중에 시도 때도 없이 출입하면서 임금의 깊은 사랑을 받았다. 그들의 외가가 남인 오 씨(吳氏)였기 때문에 허적 등과도 긴밀히 연결되었고, 남인들은 종실과 외척의 내부 지원을 받아 서인을 축출하고 조정을 바꾸려고 모의했다.

05 서인의 영수는 송시열이었는데, 사람들이 그가 주장한 예제에 대해 싫증 낸 지 이미 오래되었다. 이때를 노려 남인이 들고일어났는데, 이정과 김석주의 힘이 컸다. 김수흥이 처벌받자, 허적이 정승이 되었고 남인이 점점 조정에 진출했다. 김석주는 1년 만에 등급을 뛰어넘어 병조판서가 되었다.

현종 시대의 당인들

<서인>

김석주, 김수항(金壽恒), 김수흥(金壽興), 남이성(南二星), 송시열, 유계(兪棨), 윤선거, 이유태, 정태화(鄭太和), 조형(趙珩)

<남인>

권시, 도신징(都愼徵), 유세철(柳世哲), 윤선도(尹善道), 윤휴, 조경, 조사기(趙嗣基), 허목, 허적(許積), 홍우원(洪宇遠)

제4장 숙종 시대

第四章

1. 어린 숙종의 책임 추궁

01 그해(1674)에 현종(顯宗)이 승하하고 숙종(肅宗)이 즉위하자, 영중추부사(領中樞府事) 송시열에게 현종의 지문(誌文)[1]을 지어 올리게 했다. 진주 유생 곽세건(郭世楗)이 상소했다. "기해년에 복제를 논의할 때 '서자' 주장은 사실 송시열이 주창했습니다. 대행대왕(大行大王)[2]께서 재위 16년 동안 거꾸러진 국시를 바로잡아 적서(嫡庶)를 변별하고, 예를 그르친 주동자와 추종자를 추궁하여 밝히셨습니다. 그러나 불행히도 세상을 떠나시게 되자, 김수흥은 귀양 갔으나 송시열만 혼자 법망에서 빠져나갔습니다. 송시열이란 자는 효종의 죄인이자 선왕 현종의 죄인입니다. 어찌 두 조정의 죄인에게 함부로 동관(彤管)[3]을 잡게 하여 선왕의 아름다운 덕을 더럽힐 수 있겠습니까? 또 적통을 바로잡은 것은 선왕의 업적 중 가장 성대한 것입니다. 송시열이란 자가 사실대로 기록하고자 한다면 자신이 짊어진 죄를 자수해야 할 것이고, 아름다운 것을 가리고자 한다면 임금의 덕은 흔적도 없이 모두 사라질 것입니다. 그러니 송시열이 이 붓을 잡기는 어려울 것입니다."

---

1 지문(誌文): 죽은 사람의 이름과 태어나고 죽은 날, 행적, 무덤의 위치와 좌향(坐向) 따위를 적은 글.

2 대행대왕(大行大王): 왕이 죽은 뒤 시호(諡號)를 올리기 전에 높여 이르던 말.

3 동관(彤管): 대에 붉은 칠을 한 붓, 주로 여자들이 사용함. 정당하지 못한 붓이라는 의미.

02 대사헌 민시중(閔蓍重), 지평 이수언(李秀彦) 등이 곽세건을 국문하라고 청했으나, 임금이 허락하지 않았다. 성균관에서 상소를 올려 곽세건을 배척했으나, 임금이 답했다. "곽세건의 충언이 어찌 흉악한 상소겠느냐? 오히려 너희들이 나를 어린 임금이라 여기고 내 생각이 얕은지 깊은지 엿보며 시험해 보려는 것 아니냐?"

03 경기 유생 이필익(李必益)이 곽세건을 처벌하고 송시열을 불러들이자고 청하자, 임금은 이필익을 귀양보내라고 명했다. 허목을 대사헌으로 삼고, 윤휴를 장령으로 삼았다. 예를 논의하다 유폐되거나 갇힌 사람들을 모두 등용했고, 이조참판 김석주에게 지문을 지어 올리라고 명했다.

04 또 대제학 이단하(李端夏)가 지은 현종 행장(行狀)[4]에 '복제이정(服制釐正: 복제를 바로잡는다)'에 관한 한 단락의 말뜻이 분명하지 않고, 또 기해년에 예를 논의한 자들이 거명되지 않아서, 임금이 이단하에게 고쳐서 삽입하라고 명했다. 이단하는 송시열의 문인이다. 이단하가 상소했다. "송시열은 효종과 현종 두 임금의 스승이므로 차마 그를 지목해서 거명하지 못한 것입니다." 임금이 두 번 세 번 다그치자, 이단하가 결국 고치기를, "송시열이 인용한 예(宋時烈所引禮)" 운운했다.

05 임금이 이것을 보고 말했다. "나는 나이 어리고 글에 능숙하지 못하며, 또 예도 알지 못한다. 그러나 내가 보기에 송시열이 예를 그르쳤다고 분명히 말해야, 선왕이 예송을 처분한 의도가 명백해질 것이다. 소인례(所引禮)의 '소(所)' 자를 '오(誤)' 자로 고치라." 이때 임금의 나이는 14살이었는데, 온 조정에 두려워 떨지 않는 이가 없었다. 이단하

---

4 행장(行狀): 죽은 사람이 평생 살아온 길을 적은 글.

가 물러나며 상소했다. "엄한 가르침에 압박을 느껴 '오' 자로 고쳐 썼습니다." 임금이 이단하에게 스승만 알고 임금은 모른다며 꾸짖고 파면했다.

2. 귀양 가는 송시열

01 이때 남인들이 삼사에 포진해 있었는데, 이옥(李沃), 목창명(睦昌明), 남천한(南天漢), 이우정(李宇鼎) 등이 번갈아 가며 송시열을 공격했다. 지평 권기(權愭)가 홀로 반대하며 말했다. "기해년에 송시열의 당이 예론으로 억누르며, 무릇 3년 복 설을 주장하는 자를 재앙을 떠넘기는 자로 지목하여 모두 귀양 보내거나 벼슬길을 막았습니다. 지금 다시 3년 복 설이 인정되었다고 해서, 1년 복과 대공복 설을 엄하게 다스린다면, 그들의 전철을 밟는 것과 마찬가지 아니겠습니까?"

02 대간 이지익(李之翼)도 반대하며 말했다. "전례(典禮)는 당론(黨論)이 아닌데, 지금은 당론으로 전례를 논의하고 있습니다. 가령 송시열이 서인 당이 아니고 남인 당이었다면, 오늘날 양사에서도 송시열을 반드시 처벌하자고 주장할 사람은 없을 것입니다. 송시열은 실로 덕을 갖춘 군자는 아닙니다. 그러나 명색이 유자인데 예 때문에 처벌을 받는다면, 그도 마음속으로 충분히 부끄러울 것입니다. 파직은 어쩔 수 없으나, 처벌을 추가하는 것도 옳지는 않을 듯합니다."

03 대간에서는 송시열에게 처벌을 추가하라고 다투어 청했고, 아울러 송준길의 관직도 추탈(追奪)하라고 청했다. 영의정 허적이 차자(箚子)를 올렸다. "송시열은 효종으로부터 세상에 다시 없는 예우를 받았는데, 효종을 '깎아내렸다(貶降·폄강)'는 두 글자는 실로 송시열에게는

매우 억울한 말일 것입니다. 이 이유로 그를 처벌한다면, 송시열을 마음으로 굴복시킬 수 없을 것입니다. 신하가 임금을 깎아내렸다는 것은 그 죄가 몹시 큰 것입니다. 오늘 이 말을 하는 자들에게는 비록 깊은 뜻은 없다고 하지만, 다른 날 남을 위험에 빠뜨리려는 무리가 그 말을 가져다 참혹한 말을 만들어내지 않을지 어찌 알겠습니까?"

04 이윽고 임금이 송시열을 멀리 귀양 보내라고 명했다. 그러자 좌의정 정치화(鄭致和), 병조판서(兵曹判書) 이상진(李尙眞), 대사성 남구만(南九萬), 교리(校理) 윤지선(尹趾善) 등이 서로 잇달아 상소하여 송시열을 구원했고, 집의 윤증(尹拯) 및 서울과 지방의 유생들이 상소로 스승을 위해 변명했으나, 임금은 모두 회답하지 않았다.

05 이상진이 올린 상소의 대략은 다음과 같다.

예전에 우리 효종께서 나라의 치욕을 씻으려고 충의(忠義)의 선비를 구했는데, 송시열이 그런 사람입니다. 효종과 송시열이 서로 만나 감응한 오묘함은 구름과 용, 바람과 호랑이에 비할 바가 아닙니다. 서로 허여하고 서로 기약하는 뜻은 가히 쇠와 돌을 뚫어서 귀신도 울릴 수 있습니다. 그런데 지금 헤아릴 수도 없고 실상도 없는 죄를 송시열에게 더하여 책자에 기록해 후세에 전하면, 반드시 효종의 인재를 알아보는 총명함과 효종의 큰 뜻과 큰 업적을 슬쩍 비평하는 일이 생길 것입니다. 또한 이에 따라 그 뜻과 업적의 실상이 없다고 의심받게 될 것이니, 이것이 신이 마음속으로 애석하게 여기는 것입니다. 효종께서 일찍이 담비 갖옷을 송시열에게 하사하셨는데, 송시열은 자기에게 걸맞지 않는다고 사양했습니다. 그러자 효종께서 하교했습

니다. "경은 나의 뜻을 깨닫지 못하는구려! 머지않아 요계(遼薊)[5]의 풍설(風雪) 속에서 장차 함께 원수를 갚을 때 쓰일 물건이오." 당시 임금과 신하 사이가 이와 같았습니다. 비록 중도에 애석한 일을 만나 이 담비 갖옷을 요동 벌에서 미처 쓰지는 못했지만, 어찌 오늘의 풍설 속 귀양 가는 고갯길에 쓰일 줄이야 생각인들 했겠습니까?

3. 대비를 단속하라는 남인

01 예전에 복창군(福昌君) 이정, 복선군(福善君) 이남, 복평군(福平君) 이연(李㮒)[6]이 항상 궁중에 있으면서, 몰래 궁녀와 간통하고 조정의 신하들과 비밀리에 결탁해 바라지 말아야 할 것을 엿보았다. 숙종의 외조부 청풍부원군(淸風府院君) 김우명(金佑明)은 그의 조카 김석주와 본래부터 사이가 좋았다. 김석주는 송시열을 원망했기 때문에 계략을 꾸며 무너뜨리기는 했지만, 자신이 본래 서인이었기 때문에 남인들과 끝내 화합하지 못했다. 더욱이 오정위(吳挺緯) 형제가 그들의 생질(甥姪)인 복창군 형제들에게 기대어 안팎으로 심하게 위세를 부리자, 그것이 싫어서 그들을 제거하려고 생각했다.

02 마침 경성(京城)에 의협심이 많은 허정(許珽)이란 자가 있었는데, 그의 아버지 아무개(許啓·허계)는 인조가 임금이 되기 전부터 오랜 친구였다. 그가 김우명을 찾아가 말했다. "공은 겉으로는 서인이지만 속으로는 남인이고, 나는 겉으로는 남인이지만 속으로는 서인입니다. 청컨대 공과 함께 당을 의논해 보면 어떻겠습니까? 지금 임금은 인

---

5 요계(遼薊): 요동(遼東)과 계주(薊州). 지금의 요령(遼寧) 지방과 북경시(北京市) 하북성(河北省) 동북 지역. 두 지역이 인접해 있어서 병칭한 것. 조선의 사신은 이곳을 지나 연경(燕京)으로 들어갔다.

6 복창군, 복선군, 복평군: 인조의 아들인 인평대군의 아들들.

조의 손자로 나와는 대대로 교분을 맺어왔습니다. 나는 대대로 교분을 맺어온 집안에 아침저녁으로 위험이 있는 것을 보고는 차마 말하지 않을 수 없습니다. 공은 왕실의 가까운 친족이면서, 어찌 아무 의견이 없습니까?"

03 김우명도 "임금이 유약하고 병이 많은데, 친형제는 없고 강성한 종친만 가까이 있어서, 예측하지 못한 일이 닥칠까 두렵다"고 생각했다. 이에 김우명이 소를 올려 복창군 형제들의 간사한 죄상을 밝히고, 궁녀가 낳은 자식을 증거로 제시했다. 임금이 명을 내려 이정과 이연 및 나인 상엽(常葉)과 귀례(貴禮)를 옥에 가두었다.

04 오정위가 허목과 윤휴에게 구원을 청하자, 허목과 윤휴가 입궐해 임금에게 이정과 이연의 구원을 청했다. 그러자 임금이 김우명을 불러 이정과 이연의 일을 어디에서 알았는지 묻고, 추궁하며 모욕하려 했다. 임금이 본래 이정과 이연을 사랑했기에 전교를 내려 말했다. "남의 말을 곧이듣고 가까운 친척을 죽일 뻔했다. 애통함을 누를 길이 없다." 이어서 이정 등을 모두 풀어주라고 명했다. 김우명은 일이 중간에 잘못되었다는 것을 듣고서, 감히 대궐에 들어가지 못하고 의금부로부터 명령이 내려지기를 기다렸다.

05 허적과 권대운(權大運) 등이 임금 뵙기를 청하며 깊은 밤에 촛불을 밝혔다. 허적 등이 막 대궐에 들어서는데, 통곡하는 소리가 들렸다. 숙종의 어머니 명성대비(明聖大妃)가 침소 안에서 울면서 하교했다. "궁녀 사건은 선왕과 내가 친히 보고 들은 것인데, 당시 주상은 어려서 진실을 알지 못하오. 내가 궁중이 엄격하지 못함을 염려하여 아버지께 알렸기에, 아버지가 그 소를 올린 것이오. 그런데 주상은 내 말을 듣지 않고, 경들 또한 어찌하여 이 일이 애매하다고 하시오?"

06 허적은 두려워서 다시 이정 등을 국문하자고 청했다. 얼마 지나지 않아 임금이 이정, 이연 및 궁녀들을 귀양보내라고 명했는데, 수개월 뒤에 모두 사면되어 돌아왔다. 이 일로 남인들은 모두 대비를 원망했다.

07 윤휴는 경연에서 임금에게 "자성(慈聖: 어머니)을 단속(管束·관속)하라"고 아뢨다. 조사기가 공개된 회의에서 "문정왕후(文定王后)[7]를 다시 보게 되는구나"라고 큰 소리로 말했다. 참판 홍우원이 상소했다. "가인괘(家人卦)의 단사(彖辭)에 '여자는 안에서 자리를 바르게 하고 남자는 밖에서 자리를 바르게 한다'고 했습니다. 부인은 바깥일에 참여하지 않으며 제 멋대로 일을 처리하지 않는다는 뜻입니다. 그런데 자성께서 수렴청정하지 않았는데도, 갑자기 어전(御殿)에 납시어 몸소 벽 하나를 사이에 두고 이러한 지나친 행동을 하셨는데, 간하여 막지 못한 것은 자식의 허물입니다. 간하다가 혹시 공순함이 부족해 은혜를 해치는 데 이르렀다면 그 또한 자식의 허물입니다. 원컨대 고괘(蠱卦)의 '어머니의 일을 처리할 때 곧기만 해서는 안 된다(幹蠱不可貞·간고불가정[8])'는 뜻을 깊이 헤아려서, 자성께서 두 번 실수하지 않는 아름다운 덕을 이루게 하소서."

4. 송시열의 효종 모욕죄

01 유학(幼學)[9] 박헌(朴濤)이 상소했다. "송시열은 선왕 즉위 초에 나라의 형세가 위태롭고 고립된 것을 눈여겨보고 몰래 훗날에 대비할 생

---

7 문정왕후(文定王后): 중종의 계비(繼妃)이자 명종의 어머니. 명종 즉위 후 수렴청정 했다.

8 간고불가정(幹蠱不可貞): 『주역(周易)』「고괘(蠱卦)」, 구이(九二)의 효사(爻辭)는 '幹母之蠱不可貞'이다. "어머니의 일을 주관함에 곧게만 할 수 없다"는 뜻이다.

9 유학(幼學): 벼슬하지 않은 유생.

각으로 단궁과 자유의 설을 인용해, 밖으로는 세상의 이목을 현혹했고 안으로는 권력에 붙었습니다. 현종 말년 갑인예송 때 전례(典禮)가 확정되자, 송시열은 선왕이 자신의 속마음까지 알게 된 것은 분명히 몇몇 공자(公子)들 때문이라고 생각했습니다. 그러므로 음험한 말들을 퍼뜨려 그들을 일망타진할 계획을 세웠습니다. 그런데 송시열이 귀양으로 쫓겨나자, 그 당이 온갖 계책을 세워 몰래 틈을 엿보면서, 안으로는 자성의 마음을 놀라게 하고, 밖으로는 전하의 청정(聽政)을 어지럽혀 이 지경에 이르렀습니다." 이에 대비가 언문 교서를 조정에 내렸는데, 죽고 싶다는 말이 들어있었다.

02 허적이 소를 올려 "먼저 박헌을 승정원으로 불러 글을 짓게 해서, 그가 상소문을 직접 지었는지 아닌지를 시험하자"고 청했다. 승정원에서 「조괄모상서(趙括母上書)[10]」라는 글로 시험했다. 박헌이 지은 글에 다음과 같은 내용이 있었다. "조괄의 어머니가 올린 글은 조괄을 기용하지 말라고 청하는 것이었고, 지금 신의 상소는 송시열의 처벌을 청하는 것입니다. 모두 나라를 위한 것입니다. 조괄의 어머니가 올린 글은 그 당시에 쓰이지 않았을 뿐 아무런 처벌을 받지 않았는데, 지금 신의 상소는 쓰이지 않았을 뿐만 아니라 무거운 처벌까지 내리고자 하니, 성왕의 시대에 어찌 이런 처사가 있겠습니까?"

03 임금이 박헌을 국문하라고 명하고 얼마 뒤에 귀양 보냈다. 승지 조사기가 박헌을 구원하며 말했다. "자성께서 불안한 마음이 있어 애달픈

---

10 조괄모상서(趙括母上書): 전국시대 조(趙)나라에 조괄(趙括)이라는 사람이 있었다. 그의 아버지 조사(趙奢)가 유명한 장군인 덕에, 조괄은 수많은 병법서를 읽어 병법에 능통했지만, 실전 경험은 없었다. 조사가 죽은 뒤 진(秦)나라가 쳐들어오자, 조나라의 조정이 조괄을 대장으로 기용했다. 조괄의 어머니와 정승 인상여(藺相如)가 부당함을 아뢰었지만, 왕은 듣지 않았다. 조괄은 염파(廉頗)의 수성(守城) 전략을 버리고 대거 공격에 나섰다가 진나라의 장수 백기(白起)에게 포위되자 탈출을 시도하다가 화살에 맞아 전사했다. 이때 조나라의 군사 40여 만 명도 포로가 되어 하룻밤에 다 몰살당했다. 『사기(史記)』, 권81, 「염파인상여열전(廉頗藺相如列傳)」.

전교까지 내리셨지만, 반복해서 생각해도 그 까닭을 알 수 없습니다. 이것은 전하의 허물입니까? 조정 신하들의 허물입니까? 청컨대 신을 먼저 죽이시어 전하께 허물이 없음을 밝히소서. 바라건대 전하께서는 모든 죄는 자신이 짊어지고 나쁜 것은 자신에게 끌어당겨서(負罪引慝·부죄인특[11]) 자성의 마음을 편안하게 하소서. 박헌은 썩은 병아리 같은 자입니다. 비록 중벌에 처한다고 하더라도 어찌 그 죄를 씻을 수 있겠습니까? 그러나 박헌의 상소가 한 번 올라오자, 온 조정이 그를 죽이려고 합니다. 대개 그 상소가 가리키는 뜻이 음험하고 치우쳤지만, 이 시대가 말하기 꺼리는 것을 교묘히 적중시켰습니다. 그가 자성을 언급하기는 했지만, 비방한 것은 아닙니다. 박헌의 죄를 무겁게 다스려 모든 원망이 자성에게 돌아갈까 두렵습니다." 임금이 자식으로서 차마 들을 수 없다고 하교하고, 조사기의 관직을 삭탈하라고 명했다.

04 판중추부사 김수항의 상소는 대략 다음과 같다.

> *지금 송시열을 처벌하자고 하는 자들이 으레 말하기를, "송시열이 나라의 운명을 쥐고서 위세를 부린다"고 합니다. 가령 송시열이 진실로 나라를 마음대로 한 죄가 있더라도, 처음부터 끝까지 그에게 국정을 맡긴 것은 효종과 선왕 아니십니까? 성스러운 효종과 총명한 선왕이 아랫사람의 제재를 받아, 그가 마음대로 희롱하도록 맡겨두기만 하고 바로잡지는 않으셨겠습니까? 앞서거니 뒤서거니 하면서 올린 말들이 인륜에 어긋나고 이치에 거슬리는 경우가 많아서, 전하께 어*

---

11 부죄인특(負罪引慝): 순(舜)이 임금이 되기 전에 일찍이 역산(歷山)에서 밭을 갈며 농사를 지었는데, 완악(頑惡)한 아버지 고수(瞽瞍)에게 기쁨을 드리지 못함을 한탄하며, 모든 죄를 자신이 짊어지고 나쁜 짓은 자신에게로 끌어 붙였다는 고사에서 나온 말이다.『서경(書經)』,「우서(虞書)」, 대우모(大禹謨) 21.

머니를 관리하라고 권하는 일까지 있었으니, 자식이 부모를 관리하는 것이 어찌 도리에 맞겠습니까? 가인괘의 단사는 남녀의 구별을 가리켜 말한 것이지, 어머니와 자식을 말하는 것이 아니니, 어찌 인용할 수 있겠습니까? 박헌의 말은 대단히 불경한 것입니다. 그런데 저 조사기의 무리는 죄인 보호는 서두르면서, 유독 자성의 처지는 헤아리지 않는단 말입니까?

05 임금이 몹시 성내며 답했다. "경은 우리 모자를 이간하려고 하는가? 하늘을 우러러 가슴을 치노니, 사는 것이 죽는 것만 못하구나." 삼사의 합동 건의에 따라 김수항을 귀양보냈다.

06 임금이 허적의 상소에 답했다. "송시열의 중죄는 하늘과 땅 사이에 용납할 수 없는 것이다. 국법을 바로잡아 효종께서 모욕당하신 수치를 갚는 것, 이것이 내가 밤낮으로 이를 갈며 바라는 것이다." 이때부터 남인은 임금에게 송시열을 죽이려는 의지가 있음을 알고 처벌을 추가할 것을 번갈아 청했다. 그러나 송시열은 효종과 현종 두 임금의 스승이어서 갑자기 죽이기는 어려웠다. 이에 남인은 먼저 송시열의 죄를 종묘에 알리자(告廟·고묘)는 의견을 내고, 비로소 유생 황창(黃錩)과 설거일(薛居一)을 사주해 상소하게 했다. "잘못된 예가 이미 바로잡혔으니, 마땅히 조종의 신령에게 알려야 합니다."

07 신하의 죄는 대역죄가 아니면 종묘에 고하지 않으며, 이미 고했다면 송시열을 죽이지 않을 수 없다. 허목과 윤휴가 그 의견을 주장했으나, 허적은 송시열의 죄가 죽일 정도는 아니라고 생각했다. 김석주도 송시열을 죽여서 남인의 권세에 무게를 실어주려 하지 않았다. 그러므로 황창 등의 상소를 보류하고 하달하지 않았다.

5. 송시열 고묘 논란

01 때마침 호서(湖西) 유생 유필명(柳弼明)이 소를 올려 송시열을 두둔했는데, 그 글은 남의 것을 빌린 것이었다. 그 글을 지은 사람은 유필명을 속이고 자신이 공을 세우고자 했다. 이 사람이 상소한 글에 종통, 적통 같은 말이 인용되었는데 그릇되고 허망한 말이 많았지만, 유필명은 사실 그 말들이 무엇을 뜻하는지도 몰랐다. 이 상소 때문에 유필명을 국문해서 귀양보냈는데, 이때부터 송시열을 고묘하자는 논의가 더욱 거세졌다.

02 대사간 이원정(李元禎)이 임금에게 아뢨다. "고묘는 송시열에게 처벌을 추가하자는 것이 아닙니다. 사안이 생기면 고묘하는 것이 예입니다. 윤원형의 죄도 고묘했으나 처벌을 추가하지는 않았습니다." 임금도 같은 생각을 했다.

03 이때 송시열이 덕원(德源)에서 장기(長鬐)로 이배(移配)되었다가(1675, 숙종 1), 대간의 장계로 인해 위리안치(圍籬安置)되었다(1679, 숙종 5). 갑인예송 이후 예제(禮制)가 바로잡힌 지 이미 4년이 지났다. 이원정이 먼저 그 말을 꺼내 임금의 뜻을 시험하고서, 물러 나와 대간 정지호(鄭之虎)와 함께 장계를 올리려 했다. 정언 이후정(李后定)은 옳지 않다고 여겼다.

04 지사 김수홍(金壽弘)은 전에 예제를 논의하다가 허목 등과 함께 벼슬길이 막혔던 사람이다. 이때 그가 강력히 말했다. "효종께서 송시열을 강태공(姜太公)이나 제갈량(諸葛亮)처럼 대우했으니, 지금 죽일 수 없습니다." 판중추부사 정지화(鄭知和)가 상소했다. "윤원형은 명종(明宗) 말년에 죽었고, 선조 초에는 삭훈(削勳) 때문에 고묘한 것입

니다. 이원정이 말하기를 '고묘하더라도 처벌을 추가하지 않는다'고 하니, 어찌 이처럼 심하게 기만할 수 있습니까? 일찍이 신하의 죄가 종묘에 알릴 지경에 이르고도 죽이지 않은 경우가 있었습니까?"

05 임금이 속은 것을 깨닫고 대신과 삼사를 인견(引見)해 꾸짖었다. 우의정 허목이 맞서며 말했다. "송시열은 예를 무너뜨리고 정통을 어지럽혔으니 고묘하지 않을 수 없습니다. 설령 고묘한 뒤에 처벌을 추가한다고 하더라도, 어찌 그것을 염려해 고묘하지 않을 수 있겠습니까? 지금 중요한 것이 종묘입니까, 송시열입니까?"

06 이원정이 드디어 장계를 올리자, 성균관 유생 윤헌(尹櫶) 등 7백여 명이 소를 올려 송시열을 두둔했다. 김석주가 사람을 보내 상소를 막으려 했으나 실패했고, 상소문의 초고를 대신 써주고서 올리게 하려고도 했으나 그것도 받아들여지지 않았다. 또 김만기(金萬基)의 아들 김진구(金鎭龜)와 김진규(金鎭圭)를 시켜 길에서 유생들을 위협해 그 상소문을 빼앗으려 했으나 유생들이 주먹으로 몰아냈다.

07 상소가 들어가자, 윤헌은 먼 변방으로 귀양 갔다. 당시 송시열을 변호했던 유생들은 귀양 가지 않은 이가 없었는데, 유독 윤헌경(尹憲卿)이라는 자만 무죄였다. 윤헌경이 김석주의 글을 사용했기 때문이다.

6. 송시열의 죄를 고묘하다

01 때마침 경과(慶科)[12]가 열렸다. 서인 유생 중에 송시열을 변론한 상소로 정거(停擧)[13] 당한 자가 수백 명이었다. 임금이 명을 내려 정거

---

12 경과(慶科): 나라에 경사스러운 일이 있을 때, 이를 기념하고자 보게 하던 과거.

13 정거(停擧): 유생에게 일정 기간 과거를 못 보게 하던 벌.

를 모두 풀어주었으나, 유생들이 오히려 응시하려 하지 않았다. 윤휴가 대간을 시켜 고묘를 잠깐 중지하자는 장계를 올리니, 유생들이 다시 과거에 응시했다.

02 당시 허목과 윤휴 당의 송시열에 대한 논의는 날이 갈수록 더욱 각박해졌다. 유생 이석징(李碩徵)이 상소했다. "송시열의 무리가 선왕 효종을 거짓 조정(僞朝·위조)[14]의 거짓 임금(閏位·윤위)[15]으로 대우하더니, 여성제(呂聖齊)가 옥책(玉冊)[16]과 전문(箋文)[17]을 베낄 때는 '왕(王)'자에서 한 획을 빠뜨렸으니, 신하 노릇을 하지 않으려는 마음이 있던 것입니다." 허목과 권대운도 그렇게 말했으나, 김석주의 해명으로 송시열 등에 대한 비방을 그만두었다.

03 회시(會試)의 시관(試官) 이정영(李正英)과 박태보(朴泰輔)가 '미진악석(美疢惡石)'[18]을 부제(賦題[19])로 냈는데, 과거 응시자들이 글짓기를 꺼리며 부제를 고쳐 달라고 요청했다. 민희(閔熙)가 임금에게 아뢨다. "이 부제의 뜻은 '단궁이 문복'을 입고 '자유가 마최복'을 입었다는 말과 같아서, 모두 장자를 버리고 서자를 세운 것을 비판한 것입니다." 허목이 다시 차자를 올려 논박하자, 임금이 이정영과 박태보를 귀양보

14 위조(僞朝): 정통(正統)이 아닌 조정(朝廷).

15 윤위(閏位): 정통이 아닌 임금의 자리.

16 옥책(玉冊): 왕실에서 책봉, 존호·시호·휘호를 올리거나 죽음을 애도하기 위해 옥간(玉簡)에 글을 새겨 엮은 문서.

17 전문(箋文): 나라에 길흉의 일이 있을 때 왕에게 아뢰던 사륙체(四六體)의 글.

18 미진악석(美疢惡石): 미진불여악석(美疢不如惡石)을 줄인 말. 맛 좋은 음식(美疢)은 도리어 병을 일으키고, 악석(惡石)은 맛은 쓰지만 오히려 병을 낫게 한다는 말. 노나라 계무자(季武子)에게 적자는 없었고, 서자로 공서(公鉏)와 흘(紇)이 있었다. 계무자는 흘을 총애해 후계자로 삼고자 했고, 대부 장흘(臧紇)이 계무자의 결정을 지지했다. 장흘을 미워한 맹장자(孟莊子)가 죽었을 때, 장흘이 그를 위해 매우 서럽게 곡하자, 장흘을 모시던 자가 물었다. "맹장자가 그대를 미워했는데도 이토록 슬퍼하시니, 계무자가 죽는다면 그 슬픔이 얼마나 크겠습니까?" 장흘이 답했다. "계무자가 나를 좋아하는 것은 병이 되는 맛있는 음식(疾疢·질진)과 같고, 맹장자가 나를 미워하는 것은 약이 되는 돌(藥石·약석)과 같다. 미진(美疢)은 악석(惡石)만 못한 것이다." 『춘추좌전(春秋左傳)』, 노양공(魯襄公) 23년.

19 부제(賦題): 과거에서 부(賦)를 지을 때 내던 글의 제목. 부(賦)는 과문(科文)에서 여섯 글자로 한 글귀를 만들어 짓는 글이다.

냈다.

04 현종의 신주를 종묘에 모실 때 정태화를 배향(配享)[20]하기로 논의하여 이미 결정되었다. 그런데 정태화의 아들 대사간 정재숭(鄭載嵩)이 고묘 논의에 이견을 내세우며 말했다. "돌아가신 아버지께서 우리나라 제도를 인용해 1년 복을 건의했는데, 1년 복은 송시열의 주장과 같은 것이니, 신은 감히 이 배향 논의에 참여할 수 없습니다." 이에 허목이 정태화의 배향을 중지하라고 청하고, 대간도 잇달아 반대하자, 드디어 임금이 배향하지 말라고 명했다.

05 장악원정(掌樂院正) 조가석(趙嘉錫)이 상소했다. "허목이 처음에는 정태화를 배향할 만하다고 주장하더니, 지금 갑자기 부당하다고 하니, 노망이 심합니다. 정재숭이 상소하기 전에는 정태화를 배향할 수 있다고 하더니 정재숭이 상소한 뒤에는 정태화를 배향할 수 없다고 하니, 공정한 시비(是非)라고 할 수 있겠습니까?" 임금이 정재숭의 관직을 삭탈하라고 명하고 조가석은 귀양보냈다. 얼마 후 임금의 신주를 종묘에 모시는 데 상신(相臣)이 없을 수 없다고 하여 다시 정태화를 배향했다고 한다.

06 생원(生員) 송상민(宋尙敏)이 책자로 소를 올려 예송의 시말을 갖추어 밝혔는데, 그 가운데 다음과 같은 말이 있었다. "효종은 장자가 아닌데 장자로 대우하여 복을 입는 것은 정성스럽지 않습니다." 임금이 격노하여 매를 쳐 죽이고, 아울러 상소를 베껴 쓴 박세휘(朴世徽)도 죽였다. 이에 양사에서 다시 송시열에게 처벌을 추가하자고 청하니, 거제도(巨濟島)에 천극(荐棘[21])하라고 명했다.

---

20 배향(配享): 공신의 신주를 종묘에 모시는 일.

21 천극(荐棘): 중죄인이 유배된 집 둘레에 가시울타리를 쳐서 외출을 못 하게 하던 형벌.

07 병조판서 김석주가 강화도에 돈대(墩臺)[22]를 쌓으려고 승군(僧軍)을 모집하고, 수군절도사 이우(李偶)에게 공사를 맡겼다. 이때 투서(投書)가 올라왔는데, 내용은 대략 다음과 같다. "당쟁으로 인한 재앙이 이 지경에 이른 것은 종통이 그 차례를 잃었기 때문이다. 소현세자의 손자 임창군(臨昌君)은 진실로 성인(聖人)이다. 그대들이 만약 이분을 임금으로 세운다면 어찌 통쾌하지 않겠는가?" 투서에는 다음과 같은 내용도 있었다. "영중추부사 정지화, 전 판서 홍처량(洪處亮), 김우형(金宇亨), 이정영, 전 참판 이익상(李翊相), 신정(申晸), 윤심(尹深)에게 정치를 맡긴다면 많은 사람의 기대에 부응할 것이다."

08 김석주가 투서 사건을 임금에게 아뢰니, 윤휴가 궁성(宮城)을 빙 둘러 에워싸서 비상사태에 대비하자고 청했다. 또 윤휴는 공경(公卿)의 가문들에게 자위책을 제공하여 무원형(武元衡) 사태[23]가 일어나지 않게 하자고 청하기도 했다. 마침 투서 혐의자 이유정(李有湞)을 붙잡아 국문하여, 이유정이 승복하자 처형했고, 이우는 승복하지 않은 채 죽었다. 임창군 이혼(李焜)과 그의 동생 이욱(李煜)은 제주도에 안치했다.

09 경성에도 괘서(掛書)[24]가 등장했는데, 서인이 모반하는 정황을 고발한 것이었다. 윤휴의 문객 이환(李煥)의 소행이었다. 이환이 국문을 받고 자백하려 하자, 윤휴가 비밀리에 차자를 올려 구원했다. 당시 윤휴는 위협적인 말로 임금을 두려워하게 하는 데에 전력하며 비밀 차자

---

22 돈대(墩臺) : 평지보다 높직하게 두드러진 평평한 땅. 또는 그 위에 설치된 요새.

23 무원형(武元衡) 사태: 당나라 헌종(憲宗) 10년(815) 오원제(吳元濟)가 회서(淮西)의 난을 일으키자, 동 평장사(同平章事) 무원형을 시켜 토벌하게 했다. 이때 평로 절도사(平盧節度使) 이사도(李師道)가 오원제의 사면을 요청하였으나 무원형이 들어주지 않자, 이사도가 자객을 보내 무원형을 암살한 사건.

24 괘서(掛書): 이름을 숨기고 게시하는 글. 모반을 일으키거나 남을 모함할 때 궁문, 성문, 관청의 문 따위에 써 붙임.

를 거듭 올렸다. 심지어 다음과 같이 말하기도 했다. "광해군이 이흥립(李興立)을 죽이지 않아서 큰 재앙을 불러왔으니, 삼가 살피지 않을 수 없습니다. 마땅히 군사를 거느린 자를 교체해 후회가 없도록 해야 합니다." 그가 지목한 것은 김석주였다.

10 이유정을 처형하고 나자, 권대운 등이 말했다. "나라의 예제가 바로잡혔으니, 송시열의 죄를 종묘에 알려야 하는데, 고묘하지 않았기 때문에 흉서(凶書)가 나도는 것입니다." 허적도 그렇다고 하고 삼사도 번갈아 청하자 마침내 임금이 윤허했다. 대제학 김석주가 교서를 지었는데, 이유정의 일만 말하고 예론은 언급하지 않았다. 마침 김석주가 강화도에 가자, 이하진(李夏鎭)과 권해(權瑎) 등이 다음과 같은 구절을 첨가했다. "큰 죄인이 뉘우치지 않아서 사악한 말들이 더욱 왕성하게 일어났으니, 인륜을 해치고 기강을 무너뜨려 마침내 아비도 없고 임금도 없는 지경이 되었다. '서리를 밟으면 굳은 얼음이 된다'고 했다. 아! 이것은 하루아침 하룻저녁의 일은 아니로다!" 또 말했다. "덕과 예는 인을 베푸는 근본이니 매번 함께 시행해야 하는 것이다. 『춘추(春秋)』의 역적을 성토하는 글에서는 하나로 통합하는 것이 중요하다고 했다." 김석주가 돌아와서 상소를 올려 자기가 쓴 말이 아니라고 변명했다고 한다.

11 권해가 종묘에 알리는 글을 지었는데, 다음과 같다. "아! 기해년부터 간신들이 종통을 어지럽히고 난신적자(亂臣賊子)를 길들여 그들의 우익(羽翼)이 되었다." 고묘를 마치자, 양사에서 송시열을 법에 따라 처벌하라고 57번이나 장계를 올려 청했으며, 대신들이 2품 이상의 관리들을 거느리고 연이어 청했으나, 임금은 윤허하지 않았다.

7. 남인 내분의 씨앗

01 애초에 허목과 윤휴는 둘 다 허적의 추천으로 등용되었다. 허목은 등급을 뛰어넘어 등용되어 허적과 함께 정승이 되었고, 윤휴도 이조판서가 되어 권세가 비슷해졌다. 그들의 당에서 지조를 지키는 자들은 허목과 윤휴에게 붙는 것을 명예로 여기는 자가 많았다.

02 정언 이수경(李壽慶)이 경연에서 허적을 배척하다가 경질되었는데, 장령 김해일(金海一) 등이 다시 이수경의 파직을 청하자, 임금이 윤허했다. 정언 이서우(李瑞雨)가 이수경을 구원하자, 부제학 이당규(李堂揆) 등이 이서우도 파직하라고 청했다. 당파 결성을 지적한 것이다.

03 허목이 임금에게 아뢨다. "이수경과 이서우가 친하게 지낸 것은 신뿐입니다. 신이 어찌 이수경과 당을 만들어 전하를 배신하겠습니까?" 임금이 이수경을 등용해 허목의 마음을 편하게 해 주었다. 윤휴가 김해일을 외직으로 내보내려 하자, 이조 정랑 유명현(柳命賢)이 따졌다. 윤휴가 유명현을 외람되다고 지목하며 국문할 것을 청했다.

04 허목이 휴가를 청해 귀향하려 하자, 승지들이 연명으로 상소해 머물기를 청했다. 그러나 홍처대(洪處大), 이하진, 정석(鄭晳) 등은 참여하지 않았고, 윤휴도 상소를 보류하고 도성 밖으로 나갔다.

05 윤휴가 이조판서가 되어 관리를 추천할 때, 임금이 낙점(落點)을 망설이면 윤휴가 임금에게 그 까닭을 캐물었다. 수찬 유명견(柳命堅)이 면전(面前)에서 비난하자, 윤휴가 도리어 유명견을 꾸짖었다. 결국 불안감이 쌓인 임금이 윤휴의 귀향을 윤허했다. 윤휴가 만언소(萬言疏)를 올려 허적과 권대운을 두루 비방했으나, 임금은 허적을 위로해 주고 윤휴가 교활하게 공격한다는 특별 유시를 내렸다. 승지 정박(鄭

樸)이 유시의 말씀을 고치자고 청했으나, 임금이 윤허하지 않았다.

06 허목이 이조판서 홍우원에게 편지를 보내 이옥을 등용하게 했다. 이옥은 회양부사(淮陽府使)였는데 부제학에 추천하려 했다. 이조참의 유명천(柳命天)이 상소했다. "이옥이 일찍이 송시열에게 보낸 편지는 비굴하게 아첨해서 차마 똑바로 볼 수도 없었습니다. 그런데 국시가 바로 잡히자, 이옥은 도리어 송시열을 논박했습니다. 지금 이옥을 부제학에 추천함이 가당한지 알 수 없습니다."

07 이옥의 아우 이발(李渤)이 상소로 유명천과 그의 아우 유명현을 탐욕스럽고 음탕하며, 비루하며 자질구레하다고 헐뜯었다. 유명천이 또 상소하여, 이옥이 일찍이 그의 아버지 이관징(李觀徵)을 따라 경상감영(慶尙監營)에 가서 영해(寧海)의 재전(災田) 100결(結)을 훔쳐서 숨겼고, 또 무인(武人) 이중신(李重信)과 이섬(李暹)의 말을 빼앗았으며, 금천(衿川)의 민전(民田)을 빼앗은 여러 간악한 정황을 고발했다.

08 지평 이현일(李玄逸)이 이옥과 유명천을 모두 탄핵했다. "화를 내며 주워 담은 말이 마치 장사치나 부녀자 같아서 그들이 다투는 말을 모두 믿을 수 없습니다. 청컨대 그들의 관직을 삭탈하소서."

09 승지(承旨) 유하익(兪夏益), 유수(留守) 오시복(吳始復), 참판(參判) 민암(閔黯)이 함께 상소하여 유명천을 위해 증거를 대니 판의금부사(判義禁府事) 김석주가 죄의 경중을 따져 논의했다. "모든 사람이 이옥의 간사한 정상에는 근거가 있고, 유명현 형제가 연루된 것에는 실상이 없는 것이 많다고 합니다." 임금이 명하여 이옥과 이발을 멀리 귀양 보냈다.

8. 청남과 탁남

01 이옥은 허목의 당이었고, 유 씨 형제들은 허적의 당이었다. 이로부터 남인이 청(淸)과 탁(濁)이라는 이름으로 나뉘었다. 허목을 중심으로 권대운, 권대재(權大載), 이봉징(李鳳徵), 홍우원 등은 모두 송시열의 죄를 종묘에 알리고 처벌을 추가해야 한다고 역설하며 스스로 맑고 높은 주장이라고 여겼다. 허적을 중심으로 민희 형제 및 오정창(吳挺昌) 형제와 숙질(叔姪) 등은 모두 송시열을 관대하게 다루자고 주장해 당시에 '탁남(濁南)'이라고 일컬었다. 오정창의 형 오정위는 따로 '청남(淸南)'에 속했다고 한다.

02 윤휴도 처음엔 허목과 함께 청남의 영수였다. 그러나 나중에 그가 하는 일이 탐욕스럽고 제멋대로라는 이유로 허목에게 인정받지 못했다. 그러므로 전에 윤휴를 공격하던 자 중에 허목에게 붙어서 청남이 된 자들도 많았다.

03 유생 구륜(具綸)이 상소했다. "오늘날 조정에서 청남과 탁남을 구별하며 서로 배척합니다. 유신 허목, 윤휴와 같은 주장을 하는 자는 '청(淸)'이라 지목하고, 영의정 허적과 같은 주장을 하는 자는 '탁(濁)'이라고 지목합니다. 그러나 이 세 신하의 임금 사랑과 나라 걱정에 어찌 당파에 치우친 사사로움이 있겠습니까? 다만 사람의 마음이 한결같지 않아 점차 기울어져 삐걱거리게 된 것입니다."

04 정언 조근(趙根)이 상소했다. "이옥은 더럽고 천한 짓을 반복했고, 오정위는 재물을 탐내 법을 어겼으며, 조사기는 사악하고 괴이했는데, 어찌 청남이라고 일컬을 수 있습니까? 탁남의 탁함이 청남의 탁함보다 더 심하므로 이런 이름을 얻은 것 아닙니까? 이것은 마치 큰 솥 바

닥과 작은 솥 바닥이 서로 상대편이 더 검다고 헐뜯는 것과 같으니, 뿌리는 같은 남인입니다."

05 허목이 상소를 올려 김석주가 죄의 경중을 따진 것이 형평성을 잃었다며 비난했다. 그러자 김석주가 상소했다. "경수(涇水)와 위수(渭水)[25]가 가운데서 부딪치니, 그 여파가 사람을 쓰러뜨립니다. 급류에서 물러나지 않으면, 재앙이 정수리까지 이를 것입니다." 경수와 위수는 청남과 탁남을 말한 것이다.

06 좌윤(左尹) 남구만이 상소했다. "허적의 서자인 교서관(校書館) 정자 허견(許堅)의 처는 청풍부원군 김우명의 첩의 동생입니다. 청풍부원군의 첩이 허견에게 얻어맞아 이가 부러져 울면서 돌아가니, 허견에 대한 나쁜 평판이 거리에 가득했습니다. 청풍부원군의 첩은 비록 천민이지만, 자전(慈殿, 현종비 명성왕후 김 씨)의 서모입니다. 허견이 자전의 서모를 감히 이렇게 구타하고 욕을 보였는데도 전하를 위해 말하는 자가 없었습니다. 대사헌 윤휴는 금송(禁松: 베서는 안 되는 소나무) 수천 그루를 베어 자신의 집을 지었습니다. 무릇 금송은 열 그루만 베어도 죄가 온 가족에게 미치는데, 정승이나 권세 있는 가문은 온 산을 다 베어 가져가도 죄를 묻지 않습니까?" 그는 또 "세도가의 자제들이 남의 아내와 첩을 빼앗았다"고도 말했는데, 그 역시 허견을 가리킨 것이다.

07 임금이 매우 놀라 의금부와 포도청을 시켜 실상을 조사하게 했다. 좌의정 권대운 등이 "윤휴가 지은 집은 십여 칸에 지나지 않는다"고 아뢨다. 판윤(判尹) 김우형과 좌윤 신정이 조사해 보고했다. "황해

---

25 경위(涇渭): 경수(涇水)는 흐리고 위수(渭水)는 맑다. 사물의 청탁을 말한다.

도와 평안도에 있는 입산 금지된 산의 소나무 삼백 그루가 모두 윤휴의 집에 들어갔습니다.” 형조판서(刑曹判書) 이관징이 다시 조사하여 윤휴의 범행이 아니라고 하자, 임금이 교서를 내려 윤휴를 위로했다.

08 의금부에서는 허견의 아내 예형(禮亨)의 음란한 실상을 조사해 예형을 유배 보내고 허견의 고신(告身: 임관할 때의 발령장)을 박탈했다. 그러나 청풍부원군의 첩의 이가 부러진 것은 허견의 소행이 아니라고 해서 불문에 부쳤다.

09 포도청의 조사에 따르면, 역관(譯官) 서효남(徐孝男)의 며느리 이차옥(李次玉)이 사직동의 솟을대문이 있는 큰 집에 납치되었다가 닷새 만에 돌아갔다고 했다. 권대운이 말하기를, “이차옥은 연약한 여자라 지레 죽을지 염려된다”며 이차옥을 의금부로 옮기자고 청하며 옥사를 늦추었다. 때마침 송상민과 이유정의 옥사가 있어서 국문이 한창 펼쳐지고 있었기 때문에 이차옥 사건은 다시 묻지도 않았다.

10 송시열이 거제로 이배되자, 이원정이 송시열의 당여(黨與)인 민정중, 민유중, 이번(李翻), 이익(李翊), 이선(李選) 등을 함께 치죄하자고 청하여 모두 멀리 귀양 보냈다. 임금은 또 남구만이 거짓을 꾸며 남을 모함했다며 함께 귀양 보냈다. 이때부터 허적 부자는 세력이 더욱 왕성해졌다.

11 이에 허목이 차자를 올렸는데, 대략 다음과 같다.

> *영의정 허적은 큰 책임을 맡아 권력과 지위가 더욱 왕성해지자, 임금의 외척과 교분을 맺어 세력을 키우며, 환관 및 임금의 측근과 결탁해 그들을 첩자로 만들어 임금의 동정을 엿보며 임금의 뜻에 영합했습니다. 그리고 임금에게 토목공사를 권하면서, 깊은 산 험한 곳의*

성루(城壘)를 다지기 위해 몽둥이 1만 개를 박고서, 일을 부지런히 한다며 임금의 뜻을 현혹하고, 권력을 전횡했습니다.

그의 서자 허견은 하는 짓이 무도하다는 것을 온 나라 사람이 다 알고 있는데, 국법을 관장한 자가 금지하지 못했습니다. 남구만의 상소로 일이 비로소 발각되었지만, 힘써 숨겨주고 덮어주어 남구만은 귀양 가고 허견은 결국 무사하게 되었으니, 민심이 더욱 불쾌하게 여기고 있습니다. 임금께서 이런 사람과 함께 국사를 도모하면 나라가 다스려지기를 바라기는 어려울 것입니다.

12 임금이 화가 나서 몹시 꾸짖으며 허목에게 임금의 동정을 엿본다는 말을 어디에서 들었는지 자수하라고 했다. 허목은 대죄했지만, 아뢰지는 않았다. 권대재, 이봉징, 이옥, 권해 등을 귀양 보내고 홍우원의 관직을 삭탈했는데, 모두 허목의 당이었다.

13 허적이 온 식구를 데리고 충주로 돌아가자, 임금이 하루에 세 번 승지를 보내 위로하며 달랬다. 얼마 지나지 않아 허적은 예전처럼 조정에 돌아왔고, 허목은 결국 고향으로 돌아갔다.

9. 경신환국과 서인 정권

01 예전에 임금이 어렸을 때는 병치레도 잦았다. 이정과 이남이 허견과 교류하면서 정원로(鄭元老)의 집에 모이곤 했다. 이남이 허견에게 말했다. "임금이 돌아가시게 되어 그대의 아비가 나서서 나를 옹립한다면, 나는 즉시 그대를 병조판서로 삼겠다." 마침내 피를 나누어 마시며 맹세했고, 이어서 서인 축출을 꾀하며 송시열의 이름을 거론했다.

박헌이 말한 몇몇 공자(公子)들이란 바로 이들이었다.

02 김석주가 허적과 매우 친했고, 정원로 역시 김석주와 친밀했다. 김석주의 내제(內弟: 외숙의 아들)인 신범화(申範華)와 신종화(申宗華)는 신면의 아들들로 송시열을 원수로 여겼기 때문에 남인과 교류가 많았고, 김석주를 통해 복창군 형제와도 교류했다. 김우명이 궁녀 사건을 일으키자, 복창군 형제는 모두 김 씨를 원수로 여겼다. 그러나 김석주가 전부터 정원로의 음모를 알고 있었기 때문에, 그가 먼저 반역 음모를 폭로할지 두려워 남인 중에 복창군 형제를 도우려는 자들은 결국 감히 드러내고 김석주를 공격하지 못했다. 김석주가 이처럼 안팎으로 권력을 장악했기 때문에 허적 등 탁남은 모두 그에게 붙었다.

03 김석주는 눈치가 빨랐고, 형세를 엿보는 데도 능했다. 청남과 탁남이 분열된 뒤부터 임금의 뜻과 민심이 남인을 더욱 싫어하게 된 것을 알고는 그들을 몰아내려는 뜻을 굳히고, 임금의 장인인 광성부원군(光城府院君) 김만기와 모의해 김만기의 숙부인 김익훈(金益勳)을 끌어들여 어영대장(御營大將)으로 삼고 자신을 돕게 했다. 또 이러한 뜻을 송시열에게 전해 이전의 감정을 풀고 일을 함께 도모하기로 약속하고, 여러 차례 신범화와 정원로를 유인해 이남과 허견의 감춰진 실상을 염탐하게 했다.

04 하루는 김석주가 허견이 손수 쓴 편지를 입수했는데, "여수(麗水)[26]의 신녀(辛女)를 먼저 제거하라"는 말이 있었다. 중전의 성이 김(金)이고 신축년(辛丑年)에 태어난 것을 가리킨 것이다. 마침내 김석주가 그 내용을 은밀히 아뢰자, 임금은 곧바로 무인 이입신(李立身), 남두

---

26 여수(麗水): 『천자문(千字文)』의 "금생여수(金生麗水: 금은 여수에서 난다)"라는 말에서 따온 것으로, 왕비 김 씨를 가리킨다.

북(南斗北), 박빈(朴斌) 등을 보내 이남과 허견의 동태를 살피게 했고, 김석주는 이입신 등에게 금과 은을 두둑이 주고서 밤낮으로 유숙(留宿)하며 이들 집안의 계집종들과 사귀게 했다. 이남의 계집종 중에 손가락이 아프다는 자가 있어 이입신 등이 물으니, 계집종이 "군복을 너무 많이 만들다 보니 바느질하느라 손가락을 다쳤다"고 말했다. 세 사람이 이 사실을 김석주에게 알렸다.

05 때마침 허적의 조부 허잠(許潛)이 시호를 받아 공경(公卿)을 대거 연회에 초대했다. 서인들이 서로 놀라며 "허견이 무장한 장수를 매복시켜 연회에 참여한 자들을 죽이려 한다"고 말했다. 김석주는 초대를 사양하고 연회에 가지 않았고, 김만기는 연회에 참석하여 술의 순배가 돌아오지 않았는데 다른 사람의 잔을 가로채 마시며 "내가 마침 배가 고팠다"고 말했다. 또 잔이 돌아오자, 곧바로 굳게 사양하며 "내가 벌써 취했다"고 말했다. 술잔에 독을 탔을지 염려한 것이다. 갑자기 닭 한 마리가 날아들어 술그릇을 모두 깨뜨리자, 허적이 닭을 잡아 죽이라고 명하고서 중얼거렸다. "닭은 유(酉)니, 그건 서인이로다!"

06 이날 비가 많이 내리자, 임금이 왕실에서 쓰는 장막을 내어 허적의 집에 보내 잔치를 성대하게 치를 수 있게 하라고 명했다. 주위의 신하들이 말했다. "허적이 이미 가져갔습니다." 임금이 크게 노하며 말했다. "이것은 한명회(韓明澮)도 감히 하지 못하던 일이다."

07 임금이 대장 유혁연(柳赫然)과 신여철(申汝哲)을 연회 장소에서 급히 불러들이니, 김만기도 일어났다. 허적이 몹시 놀라 급히 가마를 타고 따라가 대궐에 도달했으나 들어갈 수 없었고, 장수들은 이미 교체되었다. 이어서 영의정 허적을 강제로 파면하고 김수항으로 교체했으며, 훈련대장 유혁연의 병권을 빼앗아 김만기에게 주었고, 남인을 모두

쫓아내고 서인을 불러들였다. 이것을 '경신환국(庚申換局, 1680년, 숙종 6)'이라고 한다.

10. 허적과 윤휴의 최후

01 며칠 뒤에 정원로의 진술로 이남과 허견의 모반 정황이 모두 드러나자, 이남은 교수형에 처했고, 허견은 처벌을 순순히 받아들이고 죽었다. 허적도 죄인들의 진술에 연루되어 잡혀가면서 진술했다. "신이 만약 모반에 참여하여 알았다면 어찌하여 병진년(1676, 숙종 2)에 비밀리에 아뢰었겠습니까?" 임금이 측은히 여겨 파면하고 서인으로 강등했다. 허적이 아뢴 것은 "임금께서는 옥체에 병이 많고 주위에 강경한 종친들이 늘어서 있으니, 일상생활과 음식에 될 수 있는 대로 신중히 하십시오"라는 말이었다.

02 이때 의금부의 요청으로 이차옥의 일을 조사하자, 허견이 간음한 정황이 다 드러났다. 임금은 허적이 자식을 위해 잘못을 은폐한 것에 분노하여 사사를 명했다. 허적은 사람됨이 영민하여 정승이 될 재질이 있었다. 자신은 도리에 어긋나는 악행을 범하지 않았지만, 패륜한 자식 때문에 죽어서 세상에서는 그의 죽음을 슬퍼하는 사람도 있었다.

03 송시열이 북벌(北伐)의 대의(大義)를 주장한 뒤부터 윤휴도 그를 사모했다. 윤휴는 뜻을 이루기 위해 체부(體府)[27] 설치를 주청하여, 군사를 훈련하고 군량미를 비축했다. 명분은 국권 회복을 도모한다는 것이었다. 허적이 체찰사가 되어 훈련도감과 어영청 두 기구의 군무를 겸하여 맡았는데, 얼마 뒤에 체부를 혁파했다. 일 년 남짓 만에 체부가 다

27 체부(體府): 체찰사가 지방에 나가 일을 보던 관아.

시 설치되어 윤휴가 부사(副使) 자리를 원했는데 차지하지 못하자, 원망하는 말을 밖으로 드러내기까지 했다.

04 허적이 외딴 시골에 넓은 둔전(屯田)을 설치하고, 허견의 첩의 형제인 강만철(姜萬鐵)과 강만송(姜萬松)을 별장(別將)으로 삼아 그 일을 맡겼다. 허견의 옥사가 일어나자, 체부가 혁파되고 강만송 등도 죽임을 당했다. 당시 말하기 좋아하는 자들은 체부 복설(復設)이 반역의 뿌리가 되었다고 했다. 남인 당을 끝까지 치죄하니, 남인의 문생(門生)이나 옛 관리 중에 화를 면한 자가 드물었다. 그러나 체부의 복설은 김석주도 찬성했다.

05 윤휴가 체포되자, 양사에서는 윤휴가 자성을 단속하라고 한 말과 체부 복설을 주장한 것 두 가지 일을 근거로 그를 죽이자고 청했다. 남구만이 조정에 보낸 편지에서 말했다. "임금은 사형 집행에 민첩해서는 안 되니, 반역에 관한 옥사 이외에는 사형 집행의 길을 다시 여는 것은 바람직하지 않습니다." 이상진도 말했다. "우리 조정에서는 일찍이 사대부를 가벼이 죽이지 않았습니다. 윤휴가 비록 죽을죄를 지었더라도 관대히 다스리는 것도 하나의 도리일 것입니다."

06 예전에 임금이 윤휴에게 비밀리에 내린 조서 중에 "장수를 교체하라"는 말이 있었다. 이로 인해 조정 여론이 분노하고 미워하여 "윤휴가 서인을 거의 어육(魚肉)으로 만들 뻔했다"고 말하며, 결국 구원하지 않아 윤휴가 마침내 사사되었다. 윤휴가 죽음이 임박해 말하기를, "조정이 어찌하여 선비를 죽인단 말인가!" 운운했다.

11. 보사공신 책봉 논란

01 예전에 송시열이 3년 복을 입지 않을 네 가지 예외에 관한 설을 주장했을 때, 이유태도 그 주장에 찬성했다. 그래서 송시열이 벌을 받게 되자, 이유태도 귀양을 갔다. 서인 중에서 예를 논하는 자들은 모두 이 두 사람의 주장을 따랐다.

02 송시열이 이유태를 내쫓으려고 공개적으로 주장했다. “이유태가 예설(禮說)을 고쳐서 효종이 서자가 아니라고 한 것은 그 당시의 사람들에게 목숨을 구걸하려던 것이다.” 허적이 임금에게 아뢨다. “듣건대 이유태가 죄를 뉘우치고 예설을 고쳤으니 풀어주기를 청합니다.” 이유태가 상소를 올려 자신의 견해는 송시열과 같고 일찍이 말을 바꾼 적이 없다고 말했고, 송시열에게도 편지를 보내 자신을 변명했다.

03 이에 임금은 이유태와 송시열의 견해가 본래 같았다고 하니, 송시열도 효종을 서자라고 딱 잘라 말한 것은 아닐 것이라며, 송시열을 청풍(淸風)으로 양이(量移)[28]하고 송준길을 복직시키라고 명했다. 그러나 위리안치 중이던 송시열은 양이 소식을 듣고도 가지 않으려고 말했다. “내가 실제로 효종을 서자라고 했는데, 임금이 잘못 듣고서 나를 양이하려 한다. 그러나 나의 죄는 마찬가지다.” 그러자 송시열을 압송해 가던 의금부 낭관(郎官)이 놀라며 “그대는 죄인인데, 어찌 죄인이 이배지(移配地)에 가지 않으려 하시오?”라고 말하며 강제로 압송해 갔는데, 얼마 지나지 않아 사면되어 돌아왔다.

04 이때 임금이 김석주, 정원로, 이입신 등을 보사공신(保社功臣)

---

28 양이(量移): 멀리 유배된 사람의 죄를 감등하여 가까운 곳으로 옮기던 일.

에 녹훈(錄勳)하라고 명하여 고묘와 회맹(會盟)[29]을 마쳤다. 그런데 무인 이원성(李元成)이란 자가 "정원로가 오정창과 반역을 꾀했다"고 고변하자, 다시 국문했다. 결국 오정창과 정원로가 죄를 승복하여 정형(正刑)[30]에 처했다. 정원로가 처형될 때 말했다. "내가 함께 모의한 자가 신범화다. 앞서 고변할 때 다 발설하지 않은 것도 신범화의 말을 따랐기 때문이다." 이에 신범화를 체포했으나 의금부는 김석주가 두려워 감히 실상을 조사해 밝히지 못했다.

05 양사에서 엄하게 신문하기를 청하자, 김석주가 상소했다. "사실은 신이 신범화에게 역모의 정황을 몰래 살피게 했습니다. 왕수인(王守仁)이 기원형(冀元亨)을 보내 신호(宸濠)를 염탐한 것과 같습니다.[31] 지금 조정의 흉흉한 논의는 역적을 위해 원수를 갚으려는 것입니다. 청컨대 신범화의 공을 녹훈하여 그의 원통함을 밝히소서."

06 임금이 그 말을 옳다고 여겼고, 어영대장 김익훈과 교리 이사명(李師命)도 정탐한 공로가 있으니 함께 녹훈하라고 명했다. 이때 원래 녹훈된 자가 여섯 명이었고, 추가로 녹훈된 자가 다섯 명이었다. 그러나 허견의 역옥은 모두 탐문해서 엮은 것으로 확실한 증거는 없었다. 그 일을 주동한 사람은 김석주 등 몇 명이었고, 조정의 신하들도 참여하지 않아서, 사람들이 의혹을 품었는데, 추가로 녹훈하라는 명이 내려지자, 선비들이 더욱 불평했다.

07 이에 장령 심유(沈濡)가 처음으로 장계를 올려 말했다. "비록 작더라도 신하들이 공로를 세우면, 깃발에 공적을 장중하게 기록하여 가

---

29 회맹(會盟): 공훈이 있는 사람의 이름을 책에 써 올릴 때 임금과 신하가 모여서 서로 맹세하던 일.

30 조선시대 형벌의 종류로는 사형(私刑), 윤형(閏刑), 정형(正刑)이 있고, 정형에는 태형(笞刑), 장형(杖刑), 도형(徒刑), 유형(流刑), 사형(死刑) 등 오형이 있다. 일반적으로 정형은 죄인을 사형에 처하던 형벌이라는 뜻으로도 쓰인다.

31 명나라 무종(武宗) 때 황족인 신호가 반역을 일으키자, 왕수인이 기원형을 보내 정탐했다.

볍게 시행하지 말아야 합니다. 김석주는 신범화를 위해 공은 드러내고 죄는 가리면서, 조정이 실언했다고 비난하고 있습니다."

08 삼사의 임영(林泳), 송광연(宋光淵), 박태손(朴泰遜), 신완(申琓)과 대사헌 여성제가 잇달아 잘못을 따졌고, 좌의정 민정중과 우의정 이상진 또한 옳지 않다고 말했으나, 임금이 따르지 않고 영의정 김수항을 다그쳐 공신을 책봉하게 했다.

09 김수항의 아들 김창협(金昌協)이 그의 외숙 나양좌(羅良佐)와 현안을 의논했다. 나양좌가 말했다. "염탐하는 정치는 성인의 세상에서는 있을 수 없는 것인데, 어찌하여 빨리 혁파하지 않는가?" 김창협이 말했다. "인조 초기에도 이와 같은 일이 있었습니다." 나양좌가 말했다. "인조반정(反正)은 비록 하늘이 감응하고 사람이 따랐다고는 하지만, 그 당시 형세에 의혹이 없을 수 없었기 때문에 부득이 염탐한 것이다. 지금 성스럽고 총명한 임금께서 어린 나이에는 소인들에게 속았지만, 지금은 이미 깨달으시고 처분을 바르게 하시는데 무슨 근심이 있겠는가? 어찌하여 배반하려는 자들이 스스로 안정할 수 있게 만들지 못하는가?" 김창협이 말했다. "우재(尤齋)의 뜻입니다." 나양좌가 놀라 말했다. "어찌 유자로서 이러한 부정한 꾀를 쓴단 말인가? 나중에 반드시 큰 재앙이 따를 것이다." 우재는 송시열의 호이다.

12. 서인 분열과 소론의 탄생

01 이이와 성혼을 문묘에 종사하자는 논의는 인조반정 초부터 시작되어 여러 조정을 거쳤는데, 서인 유생들이 상소로 청할 때마다 남인도 끊임없이 비난했다. 이때 서인이 국정을 장악하여 임금이 종사를 허락

하고 남인 유생 조신건(趙信乾) 등을 귀양보내자, 남인이 감히 다시 말하지 못했다. 당시 선량한 선비들이 조정에 여럿 진출해 대각이 더욱 성황을 이루었다. 청렴하고 강직하기로는 조지겸(趙持謙)과 박태보요, 문학으로는 오도일(吳道一)과 임영이요, 언론으로는 한태동(韓泰東)이요, 역량으로는 박태손이요, 편안하고 단아하기로는 권두기(權斗紀)였는데, 모두 젊지만, 이름난 관리로서 힘껏 청의(淸議)를 주장하며 일이 닥치면 과감하게 말했다. 점차 훈척(勳戚)을 배척하며 자립했는데, 소론(少論)이란 명칭이 여기에서 시작되었다.

02 민정중과 민유중 형제도 이들과 더불어 당시에 명망이 있었다. 인현왕후(仁顯王后)를 책봉할 때 그의 아버지 민유중이 바로 병조판서였다. 사람들이 외척은 정권을 잡을 수 없다고 주장하자, 대사헌 이단하가 민유중을 위해 별도로 하나의 관사(官司) 설치를 청했다. 명분을 버리고 실리를 중시한 것이다.

03 그 후 이단하가 이조판서가 되자, 교리 박태보가 상소했다. "이단하는 일찍이 대제학으로 있을 때 임금의 위엄이 두려워 선왕의 행장을 추가로 고치다가 공론의 배척을 받았습니다. 그리고 이우정과 목창명을 천거해서 서로 뜻을 소통하며 함께 일을 도모하려고 하다가 사람들의 비웃음을 샀습니다. 근래에는 민유중이 그대로 병조를 맡아 역대 조정에서 실천했던 외척에 대한 방비를 크게 훼손시켜 외척이 정치에 간여하는 길을 열었는데, 이단하는 바로잡을 생각도 하지 않았습니다. 이에 별도로 하나의 관사를 설치하자는 주장을 펴서 위와 아래에 아첨했으니, 지금 이조판서로 임명할 수 없습니다." 이단하는 물러났고, 박태보도 파면되었다. 이때부터 선비들과 두 민 씨의 사이가 틀어지게 되었다.

13. 강한 신하에 눌린 현종

01 전에 현종의 상사(喪事)에 청나라가 두 개의 제단에 사제(賜祭)했다. 빈사(儐使)[32] 오시수(吳始壽)가 임금에게 아뢨다. "청나라 역관 장효례(張孝禮)가 우리나라 역관 박정신(朴廷藎)에게 '너희 나라는 선왕 현종이 강신(强臣)에 눌려 자유롭지 못했다. 그래서 황제가 불쌍히 여겨 예를 더한 것이다'라고 말했답니다." 임금이 그 말을 듣고 놀라고 분해서 사신을 보내 변무(辨誣) 하려다 그만두었다. 당시 이것을 들은 자들은 모두 오시수가 스스로 이 말을 지어내서 송시열을 밀어내려 한 것이라고 말했다.

02 이때(1680, 숙종 6) 임금이 사신을 연경(燕京)에 보내 장효례에게 따져 묻자, 장효례가 "그런 일이 없다"고 말했다. 이에 오시수와 박정신을 국문하자, 박정신도 "그런 일이 없다"고 말했고, 오시수는 "박정신에게 들었다"고 말했다. 임금이 오시수를 사사하고 박정신은 멀리 유배 보냈다.

03 장령 정재희(鄭載禧)가 말했다. "이제 오시수는 죽이고 박정신은 살려두면, 이것은 조정이 대신의 말은 믿지 않고 천한 역관을 믿는 것입니다. 또 우리 사신이 외국에 나가 저들과 교제할 때 반드시 역관의 혀에 의지하여 그대로 베껴서 아뢰는데, 나중에 말을 바꿔서 자신만 벗어나려는 박정신과 같은 자가 있다면, 장차 사신(使臣)에게만 모든 죄를 물을 것입니까?"

04 사간(司諫) 조지겸이 말했다. "오시수가 처음 이 말을 꺼냈을 때 박정신 자신은 한 마디도 해명하지 않다가, 이제 오시수가 무너지는 것

---

32 빈사(儐使): 사행(使行)을 맞아 접대하는 관원. 원접사(遠接使)·접반사(接伴使) 등을 말한다.

을 보고서 오직 오시수에게 책임을 돌리고 있습니다. 오시수도 마땅히 죽어야 하지만 박정신의 죄 또한 어찌 가볍다고 할 수 있겠습니까? 박정신을 국문해 보고 죽을 때까지 굴복하지 않는다면, 그 뒤에 오시수를 죽여도 늦지 않을 것입니다."

05 대사간 윤지완(尹趾完)이 말했다. "오시수의 죄는 실로 모든 사람이 미워하는 것이지만, 다만 말의 뿌리는 외국인에게서 나온 것이고, 증거라고는 역관의 무리에 지나지 않으니, 이러한 일로 대신을 가벼이 죽일 수는 없습니다. 차라리 특별히 용서하여 죽이는 대신에 평생 먼 지방에서 지내게 하는 것이 법을 굽히지 않고 은혜를 온전히 하는 것입니다." 교리 박태보의 의견도 같았다.

06 그러자 정언 김만채(金萬埰)와 지평 김진구는 조지겸과 박태보가 오시수를 두둔한다고 비판했다. 영의정 김수항도 조지겸 등을 귀양 보내고 윤지완을 통신사로 내보내자고 청했다. 오시수가 마침내 죽게 되자, 이때부터 선비들과 김수항은 다시 화합하지 못했다.

14. 임술삼고변: 남인 소탕 정치공작

01 신유년(1681, 숙종 7) 감시(監試)[33]에서 어떤 사람이 백지 답안지를 제출하면서, 남인의 큰 가문 열셋을 열거했는데, 그 양상이 고변하는 것 같았다. 시험관이 이것을 임금에게 비밀리에 아뢰자, 임금이 김석주에게 주었고, 김석주는 다시 무인 김환(金煥)을 시켜 남인들의 동정을 살피게 했다. 김환은 본래 서인이었지만, 남인에게서 벼슬을 얻은 자였다. 김환은 사양하며 하지 않으려 했으나, 김석주가 죽이려 하자,

---

33 감시(監試): 생원과 진사를 뽑던 과거.

김환도 마침내 따랐다.

02 김석주가 김환에게 말했다. "허새(許璽)와 허영(許瑛)이 지금 한강 변에 살고 있다. 네가 그들의 이웃에 살면서 함께 장기를 두다가 이기거든 '나라를 취하는 것도 이렇게 하는 것'이라고 말해 보아라. 허새 등이 호응하는 듯하면, 너도 모반에 동참하겠다고 하라." 김환이 말했다. "저들은 모반할 뜻이 없고, 도리어 나더러 모반한다고 하면 어찌 합니까?" 김석주가 말했다. "내가 있으니 염려하지 말라." 이어서 많은 은전(銀錢)을 주며 자금으로 쓰게 했다. 김환이 시키는 대로 하자, 허새와 허영이 정말로 호응했다.

03 김석주가 김환에게 유명견도 염탐하게 했다. 그러나 유명견은 이름난 선비여서 김환이 갑자기 사귀기 어려워서 김환은 먼저 그의 문객인 전익대(全翊戴)와 사귀며 그의 정황을 김석주에게 알렸다. 이덕주(李德周)도 염탐했으나 실상을 다 파악하지는 못했다.

04 이때 김석주가 일이 있어 연경에 가면서 김환을 김익훈에게 부탁했다. 김익훈은 김석주가 없는 동안 자신이 공을 세우려고 김환을 몹시 급하게 재촉했다. 김환이 전익대에게 유명견의 동향을 여러 번 물었더니, 전익대가 말했다. "다만 유명견이 활을 만드는 것은 보았는데, 그것이 수상합니다."

05 마침 "김환이 겉으로는 정탐하는 체하면서 실제로는 반역을 꾀한다"는 유언비어가 안팎으로 널리 퍼졌다. 김익훈이 김환을 불러 급히 고변하라고 명했다. 김환이 놀라서 김익훈에게 요청해 배정받은 어영청 군사 2명을 데리고 밤중에 전익대의 집에 가서 그를 잡아 오면서 협박했다. "너도 나를 따라 고변하라. 그렇지 않으면 반드시 너부터 죽이겠다." 전익대가 말했다. "유명견이 모반하려는 정황이 없는데 어찌 차

마 무고할 수 있겠소!"

06 전익대가 거절하며 따르지 않자, 김환이 김익훈에게 전익대를 가두게 하고 먼저 대궐로 들어가서 허새와 허영을 고변했다. 허새와 허영은 체포되자마자 자복했고, 김환은 드디어 훈신이 되어 벼슬이 중간 정도의 품계에 올랐다. 김환은 전익대의 존재가 도리어 자기의 공로에 흠이 될까 염려했기 때문에 다시는 전익대의 일을 말하지 않았다.

07 김익훈은 전익대를 가두어 놓고 김환의 소식을 종일토록 기다렸으나, 소식을 듣지 못했다. 이미 가둔 전익대를 사사로이 풀어줄 수도 없어 매우 초조하여 어찌할 줄을 몰랐다. 이에 스스로 국청(鞫廳)[34]에 가서 사실을 말했다. 이때 김수항이 옥사를 주관했는데, 이를 듣고 전익대 체포를 거절하며 말했다. "고변한 자의 입에서 나오지 않은 일로 어찌 함부로 체포할 수 있겠소!"

08 마침 그날 김석주가 연경에서 돌아와서 김익훈에게 말했다. "아방(兒房)에 가서 비밀리에 장계를 올려 이 일을 국청에 하달하도록 하면 가능합니다." 아방은 대궐 안의 장신(將臣)들이 쉬거나 자는 곳이다. 김익훈이 말했다. "나는 글을 지을 줄 모르니 어찌하면 좋겠는가?" 김석주가 종이를 가져다 뒷면에 장계의 초안을 잡아 주었다. 김익훈이 그 말대로 했더니, 임금이 김익훈의 장계를 국청에 하달하고 곧바로 전익대를 체포하여 신문했다.

09 전익대는 김환이 중간 품계에 오른 것을 보고 내심 부러워서 유명견을 고변했다. 유명견이 국청에 나가 전익대와 대질했는데, 결국 아무런 증거도 나오지 않았다. 김환이 끌어들인 이덕주 등도 실체가 없는

---

34 국청(鞫廳): 역적 등의 중죄인을 신문하기 위하여 설치하던 임시 관아.

것이 많았다. 김중하(金重夏)란 자도 민암을 고변했으나, 내용을 살펴보면 더욱 허무맹랑했다. 이것을 '임술년의 세 고변(壬戌三告變·임술삼고변)' 옥사라고 한다. 이때 유명견과 민암은 죄를 면했고, 김중하와 전익대는 멀리 귀양 보냈고, 이덕주는 곤장을 맞다가 죽었다. 얼마 후 전익대를 참수하라고 명했다. 김환과 김중하는 둘 다 김석주와 김익훈의 사주를 받은 것이어서 살아남았고, 전익대만 도와주는 사람이 없어서 혼자 죽었다고 한다.

15. 김익훈 처벌 논란

01 그때 선비들이 앞다투어 말했다. "김익훈이 남을 꼬여 역적질을 시켰으니, 스스로 역적질한 것보다 그 심보가 더 고약하다." 조지겸이 맨 처음 논박했다. "김중하와 전익대의 죄를 구별하는 것은 옳지 않다. 또 남의 꼬임을 받아서 남을 무고한 자와 남을 꾀어 남을 무고하게 한 자 사이에 차이가 얼마나 있겠는가! 그런데 전익대는 죽고 김환 혼자 공로를 세우게 되었으니, 이것이 옳은 일인가?" 조지겸이 또 말했다. "김익훈은 탐욕스럽고 사치스러워 집에 대문이 여섯 개나 있으니, 세상 사람들이 흘겨보는 대상이다." 한태동도 김익훈을 지목하며 더욱 준엄하게 말했다. "김익훈은 일찍이 허적에게 아첨하여 섬기면서 허적의 애마(愛馬)에 김익훈이 손수 안장을 얹어주었다. 지금 설령 작은 공로가 있더라도 이 또한 팽총(彭寵)의 자밀(子密)이다.[35] 어찌 한 나라의 운명을 맡길 수 있겠는가!"

---

35 팽총(彭寵)은 후한(後漢)의 광무제(光武帝)를 도운 공로로 건충후(建忠侯)에 봉해졌으나, 논공행상에 불만을 품고 반란을 일으켰다가 도리어 자신의 하인인 자밀(子密)에게 살해당했다.

02 조지겸은 정탐 정치의 문제점도 지적했다. "성스러운 임금이 세상을 거느리면, 위에서 하늘이 아래를 굽어보고 해와 달이 세상을 비추며 비와 이슬이 땅을 적시며 바람과 우레가 진동하는 것 같다. 비록 무지개의 부정한 기운이 그 사이에서 막아서더라도 그 또한 저절로 없어질 따름이다. 지금 시행할 계책은 오직 정치와 법을 밝혀 은혜를 베풀며, 기강을 엄숙히 하여 융성한 교화를 도모하는 것뿐이다. 정탐 정치는 쇠락한 말세의 일이니, 하지 말아야 한다."

03 남구만도 죄수들에 대한 재판을 요청하는 상소를 올리며 말했다. "임금에게 변고를 아뢰는 것은 역모를 알리는 것에만 해당합니다. 만일 원망하고 비방하는 어지러운 말들을 모두 급한 변고라며 임금에게 아뢴다면, 온 나라 사람들이 몹시 두려워하여 편안히 지내지 못할 것입니다. 이것이 어찌 옛날에 성인이 비방을 처벌하지 않은 뜻이겠습니까!"

04 경신년(1680, 숙종 6) 이후 밀고하는 문이 널리 열렸는데, 모두 김석주의 소행이었다. 그러나 선비들도 김석주가 두려워 김익훈을 몰아내자고만 했다. 임금이 마지못해 따르다가 몇 달 뒤에 김익훈을 다시 불러들이니, 대간 유득일(兪得一)과 박태유(朴泰維)가 앞다투어 상소하면서 대신들이 말없이 사익을 두둔하며 감쌌다고 논박했다. 그러자 임금이 노하여 유득일과 박태유를 외직으로 내쫓으며 해당 직에 부임하도록 재촉했다. 대신과 삼사가 힘껏 말려서 임금의 명은 철회되었지만, 김익훈을 총애하여 대우하는 것은 예전과 같았다.

05 그때 민정중이 정승이 되어 호포법(戶布法) 등의 여러 일을 건의하여 시행하려 했는데, 영의정 김수항이 가로막았다. 또 자신이 외척이라는 이유로 선비들에게 받아들여지지 않을까 염려하여 더더욱 산림에

의지하며, 임금에게 송시열, 박세채(朴世采), 윤증을 부르자고 아뢨다. 당시 송시열은 마침 여주에 있었기 때문에 임금이 조지겸을 보내 그를 불렀다. 조지겸이 그간의 일들을 정리해 송시열에게 알리며, 또한 김익훈이 한 일이 형편없다고 말하자, 송시열이 말했다. "정말로 그렇다면 김익훈은 죽여도 안타깝지 않네." 조지겸이 돌아와서 사람들에게 말했다. "대로(大老)의 견해도 우리와 같다."

06 송시열이 조정에 나오자, 김석주가 감시(監試)의 고변서와 임금이 내린 명령의 본말을 갖추어 말하며 김익훈의 무죄를 변론했지만, 송시열은 마음속으로 난처하게 생각했다. 임금이 송시열을 보고 말했다. "지금 조정의 논의가 바야흐로 김익훈을 두고 대결하고 있는데, 나는 장차 대로의 말에 따라 결정하려 한다. 어떻게 생각하는가?" 송시열이 두 번 세 번 사양하다가 다음과 같은 말만 했다. "김장생은 신의 스승이고, 김익훈은 김장생의 손자입니다. 신이 김익훈을 잘 이끌지 못하여 이 지경에 이르렀으니, 신의 죄입니다."

16. 송시열에 맞선 다섯 간관

01 송시열이 고상하게 북벌 대의의 천명을 자신의 사명처럼 여기더니, 이때 맨 먼저 효종을 세실(世室)[36]로 모시자고 청했다. 또 태조(太祖)에게 시호를 더하자고 청하며 말했다. "태조께서 개국한 후 300년간의 굳건한 대업은 실로 위화도 회군(威化島回軍)에서 출발했고 대의를 해와 달에 밝혔으니, 마땅히 '소의정륜(昭義正倫)'을 시호

---

36 세실(世室): 공덕을 인정받은 임금의 위패를 별묘(別廟)인 영녕전(永寧殿)으로 옮기지 않고 대대로 종묘의 신실(神室)에 모시는 것.

에 추가해야 합니다." 또 말했다. "신의(神懿)와 원경(元敬) 두 왕후의 위패에만 왕태후(王太后)라고 썼는데, 마땅히 '태(太)' 자는 지워야 합니다."

02 처음에 송시열이 조정에 나오자, 조정의 의론은 "송시열이 쫓겨났다가 조정에 돌아왔으니 반드시 기세 있는 말과 큰 지혜로 임금을 보필할 것"이라며 그의 풍모를 우러러보았다. 그러나 별달리 건의하는 것은 없고 어지럽게 종묘전례(宗廟典禮)만 주청했는데, 그 의도는 모두 그것을 구실로 자신의 지위를 높이려는 것이어서, 사람들이 크게 실망했다.

03 박세채는 평소에도 송시열을 존경했는데, 이때 조정에 함께 있으면서 아침저녁으로 매우 경건하게 예의를 갖추었다. 윤증이 임금의 부름을 받고 과천(果川)까지 와서 더 나아가지 않자, 박세채가 찾아가서 이유를 물었다. 윤증이 밤에 함께 자면서 조용히 말했다. "서인과 남인의 원한은 풀 수 없고, 세 외척(三戚·삼척)[37] 가문에 드나드는 문은 막을 수 없으며, 지금의 세태는 자기와 다른 사람은 배척하고 자기를 따르는 사람만 받아들이고 있소. 이러한 세 가지 풍토는 바꾸지 않을 수 없는데, 그대라면 할 수 있겠소?" 박세채가 한참 동안 잠자코 있다가 말했다. "모두 불가능합니다." 윤증이 말했다. "그 세 가지를 바꿀 수 없다면, 나는 조정에 들어가지 않겠소." 그러고는 돌아가 버렸다.

04 아마도 윤증의 의도는 보사공신의 훈적(勳籍)을 삭탈하고 남인들에 대한 처벌 기록을 재심사하며, 김만기, 김석주, 민정중의 진출을 저

37 삼척(三戚): 현종비의 집안 청풍 김 씨, 숙종의 제1비 인경왕후의 집안 광산 김 씨, 제2비 인현왕후 집안 여흥 민 씨.

지하고, 아울러 송시열의 잘못을 바로잡으려는 것이었다. 박세채는 윤증의 의도를 마음속으로만 옳다고 여기다가, 시호 논의가 일자 송시열의 주장에 반대하며 말했다. "태조의 회군은 사실 화가위국(化家爲國)[38] 한 것이지 대의에서 시작된 것만은 아닙니다. 또 제왕의 시호는 임금의 업적을 중히 여기는데 회군은 잠룡(潛龍) 때의 일이므로 시호를 추가할 일이 못 됩니다." 송시열이 화를 내며 "박세채가 선대의 임금을 몰래 폄훼하려 한다"고 말했다. 또 어떤 일로 박세채의 아들 박태은(朴泰殷)을 꾸짖으며 "오늘날의 왕방(王雱)[39]"이라고 말했다. 당시 선비들은 모두 박세채가 옳다고 여겨서 송시열을 따르지 않았으니, 송시열의 집 문에 참새가 그물을 칠 정도로 손님들의 발길이 끊어졌다.

05 그러자 김익훈의 자제들이 그 틈을 보아 날마다 송시열에게 찾아와 읍소하며 도와주기를 요청했다. 송시열은 젊은이 무리가 자신과 갈라서는 것에 분노하며 차자를 올렸다. "신이 김익훈을 구원하는 말 한마디 못 하는 것은 실로 대간의 탄핵이 한창 벌어진 터라 신의 노쇠한 몸으로는 사달을 낼 기력도 없기 때문입니다." 또 목소리를 높여 말했다. "김익훈은 실제로 나라를 위해 역적을 토벌해 이미 그 공훈을 받았는데 다시 그 죄를 물을 수는 없습니다." 이로부터 선비들이 크게 떠들기를, "어른 된 자가 편벽된 사사로움에 빠져서 자신의 처음 견해를 바꾸었다"며, 마침내 독립할 의지를 갖게 되었다.

06 지평 박태유가 고향에 있다가 상소하여 태조의 시호 논의의 잘못을 논하고자 했는데, 임금이 이미 송시열의 청을 윤허하여 시호 추증을 시행하려 했다. 이에 모든 사람이 상소해야 득 될 것 없다며 박태유를

38 화가위국(化家爲國): 집안을 일으켜 나라를 세움.

39 왕방(王雱): 왕안석의 아들. 성품이 사납고 음험했으며, 왕안석의 신법(新法)을 앞장서서 이끌었다.

만류했다. 그래서 상소하지는 않았지만, 초고는 이미 세상에 퍼져나갔다. 대간 이굉(李宏)은 박태유가 대로를 모욕했다며 탄핵하고자 했으나, 조지겸, 한태동, 신완 등은 불가하다고 주장했다. 유생 조광한(趙匡漢) 등이 상소하여 박태유를 꾸짖으며, 젊은이 무리가 훗날 정국이 뒤집힐 것을 염려해 스스로 대로와 갈라서서 화를 모면하고자 하는 것이라고 여겼다. 오도일과 신완이 연명으로 상소하여 "박태유는 맑고 곧은 선비이므로 처벌할 수 없다"고 주장하니, 송시열이 마침내 상소를 남겨두고 고향으로 돌아갔다.

07 옛 관례에는 유현(儒賢)이 귀향하겠다고 아뢰면, 성균관 유생들이 급히 상소를 올려 머물게 하라고 청했다. 그런데 이때의 성균관 유생들은 모두 곧고 젊은 무리여서 송시열이 머무는 것을 달가워하지 않았다. 이에 김석주가 임금에게 아뢰어 오도일 등을 처벌하라고 청했으나, 임금이 처음에는 따르지 않았다. 김석주가 관안(官案)[40]을 임금 앞에 가져가 오도일을 울진(蔚珍) 현감으로 내보내라고 강요하자, 임금이 허락했다. 김석주가 말했다. "옛날에 한기(韓琦)가 공두칙(空頭勅)으로 임수충(任守忠)을 쫓아냈는데,[41] 일을 처리하는 데는 과감한 결단을 귀하게 여기기 때문이었다." 또 박태유를 고산(高山) 찰방(察訪)으로 보내고 아울러 조지겸, 한태동, 신완을 모두 파직하라고 청했다. 김석주는 퇴궐 후에 대간을 시켜 소를 올려 오도일 등을 불러들이도록 청하게 했으니, 김석주가 하는 짓이 이처럼 예측할 수 없는 것이 많았다. 오도일 등이 처벌받자, 당시에 이들을 '다섯 간관(五諫·오간)'이라고 불렀다.

---

40 관안(官案): 벼슬아치의 이름과 벼슬을 적은 책.

41 공두칙(空頭勅)은 사유를 적지 않은 빈 칙서이다. 송나라 영종(英宗) 때 환관 임수충(任守忠)이 정사를 농락하려 하자, 정승 한기가 영종으로부터 사유를 적지 않은 칙서를 받아 임수충의 이름을 적고 멀리 귀양 보냈다.

17. 노론과 소론의 분열

01 대신(大臣) 김수항, 민정중으로부터 삼사까지 번갈아 글을 올려 오도일 등에 대한 처벌을 멈추라고 청했으나 받아들여지지 않았다. 당시 평소에 젊은이 무리를 좋아하지 않던 자라도 애석해하지 않는 이가 없었다. 그 뒤로는 김수항과 민정중도 김석주의 주장을 따랐다. 이상진이 상소를 올렸다. "견책을 당한 신하들은 모두 기품을 힘껏 지켜서 맑은 지조가 가히 숭상할 만했습니다. 그런데 지금 한꺼번에 다 쫓아냈으니, 나랏일은 어떻게 하려 하십니까?"

02 박세채가 상소를 올려 김석주가 굽은 사람을 끌어들여 곧은 사람 위에 두려 한다고 비난하자, 김석주가 상소했다.

> *지금 조지겸과 오도일이 곧다고 하면 조지겸과 오도일에게 모욕당한 사람은 굽은 사람이라고 해야 합니까? 대인을 업신여기고 어른을 능멸하니 노인을 공경하는 풍속이 쇠퇴하게 되었고, 그른 것을 따르고 거짓된 것을 굳건하게 하니 붕당의 음란한 자취가 드러나게 되었습니다. 산림의 선비가 한갓 한때의 의지와 취향에 따라 연줄에 이끌리고 정에 연연해서 세상 물정을 알지 못하여, 쇠를 보고 금이라고 하고 도적을 자식으로 여기는 데 이르렀으니, 이 또한 잘못된 것입니다.*

이에 성균관 유생 황위(黃爵) 등이 다시 말하기를, "김석주가 유현을 침해하고 모욕했다"고 상소하며 처벌하기를 청했다. 임금이 황위를 유배 보내라고 명하자, 박세채도 사직하고 돌아갔다.

03 노론(老論)과 소론이 마침내 분열되어 다시 합치지 못했다. 송시열, 김석주, 김익훈을 주축으로 하는 자들이 노론이 되었고, 박세채, 조지겸, 한태동, 오도일을 주축으로 하는 자들이 소론이 되었다. 소론이라는 이름은 보사공신 추록(追錄)을 비판하는 것에서 시작되어 태조의 시호 재론을 반대하는 것으로 완성되었다. 이때 선배 대신 중에 오직 이상진만 힘써 소론을 도왔고, 윤지완, 남구만, 유상운(柳尙運)은 나이와 지위가 다섯 간관보다 조금 위였지만 또한 소론을 주장했다고 한다.

18. 기유년의 보내지 않은 편지

01 예전에 윤선거가 17세 때(1626) 성균관 유생 신분으로 상소하여 오랑캐 사신의 목을 베라고 청했었다. 그 후 병자호란으로 강화도가 점령되었을 때 윤선거의 작은 아버지 윤전(尹烇)과 그의 처 이 씨(李氏), 그리고 그의 친구 권순장(權順長)과 김익겸(金益兼)이 모두 죽었다. 그런데 윤선거는 아버지가 남한산성에 살아계셨기 때문에 남루한 옷차림을 하고 강화도를 빠져나와 전란을 피했다. 그 뒤에 송준길, 송시열과 함께 김장생 부자를 스승으로 섬겼다.

02 윤선거는 효종 초에 여러 번 임금의 부름을 받았으나, 자신이 강화도에서 죽지 못했다는 이유로 벼슬길에 나가지 않겠다고 맹세했다. 효종이 아주 정성껏 출사를 권유했으나, 끝내 출사하지 않았다. 송시열이 일찍이 말했다. "여망(汝望)이 다리를 펴고[42] 길보(吉甫)가 머리를 돌려야 비로소 천하의 일을 처리할 수 있다." 길보는 윤선거의 자(字)

42 『숙종실록보궐정오』, 13년 3월 19일 자 기사에 실린 협주(夾註)에 따르면, 윤문거는 다리에 병이 있어 벼슬에 나아가지 않았다(尹文擧有脚疾不仕).

이고, 여망은 윤선거의 형 윤문거(尹文擧)의 자이다. 윤문거도 출사하지 않았기 때문에 한 말이었다.

03 당시 남인 윤휴가 박학하다는 명성이 자자해서 윤선거와 송시열이 모두 그와 교류했다. 윤선거보다는 송시열이 더 윤휴를 흠모했지만, 마음속으로는 그의 능력을 시기했다. 윤휴가 일찍이 『중용설(中庸說)』을 지었는데, 주자의 주장과 자못 달라서 송시열은 윤휴를 이단으로 배척했다. 윤선거가 말했다. "그것은 그가 젊었을 때의 일입니다. 이제와서 소급해서 나무랄 만한 일은 아닙니다. 또한 이단은 육구연(陸九淵)과 같은 자에게 해당하는 것이지, 어찌 윤휴가 그에 해당하겠습니까?" 그러자 송시열이 뜻을 굽혀 윤휴를 더욱 잘 대우했다. 일찍이 송시열이 이조판서가 되자, 품계를 뛰어넘어 윤휴를 진선에 천거하기도 했다.

04 윤휴가 어떤 사람과 묘지 문제로 송사를 벌이자, 송시열이 그를 위해 임금에게 말했다. "어진 선비를 송사에 엮이게 할 수 없으니, 청컨대 문서에만 매달리지 말고 현장을 보고 판결하여 윤휴를 두둔해 주십시오." 윤선거가 송시열에게 편지를 보내 "어찌 곡직(曲直)을 따지지 않고 송사를 판결할 수 있습니까?"라며 비난했다.

05 예송(禮訟)이 일어나자, 윤휴가 '송시열이 임금을 비하하고 종통을 둘로 나누었다(卑主貳宗·비주이종)'[43]는 주장을 앞장서서 펼쳤고, 윤선도가 이어서 상소하여 윤휴의 주장에 근거하여 송시열을 죽이려 했다. 그러자 송시열이 비로소 윤휴를 사악한 역적(讒賊·참적)이라고 지목했으나, 아무도 송시열을 비난하지 못했다.

---

43 기해년(1659, 현종 즉위년) 예송 당시 송시열은 인조의 비인 대비 조 씨(趙氏)가 이미 효종의 형이며 인조의 장자인 소현세자를 위해 장자복(長子服)을 입었기 때문에 효종을 위해 서자복(庶子服)을 입어야 한다고 주장했다. 이에 대해 윤휴는 효종이 인조를 이어 임금이 되었으니 당연히 장자복을 입어야 한다며 송시열이 효종을 서자라 한 것은 군주를 낮게 보는 것이요, 종통을 둘로 나누려는 것이라고 공격했다.

06 윤휴는 절개가 높다고 자부하며 임금의 부름이 있어도 선뜻 나아가지 않자, 송시열이 일찍이 그를 백이에 비유했었다. 그러나 윤휴는 나중에 허적과 교류하면서 점점 간사하게 이익을 꾀했다. 윤선거가 편지로 윤휴를 꾸짖으며 말했다. "얌전한 처녀가 홀연히 문에 기대어 밖을 내다보면서도 부끄러운 줄 모르니, 과연 이런 마음이 있었다면 어찌하여 처음부터 시집갈 때를 어겼단 말인가?" 윤휴가 화를 내며 결국 그와 절교했다.

07 송시열이 일찍이 윤선거에게 물었다. "오늘날 윤휴를 군자로 여기는가, 소인으로 여기는가?" 윤선거가 말했다. "소인으로 여깁니다." 송시열이 그 말을 듣고 기뻐했다. 이때부터 예제에 관한 논의는 엄격히 금지되었고, 윤휴 등은 쫓겨나서 등용되지 못했다.

08 윤선거가 죽자, 송시열이 그의 제문을 지었다. "하늘과 땅이 어둡고 흐릿한데, 별 하나가 외로이 밝도다. 수많은 물살이 거세게 밀려와도 지주(砥柱)[44]는 끄덕하지 않았다. 신로(愼老)는 돌아가셨어도, 본보기가 공에게 남았으니, 충청도 일대의 선비들이 신로를 섬기듯 공을 섬겼도다." 신로는 김집의 호인 신독재(愼獨齋)를 말한다. 그가 강화도에서 겪은 일을 서술하면서 말했다. "중간에 큰 난리를 겪었으나 구차하게 목숨만 보전하려 하지 않았고, 또 아버지의 뜻을 살피느라 제 몸을 제 마음대로 할 수 없었다." 그가 절개를 지키고 벼슬하지 않은 것을 아름답게 여기며 말했다. "연꽃으로 옷을 입고 혜초(蕙草)로 띠를 매어 깨끗하고 때가 끼지 않았다." 또 홍익한(洪翼漢) 등을 위해 『삼학사전(三學士傳)』을 지으며 칭송했다. "몸을 깨끗이 하고 지조를 지키는 데

---

44 지주(砥柱): 중국 황하(黃河) 중류에 있는 기둥 모양의 돌. 격류 속에 우뚝 솟아 꼼짝도 하지 않으므로 난세에 처하여 의연히 절개를 지키는 선비의 비유로 쓰임.

있어서 윤선거는 비록 사안은 달랐지만, 지향한 것은 삼학사와 일치한다." 그를 높이 떠받든 것이 이와 같았다.

09 윤휴도 아들을 보내 윤선거에게 제문을 올리게 했는데, 문인들이 받아들이지 않으려 하자, 윤선거의 맏아들 윤증이 말했다. "저들이 옛정으로 왔는데, 거절하는 것은 너무 심하다." 이어서 제문을 열어보니 그 안에 다음과 같은 글이 있었다. "그대는 나더러 망령되이 세간에 재앙을 빚었다고 하지만, 나는 그대가 자립하지 못했다고 여긴다." 다분히 분하고 서운해서 한 말이었다. 윤증도 제문 받은 것을 후회했다. 송시열은 윤증이 윤휴의 제문을 받았다는 말을 듣고 매우 못마땅하게 여겨 다시 윤선거의 제문을 지었는데, 그 속에 다음과 같은 말이 있었다. "강(江)에 관한 이야기는 사리에 맞지 않는 것이 약간 있다." '강'이란 윤휴가 여강(驪江)에 살았는데 윤선거가 끝까지 윤휴와 절교하지 않은 것을 말한 것이다.

10 일찍이 윤증은 송시열을 스승으로 섬겼고, 송시열도 그를 매우 소중히 여겼다. 윤휴 등이 뜻을 이루자, 송시열은 쫓겨나 귀양 갔고, 그의 문인과 제자들이 예송으로 처벌받은 것은 이루 다 기록할 수 없었다. 일찍이 윤증도 호서의 유생들을 대신해 상소문 초안을 작성해 송시열을 힘껏 구원했다. 그러나 윤선거 부자는 조정에서 물러나 있었기 때문에 사람들에게 미움을 받지 않았다. 또한 남인과 혼인으로 많이 연결되어 있어서 남인도 그들을 꽤 공경하고 중요하게 여겼다. 그러므로 윤선거 부자에게만 당쟁의 재앙이 미치지 않아서 송시열은 더욱 의심했다.

11 일찍이 윤증이 윤선거의 묘갈문(墓碣文)을 송시열에게 요청하면서, 윤선거가 송시열에게 보내려 했던 편지(擬書·의서)를 같이 보여주었다. 윤선거는 살아있을 때 늘 말하기를, "사림은 출처(出處)가 비록

다르더라도 화복(禍福)은 함께하지 않을 수 없다"고 하면서, 송시열이 조정에 있을 때 잘못이 있으면 충고하여 타이르지 않은 적이 없었다. 그 뒤로 송시열이 하는 일이 더욱 마음에 차지 않자, 그의 잘못을 두루 나열하면서 그를 몹시 책망하려 했다. 마침 송시열이 어떤 일 때문에 조정을 떠나게 되자, 윤선거도 결국 나무라기를 그만두었다.

12 이때 윤증은 아버지와 스승이 살아계실 때나 돌아가셨을 때나 의리상 숨기는 것을 용납하지 않으셨으리라 생각하고 그 편지를 보여주었다. 편지 가운데 "윤휴, 허목, 조경, 홍우원 등은 내쫓아서는 안 되며 조금씩 교화시켜 기용해야 한다"는 말이 있었다. 이것을 '기유년(1669, 현종 10)의 보내지 않은 편지(己酉擬書·기유의서)'라고 한다. 송시열이 이것을 보고 화를 내며, 윤선거가 정말로 윤휴를 두둔했다고 생각했다.

19. 신유년의 보내지 않은 편지

01 송시열은 대유(大儒)라고 우아하게 불렸고, 많은 세상 사람이 그를 '태산교악(泰山喬嶽)'이라 일컬었다. 그런데 박세채가 윤선거의 행장을 지을 때 칭찬하며 끌어 쓴 말이 매우 거창했는데, 그중에 '교악'이라는 비유도 있어서 송시열이 못마땅하게 여겼다. 그래서 송시열은 윤선거의 묘갈(墓碣)에 "내가 윤선거의 덕행을 묘사할 글을 지으려 해도, 망연하여 말을 만들 방법을 모르겠다"고 했고, 또 비명(碑銘)에 적기를, "신의가 있도다, 화숙(和叔)이여! 그 찬양이 극진했으니, 나는 따라 적기만 하고 창작하지 않은 채, 그것으로 비명의 문장을 대신한다"고 했다. 화숙은 박세채의 자(字)이다.

02 윤증이 편지로 비명을 고쳐달라고 청했다. "각하께서 선친과 사

이좋게 지낸 지가 몇 년인데 도리어 후배인 화숙의 말을 빌려서 반복하신 이유는 무엇입니까?" 송시열이 대답했다. "내가 화숙 보기를 교악같이 한다." 또 박세채에게 편지를 보내 말했다. "화숙이 교악이라는 말을 썼으니, 나도 그 말을 빌려 썼다." 뒤에 다시 몇 마디 말을 고쳐 박세채에게 보냈다. "약자인 나 송시열이 강자인 그대 박세채를 결코 대적할 수 없으니 어찌하겠는가?" 또 윤증이 윤휴의 제문을 받은 것을 송시열이 나무라자, 박세채가 윤증을 위해 그것은 다른 뜻은 없었을 것이라고 변명해 주었다.

03 송시열이 또 편지를 보내 "예전에 초려(草廬)가 '윤휴가 강화도의 일로 미촌(美村)을 탐탁하게 여기지 않았다'라고 말한 적이 있는데, 그의 아들 윤증이 그것을 걱정하여 미봉(彌縫)하려 한 것 같다"고 말하고, 다시 옅은 먹으로 '강화도의 일(江都事·강도사)'이라는 글자를 지워 겨우 알아볼 수 있게 했다. 초려는 이유태의 호이고, 미촌은 윤선거의 호이다. 윤증이 이 말을 이유태에게 묻자, 이유태가 말했다. "어찌 그런 말을 했겠는가? 우공(尤公)이 남을 공격할 때는 다른 사람의 말을 빌려 공격함으로써 사람들을 서로 싸우게 하고서는 곁에서 양쪽을 헐뜯네. 이것이 우공이 이기는 수법인데, 자네 역시 우공에게 속았군!" 우공은 송시열을 가리킨다.

04 이유태도 잘못된 예론 문제로 송시열과 함께 귀양 갔었는데, 송시열은 "이유태가 예설을 고쳐 사면을 구걸한다"는 말을 꾸며냈다. 윤증이 위리안치되어 있던 송시열을 찾아가 안부를 묻던 중에 그 말을 듣고 돌아와서, 다시 이유태에게 편지를 보내 확인했더니, 이유태가 고친 사실은 없었다.

05 예전에 윤선거가 윤증을 송시열에게 보내 주자의 글을 배우라고

권하면서, 경계해야 할 점을 당부했다. "우암(尤庵)의 뛰어난 점은 남이 따르기 어려울 정도지만, 결점도 적지 않다. 너는 그 점도 마땅히 알아야 한다." 이때 와서 윤증은 송시열의 결점이 기질에 있는 것이 아니라 마음가짐에 있다고 의심하게 되었다. 송시열이 귀양에서 풀려나 조정으로 돌아오면서 훈척과 결탁해 보복에만 힘을 쏟자, 선비들의 여론이 등을 돌렸고 사람들의 기대도 크게 무너졌다. 이에 윤증이 송시열을 바로잡고자 다음과 같은 편지를 보내려 했다.

제가 외람되이 선생님의 문하에 오래 있으면서 선생님께서 마음속에 간직하시는 것과 겉으로 드러내시는 것을 가만히 살펴보았는데, 주자가 경계했던 왕도(王道)와 패도(霸道)를 함께 쓰고 의리와 이익을 동시에 추구하는 잘못된 학설에서 벗어나지 못하시는 듯했습니다. 청컨대 우선 한두 가지 사례를 밝혀보겠습니다.

선생님 문하의 도학은 한결같이 회옹(晦翁: 주희의 호)을 종주로 삼고 사업의 목표는 오로지 대의의 실현에 두었습니다. 그러나 그 주장이 너무 지나쳐서 자기의 마음을 비워서 얻는 이익을 누리지 못하고, 자부하는 것이 너무 높아서 남이 의문을 제기하며 따지고 비난하지 못합니다. 그렇기에 찬동하는 자는 친근히 받아들여지고, 찬동하지 않는 자는 소외당하며, 바로잡으려는 자는 환난을 겪고, 순종하는 자는 재앙을 겪지 않습니다. 이것이 큰 명성으로 세상을 압도하지만, 참된 도덕이 속으로 병드는 까닭입니다.

대개 자기의 처신이 강함에 치우치면, 그것이 지나치다는 것을 깨닫지 못하게 됩니다. 그러나 자신을 이기는 데 용감한 것이 굳센 것인데, 지금은 남을 책망하는 데 맹렬한 것을 굳세다고 하고, 천리가

인욕을 이기는 것이 굳센 것인데, 지금은 힘으로 남을 굴복시키는 것을 굳세다고 하니, 그것은 진정으로 굳센 것은 아닙니다. 그러므로 교제하는 과정에서, 비꼬고 풍자하며 기세 좋게 말을 주고받을 때도, 입을 열고 붓을 놀리기만 하면, 통절하고 심각하게 남을 공격하여 이긴 뒤에야 그만둡니다. 한마디라도 다르거나 하나라도 차이가 나면, 나누고 또 나누고 쪼개고 또 쪼개서 평생 쌓은 인정과 의리를 내팽개치듯 버리니, 신불해(申不害)와 한비자(韓非子)가 은혜를 하찮게 여기는 것과 거의 같습니다.

이런 이유로 선생님의 문하에 드나드는 자는 명망을 받들어 비위를 맞추는 것을 어진 이를 존경하는 것이라고 하고, 모질게 헐뜯고 험하게 깔보는 것을 악한 자를 미워하는 것이라고 합니다. 지위가 높은 자는 명예를 흠모하고, 낮은 자는 이익을 탐내며, 세력으로 서로 선동하고 위세로 서로 협박하며, 선물하고 문안하는 것이 예법에 어긋나고, 윗사람을 받드는 것이 실정에서 벗어나니, 사람들이 그 위세를 두려워하는 것이지, 그 도덕을 가슴에 새기는 것은 아닙니다. 완연히 부귀한 가문이라도, 선비의 기상을 회복하지 못하여 그 그림자가 이와 같다면, 그 본체는 가히 알만합니다.

선생님께서는 문장과 언론에서도 회옹의 말이 없다면, 거의 그 학설을 신뢰할 수 없다고 하셨습니다. 그러나 그 이름은 얻었다고 해도 반드시 그 뜻까지 얻은 것은 아니며, 먼저 자기 의견을 세우고 회옹을 인용해 반복한 것도 있으며, 심지어는 거의 천자를 끼고서 제후에게 명령하듯 하기도 합니다. 이 때문에 사람들이 모두 겉으로는 항거하지 못하지만, 안으로는 많은 이가 불복합니다. 평생 수립한 것이 『춘추』의 대의를 앞장서서 밝힌 것이라고 하지만, 다만 말로만 실행한 것이지 성과로 이어진 것은 없습니다.

이로써 내정을 닦고 외적을 물리치며, 나라를 편안히 하고 군대를 강하게 하여 원수를 갚고 치욕을 씻기를 도모함에 뚜렷하게 이루어진 일은 없고, 보이는 것은 오직 봉록과 지위가 높고 무겁고, 명성이 차고 넘치는 것일 뿐입니다. 겉으로 드러난 문제로 안에 있는 문제를 따져 보면, 생각건대 문제는 기질이 바뀌지 않은 것과 학문이 성실하지 못한 것입니다. 한 번 성실함을 확립하지 못하면 결국 자신의 욕망을 극복하지 못하게 되니, 득실의 결과가 마침내 여기까지 이르게 된 것입니다.

『춘추』의 대의와 회옹의 학술은 대신이나 선비들이 의지하며 우러르는 바입니다. 선생님 문하의 한 사람으로서 선생님의 학술에 실상이 없다는 말이 천하 후세에 남는다면 어찌 심히 통탄할 일이 아니겠습니까? 지금 만약 선생님을 위한 계책을 말한다면, 위(衛)나라 무공(武公)은 90세에 잠언(箴言)으로 자신을 경계했고, 증자(曾子)는 죽음이 임박해 돗자리를 바꾸었습니다(易簀·역책).[45] 진실로 하루아침에 분발하여 비늘과 껍데기를 벗어버리고 고약한 냄새를 씻어버리십시오. 한 번 성실함이 서면 온갖 법도가 다 곧아져서, 겉과 속, 작고 큰 것이 어디를 가든 천리에서 나오지 않는 것이 없을 것입니다. 그리하여 앞선 사람들의 도통을 잇고 처음 품은 뜻이 기약한 바에 호응하여 진실로 문의 지도리가 잘 굴러가는 것같이 될 것입니다. 선생님께서는 어떻게 생각하십니까?"

45 역책(易簀): 증자가 죽을 때 노나라 권력자 계손(季孫)에게 받은 돗자리에 누워있었는데, 자신은 대부가 아니니 그 돗자리를 깔 수 없다며 돗자리를 바꾸었다는 고사에서 온 말. 학식과 덕망이 높은 사람의 죽음이나 임종을 이르는 말.

06 편지가 완성되자 박세채에게 보였는데, 박세채가 보내지 말라고 힘껏 말렸다. 이것을 '신유년(1681, 숙종 7)의 보내지 않은 편지(辛酉擬書·신유의서)'라고 한다.

20. 이성과 회덕의 갈등

01 때마침 송시열이 이상(李翔)에게 물었다. "어떤 목천(木川) 사람이 미촌을 '강화도에서 포로로 잡힌 종'이라며 향사(享祀)[46]에 합당하지 않다고 했다는데, 어찌하여 실상을 조사하지 않는가?" 그 고을에서 윤선거를 향사한 지 여러 해 되었으나, 그 고을 사람들은 들어보지 못한 말이었다.

02 윤증이 송시열에게 편지를 보내 물었다. "누가 그런 말을 흘리고 다닙니까?" 송시열이 말했다. "허황(許璜)에게 들었네." 허황이 누구인지는 알려지지 않았다. 송시열의 문인 중에 목천 사람에게 물으니, "내가 그 말을 지어낸 사람이오"라고 대답했다. 윤증은 송시열을 더욱 의심하고 원망하게 되었고, 그 편지(신유의서)도 묵혀두고 보내지 않았다.

03 얼마 뒤에 송시열의 외손자이자 윤증의 처조카인 남인 권이정(權以鋌)이란 자가 윤증과 송시열에 관한 일을 이야기하다가 윤증더러 송시열에게 따지라고 권했다. 그러자 윤증은 의서(擬書)를 보내지 않았다고 자기 입으로 말하면서 편지에 적은 왕패의리(王霸義利)의 어구도 읊조렸다.

04 권이정이 돌아가 이를 송시열에게 말하자, 송시열은 박세채에게

46 향사(享祀): 신령이나 죽은 사람의 넋에게 음식을 바치어 정성을 나타냄. 또는 그런 의식.

서 그 편지를 찾으려 했다. 박세채가 편지를 감추자, 송시열의 손자이자 박세채의 사위인 송순석(宋淳錫)이 그 편지를 훔쳐내 송시열에게 보여주었다. 송시열이 몹시 화를 내며 말했다. "윤증이 반드시 나를 죽이려 들 것이다." 송시열이 또 문인에게 말했다. "예전에 김익희가 윤선거를 잔인한 사람이라고 여긴 것은 그가 아내를 핍박해 죽게 했기 때문이다." 윤증에게도 편지를 보냈다. "김상서(金尙書: 김익희)가 자네의 아버지를 논할 때 '잔인한 사람'이라고만 말하지 않은 것은 그의 형제자매가 피해를 보고 죽게 된 것이 자네 아버지의 주장에서 비롯되었음을 말하는 것이다."

05 윤증이 송시열에게 답장을 보냈다. "김 공(金公) 일가는 살신성인하여 의열(義烈)이 밝게 빛났으며, 죽은 자에 대해서도 원망과 회한을 품지 않았는데, 어찌하여 산 자에 대해 남 탓을 했겠습니까? 김상서가 정말로 저의 아버지를 원망했다면 어찌하여 천거하는 편지를 올려 임금을 기만했겠습니까?" 윤증이 또 말했다. "자식의 불초함 때문에 돌아가신 아버지를 욕보였고, 아울러 돌아가신 어머니의 밝은 절개까지 훼손했으니, 그 죄가 저승과 이승을 통틀어 만 번 죽어도 갚을 길이 없습니다. 어진 군자로서 어찌 마음 깊이 애통하고 안타까운 일이 아니겠습니까?"

06 송시열이 답했다. "김상서가 본 것이 전후가 달랐던 것은 내가 감히 알 바 아니니, 강화도의 일은 강화도에 가서 물어보는 것이 옳을 것이다. 어찌 '이제는 오나라에 있을 때의 아몽(阿蒙)은 아니다'[47]라고 말

---

47 『삼국지(三國志)』, 「오지(吳志)」, 여몽전(呂蒙傳)에 배송지(裴松之)가 붙인 주(注)에 인용되어 전해진다. 삼국시대 오(吳)나라 손권(孫權)의 부하 중에 여몽(呂蒙)이라는 장수가 있었다. 그는 무용(武勇)은 뛰어났으나 학식은 별로 없었다. 여몽이 장군으로 승진되었을 때 손권은 그에게 무인도 학문이 필요하다고 말하자, 여몽은 학문에 힘썼다. 얼마 후 여몽이 오랜 친구 노숙(魯肅)을 만났을 때, 여몽의 학식에 놀라며 "나는 그대가 무용만 출중한 줄

할 수 있겠는가!" 김익희는 김익겸의 형이다. 당시에는 김익희가 죽은 지 이미 오래되었으니, 이 말도 송시열이 지어낸 것이다.

07 이때부터 윤증은 부모가 모욕당한 것을 통절히 여겨 마침내 송시열과 절교했다. 이때 노론과 소론이 이미 분열되어 있었고, 당시의 선비들은 송시열에게 꺾이고 눌려서 의지할 곳이 없었다. 마침 윤증이 송시열과 절교하자 앞다퉈 윤증을 종주로 추대했다.

08 윤증은 젊어서부터 두터운 명망이 있어 여러 차례 임금의 부름을 받았다. 그러나 어머니가 먼저 순절하고 아버지도 지조를 지키느라 물러나 출사하지 않았기 때문에 사람들은 그가 세상에서 쓰이지 않는 것을 안타깝게 여겼다. 그런데 갑자기 망극한 변고를 당하자, 결국 자신이 허물을 빚었다며 물러나니, 세상에서 애도하며 놀라 분해하는 사람이 많았다. 송시열은 회덕(懷德)에 살았고 윤증은 이성(尼城)에 살았기 때문에, 이것을 '이성과 회덕의 갈등(尼懷之釁·이회지흔)'이라고 한다.

09 송시열이 함경도 사람 최신(崔愼)을 시켜 상소하기를, "윤증이 창을 거꾸로 겨누고 스승을 배반하며 남몰래 제멋대로 헐뜯으니, 만고천하에 어찌 이런 사람이 있습니까?"라며, 강화도에서 포로로 잡힌 종이라는 말까지 거론했다. 그러자 박세채가 윤증을 위해 소를 올려 변론했다.

10 이때 김수항과 민정중이 정승으로 있으면서, 한창 송시열에게 붙어서 노론을 주도했다. 그들은 마침내 임금에게 윤증을 유현(儒賢)으로 대우하지 말라고 아뢰니 임금도 그대로 따랐다. 우의정 남구만도 함께 있었지만, 그는 한마디도 하지 않고 물러났다. 이성과 회덕의 갈등

알았더니, 이제는 옛날 오나라에 있을 때의 그 아몽은 아니로군(非復吳下阿蒙)"이라고 말했다. 여기에서는 과거의 윤선거와 지금의 윤선거가 다르다고 해서 그가 한 일을 안 했다고 할 수 없다는 뜻으로 쓰였다.

사건이 이때부터 드디어 조정에 퍼지게 되었다.

11 윤증이 사관(史官)에게 편지를 보내 강화도 사건을 변론하며 말했다. "율곡(栗谷)은 입산(入山)한 잘못이 있었지만, 나의 아버지는 돌아가셔야 할 이유가 없었다." 율곡은 이이의 호이다. 성균관 유생 이진안(李震顔)은 "윤증이 선현을 모함했다"고 상소했다. 임금은 이진안이 남의 사적인 편지를 들춰냈다며 정거를 명했다. 김수항이 구원하여 풀어주었다.

12 송시열이 어떤 사람에게 편지를 보내 말했다. "윤선거가 강화도에서 오랑캐에게 협박받자, 무릎을 꿇고 목숨을 건졌고, 이름도 선복(宣卜)이라고 고쳤다." 그가 또 말했다. "지금 윤증이 권 공(권순장)과 김 공(김익겸) 두 분은 아무런 이유도 없이 죽었다고 하는데, 이런 말을 하는 자는 참으로 오랑캐 종자이다." 그가 또 말했다. "오늘날 나 한 사람이 없다면 주자는 아성(亞聖)이 될 수 없고, 흉악한 윤휴(凶鑴·흉휴)가 진유(眞儒)가 될 것이며, 율곡은 동방의 대현이 될 수 없고, 권 공과 김 공 두 분은 모두 지나치게 용기를 부려 죽은 것이 되고,[48] 홍타시(洪打豕: 청 태종 홍타이지)는 천하의 의로운 군주가 될 것이며, 선복의 당이 어지럽게 함부로 날뛰게 될 것이다."

13 송시열이 박세채에게도 편지를 보내 꾸짖었다. "내가 화숙을 믿고 세도(世道)의 계책을 세웠는데, 화숙은 나의 믿음을 달가워하지 않고 도리어 저들의 믿음을 얻으려 하는구나. 한때의 명예도 기쁘기는 하겠지만, 천하 후세의 공의(公議)는 어찌하려느냐?" 박세채가 답했다. "한꺼번에 남의 양친(윤증의 아버지 윤선거와 어머니 이 씨)을 욕보여서,

---

48 상용(傷勇)이란 얼핏 보면 죽을 만하지만, 자세히 보면 죽지 말아야 할 경우에 죽는 것이다(可以死, 不可以死, 死, 傷勇). 『孟子(맹자)』, 「이루 하(離婁下)」 23.

친구와 평생 쌓은 정을 어그러뜨리고 효자(孝子)의 망극한 정을 상하게 하여, 민심이 복종하지 않고 국론이 화합하지 않는 데 이르러, 재앙과 환난의 싹이 끝없이 생겨나고 있습니다. 이 또한 결국 세도에 해가 되지 않겠습니까?"

14 박세채가 또 어떤 사람에게 편지를 보내 둘 다 그르다며 말했다. "미촌이 강화도에서 겪은 일은 가히 낭패(狼狽)라고 할 수 있지만, 그 뒤에 스스로 의리를 지켰으니, 이미 밝고 옳았다. 우장(尤丈: 송시열)도 그것을 인정하고 벗으로 삼았다가, 이제 와서 그가 죽은 뒤에 지나간 허물을 비난하는 것은 옳지 않다. 만일 윤휴가 주자의 학설을 배반했는데, 미장(美丈: 윤선거)이 단지 '지나치게 나갔다'고만 말하고, 복제 논의에 대해서도 단지 '경솔했다'고만 말했다면, 아마도 그것은 모두 의리에 미진한 것이었으니, 우장의 의심도 이상한 일은 아니다. 그러나 세도를 해쳤다고 단정하여 심지어 '윤휴에게 붙어서 주자를 배반한 자'라고 한 것은 그 주장이 너무 지나친 것이었다. 만일 윤증이 윤선거에 대해서 낭패를 당한 일 때문에 죽을 이유가 없다고 했다면, 그것은 도리어 미촌이 스스로 의리를 지킨 뜻에도 위반되며, 미진한 것을 모두 이치에 맞는다며 우장의 선견지명에 대항하려는 것이다. 이것은 자인(子仁)의 어리석음이니, 이 또한 심했다. 내가 생각하기에 미장은 미진했고, 우장은 너무 지나쳤고, 자인은 매우 어리석었다고 평가한 뒤에야 득실을 대략 정할 수 있을 것이다." 자인은 윤증의 자(字)다. 박세채는 윤증에게도 편지를 보내 스승과 제자의 정을 보전하라고 권했고, 윤증도 박세채에게 답장을 보내 자신도 후회한다고 털어놨으나, 결국 다시 화합하지는 못했다.

15 그 뒤 송시열이 또 소를 올려 윤선거 부자를 헐뜯었다. "윤휴가 감

히 주자를 무고하며 한 시대를 풍미했는데, 윤선거는 그보다 더한 자입니다. 『춘추』의 법에 먼저 당 내부(黨與·당여)를 다스려야 한다고 했으니, 왕도가 시행된다면 마땅히 윤휴보다 윤선거가 먼저 처벌될 것입니다. 신이 처음에는 나 자신의 사익을 돌보지 않고 윤휴를 배척했는데, 지금은 또 윤휴를 내버려두고 윤선거를 배척하고 있으니, 윤증이 가슴이 사무치도록 신을 미워하는 것도 진심일 것입니다." 윤선거의 문인 나양좌 등이 서로 나서서 스승에 대한 무고를 변론했고, 박태보가 그 상소문을 지었다. 상소의 내용은 다음과 같다. "송시열이 윤휴를 진선으로 발탁한 것은 윤휴가 『중용』의 주석을 고친 뒤였고, 윤선거에 대해서는 '지주(砥柱)'니 '일성(一星)'이니 하는 말을 써서 제문을 지었고, '몸을 깨끗이 했고' '지조를 지켰다'고 칭찬했는데, 모두 윤선거가 이미 죽은 뒤입니다. 어찌 자신의 사익을 돌보지 않고 배척했다고 말할 수 있습니까?"

16 임금은 도리어 나양좌 등이 대로(大老)를 욕했다며 유배 보내라고 명했다. 부제학 최석정(崔錫鼎)과 승지 오도일, 삼사의 이돈(李整), 이익수(李益壽), 유집일(兪集一) 등이 소를 올려 나양좌를 구원하니, 그들 모두 삭탈관직하여 내쫓아버렸다. 이에 따라 '이성과 회덕의 갈등'은 더욱 격화되었다.

21. 기사환국과 남인 정권

01 희빈(禧嬪) 장 씨(張氏)가 경종(景宗)을 낳았다. 임금이 경종을 세자로 책봉하고 중전(인현왕후)을 폐위하려 했으나, 서인이 따르지 않을지 두려워하여 차츰차츰 남인을 등용했다. 종친인 동평군(東平君) 이항

(李杭)이 희빈의 오라비 장희재(張希載)에게 줄을 대 임금의 총애를 받자, 삼사의 김만중(金萬重), 이징명(李徵明), 민진주(閔鎭周), 한성우(韓聖佑) 등이 서로 연달아 궁중의 일을 논의하다 처벌을 받았다. 이조판서 박세채가 수차(袖箚)[49]로 궐 안의 잘못을 심하게 따지자, 임금이 노여워하며 쫓아냈다. 영의정 남구만과 우의정 여성제가 임금을 직접 뵙고 잘못을 바로잡으려다 함께 먼 변방으로 귀양 갔다.

02 임금이 대신과 육경 및 삼사를 불러 하교했다. "지금 원자(元子)라는 칭호를 확정하려 하는데, 따르지 않을 자는 벼슬을 내려놓고 물러나라." 이조판서 남용익(南龍翼)이 가장 앞서 나와 아뢨다. "신은 물러나라시면 물러나겠습니다. 그러나 중전의 나이가 한창이니 이런 조치는 너무 이른 것입니다." 윤지완, 최규서(崔奎瑞), 유상운 등이 모두 남용익과 같은 말을 했는데, 남인 목창명 등은 분명히 말하지 못하고 우물쭈물할 따름이었다. 유학 유위한(柳緯漢)이 바로 세자로 책봉하자고 하면서 동시에 귀양 갔거나 내쳐진 남인들을 석방하자고 청하자, 임금은 그가 권세에 영합하는 것이 미워서 귀양 보냈다.

03 이때 송시열이 상소를 올려 세자를 세우는 것은 너무 이르다고 하면서 송나라 철종의 일[50]을 인용했다. 임금이 격노하며 말했다. "송시열이 사림의 영수로서 불만의 뜻을 드러냈으니, 유위한의 상소도 괴이한 것은 아니다." 송시열과 남용익 등을 삭탈관직해 내쫓고, 목내선(睦來善)과 김덕원(金德遠)을 정승으로 임명하고, 남인들을 모두 불러들였다. 양사에서 이항(李沆) 등이 맨 먼저 송시열을 귀양 보내 위리안

---

49 수차(袖箚): 임금을 뵙고 직접 바치는 상소.

50 송나라 신종(神宗)의 아들 철종은 열 살 때까지 태자(太子)로 봉해지지 않았다가, 신종이 병이 들자 비로소 태자에 봉해졌다.

치하라고 청하자, 임금이 허락했다.

04 임금이 송시열에게 화가 나서 전교했다. "윤증의 일로 온 세상이 떠들썩했는데, 송시열을 위해 말하는 자는 모두 삐뚤어져 있어서 윤증을 위해 말하는 자만큼 정직하지 않았다. 당시에 옳고 그름이 뒤집힌 것은 대신들 때문이었다." 김수항과 민정중을 귀양 보내라고 명하고 또 윤증을 다시 유현으로 대우하라고 명했다. 또 유생들의 상소에 따라 이이와 성혼의 문묘 종사(宗祀)를 취소하라고 명하며 말했다. "두 신하를 문묘에 종사하면서부터 송시열이 남을 해치고 나라를 병들게 했으며, 윤증과 다투며 떳떳한 인륜이 거의 끊어질 지경에 이르렀다."

05 이조판서 심재(沈梓) 등이 신하들을 거느리고 경신년(1680, 숙종 6) 옥사의 억울함을 호소했고, 대사헌 목창명 등은 연달아 송시열 등을 죽이라고 아뢨다. 이에 임금이 보사공신의 훈적을 삭탈하고 허적과 윤휴의 관직을 회복시켰지만, 이남과 허견만은 복권이 허락되지 않았다. 송시열, 김수항, 김익훈, 이사명, 홍치상(洪致祥) 등은 사약을 받고 죽거나 정형에 처했으며, 이입신, 남두북, 박빈은 모두 곤장을 맞고 죽었다. 이것을 '기사환국(己巳換局, 1689년, 숙종 15)'이라고 한다.

06 다만 김석주는 이미 죽었기 때문에 관직을 빼앗고 가산을 몰수하라고 명했다. 김석주는 살아 있을 때 스스로 원수가 많다고 여겨 매우 두려워하며, 깊고 으슥한 방에서도 하룻밤에도 여러 번 자리를 옮겼다. 죽은 뒤에는 또 가짜 무덤을 만들어 두었는데, 이때 이르러 마침내 사람들에게 발각되었다. 아들 하나를 두었는데, 재앙이 두려워 자살했다.

07 송시열이 귀양 가는 길에 김집의 무덤을 지나게 되자, 제문을 지어 말했다. "소자가 이번에 귀양 길에 오르게 되었으니, 윤증이 기뻐 날뛸 것입니다." 당시 윤증이 삼망의 후보로 추천될 가능성이 있었기 때

문이다. 임종할 때 또 다른 사람에게 말했다. "이 재앙이 윤증으로부터 나왔다는 것을 어찌 의심할 수 있겠는가?" 윤증은 송시열의 죽음을 듣고 오히려 그를 위해 여러 날 동안 소복(素服)을 입고 다녔다고 한다. 김수항은 온아하고 어질다는 명성이 있었지만, 그의 종손녀를 귀인(貴人)으로 들인 것 때문에 선비들의 공론장에서는 받아들여지지 않았다. 그리고 송시열과 매우 친했기 때문에 남인이 그를 많이 원망했고, 이 때문에 끝내 화를 면치 못했다.

22. 인현왕후 폐출과 윤증의 사직 상소

01 중전 민 씨(閔氏)를 사저(私邸)로 쫓아내고 김수항의 종손녀인 김 귀인(金貴人)도 쫓아내고 희빈을 중전으로 승격했다. 전 판서 오두인(吳斗寅), 전 참판 이세화(李世華), 전 응교(應敎) 박태보가 소를 올려 거세게 간하다가 국문을 받고서 매를 맞고 유배되었는데, 오두인과 박태보는 귀양 길에 죽었다. 판중추부사 이상진도 간하다가 변방으로 귀양 가서 죽었다. 이러한 사실은 다른 글에 자세히 적혀 있다.

02 그때는 노론과 소론이 하나로 뭉쳐 명예와 의리를 세우다가 함께 벌을 받고 화를 입었다. 남인 중에는 교리 이후정만 상소로 간하려 한 일이 있었는데, 그의 당이 막아서 임금에게 아뢰지는 못했다. 남인은 소론이 예전에 자기들을 구해준 것을 고맙게 여겼다. 그래서 임금에게 조지겸과 한태동에게 벼슬을 주고 그들의 아내와 자식을 구휼하자고 청했다. 또 윤증을 두둔하며 말했다. "임금과 스승과 아비가 비록 한 몸이라고는 하나 제 아비를 욕보이는 사람을 어찌 스승 삼을 수 있겠습니까?" 또 윤휴의 억울함을 풀어주기 위해 윤증 부자가 윤휴와 절교하지

않았음을 입증했다.

03 얼마 지나지 않아서 임금이 윤증을 대사헌으로 제수하여 불렀는데, 윤증이 사양하는 상소를 올렸다. 상소의 대략은 다음과 같다.

신은 젊어서부터 송시열을 스승으로 섬겼습니다. 그러나 불행히 정과 의리를 보전하지 못해 조정의 의론이 어지러워지고 임금께서 우려하고 탄식하시게 되었으며, 마침내 이이와 성혼 두 현인을 문묘에서 끌어내라는 비답(批答)에 이 일이 언급되었습니다. 마치 이이와 성혼 두 신하에게 죄를 돌린 것처럼 되었으나, 두 신하야말로 이 일과 무슨 상관이 있겠습니까? 신 때문에 위로는 임금의 가르침에 흠이 되었고 선현에게도 폐를 끼치게 되었으니, 이것이 신의 첫째 죄입니다. 윤휴 또한 저의 선친이 일찍이 친하게 지내던 사람인데, 충고하고 경계했으나 따르지 않아 마침내 서로 절교하게 되었습니다. 전에 경연에서 어떤 신하가 윤휴를 신원할 때 신을 끌어들여 증거로 삼았으나 신은 일찍이 윤휴의 억울함을 말한 적이 없으니, 신이 윤휴가 억울하다고 했다는 말은 망령된 것입니다. 그러나 신이 그대로 입 다물고 말하지 않아서 그른 사람을 보증한 책임을 면치 못했으니, 이것이 신의 두 번째 죄입니다. 또한 박태보는 신의 생질인데 그의 죽음을 들은 뒤부터는 마음과 정신이 몹시 놀랐으니, 밝은 임금의 세상에서 이런 일을 볼 줄은 생각지도 못했습니다.

04 양사에서 윤증이 거짓을 꾸며 종잡을 수 없다고 비난하며 삭탈관직을 청하자, 임금이 그대로 따랐다.

23. 갑술경화와 소론 정권

01 김진구의 아들 김춘택(金春澤)은 술수를 쓰는 재주가 있었고, 김석주의 인품을 존경했다. 그는 한중혁(韓重爀) 등과 함께 은화(銀貨)를 모아 중전을 복위시키고자 했다. 그래서 천금(千金)을 써서 궁녀들의 누이들을 첩으로 삼아 궁 안으로 통하는 길을 텄고, 장희재의 처와 몰래 간통하여 남인의 동정을 엿보았다. 우의정 민암과 훈련대장 이의징(李義徵)이 그들의 동태를 파악하고 함이완(咸以完)을 시켜 고변하게 했다.

02 김춘택 등을 국문하자, 한중혁이 먼저 자백했다. 민암이 이것으로 죄를 엮어 임금에게 면대를 요청했는데, 임금이 갑자기 엄한 교지를 내려 민암 및 판의금부사 유명현을 섬으로 귀양 보냈다. 이의징의 병권을 박탈하고 신여철과 윤지완을 훈련도감과 어영청의 대장으로 삼았고, 남구만을 영의정으로 기용했다. 남인들을 모두 내쫓고, 송시열, 김수항, 김석주, 김익훈 등의 억울함을 풀어주었다. 이어서 임금이 뉘우치고 깨달았다는 교지를 내리고 중전을 복위시켰으며, 장 씨는 예전의 관작으로 강등했다. 이제부터는 국법으로 분명히 정해서 다시는 후궁을 왕비로 올리지 말라고 명했다. 이것을 '갑술경화(甲戌更化,[51] 1694년, 숙종 20)'라고 한다.

03 이때 임금이 이런 결단을 내리며 분발하자, 민심이 매우 기뻐하고 고무되었으나, 처분이 바뀔지 의심하는 자도 있었다. 병조판서 서문중(徐文重)이 입궐해 말했다. "8년이든 6년이든 국모로 섬긴 것은 마찬

---

51 경화(更化)란 직역하면 새롭게 교화되었다는 뜻이다. 갑술환국(甲戌換局) 대신에 갑술경화라는 표현을 사용한 이건창의 의도는 소론 집권으로 정상적인 정치 질서가 회복되었음을 밝히려는 것이었다.

가지지만, 아들이 있고 없고는 경중이 분명히 다르므로[52], 지금은 마땅히 중전이 쫓겨난 기사년(1689, 숙종 15)에 논쟁했던 방식으로 논쟁해야 한다." 그러나 그의 조카 서종태(徐宗泰)가 말려서 그만두었다.

04 승지 박태순(朴泰淳) 등이 장계를 올렸다. "중전으로 높이거나 쫓아내는 것이 얼마나 중대한 일인데, 갑자기 종이 쪼가리 한 장을 내리며 마치 대수롭지 않은 절차처럼 처리하시니, 어찌 신중한 처사라 하겠습니까? 청컨대 대신들을 불러 모아 논의하심이 지당하옵니다." 임금도 옳다고 여겼다.

05 남구만이 제일 먼저 조정에 들어가 승지의 잘못을 말했다. "오늘의 일이 기사년의 일과 무엇이 다릅니까? 예제에 관한 문제라면 마땅히 죽을 각오로 다투어야 하지만, 오늘과 기사년의 일이 다른 점은 중전이 정비로 복위된 것뿐입니다. 한 나라에 두 명의 높은 분이 있을 수 없으니, 지금 신하의 마음에는 중전이 복위된 것은 기쁘고 장희빈이 강등된 것은 슬퍼서, 황망하고 놀라울 따름입니다. 지금 신하들이 모여 논의하고자 한다면, 이것은 자식으로서 어미를 논의하는 것이며 신하로서 임금을 논의하는 것이니, 천하에 이런 일이 있을 수 있겠습니까? 또 희빈에게 옛 작위를 돌려준 것은 강등시켰다고 말할 수는 있어도 내쫓았다고는 말할 수 없습니다." 임금이 그의 의견을 받아들였다. 윤지완이 남구만에게 편지를 보내 장희빈에 대한 예우를 종전처럼 해주도록 요청하자고 권했다. 그러나 남구만은 "그건 너무 지나치다"며 따르지 않았다.

---

52 1694년(숙종 20) 9년 동안 중전 자리에 있다가 쫓겨난 인현왕후 민 씨가 복위되고, 6년 동안 중전 자리를 차지했던 장희빈이 강등되었을 때, 서문중은 6년과 9년이라는 재위 기간의 차이와 아들이 있고 없고의 차이가 있지만, 왕세자를 생산한 장희빈이 더 중요하다는 뜻의 발언을 했다. 『숙종실록』, 20년 4월 12일.

06 그때 김춘택은 이미 석방되어 있었다. 노론의 김 씨와 민 씨 집 자제들이 앞다투어 말했다. "김춘택에게 공로가 있으니, 그의 아버지 김진구를 대장으로 대우하여 상을 주는 것이 마땅하다." 김창협이 부끄럽게 여겨 김진구의 아우 김진규에게 편지를 보내 김춘택을 나무라며 말했다. "설령 그에게 하늘에 통하는 학문이 있고 옛것을 꿰뚫는 지식이 있더라도, 그 처신은 하류라네. 모든 잘못이 자신에게 쏠리고 모든 사람이 손가락질하는데도, 지금까지 이처럼 스스로 깨닫지 못하고 있네. 팔뚝을 걷어붙이고 윤리와 기강의 시비를 따질 때, 비록 당당한 정론이라도, 일단 그의 입을 거치면 도리어 빛을 잃으니, 어찌 그다지도 어리석고 망령되단 말인가! 선비란 비록 그다지 변변치는 못하지만, 마음속으로 자신을 아끼지 않는 이가 없네. 누가 기꺼이 그와 내통하며 모략을 꾸며 자신의 이름을 더럽히려 하겠는가?"

07 남구만이 장차 조정에 나아가려 하자, 좌의정 박세채가 무엇을 아뢰려 하는지 물었다. 남구만이 말했다. "한중혁부터 죽여야 하네." 박세채가 매우 놀라며 물었다. "김춘택은 어떻게 처리하려 하시오?" 남구만이 말했다. "한중혁은 국문에서 증거가 나왔고, 김춘택은 특별히 드러난 것이 없네. 그러니 어찌 김춘택을 근거로 한중혁을 용서할 수 있겠나?" 박세채가 허탈해했다.

08 남구만의 상소는 대략 다음과 같았다.

김석주의 정탐이 비록 충성심을 품었다고는 하나, 실제로는 세도(世道)를 어그러뜨린 것입니다. 기사년에 나라를 맡았던 사람들이 이미 정탐을 몹시 나쁜 죄로 간주하고 무거운 형벌을 더했습니다. 민암이 또 함이완을 꾀어서 온 나라 사람의 절반을 쫓아내려다 임금의 총

명함에 힘입어 간사한 꾀를 실행하지 못하고 자신이 사형을 받게 되었습니다. 그러나 이런 정탐 정치의 길이 한 번 열리자 실패한 전철이 되풀이되며 서로 이어지니, 이러한 풍조를 개혁하지 않으면 나라를 구하지 못할 것입니다. 오늘날의 제일 큰일은 이 정탐 정치의 길을 일소하는 데 있을 뿐입니다. 일소하는 길이란 다만 함이완을 엄히 다스리는 데 있을 뿐만 아니라, 한중혁 등의 죄에 대해서도 마땅히 명백하게 처리해야 합니다. 그런 뒤에야 모든 사람이 마음으로 기뻐하고 여러 사람이 진심으로 승복할 것입니다.

대저 중전의 복위가 얼마나 중요한 일인데, 그자들이 감히 그것을 도모하겠습니까? 또한 장차 어디에서 도모하겠습니까? 막되고 천박한 선비가 이 같은 마음을 먹는다면 나라가 어찌 천박해지지 않을 수 있겠으며, 사람들이 어찌 의심하지 않을 수 있겠습니까? 오늘날 온 백성이 마음으로 기뻐하며 펄쩍 뛰는 것은 다만 중전의 복위를 경하하기 때문만은 아닙니다. 진실로 전하께서 천고에 없는 일을 거행하시어 광명정대함이 해와 달처럼 밝아서 털끝만큼도 가릴 수 없음을 큰 다행으로 여기기 때문입니다.

만일 죄수들의 진술 내용대로라면 이번 일에 그자들의 도움이 없을 수 없는데, 그것이 도리어 임금의 덕에 누가 됨을 어찌 하오리까? 민암의 당이 죄수들을 죽이려고 했던 것은 중전의 복위가 자기들에게 해가 되기 때문이었지만, 지금 죄수들을 죽이려는 것은 죄수들이 복위를 도모하였다는 말이 국가를 욕되게 하기 때문입니다. 죄명은 비록 비슷하나 법의 뜻은 하늘과 땅 차이보다 크니, 어찌 민암의 당을 답습한다고 의심할 수 있겠습니까? 또 시기와 사안은 바뀌었어도 조정은 그대로인데, 어찌하여 어제는 자백받고 오늘은 갑자기 풀어

줄 수 있습니까?

청컨대 한중혁 등의 죄를 다스려 왕법을 명쾌히 바로잡아, 임금을 위해서는 안팎의 의혹을 풀고, 중전을 위해서는 복위의 정대함을 밝히고, 사대부를 위해서는 천고의 치욕을 씻는다면, 이것이 이른바 조정을 해와 달보다 위로 높이는 것입니다.

09 그가 또 상소했다.

대개 갑인년(甲寅年, 1674, 숙종 즉위년) 이래 조정이 여러 번 바뀌었습니다. 화란의 계기는 모두 당론에 뿌리를 둔 것으로 알고 있으나, 정권이 뒤집히는 기미는 정도가 아닌 사사로운 길에서 비롯된다고도 합니다. 그러므로 죄인도 진심으로 자백한 적이 없고, 사람들의 의논도 수군거림이 많았습니다. 엄한 형벌이 자주 시행되었으나 기강은 더욱 서지 않았고, 인사가 여러 번 혁신되었으나 사람들 마음에는 의혹이 더욱 늘어, 천민들이 고관을 가리켜 나그네 맞이하듯이 하고, 변방 사람이 귀양 간 사람을 숨어 사는 와룡(臥龍)처럼 여깁니다. 이에 젖비린내 나는 미친 아이까지 스스로 국가의 명을 조종할 수 있다고 여기니, 신은 진실로 마음 아프게 여깁니다.

10 한중혁이 마침내 매를 맞고 죽었는데, 함이완의 고발 때문이었다.

24. 남구만의 온건론

01 장희재가 희빈에게 보낸 언문 편지에 중전과 귀인(貴人: 김수항의 종손녀)이 은(銀)을 모아 중전의 복위를 도모한다는 말이 있었다. 이때 언문 편지가 발각되자, 임금은 장차 국모를 모해할 것이라며 장희재를 죽이려 했는데, 당시의 여론도 모두 그를 죽이자고 했다.

02 남구만이 홀로 주장했다. "장희재는 세자에게 팔의(八議)[53]의 친척이니, 경솔하게 형신(刑訊)[54]을 시행할 수 없다. 하물며 언문 편지를 죄로 삼는다면 형세 상 반드시 희빈도 연루될 것이다. 희빈이 불안하면 세자도 불안할 것이고, 세자가 불안하면 종사가 위태로워진다. 전에 세자의 칭호를 정할 때 신하들이 너무 이르다고 비난하자, 기사년에 참소했던 사람들이 말하기를, '세자는 저희만 마음에 두고 있을 뿐, 다른 신하들은 그렇지 않다'고 했다. 그 때문에 헤아릴 수 없이 큰 재앙이 발생했다. 지금 만일 세자를 위해 깊고 길게 살피지 않아서 훗날 말하기에도 끔찍한 일이 생긴다면, 그것은 곧 기사년에 참소했던 사람들의 말을 사실로 만드는 것이 아니겠는가?"

03 박세채가 반대하며 말했다. "장희재를 구원해서는 안 됩니다." 남구만이 말했다. "내 말이 맞지 않으면 종사의 복일 것이요, 그렇게 된다면 내가 비록 만고의 죄인이 된다고 하더라도 후회는 없네. 그러나 만약 내 말이 불행하게도 맞는다면 종사는 어찌해야 옳겠나?"

04 대간 이여(李畬)와 유득일이 청했다. "지금 장희재를 죽여 훗날 그 화가 희빈에게 미친다면 저희도 또한 죽을 각오로 싸우겠습니다."

---

53 팔의(八議): 중국 당나라 때 평의(評議)하여 형벌을 감면한 여덟 가지 조건. 곧, 의친(議親), 의고(議故), 의현(議賢), 의능(議能), 의공(議功), 의귀(議貴), 의근(議勤), 의빈(議賓).

54 형신(刑訊): 죄인의 정강이를 때리며 캐묻던 일.

남구만이 말했다. "장희재가 다른 죄로 죽는다면 내가 어찌 그를 구원하겠는가? 지금 장희재와 희빈의 일은 한 가지이므로 지금 장희재를 구원하지 못하면 어떻게 희빈을 구원하겠는가? 또한 그대들이 어찌 희빈이 무사하리라고 보증할 수 있겠는가? 혹시 마음으로는 그것이 불가능하다는 것을 알면서 겉으로만 이런 말을 하는 것인가?" 임금이 남구만의 말을 따라 사형받은 장희재를 관대히 처분해 위리안치했다.

05 윤지완이 우의정이 되었는데, 아뢴 의견이 모두 남구만과 같았다. 김인(金寅)이라는 자가 이의징 등의 역모를 고변했는데, 이의징은 탐욕스럽다는 이유로 사사되었으나, 그밖에는 사실이 아닌 것이 많았다. 이때 함이완을 무고죄로 죽이려 하자, 남구만과 윤지완이 말했다. "김인이 말한 역모는 이미 허구로 판명되었고, 그것은 단지 남을 해치려 했던 것이었다. 함이완이 서인을 해치려던 것은 죽이고, 김인이 남인을 해치려던 것만 유독 관대히 다스릴 수 있겠는가?" 소를 올려 논의하려다 그만두었다. 김인은 장희재의 언문 편지를 고발한 자였다.

06 이때 삼사에서 기사년 때 신하들의 죄를 논의하니, 분노하고 미워하는 여론이 엄중하게 다스리길 앞다투어 요구하자, 오도일과 이규령(李奎齡)이 말했다. "임금의 뜻을 따른 것과 폐비를 청한 것은 다르다. 지금 임금의 뜻을 따른 자를 극형에 처한다면, 폐비를 청한 자에게는 어떤 벌을 추가할 수 있겠는가?" 이에 그 죄가 무거운 자 10여 명만 귀양 보내라고 장계를 올렸다. 그 때문에 우의정 민암과 훈련대장 이의징 이외에는 사사된 자가 없었다. 오도일은 또 죄수들을 석방하라고 청했고, 이만원(李萬元)은 기사년에 공로를 세운 일이 있고, 이봉징은 상소에 기특한 말이 있다며, 그 공을 기려 등용하자고 청했다.

07 김창협이 남구만에게 편지를 보냈다. "사람들은 모두 남곤(南袞),

심정(沈貞), 이기(李芑), 허자(許磁) 등을 처벌하지 못한 것을 몹시 안타깝게 여기는데, 도리어 오늘날 흉도들을 엄중히 다스리려 하지 않는 것은 무슨 까닭입니까? 생각건대 저의 선친 김수항의 재앙은 자초한 것이어서 기묘사화나 을사사화에 비교할 수 없다는 것입니까? 현명하신 공(公)의 한마디 엄중한 말씀을 듣고자 합니다."

08 남구만은 답장을 보내지 않고 말했다. "나는 김창협을 글 읽는 선비로 여겼는데, 지금 보니 아주 무식하구나. 설령 내가 그의 원수를 죽인다고 하더라도, 어찌 사사로움을 앞세워 허락할 수 있겠는가?" 그리고 상소했다.

지난번 조정 신하들의 일진일퇴가 낮과 밤이 서로 바뀌고 봄가을이 번갈아 교대하는 것과 같아서, 매번 이편 사람을 시켜 저편 사람의 죄를 논하게 하니, 이것이 이른바 '남이 칼과 도마가 되면 나는 어육(魚肉)이 된다'는 것입니다. 의심이 쌓인 뒤와 원망이 쌓인 가운데에 그 일을 처리하는 것이 공평하지 않은 것은 어쩔 수 없는 이치입니다.

신은 변변한 공적을 세우지 못한 채 주장만 내세운 지 이미 오래되었습니다. 기미년(1679, 숙종 5)에 소를 올려 윤휴와 허견을 논의했을 때, 만약 임금의 총명함으로 저를 보호하여 지켜주지 않으셨다면, 신은 거의 목숨을 지키지 못할 뻔했습니다. 인정상으로라도 제가 어찌 그들의 사정을 봐줄 의도를 가졌겠습니까?

다만 시세(時勢)와 국사(國事)로 헤아려 보건대, 일찍이 전부터 여러 번 엎어진 수레바퀴와 이미 냄새나는 짐은 이제 통렬히 징계하고 맹렬히 살피지 않을 수 없습니다. 하물며 이러한 당인(黨人)들은 그

수가 많고 전통 있는 가문의 거족 출신인데, 스스로 간사한 짓을 하여 중죄에 빠진 자는 이미 처벌을 받았습니다. 그중에서 그 정상(情狀)과 범죄가 다소 가벼운 자는 차례대로 사면하여 용서하지 않을 수 없고, 재주와 쓸모가 있는 자는 점차 거두어 쓰지 않을 수 없습니다. 논란하는 자들은 말하기를, '당인을 엄히 다스리지 않으면 훗날의 보복이 두렵다'고 합니다. 아! 이러한 말은 매번 한편 사람들이 나아가고 물러날 때 반드시 남의 입을 막는 근거가 될 것이니, 피차가 한 가지인데 무슨 차이가 있겠습니까? 지금 조정의 신하들은 오로지 한 마음으로 전하를 받들고 당파의 악습을 쓸어버려서, 이른바 '훗날'을 기약하는 자들이 반드시 없어져야 하겠습니다. 지금 훗날을 기약해 이번 일을 처리한다면, 저라고 어찌 두렵지 않겠습니까?

25. 박세채의 탕평론

01 예전에 벼슬하지 않은 선비(儒逸·유일) 이상이 송시열과 교유했는데, 사람됨이 거칠고 비루하여 사돈의 음란한 옥사에 증거를 제시하며 재물을 요구하니, 세상 사람들이 그를 정직하지 못하다고 여겼다. 이사명은 이름난 집안의 자식으로 일찍부터 문장으로 명성이 높았는데, 공신이 되려고 김석주에게 붙어서 끊임없이 탐욕스럽게 소란을 피웠다. 기사년에 두 사람 모두 남인에게 죽임을 당했다가, 이때 함께 관직을 회복했는데, 삼사의 오도일, 박태상(朴泰尙)이 상소를 올려 관직 환수를 청하자, 당시의 여론이 쾌재를 불렀다. 이때 임금이 보사공신의 훈적을 복구하라고 명했지만, 이사명 등 추가로 녹훈한 5명은 복구하지 않아서 노론의 원망은 더욱 깊어졌다.

02 좌의정 박세채가 장희재는 죽이지 않고 한중혁은 죽였다며 남구만을 몹시 나무랐다. 박세채가 또 말하기를, "송시열은 몸소 대의를 자임하다가 사화에 죽었으니 작은 잘못을 추가로 헐뜯는 것은 마땅하지 않다"면서, 조광조를 모신 서원에 배향하려고까지 했다. 김창협은 송시열을 매우 존경했지만, 배향은 지나치다며 말렸다. 이때부터 박세채의 무리 중에 다시 노론이 된 자들이 많았는데, 유득일, 신완, 신임(申銋) 같은 이가 그들이었다.

03 박세채가 차자를 올려 황극탕평(皇極蕩平) 설을 펼쳤다.

처음에 우리 조정에서 동인과 서인의 차이는, 음양(陰陽)과 흑백(黑白)처럼 서로를 용납하지 못하는, 군자와 소인의 차이 같은 것은 아니었습니다. 그 뒤에 두 당의 득과 실, 전과 후가 서로 갈렸으니, 그중에서 큰 것을 비교해 본다면, 첫 번째 실패는 정여립에서 비롯되었으며, 두 번째 실패는 정인홍에서 비롯되었으며, 세 번째 실패는 전날 권간의 당에서 비롯되었습니다. 이것은 실패가 모두 동인 한쪽에서만 나왔기 때문에, 논의하는 자들이 이것을 가지고 옳고 그름을 구분하는 것은 실로 당연합니다.

그러나 이른바 남인 중에는 따로 독립한 자도 많아서, 어떤 이는 재야에 은거하거나 어떤 이는 정론으로 맞서 말해서 반정 이후 적극 등용되었기 때문에 서인과 구별되지 않았습니다. 게다가 역대 임금께서 적절히 보살피고 거느리셨기 때문에 오랜 세월이 지나서야 비로소 남인의 당이 무너지기 시작했습니다. 비록 지금은 예전의 명망 있는 신하처럼 은거하거나 맞서 말하는 이가 없습니다만, 이것이 어찌 한쪽 편의 사람들을 모두 다 버려야 하는 구실이 되겠습니까?

신은 청컨대, 역옥을 주도한 간당으로 단연코 용서할 수 없는 자는 더욱더 엄하고 분명하게 처단하여 고려의 정몽주(鄭夢周)가 오안(五案)을 정한 관행[55]과 같이하고, 이런 부류에 속하지 않고 어질고 유능하여 등용할 만한 자는 전과를 깨끗이 씻고 스스로 거듭나게 하여 함께 화합((寅恭·인공[56])할 수 있도록 허락하시옵소서.

04 박세채가 또 논했다. "남구만의 깊은 생각이 당대 사람들의 마음을 감복시키지 못해서 서문중이 창의(倡義)하여 상소문을 초안한 것과 박태순이 논의하자고 아뢴 것이 실언(失言)이 되었다." 박세채가 얼마 뒤에 죽었는데, 탕평(蕩平)이라는 이름은 박세채로부터 시작되었다.

05 세자 책봉부터 중전의 변고에 이르기까지 노론과 소론 두 당은 명분과 의리를 함께 내세우다가, 함께 귀양 가거나 폐고되었다. 갑술경화 초에 오두인과 박태보에게는 함께 정전(旌典)[57]을 베풀었고, 이이와 성혼을 다시 문묘에 종사했으며, 서인들이 동시에 승진했다. 당시 노론의 옛 신하들은 죽은 이가 많았고, 남구만이 곧은 절개와 두터운 명망으로 수장이 되어 대권(鈞軸·균축)[58]을 쥐었다. 남구만은 본래 소론으로 자처하지 않았고, 더욱이 이성과 회덕 사건에는 간여하지

55 오안(五案)의 예(例): 오죄(五罪)의 예. 고려 공양왕(恭讓王) 때 고려 왕실을 보호하려는 세력을 제거하기 위하여 당시 성헌(省憲)과 법사(法司)에서 번갈아 글을 올려 논핵한 다섯 가지 유형으로 분류한 죄목, 즉 진짜 왕 씨(王氏)를 세우려는 의논을 저지하고 신우(辛禑)의 아들 창(昌)을 추대하여 세운 자, 역적 김종연(金宗衍)의 모의에 참여하여 내응한 자, 여러 장수가 천자의 명을 받아 신우 부자가 왕 씨가 아니라 하여 다시 왕 씨를 세우려 의논할 때 신우를 옹립하여 왕 씨를 영구히 끊으려 한 자, 윤이(尹彝)와 이초(李初)를 중국에 보내 천하의 군사를 움직이도록 청한 자, 선왕의 얼손(孼孫)을 몰래 길러서 불궤(不軌)를 가만히 도모한 자 등 다섯 가지 죄를 지은 자에 대하여 정몽주가 죄목의 시비를 분명히 밝혀야 한다고 소를 올려 청한 일을 가리킨다.

56 인공(寅恭): 동인협공(同寅協恭)의 준말로 화목하게 마음을 함께 함을 말한다.『서경』,「우서」, 고요모(皐陶謨)에 "군신(君臣)이 공경함을 함께 하고 공손함을 합하여 만물이 올바름을 얻게 한다(同寅協恭 和衷哉)"라고 했다.

57 정전(旌典): 정려(旌閭)로 표창하는 은전(恩典).

58 균축(鈞軸): 요직에 있거나 국가 대권을 잡은 사람.

도 않았다.

06 이때 소론은 모두 윤증이 정승이 되기를 바랐는데, 남구만만 불가하다며 말했다. "그가 오지 않을 것을 분명히 알면서 다만 그 예우만 두텁게 한다면 이것은 진실한 것이 아니다. 또 어찌 임금께서 얼굴도 모르는 정승이 있을 수 있겠는가?" 이 때문에 소론에서도 그와 화합하지 않는 이가 많았다. 특히 그가 임금에게 건의하여 올린 것이 사사건건 노론과 상반되었기 때문에 노론도 원한이 뼈에 사무쳤다. 어떤 이가 남구만에게 말했다. "지금 한두 가지 일에서 조금 의견을 굽혀 노론을 따르면, 노론과 소론이 다시 화합하여 국사에 다행한 일이 될 것입니다." 남구만은 굳이 따르지 않았다.

07 이에 노론이 유학 강민저(姜敏著)를 부추겨 상소하게 했다. "좋아하고 미워하는 것은 사람마다 다 같은데, 대신의 의견은 일반의 정서에서 벗어나서 악독한 역적을 구원하는 것을 일삼고 있습니다. 중전의 지위를 올리고 내리는 논의에서도 앞을 살피고 뒤를 돌아보는 것이 아주 용의주도하여 다른 사람이 그 속을 헤아릴 수 없습니다. 비록 스스로 화복을 두려워하지 않는다고는 하나 누가 그것을 믿겠습니까?" 장령 홍숙(洪潚)이 이어서 말했다. "강민저의 비분강개(悲憤慷慨)는 충성심에서 나온 분한 마음(忠憤·충분)입니다." 임금이 강민저를 귀양 보내고, 홍숙을 파직했으며, 손수 남구만을 달래고 위로했지만, 남구만은 사직하고 고향으로 돌아갔다.

26. 남인 처벌에 대한 논란

01 기사년(1689, 숙종 15) 초에 중전을 폐출하고 바꾸는 문제로 사신

을 연경에 보냈다. 임금이 신후재(申厚載)를 통해 좌의정 목내선에게 물었다. "청나라에서 폐비에 관해 '무엇 때문에 폐출되었는가?'라고 물으면, 무엇이라고 대답해야 하는가?" 목내선이 답했다. "이것은 신하가 감히 말할 수 있는 것이 아닙니다. 임금의 전교(傳敎)와 주문(奏文)에 '불순(不順)'이라는 두 글자가 있으니, 마땅히 '공손하거나 순종하지 않았다(不恭順·불공순)'고 답하겠습니다." 신후재가 목내선의 말을 임금에게 아뢰자, 임금도 그렇게 하라고 했다. 그런데 『승정원일기(承政院日記)』는 신후재가 아뢴 '불공순'이란 말을 '불공경(不恭敬)'으로 기록했다.

02 이때 대간이 목내선을 국문하자고 아뢰자, 남구만이 말했다. "이런 일로 경솔하게 대신을 죽일 수는 없다." 홍숙 등이 국문하자는 고집을 꺾지 않아 집의 윤성교(尹誠教)가 홍숙 등의 논의를 중지시키려 하자, 오도일이 윤성교에게 말했다. "그대가 한 개인의 의견으로 온 나라의 여론을 경솔하게 꺾으려다가, 관직을 잃고 영해(嶺海)로 귀양 가게 된다면, 그대에게도 딱한 노릇이오." 윤성교가 "대신을 살리고 죽이는 것은 나라의 큰일인데, 그대가 도리어 화복(禍福)으로 나를 겁박하는구려!"라고 말하고, 결국 자신의 주장을 접었다. 그러나 윤성교에 대한 사람들의 비방이 들끓자, 윤성교의 관록(館錄)[59]을 삭제하고 외직으로 쫓아냈다.

03 권대운은 별다른 죄가 없었지만, 기사년에 영의정이었다는 이유만으로 귀양보냈다. 이에 윤지완이 권대운을 용서해 주자고 청하자, 수찬 정호(鄭澔)가 윤지완을 탄핵했고, 윤지완도 사임하고 고향으로 돌

---

59 관록(館錄): 벼슬아치를 적어두는 장부.

아갔다. 수찬 정사신(丁思愼)이 다음과 같이 상소했다.

권대운과 목내선은 네 임금을 섬긴 원로로서 중전이 궁에서 쫓겨나던 날, 권대운은 대궐에 들어가 임금을 뵙고 물러날 뜻을 간절히 담은 차자를 올렸고, 목내선은 중전에 대한 예우를 거두라는 명령이 내려질 때부터 혼자 앞장서서 임금 뵙기를 청하며 반복해서 간쟁(諫爭)했습니다. 그들의 마음가짐이 처음부터 끝까지 다르지 않았는데, 지금은 모두 큰 죄를 뒤집어쓰고 머지않아 죽게 되었습니다. 전하께서 잠리(簪履)[60]의 옛 은혜를 생각하신다면, 어찌 민망하고 측은하지 않겠습니까?

이현일 같은 경우에는 중전을 위해 올린 항의의 상소가 전후에 한 번만이 아니었습니다. 비록 상소의 말에 자세히 살피지 못한 것이 있으나, 이것은 거칠고 먼 곳의 시골 사람이라 그러한 것일 뿐이고, 원래 그 대의는 임금을 바로잡아 보필하려는 뜻에서 나온 것입니다. 당시 임금에게 충성하고 나라를 사랑하는 정성이 도리어 망극한 죄에 엮였고, 감옥에서 겨우 나오자마자 먼 변방으로 귀양 보내졌습니다. 무릇 사람이 원망을 품더라도 오히려 용서하고 헤아리는 것이 마땅하거늘, 하물며 일찍이 예로 대하던 신하야 더할 나위가 있겠습니까?

---

60 잠리(簪履): 공자가 소원(少源)의 들판을 유람하다가 연못가에서 몹시 슬피 우는 부인을 보았다. 그 까닭을 물으니, 부인이 말하기를, "지난번에 시초(蓍草)를 캐다가 시초로 만든 비녀(簪·잠)를 잃어버렸기 때문에 슬피 웁니다"라고 했다. 제자가 말하기를 "시초를 베면서 시초로 만든 비녀를 잃어버렸다고 어찌 슬피 웁니까?"라고 하니, 부인이 말하기를 "비녀 잃어버린 것이 마음 아파서가 아니라 오래된 옛 물건을 잃어버렸기 때문입니다"라고 했다(『한시외전(韓詩外傳)』, 권9). 또 초(楚)나라 소왕(昭王)이 오(吳)나라와 싸우다 패했다. 소왕이 달아나다가 신(履·리)이 터지는 바람에 잃어버렸는데 30리를 가다가 다시 돌아와 신을 찾았다. 좌우의 신하들이 묻기를 "어찌 신 한 짝을 그리 아끼십니까?"라고 하니, 소왕이 말하기를 "초나라가 비록 가난하나 어찌 신 한 짝을 아끼겠는가? 함께 나왔다가 함께 돌아가지 못하는 것이 싫기 때문이다"라고 했다(『태평어람(太平御覽)』, 권697, 복장(服章)). 잠리는 선왕 때의 옛 신하를 잊지 않는다는 뜻으로 쓰인다.

04 대간에서 정사신이 죄인의 수괴를 구하려 한다고 논박하자, 임금이 정사신의 벼슬을 빼앗고 내쫓으라고 명했다. 이현일이 유신(儒臣)이란 이름으로 조정에 나와서 기사년의 일을 상소했다. "폐비가 스스로 하늘을 저버렸으나, 별궁에 안치하여 삼가 규찰(糾察)하고 공급은 후하게 해야 합니다." 여기에서 '삼가 규찰한다'는 말이 '불경(不敬)'에 해당한다고 하여 귀양보냈다.

05 이의징의 아들 이홍발(李弘渤)이 장희재의 집안사람과 모의하여 장희재의 종 업동(業同)을 시켜 장 씨의 선영(先塋)에 더러운 물건을 묻게 하고, 나무 푯말에 세자의 나이와 이름을 적었는데, 모양이 마치 저주하는 것 같았다. 그리고 병조판서 신여철의 종을 꾀어 신여철의 호패를 훔쳐 더러운 것을 묻은 곳에 떨어뜨린 뒤, 사람을 시켜 고변하게 하고서 허물을 서인에게 뒤집어씌우려 했다.

06 이때 남구만이 다시 영의정이 되어 좌의정 유상운, 우의정 신익상(申翼相)과 함께 그 옥사를 주관했는데, 일이 장 씨들에게 미칠까 염려하여 끝까지 파헤치지 말자고 청하고, 업동을 귀양 보내는 결정으로 끝냈다. 뒤에 사건이 탄로나 이홍발이 죽임을 당하자, 남구만 등은 지나친 염려로 일을 그르쳤다며 자신들을 책망했다.

27. 내 어미를 살려주시오!

01 이보다 앞서 한중혁이 죽었지만, 김춘택의 죄상은 다 드러나지 않았다. 남구만도 김춘택의 가문이 강성한 것을 꺼려, 불문에 부쳤다. 그런데 인현왕후가 죽자, 김춘택이 "왕비가 죽은 것은 장희빈의 저주 때문"이라고 주장하며, 사람들을 조정에 모아놓고 앞장서서 외쳤다. "전

에 장희재의 죽어 마땅한 죄를 용서하자고 한 자들은 이 대열에 낄 수 없다." 남구만 등을 가리킨 것이다. 좌의정 유상운이 상소를 올려 말했다. "근래 갑술년 이후의 형정(刑政)이 잘못되었다고 비판하는 사람들이 있으니, 신은 남구만과 함께 처벌받기를 청합니다." 임금이 위로하며 마음을 풀어주었다.

02 일찍이 장희빈은 자신의 거처에 신당을 차려놓고 세자를 위해 복을 빌었다. 임금이 저주의 옥사를 다스릴 때, 장희빈의 여종들을 친히 국문하니, 이들이 신당의 존재를 실토했다.

03 영의정 최석정이 세 번이나 차자를 올려 장희빈이 목숨을 보전할 수 있도록 은혜를 베풀라고 청하며 말했다. "비록 장희빈에게 용서할 수 없는 죄가 있더라도, 세자를 낳아 기른 은혜를 생각하시고, 세자가 겪을 걱정과 상심을 생각해 조금이나마 너그러이 용서하시고, 모든 사실이 낱낱이 폭로되지 않게 하시어, 세자를 편안하게 해 주시면 매우 다행스럽겠습니다. 신이 장희빈에게 차마 모질게 하지 못하는 것은 세자를 위한 것이며, 밝으신 전하를 위한 것이며, 종사를 위한 것이지, 장희빈을 위한 것은 아닙니다." 판중추부사 유상운, 윤지선, 서문중의 의견도 같았다.

04 이때 세자의 나이 열세 살이었는데, 글을 올려 말했다. "신의 어머니가 잘못을 저질렀는데, 신이 몰랐다고 할 수 없습니다. 함께 죽여 주시기를 청합니다." 또 궁문 밖에 거적을 깔고 울면서 신하들에게 말했다. "내 어미를 살려주시오!" 좌의정 이세백(李世白)은 옷자락을 뿌리치며 피했지만, 최석정은 울면서 말했다. "신이 저하께 감히 죽음으로 보답하지 않을 수 있겠습니까?" 임금이 끝내 장희빈에게 사약을 내리고, 장희재와 업동을 다시 국문하고 장 씨들을 모두 죽였는데, 모두

이세백이 도운 일이다.

05 우의정 신완이 홀로 “자식이 어머니와 절연하는 도리는 없다”고 말하며, 세자가 시마복(緦麻服)[61]을 입고 거애(擧哀)[62]하도록 하며, 조정에서 관례대로 위문하고, 초상도 또한 후하게 치를 것을 청하자, 임금도 윤허했다. 장령 윤홍리(尹弘离)가 “역적을 토벌하는 정의를 생각하지 않는다”며 최석정을 탄핵하자, 지평 박휘등(朴彙登)과 정언 유명응(兪命凝)이 최석정을 구원했는데, 임금이 유명응을 경질하라고 명했다.

06 유학 박규서(朴奎瑞)와 임창(任敞)이 상소를 올렸다. “세자로서 정모(正母: 인현왕후)가 시해당한 것은 마음에 두지 않으면서 사친(私親: 생모 장희빈)을 비호하는 것은 부당한 일입니다. 마땅히 장희빈이 인현왕후를 시역(弑逆)한 죄를 종묘에 고하고 사면령을 내리소서.” 지평 이동언(李東彦) 등이 합계하여 남구만, 윤지완, 유상운, 최석정이 사악한 역적들을 두둔하여 재앙을 초래했다고 논박하니, 임금이 남구만, 유상운은 중도부처(中途付處)[63] 시키고 최석정은 귀양 보냈으며, 윤지완은 파직시켰고, 임창도 귀양 보냈다.

28. 어미 잃은 새끼 사슴

01 인현왕후의 초상을 치르고 나서, 남인 오시복과 권중경(權重經) 등이 장희빈의 복위를 논의하기 위해 연명으로 상소하려 했다. 이봉징

---

61 시마복(緦麻服): 오복(五服)의 하나. 가는베로 지은 상복. 종증조, 삼종형제, 중현손(衆玄孫), 외손, 내외종 따위의 상사에 석 달 동안 입는다.

62 거애(擧哀): 죽은 사람의 혼을 부르고 나서 상제가 머리를 풀고 슬피 울어 초상난 것을 알림. 또는 그런 절차.

63 중도부처(中途付處): 벼슬아치에게 어느 곳을 지정하여 머물러 있게 하던 형벌.

이 먼저 장희빈의 복제 문제로 상소를 올려 임금의 의중을 살폈는데, 그 상소문에 '왕비의 자리가 드디어 비었다(翟儀遂空·적의수공)'는 말이 있었다. 그런데 장희재가 처형되자, 오시복 등도 모두 섬으로 귀양 갔다. 예전에 세자시강원 보덕(輔德) 박만정(朴萬鼎)이 장희빈을 받들자고 청한 일이 있었는데, 이때 그도 귀양 갔고, 동평군 이항은 장희재의 옥사에 연루되어 사사되었다.

02 장희빈이 스스로 목숨을 끊은 뒤 소론의 찬성 윤증 이하 및 남인, 소북까지 모두 소를 올려 세자를 보호하라고 청했으나, 노론에서는 말 한마디 꺼내는 자가 없었다. 호군 강세구(姜世龜)가 소를 올려 위(魏)나라 임금 조예(曹叡)의 '새끼 사슴과 어미 사슴(子母鹿·자모록)'[64] 일화를 인용하며 말했다. "전하의 시대에 이런 일을 볼 줄은 생각지도 못했습니다." 대간에서 장계를 올려 강세구가 남을 해칠 틈을 엿본다고 앞다퉈 비난하자, 임금이 귀양 보내라고 명했다.

03 이때 사람들이 근심하고 의심하면서 "예측하기 어려운 일이 생길 것"이라고 했지만, 임금의 세자 사랑이 깊어지자, 세자를 흘겨보던 자들이 제 뜻을 실현하지 못했다. 그리고 남구만과 최석정의 충성심을 헤아려서, 다시 최석정을 정승으로 삼고 소론을 많이 등용했다. 또 인원왕후(仁元王后)를 책봉했는데, 왕후의 집안이 소론이었다. 정언 김보택(金普澤)이 최석정을 탄핵하면서 남구만도 함께 논박했는데, 그 가운데 "명릉(明陵: 인현왕후 능)의 소나무와 잣나무는 처량한데, 황비(黃扉: 정승)의 외투와 신발은 밝게 빛나더라"는 구절이 있었는데, 그

---

64 자모록(子母鹿): 삼국시대 위주(魏主) 조비(曹丕)가 그의 아들 조예(曹叡)와 사냥하다가 어미 사슴을 쏴 죽이고 나서 아들 조예에게 새끼 사슴을 쏘라고 명하자, 조예가 울면서 말하기를, "폐하께서 어미 사슴을 쏴 죽였으니, 제가 차마 다시 새끼 사슴을 쏴 죽일 수 없습니다"라고 답하니, 조비가 활을 버리고 측은하게 여겼다는 고사.

말이 몹시 모질었다.

04 최석정이 자신의 심정을 진술하는 상소를 올렸는데, 상소의 대략은 다음과 같다.

남구만은 신의 스승으로 조정에서는 스스로 본말(本末)을 갖추어 처신했습니다. 역적 허견이 위세를 떨쳤을 때는 임금에게 건의문을 올려 힘껏 말하다가 남해(南海)로 귀양 간 일이 있었고, 무진년(1688, 숙종 14)에 이조판서에서 쫓겨날 때는 임금을 뵙고 힘써 간쟁하다가 경원(慶源)으로 귀양 간 일도 있었고, 기사년(1689, 숙종 15)에는 강릉(江陵)으로 귀양 간 적도 있었고, 갑술년(1694, 숙종 20)에 나라의 정무를 맡은 뒤에는 사람들이 후려치고 흔들어서 다행히 죽음은 면했으나 끝내 아산(牙山)으로 귀양 간 일도 있었습니다. 여러 번 귀양으로 쫓겨났지만 조금도 꺾이거나 굽히지 않았으니, 깨끗한 충성과 진실한 절개는 가히 옛사람에 견주어도 부끄럽지 않습니다.

그가 장희재를 관대히 처분하자고 할 때는 신도 지나치다고 여겼습니다. 그러나 남구만은 "무릇 천하의 일은 마땅히 때와 의리(時義·시의)의 소재를 살펴야 한다. 기사년의 일은 후궁이 강성했기 때문에 신하들은 마땅히 중전을 지지하고 보호하는 것에 중심을 두어야 했지만, 오늘의 일은 그것과 다르니 마땅히 세자를 지지하고 보호하는 것에 중심을 두어야 한다. 이미 세자를 지지하고 보호하는 것에 중심을 두었다면, 마땅히 취할 수 있는 모든 방법을 쓰지 않을 수 없다"라고 말했습니다.

이것으로 미루어 보건대, 그의 마음가짐은 너무 분명하여 신명(神明)에게 물어볼 수 있을 정도지만, 나중에는 그것이 재앙으로 되돌아

올 것을 예견하지 못했으니, 이것을 죄라고 한다면 억울하지 않겠습니까? 무릇 한 몸의 이해(利害)를 따져서 훗날의 화복(禍福)을 헤아리는 것은 비루한 사내(鄙夫)나 소인(小人)이 하는 짓인데, 충성스러운 남구만이 그런 짓을 했다고 말할 수 있겠습니까? 『춘추좌전(春秋左傳)』에 "황하(黃河)가 맑아지기를 기다리려면 사람의 수명은 얼마나 되어야 하는가?"[65]라고 했으며, 또 "우리들 소인은 아침에 저녁을 생각하지 않는다"고도 했습니다. 대저 눈앞의 비난을 헤아리지 않고 기약할 수도 없는 훗날의 복을 구한다면, 이는 천하에 어리석은 사람입니다. 남구만도 그 정도까지는 아니었을 것입니다. 신이 생각하기에 신사년(1701, 숙종 27)의 일처럼 진실로 왕가에서 변고에 대처하는 방법은 본래부터 따로 있지만, 공경(公卿)을 맡은 신하는 나라와 한 몸이기 때문에 진실로 소회가 있다면 감히 다 밝히지 않을 수 없습니다. 법 집행은 유사(有司)의 논리에 따라 시행해도 잘못되지는 않을 것입니다.

신은 담력이 약하고 겁이 많으며, 지식과 사려가 좁고 낮습니다. 다만 종사를 생각하는 숨은 걱정으로 일신의 사사로움을 돌볼 겨를도 없었습니다. 그러나 종들만 죽여도 왕법을 펼칠 수 있고 법을 넘어선 관용을 베풀면 세자도 편안해질 수 있으리라는 터무니없는 생각에서, 천박한 학문과 변변치 못한 지식으로 망령되이 경도와 권도를 논했으니, 이것이 신의 죄입니다.

처분을 내리신 뒤에는 세자가 편안히 쉬어도 손해가 없도록 하소서. 진실로 위로하고 어루만지심을 지극히 독실하게 하시면, 전하께

---

65 사하지청 인수기하(俟河之淸 人壽幾何)라는 말은 『춘추좌전』, 노양공(魯襄公) 8년에 나온다.

서 의리를 처리하시는 도리가 매우 마땅하여 조금의 틈도 용납하지 않는다고 평가할 수 있을 것입니다. 그러나 신은 오로지 스스로 책망하고 죄를 뉘우쳐 자신을 반성하며 혀를 깨물 따름입니다.

05 김보택은 김춘택의 동생이다. 세자가 일찍이 명릉을 찾아뵙고, 지나는 길에 장희빈의 묘에 들르려 하자 예조판서 김진규가 가로막았다. 또 세자가 백관(百官)을 거느리고 상수연(上壽宴)[66]을 올리고자 상소로 청하여 윤허를 받았다. 그러나 김진규가 소를 올려 "흉년으로 굶주리는 시절에 성대한 행사는 마땅하지 않습니다"라고 말하여 결국 그만두었다. 김진규는 김춘택의 숙부이다. 을유년(1705, 숙종 31)에 임금이 눈병을 이유로 갑자기 선위를 명하자, 대신들이 백관과 군민(軍民)을 거느리고 명 거두기를 청하여 곧 그만두었다. 이때부터 김춘택 등이 더욱 불안해했고, 사람들의 말도 흉흉해졌다.

29. 남인 이잠의 상소와 소론 최석정의 편지

01 전에 장희재가 귀양 가 있을 때, 그의 아내가 김춘택과 간통했다는 말을 듣고 장 씨들에게 편지를 보냈다. 그 속에 "김춘택이 나를 죽이려 하는데, 그것은 세자에게도 이롭지 못할 것이다"라는 말이 있었다. 장 씨들을 국문하니, 그 말이 어느 죄수의 진술에서 나왔다. 김창집(金昌集)이 그 옥사를 주관하고 있었지만, 죄수의 진술을 숨기고 임금에게 알리지 않았다. 이때 와서 유생 임부(林溥)와 이잠(李潛)이 연이어 상소하여 그 일을 거론했다. 이잠은 남인이었고, 임부는 소론으

66 상수연(上壽宴): 신하들이 임금에게 헌수(獻壽)하고 베풀던 잔치.

로 불렸다.

02 이잠의 상소가 더욱 심각했는데, 그 상소의 대략은 다음과 같다.

지금 신하들이 명분과 의리라는 이름으로 한쪽 편의 사람들을 모조리 처벌하고는, 잇달아 나서며 공적을 다툰 지 몇 해째입니까? 장희빈은 자결했고, 다른 장 씨들도 멸족했으니, 다시 죄를 따져 물을 곳도 없는데, 오히려 '명분과 의리, 명분과 의리' 운운하고 있으니, 그들은 도대체 어디에 분풀이하려는 것입니까?

그들이 말하는 '은혜를 베풀어 복을 구한다(市恩徼福·시은요복)'는 말은 더욱 이치에 어긋납니다. 신하가 임금을 섬기는데 '베풀어 구하는' 마음을 먹어서도 안 될 일이지만, 만약 그렇게 '베풀어 구해야 할' 일이 있다면, 우리 임금의 아들에게 '베풀어 구하지' 않고 장차 누구에게 하겠습니까? 더욱이 전하의 아드님을 위태롭게 하고 난신적자에게 은혜를 베풀어 복을 구할 수야 없지 않겠습니까?

이제 세자와 김춘택은 형세 상 분명히 양립할 수 없습니다. 세자를 위해 죽기를 원하는 자라고 해서 모두 충신은 아닐 것이며, 김춘택의 주장을 지지하기 위해 세자를 돌보지 않는 자라고 해서 모두 역적은 아닐 것입니다. 다만 만나는 자들의 주장이 다르고 함께 하는 자들의 길이 다르니, 화살 만드는 사람과 갑옷 만드는 사람의 구분이 없을 수는 없습니다. 그러나 전하께서는 세자를 보호하는 자는 내쫓으시고 김춘택과 편당하는 자는 총애하시니, 어찌 세자를 사랑하심이 김춘택을 사랑하심만 못하십니까? 지금 좌우와 전후에서 세자에게 칼날을 들이대지 않는 이가 없는데, 오히려 전하께서 깨닫지 못하는 것은 무엇 때문입니까?

03 이에 임금이 장 씨의 옥사를 주관했던 신하들을 체포하여 심문하려 했으나, 이미 여러 해가 지났고 당사자가 모두 사망해 물어볼 사람도 없었다. 임금이 김창집을 파직시키고 김춘택은 제주에 귀양 보냈다. 이때는 마침 소론이 국정을 맡고 있어서, 삼사의 의론이 모두 임부와 이잠을 바르게 여기고, 김춘택을 엄하게 치죄하려 했다. 노론이 떠들썩하게 말했다. "지금 소론이 우리를 위해 변론하지 않는 것은 장차 우리를 다 죽여서 임부와 이잠의 말을 실현하려는 것이다."

04 최석정이 아들 최창대(崔昌大)를 시켜 조정의 인사들에게 편지를 보냈다.

동서로 분당한 지 이미 백년이 지났습니다. 이것은 참으로 치료하기 어려운 고질병이 되었고, 같은 집안이던 노론과 소론의 싸움은 점점 과격해져서 오늘과 같은 지경에 이르게 되었습니다. 노론 사람들은 무릇 어떤 의논이나 일 처리에서 모두 당론만 따르기 때문에, 식견이 있는 사람은 매우 그르다고 여겼고, 세도(世道)에도 해를 끼쳤습니다. 지금 당을 만드는 자들이 진실로 다투지 않고 편당하지 않으며 뇌동하지 않고 기울어지지 않는 마음을 가져야 모든 논의나 일 처리를 공정하게 할 수 있을 것입니다.

또 장차 물아(物我) 및 피차(彼此)의 경계(境界), 호오(好惡) 및 애증(愛憎)의 마음, 평소의 분노 및 원망의 실마리를 한쪽에 묶어 두고, 다만 사안 하나하나에 대해 먼저 궁극의 의리를 찾아서 시비(是非)를 절충해야 합니다. 또 반드시 시의(時義)와 사세(事勢)를 참작하여, 오랜 습속에 젖지 말고 사사로운 친구들에 이끌리지 말며, 오직 밝고 넓은 근원을 바라보며, 중용을 잡고 중도를 따라 실천하며, 전철(前

轍)의 자취를 힘써 돌아본 뒤에야 비로소 군자라는 이름에 견줄 수 있을 것이고, 옛말에 이른바 '저들이 사납게 대하더라도 나는 인으로 대하겠다'는 뜻에 맞을 것입니다.

노소의 분당은 경신년(1680, 숙종 6)에 남인 당인을 다스릴 때 완급을 다투면서 시작되었습니다. 그때 소론이 온건론을 편 것은 죄를 지은 사람들을 안타깝게 여겨서가 아니라 다만 지나친 처벌은 공정한 왕정(王政)이 아니기 때문이었습니다. 그러므로 몇몇 소론의 군자들이 분명한 말로 힘써 다투며, 비방을 당하고 쫓겨나도 상관하지 않으니, 결국 사방의 공론이 소론으로 모이게 되었습니다. 이것은 소론의 근본 입장이 편협하거나 과격하지 않고 공정하고 너그럽기 때문입니다. 다른 편인 남인에 대해서도 비록 그들의 죄는 안타까워할 것이 없으나, 공격하고 처벌함에 혹여 지나침이 있을까 염려하며, 공정함을 지키고 용서하려 했습니다.

노론은 소론과 그 근본이 처음부터 다르지 않았지만, 원수에 대한 원망이 계속 이어져 공격과 처벌에만 마음을 쓰니, 이것이 어찌 앞뒤 양쪽으로 끊어져(兩截·양절) 자체의 본색을 거듭 잃어버린 것이 아니겠습니까? 이것은 그들의 원칙이 그런 것입니다. 또 당을 편들어 서로 공격하니 그 형세가 전쟁터의 진영 같으며, 이름의 곡직(曲直)에 득실(得失)이 걸려있고 가진 것의 장단에 따라 승패가 갈립니다.

노론의 장점은 치우쳐 높은 것에 있고, 소론의 장점은 너그럽고 공평한 것에 있습니다.

노론은 대대로 나라의 명운을 쥐고서 당원들끼리 기반을 다져서, 뿌리가 굳건했으며 파벌도 널리 퍼졌습니다. 그러나 그들의 안신입명(安身立命)은 근본이 인의와 성실에 있지 않고, 권세를 끼고 의지하는 것을 최고의 계책으로 여기며 몰아붙여 꾸짖는 것을 능사로 여기고 있습니다. 심지어 어떤 자는 명분과 의리를 가장하여 권세를 부리고, 어떤 자는 과실을 지적하여 명분을 얻기도 합니다. 비록 그 기관(機關)의 운용 방식은 자신들과 다른 자를 배척하고 알력(軋轢)하는 데서 벗어나지는 않지만, 사리(私利)를 도모하고 칼끝을 세워 용맹을 가장하니 남이 쉽게 범하지 못합니다. 이것은 우왕(禹王), 탕왕(湯王), 문왕에게는 죄인이 되지만, 투쟁하는 데는 막강한 무기가 됩니다. 그러므로 그들의 언론은 항상 준엄하고 과격한 것을 주장하는데, 이 때문에 패하고 기세가 꺾이는 데 이르더라도 스스로 근심하지 않습니다.

우리 당 사람들은 나그네와 같은 신하여서, 안팎으로 권세를 끼고 의지할 데가 없어서 세력과 기세가 전혀 노론에 미치지 못합니다. 다만 겨우 공론(公論)이라는 헛된 이름으로 노론과 대항하니, 그 장점은 오로지 너그럽고 공평한 데 있을 따름입니다. 지금 너그럽고 공평한 것을 버리고 준엄하고 과격한 것을 실행한다면, 그것은 바로 이른바 단점으로 장점을 공격하는 것입니다. 비유컨대 남과 싸우는데 자기의 장기를 잃어버리는 것과 같으니, 제가 보기에 그렇게 되면 결국 크게 패할 것입니다.

가령 눈앞에서 비록 한때의 작은 승리를 얻었더라도, 사태의 변화는 끝없이 이어지고 조정의 형국 전환도 일정하지 않습니다. 시간이 흐르고 사안이 지나간 뒤에 공정한 눈으로 되돌아보면, 작록과 은총을 길이 보전하지 못할 것은 피차 같습니다. 그런데 본색인 너그럽고 공평함이라는 조그만 장점마저 잃게 된다면, 애석하지 않겠습니까? 이것은 이해(利害)의 문제에서도 그렇습니다.

05 이때 최석정이 옥사를 맡아 노론의 마음을 위로하려 힘썼으나, 노론은 "소론에서 먼저 임부의 상소가 나왔다"고 생각했기 때문에 유감이 더욱 깊어졌다. 임부와 이잠은 모두 곤장을 맞고 죽었다.

30. 송시열을 두둔하는 김창협의 편지

01 예전에 김수항 형제가 국정을 맡았을 때, 크고 작은 모든 일을 한결같이 송시열에게 묻고 집행했다. 그러나 이따금 송시열의 꾸지람을 받아서 김수항의 아들들이 불평하기도 했다. 그러다 송시열과 김수항이 동시에 재앙을 당하자, 김창협이 송시열의 권위에 의지하여 아버지 김수항을 높이려고 이때부터 온 마음을 기울여 송시열을 존중하고 받들었다. 노론 중에서 전에는 송시열을 의심하던 자들도 하나가 되어 같은 목소리를 낸 것은 김창협이 주창했기 때문이었다.

02 나양좌가 김창협의 아우 김창흡(金昌翕)에게 편지를 보내 일찍이 송시열이 김수항을 모욕한 말들을 일일이 열거하며 비난했다. 김창흡이 말했다. "나의 아버지가 실로 일찍부터 스승을 섬기는 도리로 우암을 대우했으니, 스승이 제자에게 엄히 훈계한 것은 마땅한 것이다. 내가 어찌 이산(尼山: 윤증)의 무리를 본받겠는가?"

03 김창협도 일찍이 나양좌에게 편지를 보내 다음과 같이 답했다.

> *보내주신 서신의 가르침에 "제가 우옹(尤翁: 송시열)을 마음대로 높이기도 하고 낮추기도 하여 앞뒤가 아주 다르다"고 하셨습니다. 사실 우옹은 오직 한 분의 우옹일 뿐입니다. 그러나 전날에는 남인 이외에는 온 세상에서 그를 존경하지 않는 이가 없어서 곧바로 정자(程*

子)와 주자의 반열에까지 올랐습니다. 그런데 오늘날에는 온 세상이 헐뜯으며 거의 공공(共工)이나 환두(驩兜)[67]에 견주려 합니다. 이는 세상살이의 이치가 완전히 변했기 때문입니다.

저로 말씀드리면, 처음부터 끝까지 가슴 속에 오직 한 분의 우옹만 있을 뿐 두 분의 우옹은 없습니다. 그래서 온 세상이 우옹을 존경하더라도 내가 섬기는 우옹에게 보탬이 되는 것도 없으며, 온 세상이 헐뜯더라도 내가 섬기는 우옹에게 손해될 것도 없습니다. 전자의 관점에서 보면 사람들은 저의 우옹에 대한 불만을 의심할 것이고, 후자의 관점에서 보면 사람들은 저의 우옹에 대한 지나친 존경을 의심할 것입니다. 그러나 제 마음속의 우옹은 항상 그대로일 뿐입니다. 세상 사람들이 변덕스러운 것이지, 제가 변덕스러운 것은 아닙니다.

보내주신 편지에 "말하는 바가 공정하다면 마땅히 공공연히 말해야 할 것이지, 어찌 누구와는 말할 수 있고 누구와는 말할 수 없는 이치가 있겠는가?"라고 하셨습니다. 모름지기 지난날에는 서인 전체가 모두 우옹의 제자여서, 마치 한 집안의 자제들이 아버지와 형의 일을 말하는 것 같았고, 진실로 피차간에 거리낄 것이 없었습니다. 반면에 지금은 서인 외에는 모두 우옹의 적이어서 한 마디만 삐끗하면 곧바로 그것을 구실로 공격이 조장될 것이니, 어찌 삼가지 않을 수 있겠습니까?

이제 "말하는 바가 공정하다면 다시 피하거나 거리낄 것이 없다"고 하시면, 원수 앞에서 아버지와 형의 허물을 말하지 않을 자가 아주 드물 것입니다. 우옹이 이 세상에 아주 오랫동안 사셨고 말과 행

---

67 공공(共工)과 환두(驩兜): 곤(鯀), 삼묘(三苗)와 함께 요(堯) 임금 때의 사흉(四凶).

동이 온 나라에 가득하니, 그 어질고 어질지 않은지 여부는 알기 어렵지 않습니다. 제가 홀로 괴이하게 여기는 것은 외삼촌께서 전에는 우러르고 존경해서, 말할 때마다 반드시 선생이라고 일컫고, 또 모시고 다니시면서 여러 대에 걸친 조상의 묘비문까지 받으시더니, 이제는 분개하고 미워하며 그 죄를 낱낱이 세어서 터럭만큼도 용서하려 하지 않으십니다. 이것이야말로 진실로 이른바 앞뒤와 높고 낮음이 다른 것이니, 해와 달과 별로부터 땅속까지 이르더라도, 이처럼 현격히 차이 나지는 않을 것입니다.

만약 이산과 논쟁한 사건이 있고 난 뒤에야 비로소 그의 마음 씀씀이를 알았다고 말씀하신다면, 외삼촌께서 지적하신 우옹의 죄는 재물을 탐하고 여색을 좋아하며 불효하고 불충한 것입니다. 이것은 전에는 없다가 지금 생긴 것은 아닐 것이니, 비록 이산과 논쟁한 사건이 없었더라도 이미 형편없는 소인입니다. 그런데 수십 년 동안 일체 묻어두고 따지지 않으면서 오히려 그의 문하에 공손히 드나들다가, 그가 이산에게 허물을 잡힌 뒤에야 비로소 이처럼 심하게 배척하고 절연하시는 이유는 무엇입니까? 어찌 친구 사이에 교제를 잘못한 죄가 이른바 불효하고 불충한 것보다 더 무겁겠습니까? 그 또한 대소와 경중의 순서가 어그러진 것입니다.

만약 전에는 듣지 못했다가 지금 비로소 자세히 듣게 되었다고 말씀하신다면, 전에 듣지 못한 것은 의당 귀가 밝지 못했기 때문은 아니라 하겠으니, 지금 자세히 듣게 된 것은 또한 어떤 다른 근거가 있는 것은 아닐지 어찌 알겠습니까? 또 다른 일은 오히려 듣지 못했다고 말할 수 있지만, 이른바 "대의를 빙자하여 효종을 속이고 조정의 권세를 제멋대로 휘두르며 한 시대를 주물렀다"는 것은 또한 사람들이 보기 어려운 작은 행동이나 사소한 사안이 아니니, 오히려 전과 후에 들은 것이 다르다고 핑계 댈 수 있겠습니까?

생각건대 외삼촌의 우옹에 대한 처우는 오직 이산을 기준으로 보시는데, 이산과 우옹이 갈린 것은 사실 묘비문에서 비롯되었습니다. 무릇 묘비문은 진실로 어진 사람에게 부탁하는 것이지 어질지 않은 사람에게 부탁하는 것은 아닙니다. 이산이 우옹을 스승으로 섬긴 지 무릇 몇 년이었습니까? 그의 언행에서 감추어진 작은 부분까지 모르는 것이 없었을 텐데 문득 묘비문을 부탁했으니, 군자가 아니라고 여기진 않았던 것입니다. 그래서 묘비문을 완성할 때도 화숙(박세채)의 문장을 빌리지 말고 반드시 그가 스스로 입장을 정하기를 바랐으니, 진실로 그의 말에 대한 후세의 믿음이 화숙의 말보다 더 두터울 것이라고 여겼기 때문이었습니다.

바라는 바가 맞지 않아 틈이 크게 생긴 뒤에야 본바탕과 마음 씀씀이에 대한 논란이 나와서 우옹이 마침내 형편없는 사람이 되었습니다. 만약 묘비문이 한결같이 그가 바라는 바에 맞았다면, 우옹은 한결같이 어진 군자로 여겨졌을 것이고, 이산은 우옹을 부지런히 섬기며 정성을 다했을 것이고, 외삼촌께서도 우옹을 예전처럼 변함없이 존경하며 예를 갖추셨을 것입니다.

무릇 우옹이 군자가 되고 소인이 되는 것은 큰 틀에서 보면 바꿀 수 없으니, 그 본바탕과 마음 씀씀이가 진실로 소인이라면 그가 묘비문을 비록 잘 써주었더라도 또한 어찌 갑자기 변하여 군자가 될 수 있겠습니까? 부처가 사람들에게 가르치기를 "비록 하늘에 가득 찰 정도로 죄를 지었더라도, 다만 한결같이 아미타불(阿彌陀佛)을 외면, 곧 악업(惡業)을 없앨 수 있고 지옥에 떨어지는 것도 면할 수 있다"고

합니다. 저는 일찍이 그 말을 비웃으며 이치에 맞지 않는다고 여겼습니다. 지금 이 일이 그와 같은 것은 아닐는지요?

04 나양좌가 편지를 여러 번 보내 송시열의 비밀스러운 일들을 폭로했기 때문에, 김창협이 이처럼 말한 것이다.

31. 대의가 송 씨의 사사로운 물건입니까?

01 예전에 송시열은 이경석의 어짊을 존경해 베옷 차림에 짚신 끌고 그의 문하에 왕래했다. 이경석이 송시열을 여러 번 천거하며 끌어주어 같은 반열에 오르게 되었다. 인조(仁祖)가 일찍이 청나라 사람들의 협박을 받아 이경석에게 삼전도(三田渡) 비문을 짓고 청나라 임금의 공덕을 칭송하라고 명하자, 이경석이 거절했지만 허락되지 않았다. 송시열이 일찍이 글을 지어 이경석의 장수를 기원하며, 사직을 보존한 공이 있다고 칭찬했으나, 그 가운데 "편안히 천수를 누렸다"는 말이 있었다. 주자가 손적(孫覿)[68]을 조롱한 글을 슬쩍 인용한 것이었다.

02 그 뒤 송시열은 이경석에게 혼담을 넣었는데 성사되지 않았다. 또 현종이 온천에 거둥할 때, 이경석이 상소를 올려 조정 신료들이 고향에 머물며 문안하러 오지 않는다고 비난했다. 송시열은 이경석이 자신을 핍박했다고 의심하고, 상소를 올려 이경석을 비판하면서, 직접 손적에 비유했다. 송시열은 다른 사람에게도 편지를 보내 이경석을 가리켜 향원(鄕愿)[69]이라고 했다.

---

68 손적(孫覿): 송나라 흠종(欽宗)이 금나라에 항복하자, 손적이 항복하는 표문(表文)을 작성했다.

69 향원(鄕愿): 위선자. 공자는 '향원(鄕原)'을 덕(德)을 어지럽히는 적(賊)이라고 했다(『논어』, 「양화(陽貨)」: 子曰 鄕原 德之賊也). 原은 愿과 같다. 향원의 글자 그대로의 뜻은 시골 사람 중에 근후(謹厚)한 자이다. 그러나 주희

03 이때 와서 박세당(朴世堂)이 이경석의 묘비명을 지으며 말했다. "세상에는 거짓을 행하고 그른 것을 따르는 그런 사람도 있다. 올빼미(송시열)는 봉황(이경석)과 종류가 다른데, 성내기도 하고 꾸짖기도 한다." 이에 대해 김창흡이 이덕수(李德壽)에게 편지를 보내 이경석과 박세당을 몹시 헐뜯고, 또 성균관 유생 홍계적(洪啓迪)을 시켜 상소로 변명하게 했다. "지금 송시열을 정치를 어지럽힌 소정묘(少正卯)[70]에 비유한다면, 이것은 효종의 정치가 어지럽다고 하는 것입니다." 이로부터 송시열을 비판하는 논의가 일기만 하면, 노론이 번번이 무리를 지어 일어나 효종을 무함(誣陷)하는 것이라고 했는데, 그 말은 김창흡과 홍계적으로부터 시작된 것이다.

04 일찍이 남구만은 송시열이 옳다거나 그르다고 말하지 않았는데, 병세가 위독해지자, 비로소 세 집안의 일에 관한 글을 지었다. 세 집안은 조한영(曺漢英), 이경석, 박세당으로 모두 송시열에게 비난과 조롱을 받던 자들이었다. 남구만은 그들이 무함당했다고 말하며, 김창협 형제가 경솔하게 선배를 헐뜯은 잘못을 지적했다고 한다.

05 윤증이 죽자, 최석정이 성균관 유생들을 대신해 윤증을 조문하는 다음과 같은 글을 지었다.

관찰컨대 세상의 선비들은 허세와 교만을 드러내 자랑하며, 사나운 표정을 굳세다고 여기며, 나라에 소문나는 것을 영달한 것으로 여

의 해석에 따르면, 향원은 시류를 따르고 더러움에 영합하여 세상 사람들에게 잘 보이기 때문에, 시골 사람 중에서 특별히 근후하다고 칭송받는 것이다. 그래서 공자는 향원이 덕과 비슷하나 덕이 아니어서 도리어 덕을 어지럽히기 때문에 덕의 적이라고 말한 것이라고 해석했다. 이에 대한 맹자의 자세한 해설은 『맹자』, 「진심 하(盡心下)」 37에 보인다.

70 소정묘(少正卯): 묘(卯)가 이름이며, 소정(少正)은 관직명이다. 노(魯)나라 정공(定公) 14년(BC 496)에 공자는 대사구(大司寇)가 된 지 7일째 되는 날 정치를 어지럽힌 소정묘를 죽여 그 시체를 3일간 궁정에 내걸었다.

긴다. 선생께선 진실로 충실하고 인정이 넘쳐서 홀로 내면의 성찰에 전념했으며, 중용을 지키며 이치에 통달했지만(黃中通理·황중통리),[71] *비단옷 위에 홑옷을 덧입듯 감추었다(錦衣尙絅·금의상경).*[72] *출처가 의리에 맞아서 처음부터 끝까지 한결같았으며, 고괘(蠱卦)의 왕후를 섬기지 않는다(不事王侯·불사왕후)는 뜻을 품고*[73] *건괘(乾卦)의 잠룡(潛龍)을 실천했다.*[74] *집안의 원수가 이미 깊고 나라의 치욕도 씻지 못했으니, 원수와 치욕을 결국 잊을 수는 없지만, 몸만은 깨끗함을 지켰다. 어찌 저 사람처럼 밖으로 내달려 명성만 좇고, 빈말에 실천은 하지 않고, 논의만 거창하고 아무것도 이루지 못한 사람과 같겠는가!*

06 성균관 유생 김유(金楺) 등이 또 상소하여 최석정이 효종을 무함하고 헐뜯었다고 하자, 최창대가 상소했다. 상소의 대략은 다음과 같다.

약한 나라가 불행히도 재앙이 낀 운수를 만나서 가죽과 비단, 구

---

71 황중통리(黃中通理): 『주역』, 「곤괘(坤卦)」, 문언(文言)에 나온다. 공자는 곤괘의 육오(六五)에 대한 부연 설명으로 "군자는 중용의 덕이 안에 있고 이치에 통달했다(君子 黃中通理)"고 했다.

72 『중용(中庸)』, 33장에 "『시경』에 이르기를 '비단옷을 입고 홑옷을 덧입는다'라고 했으니 그 문채가 드러남을 싫어하기 때문이다(詩曰 錦衣尙絅 惡其文之著也)"는 말이 있다. 시는 『시경』, 「위풍(衛風)」의 시 <석인(碩人)>과 「정풍(鄭風)」의 시 <봉(丰)>에 나오는데, 시의 원문엔 모두 '錦衣褧衣'로 되어 있고, 경(褧)은 絅과 같다.

73 조정에 나아가 왕을 섬기지 않고 은거하여 자기 뜻을 지키는 것을 말한다. 『주역』, 「고괘」, 상구(上九)에, "왕후를 섬기지 않고 그 일을 고상히 하도다(不事王侯 高尙其事)"라고 했는데, 이는 현인과 군자가 때를 만나지 못하여 고결함으로 자신을 지키고 세상의 일에 얽매이지 않는 것을 뜻한다.

74 『주역』, 「건괘(乾卦)」, 초구(初九)에 "못에 잠겨 있는 용이니, 쓰지 말아야 한다(潛龍勿用)"라고 했는데, 문언(文言)에서 공자는 이에 대해서 "용의 덕을 가지고 은둔한 자이니, 세상에 따라 변치 않고 명성을 이루려 하지 않아, 세상에서 은둔하되 근심하지 않으며, 남에게 인정받지 못해도 고민하지 않아, 즐거운 세상이면 도를 행하고 걱정스러운 세상이면 떠나가서, 뜻이 확고하여 뽑을 수 없는 것이 잠룡이다(龍德而隱者也, 不易乎世, 不成乎名, 遯世无悶, 不見是而无悶, 樂則行之, 憂則違之, 確乎不可拔, 潛龍也)"라고 했다.

슬과 옥을 공물로 바치는 신세를 면할 수 없었으니, 병자년(丙子年, 1636, 인조 14) 이후 산림의 숨은 선비들이 진실로 깊이 부끄럽게 여겨 모두 스스로 거취를 가벼이 하지 않으려 했습니다. 그러나 나아가고 머무는 도리에는 두 가지 길이 있습니다.

하나는 때와 형세의 가부를 보고 역량의 길고 짧음을 살펴서, 스스로 헤아리건대 나아가는 것이 세도(世道)에 합당하여 일을 할만하면, 인정(仁政)을 시행하여 민심을 얻어서 내수외양(內修外攘)의 근본에 힘쓰며, 군대의 내실을 닦아 나라를 굳건하게 만들어, 복수하고 설욕하는 성과를 거두기를 기약하는 것이니, 이것은 밖으로 나가서 대의를 성취하는 것입니다.

다른 하나는 그것이 불가능하다면, 조정의 명령을 힘껏 사양하고, 정절을 바꾸지 않고 지키며, 산림으로 자취를 감추고 밭이랑에서 일생을 마쳐서, 몸을 깨끗이 하고 절개를 온전히 하는 것이니, 이것은 은거하여 대의를 온전히 하는 것입니다. 떨치고 일어나 임금의 부름에 응해 높은 자리를 차지하고 막중한 권세를 장악하고서, 크게 의리를 말하지만 조금도 일에 결실이 없다면, 명성과 이름은 진실로 아름다울지라도, 어찌 종신토록 세상에 나오지 않는 자와 함께 논할 수 있겠습니까?

어떤 이가 말하기를 "주자도 일찍이 오랑캐를 섬긴 남송 조정에서 입신한 적이 있었는데, 비록 나라를 되찾은 성과는 내지 못했지만, 난을 평정해 원수를 갚자는 논의는 그가 지은 글에 여러 번 나왔다. 어찌 유독 송시열만 결실 없이 아름다운 이름만 얻었다며 헐뜯을 수 있겠는가?"라고 하는데 그것은 그렇지 않습니다.

주자의 관직은 높을 때가 숭정전 설서(崇政殿說書)에 지나지 않았

으니, 공경장상(公卿將相)의 지위에 있는 자처럼 사업을 실행할 만한 처지도 아니었고 휘두를 만한 권력도 가지지 못했습니다. 반면에 지금 송시열의 지위 및 명망과 권력은 돌아보건대 어떠합니까? 그런데도 어떠한 사업이나 계획도 세우지 않아서, 조정을 독려하여 내수외양의 결실을 거두는 성과로 나타나지 않았으니, 그 거짓으로 꾸미어 속임이 아주 심했습니다. 당당한 대의가 유독 송 씨의 사사로운 물건이 될 수 있겠습니까?

32. 과거 시험 부정과 노론 전횡의 시작

01 갑술경화 이후 사헌부와 사간원의 관리를 선발할 때 노론과 소론이 벌인 싸움은 이루 다 기록할 수 없을 정도인데, 그중에서도 과거 시험으로 인한 옥사(科獄·과옥)에서 더욱 분명하게 드러났다. 기묘년(1699, 숙종 25)에는 최석정이 명관(命官)[75]을 맡고 오도일이 주문(主文)[76]을 맡았는데, 과거 부정을 저지른 역적(科賊·과적) 이성휘(李聖輝) 등이 환봉(換封)[77]한 사건이 발각되어 모두 섬으로 귀양 가서 종이 되었고, 급제자 명단은 삭제되었다.

02 대간 이탄(李坦)과 한영휘(韓永徽) 등이 여러 번 장계를 올려 오도일의 처벌을 청했다. 그러나 오도일은 사실 민진후(閔鎭厚) 등 다른 시험관들과 소통하며 함께 합격자를 뽑았기 때문에 처벌할 만한 것이 없었으나, 얼마 뒤에 다른 일로 귀양보내졌다. 급제자 중에 이제(李濟),

75 명관(命官): 임금이 친히 임석해 치르는 과거를 주재하던 임금이 임명한 시험관.

76 주문(主文): 과거의 시험관 가운데 우두머리. 상시(上試).

77 환봉(換封): 환비봉(換秘封). 응시자의 성명과 나이와 사조(四祖) 등을 적은 비봉(秘封)을 잘라내어 바꿔치기하는 것.

홍석보(洪錫輔), 김일경(金一鏡) 등은 나중에 다른 과거 시험에 합격했고, 나머지 사람 중에도 복과(復科)[78]된 자가 많았다.

03 임오년(1702, 숙종 28) 알성시(謁聖試)의 시관 중에는 노론이 많았는데, 과거에 합격한 자들도 다 그들의 친척들이었다. 유학 최세일(崔世鎰)이 상소를 올려 말했다. "홍우서(洪禹瑞)는 홍수헌(洪受瀗)에게, 조도빈(趙道彬)은 조태채(趙泰采)에게, 임방(任埅)은 이여에게, 이재(李縡)는 이만견(李晩堅)에게 모두 삼촌뻘이며, 한영조(韓永祚)는 김진규에게, 홍만우(洪萬遇)는 권세항(權世恒)에게 모두 사촌뻘이며, 김만근(金萬謹)은 이사영(李思永)의 사위이며, 이해조(李海朝)는 민진후의 인아(姻婭)[79]입니다." 임금은 도리어 최세일을 국문하라고 명하고 곤장을 치고 귀양보냈다.

04 임진년(1712, 숙종 38) 정시(庭試)[80]는 이돈이 시험을 주관했는데, 오수원(吳遂元)과 이헌영(李獻英)·이헌장(李獻章) 형제는 답안지(試券·시권)가 의심스럽다는 이유로, 이진급(李眞伋)은 기한이 지났다는 이유로 함께 급제자 명단에서 빼버렸는데, 모두 증거는 없었다. 특히 오수원 등은 아버지와 형이 모두 당시의 여론에 거슬려 그 지경에 이르렀기 때문에 소론들은 더욱 억울하게 여겼다.

05 예전에는 임금이 정승 중에서 남구만을 가장 소중하게 여겼다. 남구만이 최석정을 이끌고 함께 승진하여 최석정도 모두 아홉 번 영의정으로 임명되었다. 비록 중간에 견책받고 파면되었으나, 금세 믿음을 얻어 등용되었다. 이로써 소론이 줄곧 국정을 주도한 것이 20여 년이

78 복과(復科): 규정을 어긴 급제자의 이름을 방문(榜文)에서 지워 낙제한 것으로 했다가 다시 합격시키던 일.

79 인아(姻婭): 사위 집 편의 사돈 및 동서(同壻) 집 편의 사돈을 두루 일컬음. 사위의 아버지 곧 사돈을 인(姻)이라 하고, 여자 형제의 남편끼리 곧 동서끼리를 아(婭)라 함.

80 정시(庭試): 나라에 경사가 있을 때 대궐 안에서 보이던 과거.

었다.

06 경인년(1710, 숙종 36)이 되자, 임금이 갑자기 최석정을 꾸짖으며, 약원(藥院)의 제거(提擧)로서 정성껏 병구완하지 않았다며 내쫓았다. 삼사에서 상소를 올려 그를 구원하려는 자들도 모두 관직을 삭탈하여 내쫓고 그 자리를 모두 노론으로 등용했는데, 사람들은 그 이유를 알 수 없었다. 이때는 남구만은 이미 죽었고, 최석정도 얼마 뒤에 죽었으니, 노론이 마음대로 권세를 부린 것이 이때부터 시작되었다.

33. 병신처분

01 예전에 윤선거는 유계와 가깝게 지내면서 함께 예서(禮書)를 편찬하고 『가례원류(家禮源流)』라고 이름붙였다. 윤선거와 유계가 죽자, 윤증이 뒤를 이어 완성하고 집에 간직해 두었다. 윤증은 일찍부터 유계를 스승으로 섬겼고, 유계의 손자 유상기(兪相基)도 윤증에게 배웠다. 유상기가 좌의정 이이명(李頤命)에게 『가례원류』의 간행을 부탁하자, 이이명이 허락했다. 유상기가 윤증에게 『가례원류』를 달라고 하자, 윤증은 유상기가 의논도 없이 간행을 요청한 것을 괴이하게 여겼다. 또한 이이명과는 취향도 달랐기 때문에 책을 내어주지 않았다.

02 윤증의 아들 윤행교(尹行敎)가 말했다. "이것은 나의 할아버지와 아버지가 지은 책이다." 이에 유상기가 윤증을 책망하며 "이미 한 명의 스승(송시열)을 배반하더니 다른 한 명의 스승(유계) 마저 배반하시는구려"라고 말하며, 마침내 절교하고 『가례원류』의 초본을 가져다 간행했다. 정호와 권상하(權尙夏)는 각각 서문과 발문에서 윤증을 형서에 비유하며 헐뜯었다.

03 유상기가 소를 올려 책의 간행을 아뢰자, 임금은 정호가 유현을 비방했다며 파직시켰다. 임금이 늘 말했다. "윤증은 아버지를 위해 스승과 절교했다. 아버지는 중하고 스승은 가볍기 때문이다." 노론은 임금의 판단이 옳지 않다고 주장했으나, 임금은 노론의 주장을 매우 엄하게 물리쳤다. 이 때문에 노론은 이산과 회덕의 논쟁을 십수 년 동안 감히 말하지 못했고, 임금도 윤증을 두터이 예우하여 정승으로 임명까지 했으나, 윤증은 끝까지 출사하지 않았다.

04 『가례원류』 사태가 일어나고 윤증도 죽자, 임금이 애도하며 선정신(先正臣) 윤증을 추모하는 어제시(御製詩)를 지었다. 시에 이르기를, "유림(儒林)이 그의 도덕을 존경했고, 나 또한 일찍부터 그를 흠모했네. 평생 얼굴 한 번 보지 못했기에 그가 죽은 날 안타까움이 더욱 깊도다"라고 했다. 임금이 또 말했다. "임금과 스승과 아버지를 비록 한 분처럼 섬긴다지만,[81] 원래부터 가볍고 무거움의 차이는 있는 법이다. 가소롭구나! 언론 기관의 우두머리가 대로(大老) 윤증에 대한 무고를 달갑게 여기다니!" 언론 기관의 우두머리는 정호의 벼슬이 홍문관(弘文館) 부제학임을 말한 것이다.

05 이때 호남 유생 유규(柳奎)가 상소로 『가례원류』 사태를 변론하며 말했다. "권상하가 송시열의 비문을 지었는데, 그 비문에 기사년의 재앙은 윤증이 빚은 것이라고 했습니다." 성균관 유생 윤지술(尹志述)이 박광세(朴光世) 등 팔도의 유생들을 이끌고 상소를 올려 유규를 배척하고 정호를 구원했으며, 수찬 어유구(魚有龜)와 대간 김재로(金在

81 자신을 낳아 준 아버지와 글을 가르쳐 준 스승과 밥을 먹게 해 준 임금을 똑같이 섬겨야 한다는 뜻. 『소학(小學)』, 「명륜(明倫)」 103, "난공자가 말했다. 사람은 세 분으로부터 생명을 받았으니, 이들을 섬기기를 한결같이 해야 한다. 아버지는 나를 낳아 주시고, 스승은 나를 가르쳐 주시고, 임금은 나를 먹여 주셨다(欒共子曰, 民生於三, 事之如一, 父生之, 師敎之, 君食之)."

魯)·이홍(李弘) 등이 뒤를 이어 상소했다. 승지 오명항(吳命恒)과 이선부(李善溥)가 박광세 등의 상소를 물리치고 받지 않았다.

06 결국 이산과 회덕의 논쟁이 다시 크게 일어나자, 임금이 『가례원류』가 언급된 상소는 들이지 말라고 명했다. 그러나 그것을 말하려는 자는 오히려 그만두지 않았다. 노론에서는 좌의정 김창집, 판중추부사 이여, 대사성 민진원(閔鎭遠), 승지 이교악(李喬岳)·이재·홍호인(洪好人), 삼사의 홍계적·조상건(趙尙健) 등이, 소론에서는 부제학 유봉휘(柳鳳輝), 대사간 이세최(李世最), 삼사의 이진유(李眞儒)·정식(鄭栻)·송진명(宋眞明), 교서관 정자 김홍석(金弘錫) 등이 교대로 소를 올려 송시열과 윤증의 시비를 논란했지만, 『가례원류』 문제는 다시 언급하지 않았다.

07 성균관 유생들이 몇 달이 지나도록 서로 벌주기를 멈추지 않자, 임금이 윤증의 신유의서와 송시열이 지은 윤선거 묘비문을 들이라고 명했다. 임금이 열람을 마치고 하교했다. "지금 신유의서를 보니 과연 단단히 잡고 단속한 말이 많지만, 묘비문에는 윤선거를 욕보인 것은 처음부터 없다. 전체 유생 중에서 송시열을 변호하다가 처벌받은 자는 모두 풀어주라."

08 이듬해 경기도 유생 신구(申球)가 상소했다. "윤선거의 문집에 효종을 원망하는 논의가 많습니다." 윤선거가 일찍이 강화도에서 죽지 못한 것을 여러 번 상소하고 스스로 물러났었다. 이에 대해 어떤 이가 굳이 그것을 허물할 필요가 없다고 말하자, 윤선거가 말했다. "내가 임금과 환란을 함께 겪었기 때문이다." 그가 또 말했다. "오늘은 이런 말을 할 수 있지만, 훗날엔 입 밖에 낼 수 없을 것이다." 그가 또 말했다. "성인이 권도에 통달함은 필부와는 다른 법이다." 또 윤선거의 상소문

가운데 다음과 같은 말도 있었다. “거(莒)[82] 땅에 있었을 때를 잊지 마소서.” 그가 또 말했다. “바라건대 신을 두거(杜擧)[83]로 여기소서.” 이때 신구가 이러한 말들을 열거하며 다음과 같이 말했다. “윤선거가 자신이 죽지 못한 것을 감추려고 도리어 효종이 죽을 수 없었던 것을 비난했습니다.”

09 좌의정 김창집이 신구의 뒤를 이어 소를 올려 더욱 힘껏 비난하며 윤선거 부자를 선정(先正)으로 칭하지 말고 윤선거의 시호도 박탈하라고 청하고, 또 그의 문집을 올리게 하여 열람하시라고 청했다. 승지 김보택이 마침내 윤선거 부자의 관작을 삭탈하라고 청하자, 임금이 허락했다. 임금이 윤선거를 처벌하는 교서를 내렸다. “씻기 어려운 허물을 몸에 지고도 잘못이 없다고 자처하며 감히 두궤가 잔을 들어 임금을 징벌했다며 효종을 속이고 헐뜯었다.” 임금이 윤증에게 벌을 주며 말했다. “스승을 배반한 죄인이다.” 이것을 ‘병신처분(丙申處分, 1716년, 숙종 42)’이라고 한다.

34. 병신처분에 대한 소론의 반발

01 사헌부 지평 김진상(金鎭商)이 또 윤선거의 서원(書院)을 허물고 문집의 목판을 없애라고 청하고 김창집도 거듭 청하자, 병조 참판 이대성(李大成)이 소를 올렸다.

---

82 제(齊)나라 공자(公子) 소백(小白)이 피신했던 곳으로, 소백이 돌아와서 환공(桓公)이 되자, 관중(管仲)이 그때 고생하던 일을 잊지 말라고 한 말을 인용한 것. 『사기』, 권32, 「제태공세가(齊太公世家)」.

83 두거(杜擧): 두궤(杜蕢)가 들었던 벌주(罰酒)의 잔. 두궤는 춘추시대 진(晉)나라 사람. 평공(平公) 때의 선재(膳宰). 대부 도자(悼子)가 죽고 아직 장례도 치르기 전인데 평공이 술을 마시고 풍악을 울리자 두궤가 주위의 신하들에게 벌주를 먹이고 자신도 벌주를 마셔 평공의 잘못을 깨우쳤다. 이에 평공이 자책하면서 자신에게 벌주를 먹이라고 한 뒤, 자신이 죽더라도 이 술잔을 버리지 말고 후세의 경계로 삼으라고 명하며, 술잔을 ‘두거’라고 명명했다. 임금의 과실을 바로잡는 충성스러운 신하의 사례로 인용된다. 『예기』, 「단궁 하(檀弓 下)」.

옛날에 장돈이 사마광의 『자치통감(資治通鑑)』 목판을 없애려다가, 신종(神宗)이 지은 서문이 들어 있어서 감히 논의하지 못했습니다. 지금 윤선거의 문집에는 효종과 현종 두 임금의 은혜로운 비답이 17편이나 실려 있고, 임금이 몸소 쓴 편지도 있으니, 신종이 지은 한 편의 서문보다 더 귀중한 것입니다. 재상들이 만약 이것이 있는 줄 안다면, 감히 없애자고 청하지 못할 것입니다. 또 이 문집 속의 「석실어록(石室語錄)」 아홉 편은 모두 선정(先正: 윤선거)과 김상헌이 문답한 말들이며, 부록의 '노강서원영건문(魯岡書院營建文)'은 또 김수항이 지은 것입니다. 재상들이 사사로운 논의로 차마 없앨 수 없는 것이 있습니다.

02 이때 소론의 판중추부사 조상우(趙相愚)·서종태, 참판 오명준(吳命峻)·김연(金演)·조태구(趙泰耈)·이광좌(李光佐)·조태억(趙泰億), 대사간 이세면(李世勉), 사직(司直) 이선부, 삼사의 윤순(尹淳)·심공(沈珙)·여필희(呂必禧), 유생 오명윤(吳命尹)·이홍제(李弘濟)·권필형(權弼衡)·황만정(黃萬程) 등이 교대로 글을 올려 억울함을 호소하다가, 어떤 이는 파면되었고, 어떤 이는 귀양 갔다. 그중에서 권필형의 상소가 더욱 준엄하고 격렬해서 "역적 신구와 흉도 김창집은 유자광이 되려고 한다"는 말도 있었다. 임금이 상소를 올린 유생들을 하옥하라고 명하자, 소론의 유생들이 백 명, 천 명씩 무리를 이루어 유건(儒巾)을 벗어 던지고 앞다퉈 몰려들며, 어떤 이는 심지어 통곡하기도 했다. 이때부터 소론은 비로소 마음속으로 노론에 대하여 원한을 기필코 갚을 생각을 했고, 다시는 공평함을 지키자고 주장하는 자도 없어졌다.

03 사과(司果) 이세덕(李世德)은 격쟁(擊錚)[84]을 하다가 옥에 갇히자, 수십만 자의 사정을 하소연하는 글을 올렸다. 글이 너무 길어서 다 실을 수는 없지만, 대략은 다음과 같다.

지금 윤증을 헐뜯고 비방하는 자들은 묘비문이 따로 하나의 일이며, 신유의서가 따로 하나의 일이며, 서로 절교한 것이 따로 하나의 일이라고 합니다. 그러나 윤증이 송시열과 절교한 것은 사실 서찰의 끝에 자기 부모를 욕보인 것에서 말미암은 것입니다. 이것이 어찌 묘비문과 관련이 있겠습니까? 그런데 말하는 자들이 편지 끝에 욕한 것은 제쳐 두고 다만 묘비문에 욕한 것이 없다는 주장만 내세우니, 과연 옳은 일입니까? 묘비문에 슬며시 불평을 끼워둔 것은 실로 윤증으로서는 만족스럽지 못한 것이었지만, 어찌 이것만으로 갑자기 절교했겠습니까? 그러나 윤증이 송시열의 속마음을 의심하게 된 것은 실로 묘비문도 한 가지 원인일 것입니다.

04 그는 또 송시열을 낱낱이 헐뜯으며 말했다.

지난해에 임금께서 사관(史官)을 송시열에게 보내 효종의 어찰(御札)을 찾아오게 했는데, 송시열은 어찰이 황강(黃江)의 권상하 집에 있다며 사관을 그곳으로 보내 어찰을 찾아오게 했습니다. 그리고서 다른 사람에게 편지를 보내 "사관을 황강에 보내도록 권한 것은 이 늙은이가 일찍이 주자의 글에서 읽었기 때문이다. 어찌 본 것이 없어

84 격쟁(擊錚): 원통한 일을 당한 사람이 임금이 거둥하는 길에서 꽹과리를 쳐서 하문을 기다리던 일.

서 그랬겠냐?"라고 말했습니다. 아! 주자가 임금의 사람을 마음대로 부렸다는 것이 어느 글에 보입니까?

그가 효종을 위한 만시(挽詩)[85]를 김익겸의 글을 빌려 지었습니다. 그 만시 가운데 "사슴의 마음은 들풀을 달게 여기고, 임금의 조서는 하늘의 향기를 띠었도다. 우주는 깊은 부끄러움을 품었는데, 풍진 속에 남모르는 상심이 있도다"라는 구절이 있었는데, 스스로 득의의 작품이라며 자신의 글 속에 기록해 두었습니다. 주자가 송나라 효종의 만장을 지을 때도 이런 일이 있었는지 모르겠습니다.

또 현종 때 능침[86]에 관한 일 때문에, 송시열을 비판하는 여론이 많았는데, 송시열이 대신들에게 편지를 보내 말했습니다. "능행(陵行)은 여러 해를 거르고, 온천은 해마다 거둥하니 민심이 동요하지 않을 수 없다. 당초에 임금의 뜻이 홍제동(弘濟洞)도 길이 멀다 하여 쓰지 않고서, 영릉(寧陵)처럼 가까워도 성묘하지 않는다면,[87] 먼 곳과 무엇이 다른가? 더구나 스스로 반성하려는 의지는 털끝만큼도 없고 오로지 신하만 나무라니 어찌 된 일인가?" 주자가 능침을 논의할 때도 이러한 말투가 있었는지 모르겠습니다.

옛날에 효종께서 송시열만 궁중에 머물게 하고 편안한 자리를 마련해 주시며, 좌우를 물리치고 은밀히 다시 설욕할 계획을 물으셨습니다. 임금이 설욕할 계획을 계속해서 묻자, 송시열은 '형가수기(刑家修己: 집안을 다스리고 자신을 닦는다)' 네 글자로 책임을 면하려 했고, 또 문묘에 종사한 오현(五賢)을 다시 선택하고 김홍욱(金弘郁)

---

85 만시(挽詩): 죽은 사람을 애도하는 시.

86 능침(陵寢): 임금이나 왕후의 무덤.

87 효종의 무덤인 영릉(寧陵)은 처음엔 태조의 무덤인 건원릉(健元陵) 서쪽에 있었으나, 석물에 틈이 생겨 봉분 안으로 빗물이 샐 염려가 있어 1673년(현종 14) 세종의 무덤인 영릉(英陵) 동쪽으로 옮겼다.

의 억울한 죽음을 가엽게 여겨야 한다고 대답했습니다. 그러자 임금이 말했습니다. "지금 급한 것은 그런 일이 아니오." 이른바 송시열의 대의라는 것은 이 한 가지 주장에 그치고 다시 이어 올린 대책이 없었습니다. 효종의 상사 때는 국장(國葬)이 끝나기를 기다리지도 않고 지름길로 도성문을 나서며 말하기를, "나는 영안궁(永安宮)의 조칙(詔勅)[88]을 받지 않았다"고 했으니, 이런 것을 일컬어 효종에게 충성했다고 할 수 있겠습니까?

일찍이 정축년(1637, 인조 15)에 남한산성이 포위되었을 때, 송시열은 단도(短刀)와 노끈을 몸에 지니고서 반드시 죽겠다는 뜻을 보이다가, 성을 내려오는 날에는 결국 말을 실천하지 않고 스스로 "꼭 죽어야 할 의무는 없다"고 했습니다. 송준길이 편지를 보내 이를 꾸짖었는데, 송준길의 문집을 송시열이 교감하고 바로잡을 때, 그 편지를 발견하고 문집에서 빼버리자, 마침내 두 집안에 틈이 생겼습니다. 그 편지가 상자에서 비로소 발견되자 단도 이야기가 송준길의 문인들이 주고받은 글에 파다하게 퍼졌습니다. 아! 남한산성에서 죽지 않은 것이 어찌 큰 허물이 되겠습니까? 그러나 송시열이 평생 절의(節義)를 자처하며 남들이 자기를 평가하는 것을 싫어하여 필사적으로 자신의 약점을 감추려 했지만 결국 감추지 못했습니다. 지금 저들은 도리어 윤선거가 허물을 덮으려 했다고 하는데, 진정 이것은 송시열을 두고 하는 말입니다.

송시열은 명목상으로는 주자를 본받았다고 하나, 실상은 빌린 것일 따름입니다. 또 송시열은 명목상으로는 효종에게 충성했다고 하나,

---

88 영안궁(永安宮)의 조칙(詔勅): 촉한(蜀漢)의 유비(劉備)가 영안궁(永安宮)에서 붕어(崩御)하면서 제갈량에게 국사를 부탁한 조칙.

실상은 허위일 따름입니다. 자기와 다른 자는 언제나 주자를 배반했다고 하고, 자신의 단점을 공격하는 자는 도리어 어진 임금을 무함했다고 하면서, 온 세상이 감히 자기를 평가하지 못하게 했습니다. 또 제멋대로 방자하게 나라 안에 외치기를, "나의 학문은 주자의 적통을 전수한 학문이며, 나는 효종과 뜻을 함께한 신하"라고 하니, 그 무리가 좇아서 화답하기를 한 입에서 나온 듯이 합니다. 아! 이러고도 조금도 조심하지 않는다면, 생각건대 아마도 주자의 가르침도 존중되지 못하고 효종의 뜻도 밝혀지지 못할 것이며, 장차 성인의 심법(心法)과 『춘추』의 대의도 여지없이 무너질 것입니다.

05 임금이 이세덕을 멀리 귀양보내라고 명했다.

35. 정유독대와 세자의 대리청정

01 최석정이 정승에서 쫓겨나고부터는 임금에게 세자를 보호하자고 말하는 자가 없었다. 임금이 갑자기 엄한 교서를 내려 세자의 과실을 나무라니, 나라 안팎이 두려워하고 당혹스러워하며 어찔 줄 몰라 했다. 그 상황에서 임금이 사관을 내보내고 좌의정 이이명만 특별히 불러 은밀하게 이야기했는데, 그 내용은 알려지지 않았다. 이것을 '정유독대(丁酉獨對)'라고 한다. 이이명이 물러나자, 임금이 세자에게 대리청정(代理聽政)을 명했다.

02 임금이 세자에게도 교서를 내려 말했다. "요전의 병신처분은 유학에 관계된 일이니, 네가 생각해 봐도 중대한 일 아니겠느냐? 시비가 확실히 정해져서 백 세대가 지나도 의심할 것 없으니, 너는 나의 뜻을

좇아 조금도 흔들리지 말거라." 이에 많은 사람이 말했다. "임금이 노론을 위해서 윤 씨를 처벌하자, 노론도 임금을 위해 세자를 바꾸려고 모의했다. 그들이 세자의 대리청정을 찬성한 의도는 장차 이것을 구실로 세자를 내치려는 것이다."

03 이때 나이 90의 영중추부사 윤지완이 관(棺)을 끌고 서울에 들어와 세자 보호를 요청하는 소를 올렸다.

세자의 총명한 자질은 하늘로부터 타고났고, 지극한 효성은 그칠 틈이 없어서, 중간에 어머니 장희빈의 죽음이라는 변고를 만났지만, 조금도 슬퍼하는 기미(幾微)를 밖으로 드러내지 않았습니다. 세자가 이렇게 덕을 쌓은 지 30년 만에 온 나라 백성 중에 목을 길게 빼고 세자의 덕을 간절히 흠모하지 않은 이가 없었는데, 뜻하지 않게 오늘날 이러한 말을 듣게 되었습니다. 이는 반드시 간사하고 불령(不逞)한 무리가 그사이에 재앙의 싹을 틔워 남의 집과 나라를 무너뜨리려는 것입니다. 전하께서는 어찌 이러한 것들을 생각하지 않으십니까?

지난 갑술년(1694, 숙종 20)에는 대신 남구만이 곡진한 뜻으로 세자를 방어했고 정성을 다해 세자를 어루만져 보호했습니다. 이제 남구만은 이미 죽었고, 다만 아주 늙어서 거의 죽게 된 이 미약한 신하만 남았으되, 민심을 진정시키지 못하고 있사옵니다. 말이 여기까지 이르니 마음과 뼈가 모두 오싹합니다. 더욱이 독대한 일은 임금과 신하 모두의 과실입니다. 전하께서 어찌 정승을 사사로운 사람으로 대할 수 있사오며, 정승 또한 어찌 감히 임금의 사사로운 신하가 될 수 있겠습니까?

임금이 상소문을 보고 화를 내며 윤지완을 몹시 꾸짖었다.

04 이이명이 소를 올려 변명했다. "독대는 사실 세자를 보호하기 위한 것이었고, 다른 말은 없었습니다." 윤지완이 상소를 남겨두고 돌아가면서 말했다. "이이명이 정말로 그렇게 했다면, 신은 장차 그에게 충신이라는 이름을 아끼지 않고 붙여주겠습니다. 어찌 사사로운 신하라고 말할 수 있겠습니까?"

05 사직 이대성 등이 진신소(搢紳疏)[89]를 올렸다.

세자의 아름다운 덕과 지극한 행실은 이루 다 기록할 수 없습니다. 명릉(明陵: 인현왕후)의 국상(國喪) 때 울부짖고 가슴을 치며 몹시 슬퍼하는 모습에 온 나라 사람이 모두 탄복했습니다. 요사이는 부모님 약 시중에도 근심스럽게 애태우는 정성을 다섯 해 동안 게을리하지 않았습니다. 일찍이 서연(書筵)에 납실 때도 동궁의 관원이 "저하는 어떻게 스스로를 다짐하십니까"라고 물으면, 답하기를 "가능하다고는 말할 수 없지만, 원하는 바는 '순임금은 어떤 사람인가'라는 말로 다짐한다"고 하셨으니, 이 한마디 말로 덕에 나아가고 과업을 닦는 데에 자신을 다짐하는 것이 원대함을 알 수 있습니다.

일찍이 전하를 따라 종묘에서 비 내리기를 기원할 때, 안색이 편안하지 않은 채 따르던 신하를 돌아보고 말씀하시기를, "임금께서 친히 수고하시는데, 신령의 호응이 오히려 더디니, 백성의 일을 생각하면 어떻게 구제해야 할 지 모르겠다"고 하셨습니다. 이 한마디 말로 어버이에게 효도하고 백성을 걱정하는 진실한 뜻이 지극히 두터움을

89 진신소(搢紳疏): 벼슬아치들이 연명(連名)하여 올리는 소.

알 수 있습니다. 오직 이와 같은 이유로 무릇 신하와 백성들이 세자를 '우리 임금의 아들'이라고 일컫지 않는 자가 없습니다.

요즘 전하께서 경연에서 주신 가르침에 대해 신하들이 편안하게 느끼지 못하는 것은 그간의 곡절이 자세하지 않기 때문입니다. 그러므로 여러 사람의 마음이 놀라고 나라의 여론이 들끓는 것도 이상하지는 않습니다. 마땅히 독대할 때의 일을 명백히 공개해서 임금과 신하 사이에 막힘이 없도록 의심을 풀어주소서.

06 그 후 영조 연간에 김복택(金福澤)의 옥사가 있었는데, 여기에서 독대가 처음 폭로되었다. 대개 임금이 두 왕자(연령군과 연잉군)를 이이명에게 부탁하면서, 이어서 선비 중에 누구를 신임할 수 있는지 물으니, 이이명이 김춘택의 사촌 동생 김용택(金龍澤)과 이천기(李天紀)라고 대답했다. 임금이 이이명에게 명하여 김용택과 이천기에게 그 뜻을 전하라고 했는데, 이것이 독대의 대략이라고 한다.

07 김용택과 이천기는 이이명이 전한 뜻을 듣고 크게 기뻐하며 이것을 종사(宗社)의 계책으로 삼았다. 이에 이이명의 조카 이희지(李喜之)와 아들 이기지(李器之), 그리고 김창집의 손자 김성행(金省行) 등과 모의하여 몰래 무사와 술사를 모아서 만일의 사태에 대비했다.

08 이때 연령군(延齡君)은 서열은 둘째였지만 한창 임금의 보살핌을 받았고, 연잉군(延礽君)은 서열은 셋째였지만 훌륭하다는 명성이 날로 드러나서, 노론도 누구를 선택할지 몰라 서로 의견이 달랐다. 얼마 뒤에 연령군이 죽자, 비로소 연잉군에게만 마음을 두게 되었고, 김성행과 김복택은 연잉군의 사저를 사사로이 찾아가기까지 했다. 이 일은 아랫글에 자세히 적혀 있다.

09 경종은 본바탕이 어질고 효성스러웠으며, 경사(經史)를 강론할 때는 어려운 것을 물으며 의표를 찌르는 경우가 많았다. 그러나 생모 장희빈이 죽은 변고를 당한 뒤로는 근심과 걱정이 빌미가 되어 잠을 자는 것도 전과 같지 않았다. 대리청정할 때는 아무것도 하지 않고 정승들이 처리해 주기만 바라봤는데, 노론도 그의 잘못을 굳이 들춰내지 않았다. 김창집과 이이명이 마침 국정을 담당하고 있었는데, 그들의 아들과 조카들이 하는 일도 다 알 수 없었다.

10 이때 이상과 이사명의 관직을 회복시키고 김장생을 문묘에 종사했으며, 아울러 송준길과 송시열의 문묘 종사를 논의했다. 이것들은 모두 노론이 이루고자 했지만, 수십 년 동안 질질 끌던 일인데 이때 와서 모두 실행되었다. 장희빈의 무덤을 옮길 때 세자가 망곡(望哭)[90]하려 하니, 교리 김진상이 소를 올려 저지했다.

---

90 망곡(望哭): 임금이나 어버이의 상사를 당했을 때, 곡을 할 장소에 몸소 가지 못하고 그쪽을 향하여 슬피 욺.

숙종 시대의 당인들

<서인>

김만기(金萬基), 김만중(金萬重), 김만채(金萬埰), 김석주, 김수항, 김수홍(金壽弘), 김우명(金佑明), 김익훈(金益勳), 김익희金益熙), 김진구(金鎭龜), 김진규(金鎭圭), 김창협(金昌協), 나양좌(羅良佐), 남구만(南九萬), 남용익(南龍翼), 민시중(閔蓍重), 민진주(閔鎭周), 목내선(睦來善), 박세휘(朴世徽), 박세채(朴世采), 박태보(朴泰輔), 박태손(朴泰遜), 송광연(宋光淵), 송상민(宋尙敏), 송시열, 송준길, 신완(申琓), 신정(申晸), 여성제(呂聖齊), 오두인(吳斗寅), 유필명(柳弼明), 윤증, 윤지선(尹趾善), 윤헌(尹櫶), 윤헌경(尹憲卿), 이단하(李端夏), 이사명(李師命), 이상진(李尙眞), 이세화(李世華), 이수언(李秀彦), 이유정(李有湞), 이유태, 이익상(李翊相), 이정영(李正英), 이징명(李徵明), 이필익(李必益), 임영(林泳), 정재숭(鄭載嵩), 정재희(鄭載禧), 정지화(鄭知和), 정치화(鄭致和), 정태화, 조가석(趙嘉錫), 한성우(韓聖佑), 홍치상(洪致祥)

<남인>

곽세건(郭世楗), 권대운(權大運), 권이정(權以鋌), 권중경(權重經), 권해(權瑎), 남천한(南天漢), 목내선(睦來善), 목창명(睦昌明), 민희(閔熙), 박만정(朴萬鼎), 박헌(朴瀗), 설거일(薛居一), 신후재(申厚載), 심재(沈榟), 오시복(吳始復), 오시수(吳始壽), 오정위(吳挺緯), 윤휴, 이석징(李碩徵), 이옥(李沃), 이우정(李宇鼎), 이원정(李元禎), 이의징(李義

徵), 이잠(李潛), 이하진(李夏鎭), 이현일(李玄逸), 이홍발(李弘渤), 이후정(李后定), 이환(李煥), 정사신(丁思愼), 정지호(鄭之虎), 조사기, 조신건(趙信乾), 허목, 허새(許璽), 허영(許瑛), 허적, 홍우원, 황창(黃錩)

<청남(淸南)>

권대운, 권대재(權大載), 권해, 김덕원(金德遠), 오정위, 윤휴, 이봉징(李鳳徵), 이서우(李瑞雨), 이수경(李壽慶), 이발(李浡), 이옥, 조사기, 허목, 홍우원

<탁남(濁南)>

민암(閔黯), 민희, 오시복, 오정창(吳挺昌), 유명견(柳命堅), 유명천(柳命天), 유명현(柳命賢), 유하익(兪夏益), 허적

<노론(老論)>

권상하(權尙夏), 김보택(金普澤), 김복택(金福澤), 김석주, 김성행(金省行), 김수항, 김용택(金龍澤), 김익훈, 김재로(金在魯), 김진규, 김창집(金昌集), 김창협, 김창흡(金昌翕), 김춘택(金春澤), 민정중, 민진원(閔鎭遠), 민진후(閔鎭厚), 송순석(宋淳錫), 송시열, 신구(申球), 신여철(申汝哲), 어유구(魚有龜), 윤지술(尹志述), 윤홍리(尹弘离), 이교악(李喬岳), 이기지(李器之), 이사명, 이상(李翔), 이세백(李世白), 이여(李畬), 이이명(李頤命), 이재(李縡), 이천기(李天紀), 이해조(李海朝), 이희지(李喜之), 임방(任埅), 정호(鄭澔), 조도빈(趙道彬), 조상건(趙尙健), 조태채(趙泰采), 최신(崔愼), 한중혁(韓重赫), 홍계적(洪啓迪), 홍우서(洪禹瑞), 홍호인(洪好人)

<소론(少論)>

권두기(權斗紀), 권필형(權弼衡), 김연(金演), 김홍석(金弘錫), 나양좌, 남구만, 박세당(朴世堂), 박세채, 박태보, 박태손, 박태상(朴泰尙), 박태유(朴泰維), 박휘등(朴彙登), 서문중(徐文重), 서종태(徐宗泰), 송진명(宋眞明), 신완, 신익상(申翼相), 신임(申銋), 심공(沈珙), 여필희(呂必禧), 오도일(吳道一), 오명윤(吳命尹), 오명준(吳命峻), 유득일(兪得一), 유명응(兪命凝), 유봉휘(柳鳳輝), 유상운(柳尙運), 유집일(兪集一), 윤순(尹淳), 윤증, 윤지선, 윤지완(尹趾完), 이광좌(李光佐), 이규령(李奎齡), 이돈(李墪), 이상진, 이선부(李善溥), 이세면(李世勉), 이세최(李世最), 이익수(李益壽), 이진유(李眞儒), 이홍제(李弘濟), 임부(林溥), 정식(鄭栻), 조상우(趙相愚), 조지겸(趙持謙), 조태구(趙泰耉), 조태억(趙泰億), 최규서(崔奎瑞), 최석정(崔錫鼎), 최창대(崔昌大), 한태동(韓泰東), 황만정(黃萬程)

제5장 경종 시대

第五章

1. 노론의 연잉군 세제 책봉

01 경종이 즉위하자, 성균관 유생 윤지술이 장희빈에 대한 처분을 선왕 숙종의 행장에 싣자고 청하며 말했다. "장희빈이 인현왕후를 저주한 신사년(1701, 숙종 27)의 변고는 은밀히 진행되어 실상을 헤아리기가 어려웠는데, 우리 선왕께서 그 낌새를 훤히 꿰뚫어 보시고 법규를 결연히 시행하여 궁중을 엄숙히 단속하고 백성들의 분을 풀어주셨습니다. 이것은 그 어떤 책에서도 찾아보기 드문 일입니다." 그가 또 말했다. "마땅히 유학에 대한 처분(병신처분)도 함께 실어야 합니다." 임금이 윤지술을 멀리 유배 보내라고 명했다. 영의정 김창집, 대간 김고(金槹)·정택하(鄭宅河) 등이 교대로 상소를 올려 윤지술을 구원하며, 선비의 기세를 꺾어서는 안 된다고 주장했다. 시골 유생 조중우(趙重遇)가 소를 올려 장희빈의 은혜를 갚으라고 청했다가 하옥된 뒤 곤장을 맞고 죽으니, 민심이 더욱 평온하지 못했다.

02 이때 인원왕후가 동조(대비전)에 있었다. 인원왕후의 아버지 경은부원군(慶恩府院君) 김주신(金柱臣)은 본래 소론이었지만, 생각은 일찍부터 노론을 향하고 있었다. 임금의 장인인 함원부원군(咸原府院君) 어유구는 본래 노론이었지만, 노론은 그가 참여하는 것을 허락하지

않았다. 당이 나뉜 이래로 환관과 궁녀들도 모두 서인, 남인, 노론, 소론의 명목을 갖고 번갈아 가며 서로 자기 당파를 후원했다.

03 임금의 병이 더욱 깊어져서, 크고 작은 제사를 직접 주관하지 못하는 일이 많아졌다. 조정에 나와서도 늘 조용히 잠자코 있어서, 신하가 올린 상소문이 처리되지 못한 채 쌓여갔다. 노론은 이미 마음속으로 불안함을 품고 있었고, 또 소론과 남인이 궁중을 통해서 사욕을 도모할지 두려워, 세제(世弟) 책봉 모의를 더욱 다급히 추진했다. 좌의정 이이명이 경종의 책봉을 청하러 연경에 가면서 은화 6만 냥을 가지고 가니, 사람들이 모두 이상하게 생각했다.

04 승지 이진검(李眞儉)이 상소했다.

지금 민심이 도탄에 빠지고 세도(世道)가 흔들리자, 이 기회를 틈타 곁눈질하는 자들이 감히 논의해서는 안 될 일을 감히 거론하면서, 시도하려 했던 계획을 실행하려고 종용하고 있습니다. 권력을 도둑질해서 간교하게 농간을 부리는 자들이 차마 들을 수 없는 말을 끄집어내서 방자하게 조종하고 협박하는 버릇이 들었습니다. 예컨대 조중우는 사사로운 은혜에 기대어 의리를 거슬렀고, 윤지술은 의리를 가장해 은혜를 끊었습니다. 이것은 모두 전하에게 죄를 지은 것이며, 온 나라 사람들이 모두 미워하는 것입니다.

조중우는 이미 죽었으니 굳이 논의할 것은 없습니다. 그러나 만약 윤지술을 신원하여 구하는 것을 감히 절의를 세우는 것이라고 말하는 자가 있는데, 그자를 유배 보내는 작은 벌도 끝내 번복하여 내리지 않고 그만둔다면, 그것은 윤지술만 알고 임금은 모른다고 하는 것입니다. 이것이 무슨 도리입니까? 정유독대도 이미 신하의 떳떳한 일

이 아니었는데, 지금 대신이 연경에 가서 책봉을 청하는 것은 떳떳한 관행이니, 돈 한 푼 쓰지 않아도 순조롭게 성사될 일이건만, 6만 냥이 넘는 은화를 어디에 쓰려했던 것입니까?

05 이이명이 은화를 반납하면서, 소를 올려 뜻하지 못한 일에 대비하려고 했을 뿐이라고 변명했다.

06 그 후 청나라가 보낸 칙서(勅書)에 '조선 왕의 처와 자손에게 두루 타이른다(朝鮮王妻子姪均諭)'는 말이 들어 있었다. 당시 임금이 세자에게 권도로 왕위를 물려주었는데, '왕의 자손'은 선왕 숙종의 자손을 가리킨 것이다. 청나라 칙사는 왕자가 몇 명이나 되냐고 물었다. 김창집이 연잉군의 작호(爵號) 및 연잉군 부인의 성씨와 본관(本貫)을 써서 보이자, 칙사가 연잉군을 만나고자 했다.

07 이때 조태구가 아직 우의정으로 부임하기 전이었지만, 상소했다. "상국(上國)이 열국(列國)의 임금을 조문하는데, 임금의 신하 격인 자손까지 언급하는 것은 예로부터 사례가 없습니다. 이것은 상국이 행하는 것도 예에 어긋난 것이고, 배신(陪臣)이 받아들이는 것도 혐의를 무릅쓰는 것입니다. 오늘날 왕자와 종친들이 어찌 감히 이것을 편안하게 여기겠습니까? 또 황제의 칙서에는 '두루 타이른다'고만 되어 있습니다. 종실 친척의 많고 적음과 어디에서 태어났고 어디로 장가들었는지는 황제의 조서에 담겨 있지 않으니, 그것을 어찌 공공연히 글로 써서 보인단 말입니까?" 김창집이 소를 올려 "칙사가 글로 써서 보여달라고 강력히 요청하기에 따르지 않을 수 없었다"고 변명했다. 사헌부 지평 이정소(李廷熽)가 소를 올려 조태구가 위험한 말로 골육을 해치고 이간질한다고 탄핵하자, 조태구가 의리를 내세우며 조정에 나가지 않았다.

08 호서 유생 이몽인(李夢寅)이 도끼를 들고 대궐 앞에 엎드린 채 소를 올려 윤지술의 죄를 논했다. 그가 또 말했다. "독대한 대신이 은화 6만 냥을 도둑질해 가서 승지의 의혹을 불러일으켰고, 나라의 정무를 맡은 영의정 김창집은 종이 한 장을 청나라 칙사에게 써 주어 우의정 조태구에게 놀랄만한 걱정을 끼쳤습니다." 임금이 이몽인을 변방으로 귀양보내라고 명했고, 아울러 이진검도 귀양보냈다.

09 몇 달 뒤 정언 이정소가 소를 올려 세제 책봉을 청했다. "전하의 춘추 한창이지만, 아직 후사(後嗣)가 없습니다. 나라의 형세가 위태롭고 민심이 흩어져 있으니, 빨리 국가의 큰 근본을 생각하시고 사직의 큰 계책을 정하소서." 임금이 비답을 조정에 내렸다. 이에 영의정 김창집, 좌의정 이건명(李健命), 판중추부사 조태채, 호조판서 민진원, 병조판서 이만성(李晩成), 형조판서 이의현(李宜顯), 공조판서 이관명(李觀命), 한성판윤(漢城判尹) 이홍술(李弘述), 대사헌 홍계적, 대사간 홍석보, 승지 조영복(趙榮福), 교리 신방(申昉) 등이 입대하여 자신들의 뜻을 아뢰었으나, 임금은 가부를 답하지 않았다.

10 김창집 등이 번갈아 청했다. "이것은 한 시각도 지체하고 늦출 수 없습니다. 바라건대 빨리 따르시옵소서." 임금이 말했다. "따르겠소." 김창집이 말했다. "대신(臺臣)[1]이 상소하여 조종의 관행을 따르라고 청한 것은 공정왕(恭靖王) 정종의 고사를 가리키는 것 같습니다. 그러나 이것은 큰일이니 바라건대 대비께 아뢰어 반드시 수교(手教)를 받아 선포한 뒤에야 신들이 받들어 시행할 수 있습니다." 이어서 편전(便殿) 문밖으로 나와서 한밤중까지 김창집 등이 대비전 뜰을 바라보았지만, 촛불만 희미하게 비치고 아무런 소리도 없이 고요했다. 마음속으로 두

---

1 대신(臺臣): 사헌부(司憲府)의 대사헌 이하 지평에 이르는 관원의 총칭.

려워하지 않을 수 없어서 민진원이 다시 뵙기를 청하려 하자, 조태채가 말리며 말했다. "어찌 촉박하게 서두를 일이겠는가?"

11 이윽고 임금이 편전에서 불러서 들어가니, 책상 위에 대비의 밀봉한 편지가 있었고, 임금이 그것을 가리키며 말했다. "여기 있소." 김창집과 이건명이 읽어보니, "효종의 혈맥(血脈)이자 선왕의 골육은 이제 주상과 연잉군뿐이지 다른 누가 있겠는가?"라는 대비의 말이 적혀 있었다. 김창집 등이 머리를 조아리며 울며 칭송하고 축하했다. 이건명이 조영복에게 "연잉군을 후사로 삼는다"는 전교를 쓰게 하고, 받들어 올려 보이니, 임금이 끄덕이며 허락했다. 때는 신축년(1721, 경종 1) 8월이었다. 임금이 즉위한 원년으로, 춘추 34세였고, 중전의 춘추는 20세 미만이었다, 임금에게 병이 있었다고 하지만, 신하와 백성들은 그 말을 들어본 적이 없었다. 그런데 이때 갑자기 이런 일이 생겼지만, 사람들은 미처 헤아리지 못했다.

2. 세제 대리청정 논란

01 유상운의 아들 사직 유봉휘가 상소했다. "후사를 정하는 것이 얼마나 중대한 일인데, 현직 정승도 알지 못하고 다른 재상들도 참여하지 못한 채, 한밤중에 엄려(嚴廬)[2]에서 한 번 청하고 두 번 청해서 졸지에 황급히 임금을 우롱하고 협박해서 진행했으니, 이것은 신하의 예가 아닙니다. 이미 명령이 내려졌으니, 다시 논의할 수는 없으나, 대신의 죄는 바로잡지 않을 수 없습니다. 전하께서도 반드시 분발하여 바른 판단을 내리셔서, 임금의 권위가 아래로 떨어지지 않게 하십시오." 이때 조

---

2 엄려(嚴廬): 임금이 국상(國喪)을 당하였을 때 거처하는 여막(廬幕).

태구는 밖에 있어서 상황을 알지 못했는데, 그가 바로 상소에 언급된 현직 정승이다. 이에 노론이 크게 떠들며 "어찌 세제를 공격할 수 있겠는가?"라고 말하자, 세제가 "유봉휘의 상소에 간담이 놀라 떨어질 것 같은 위험한 말이 있다"며 세제 책봉을 사양하는 소를 올렸다.

02 삼사의 홍계적과 유숭(兪崇) 등이 번갈아 유봉휘를 국문하라고 청하자, 조태구가 상소했다. "유봉휘의 상소가 망령되어 이치에 맞지 않지만, 나라를 위한 충정을 말한 것이니, 오늘 전하에게 충성하면 훗날 세제에게도 반드시 충성할 것입니다." 삼사가 함께 조태구를 다시 공격하자 세제가 또 소를 올려 "신의 마음이 편안할 수 있도록 유봉휘를 너무 심하게 다스리지 말아달라"고 청했다. 임금이 유봉휘를 멀리 귀양 보내라고 명했다.

03 10월에 집의 조성복(趙聖復)이 소를 올려 세제를 여러 정무에 참여시키자고 청하자, 임금이 그날로 교지를 내렸다. "내게 기이한 병이 있어 진실로 수많은 업무를 처리하기 어려우니, 크고 작은 국사를 모두 세제가 재량껏 결정하여 내가 편안한 마음으로 몸조리할 수 있게 하라." 승지 이기익(李箕翊) 등이 들어가서 교지를 환수하라고 청했으나 허락되지 않자, 조성복을 파직하라고 청하고 물러 나왔다.

04 최석정의 동생 좌참찬 최석항(崔錫恒)이 대궐에 들어가서 임금을 뵙겠다고 요청하자, 이기익이 밤이 깊다며 허락하지 않았다. 최석항이 강력히 요청하기에, 임금에게 아뢰니, 임금이 특별히 문에 자물쇠를 채워두라고 명하고 접견했다. 최석항이 울면서 교지를 거두어 달라고 간절하게 청하자, 임금이 말했다. "내가 반드시 생각해 보겠소." 오경(五更: 새벽 4시 전후)이 되도록 최석항이 있는 힘을 다해 아뢰자, 임금이 낯빛을 바꾸며 "교지를 환수하는 것이 좋겠소"라고 말했다.

05 이때 이건명은 최석항이 입대했다는 말을 듣고, 병조 참판 김재로와 함께 뒤늦게 대궐 아래에 도착했으나, 이미 교지를 환수했다는 소식을 듣고 결국 돌아갔지만, 다른 정승들은 모두 이동하지 않았다. 다음날 이건명이 상소했다. "최석항이 일개 정승으로 깊은 밤에 입대를 요구했으니, 승지는 마땅히 입대를 허락하지 말았어야 합니다." 호조 참판 조태억이 임금과 면담을 청하며 이건명을 강하게 비판했다. "대신과 삼사는 수수방관하고서 높은 베개를 베고 깊이 잠든 채 한 사람도 논쟁하는 이가 없다가, 도리어 최석항을 입대시켰다고 승지를 공격하니, 윤리와 강상은 끊어졌고 나라도 나라답지 못하게 되었습니다."

06 사직 박태항(朴泰恒) 등 진신(搢紳)[3] 30명이 소를 올려 조성복과 대신들을 논박했고, 사직 이광좌, 청은군(淸恩君) 한배하(韓配夏), 형조 참판 이조(李肇), 부사과(副司果) 한세량(韓世良)도 서로 잇달아 소를 올려 논박했는데, 한세량은 상소에서 다음과 같이 말했다. "아! 원통합니다. 하늘에는 두 해가 없고 땅에는 두 임금이 없는데, 전하의 조정에서 신하 노릇을 하는 자들이 어찌 감히 몰래 임금의 지위를 옮기려고 마음속에 싹을 틔우고 입 밖에 낸단 말입니까?" 사직 권규(權珪) 등 남인 진신들이 소를 올렸다. "아! 황천(皇天)이 어찌 우리나라를 어지럽혀 망하게 하겠습니까? 전하께서는 어찌하여 역적에게 몹시 괴롭힘을 당했다고 하여 이런 교지를 내리십니까?" 양사에서는 한세량과 권규의 말이 자신들을 핍박한 것이라며 국문하라고 청하고, 또 최석항과 조태억이 조정 신하들을 무함했다고 논박했다.

07 며칠 뒤 임금이 세제에게 이전의 전교와 같이 정무를 재량껏 결

---

3 진신(搢紳): 홀을 큰 띠에 꽂는다는 뜻으로, 모든 벼슬아치를 통틀어 이르는 말.

정하라고 다시 명했다. 김창집 등이 백관을 거느리고 가서 대면을 요청했지만, 임금이 허락하지 않았다. 조정에서 장계를 올려 환수를 청한 지 나흘이 지났고, 세제가 다섯 번 상소하여 고사하자, 세제에게 "괴로운 것도 나누고 아픈 것도 나누자"고 하교했다. 조정에도 교지를 내렸다. "내가 병들어 정사를 볼 수 없어서, 장차 좌우의 신하들에게 관례를 살펴서 정무를 집행하게 했는데, 좌우의 신하가 집행하는 것이 옳겠는가? 세제가 집행하는 것이 옳겠는가?" 김창집 등이 "임금의 하교가 여기까지 이르렀으니, 감히 따르지 않을 수 없다"고 하면서, 연명으로 차자를 올려 정유년(1717, 숙종 43)의 대리청정 규정에 따라 대리청정 시행을 청하고, 정청을 거두었다. 오직 이광좌와 대간 유복명(柳復命)만 안 된다고 주장했는데, 유복명은 노론이었다.

08 이때 임금이 조태구를 부르라며 하교했다. "지난 일은 던져 버리고 요즘의 작태도 말끔히 털어내고서 마음을 돌려 도성에 들어와 망해가는 나라를 안정시켜라." 또 『소학(小學)』 한 부를 하사했는데, 책 머리에 쓴 임금의 편지에도 같은 글이 있었다. 조태구가 곧바로 말을 달려 조정에 도착했으나, 이미 정승들이 연명 차자를 올린 뒤였다. 이에 선인문(宣仁門)으로 들어가 대면을 요청하자, 최석항, 이광좌, 이조, 한배하, 김연, 이태좌(李台佐) 등이 뒤를 따랐다. 승지 홍석보와 조영복이 조태구는 탄핵을 받은 정승이기 때문에 느닷없이 들어갈 수 없다며 물리쳤다.

09 임금이 갑자기 하교했다. "우의정이 들어왔다고 들었는데, 즉시 나와서 알현하게 하라." 이에 김창집 등이 어쩔 수 없이 조태구를 따라 함께 들어갔다. 조태구가 대리청정 하교 환수를 힘껏 청하자, 김창집 등도 같은 목소리로 청했다. 한참 지나서 임금이 고개를 끄덕이며 좋다는

뜻을 보이자, 김창집이 승지에게 명하여 전교를 환수하게 했다.

10 조태구가 물러나자, 홍석보가 나아가 말했다. "오늘 우의정이 들어온 것을 임금께서는 어떻게 아셨습니까?" 두 번 세 번 다그쳐 물었지만, 임금은 답하지 않았다. 도승지 홍계적이 말했다. "지금부터는 승정원도 설치할 필요가 없겠다." 양사의 어유룡(魚有龍)과 박치원(朴致遠) 등이 장계를 올려 탄핵하기를, "조태구가 대신으로서 환관과 내통하여 몰래 임금을 알현하려고 했으니, 이것은 남곤이 밤에 북문을 열었던 것과 같은 것입니다. 잡아다가 엄히 다스리기를 청합니다. 아울러 내통한 환관들을 유사(有司)에 넘기십시오." 이에 임금이 하교했다. "내가 진수당(進修堂)에 앉아 있는데, 합문(閤門) 밖에서 길을 인도하는 소리를 듣고서 우의정이 들어온 것을 알았다. 환관은 죄가 없다." 그러나 양사에서는 연이어 아뢰기를 멈추지 않았다.

3. 집권 소론의 노론 축출 상소

01 박태항 등의 진신들이 상소를 올린 이후 사직 심수현(沈壽賢) 등이 이어받아 상소 모임을 연이어 만들었다. 때마침 겨울 가뭄이 들어 눈 내리기를 기원하며 임금이 구언(求言)[4]의 명을 내렸다. 소론 수십 명이 모였는데, 모두 소수(疏首)[5] 되기를 꺼렸다. 전 참판 김일경의 품계가 가장 높았고, 자신도 소수가 되기를 바랐다. 김일경은 비록 문장에 능했지만, 성품이 거칠고 막되어서 모든 사람이 좋아하지 않았다. 김일경이 소수가 되었다는 소식을 듣고, 사람들이 점점 흩어지고 떠나서,

4 구언(求言): 임금이 신하의 바른말을 널리 구함.

5 소수(疏首): 연명(連名)으로 상소를 올릴 때 제일 먼저 이름을 적는 우두머리. 소두(疏頭).

상소에 연명한 사람은 이진유, 윤성시(尹聖時), 박필몽(朴弼夢), 서종하(徐宗廈), 정해(鄭楷), 이명의(李明誼) 등 여섯 명만 남았다. 상소의 대략은 다음과 같다.

조성복이 앞에서 틈을 엿보고 사흉(四凶: 김창집, 이이명, 조태채, 이건명 등 노론 4대신)이 뒤에서 조종하니, 종묘사직이 망극(罔極)하고 신하와 백성도 망극합니다. 우리 임금께서 즉위하시고 곧바로 물러나려 하시니, 신하의 마음에 괴롭고 절박함이야 어떠하겠습니까? 그런데 저들은 세제의 대리청정 건으로 부지런히 정청하다가 그럴듯한 핑계로 사흘 만에 정청을 중지하더니, 연명으로 차자를 올려 마음대로 대리청정을 결정하고 유사에게 빨리 명령을 내려 거행시키라고 청하기까지 했습니다. 이것이 어찌 신하가 감히 입 밖에 내어 글로 쓸 수 있는 일입니까?

갑술년(1694, 숙종 20)에는 양사가 기사년(1689, 숙종 15)에 대신들이 인현왕후 폐출 건으로 반나절 동안 정청한 죄를 논하며 광해군 때 폐모론을 주장한 정조, 윤인, 정인홍과 비교했으니, 반나절 정청과 사흘 정청은 오십보백보입니다. 기사년의 신하들을 정조, 윤인, 정인홍과 비교해 배척했듯이, 오늘날 저들 무리는 양기(梁冀), 염현(閻顯), 왕망(王莽), 조조(曹操)[6]처럼 죽음을 면하기 어려울 것입니다. 게다가 기사년에는 저 무리처럼 아래로부터 차자를 올려 요청하지도 않았습니다.

---

6 양기(梁冀)·염현(閻顯)·왕망(王莽)·조조(曹操): 이 네 사람은 모두 한나라 왕실을 무시하고 정권을 휘두르거나 찬역한 죄가 있다. 양기는 한나라 순제(順帝) 양황후(梁皇后)의 오라버니로 질제(質帝)를 독살하고 세도를 부렸고, 염현은 순제 때 태후(太后) 염 씨(閻氏)의 동생으로 태후가 그와 함께 난을 일으켰으며, 왕망은 애제(哀帝)를 폐위하고 평제(平帝)를 독살한 뒤 신(新)을 세웠고, 조조는 헌제(獻帝)를 폐위하고 제위에 올랐다.

안팎으로 민심이 솥 안의 물 끓듯 혼란스럽게 요동치자, 모두 저 정승들을 가리켜 "이들은 참으로 역적이다. 어찌하여 우리 임금을 버리는가?"라고 말합니다. 사흉의 죄는 진실로 하늘과 땅 사이에서 머리를 들고 서 있을 수 없을 정도입니다. 과거 갑술년 초에는 한두 원로가 세자(경종)를 보호할 방법을 고심하고 깊이 생각했으나, 저들은 이들을 원수로 여겼습니다. 신사년(1701, 숙종 27) 이후로는 세자를 더욱 심하게 배척하더니, 임창과 박규서는 방자하게도 흉악한 말로 번번이 핍박하며 두드리고 흔들어 댔습니다. 정유독대는 이이명이 앞자리에서 교지를 받든 뒤 정승들을 불러 연령군과 연잉군 보호에 대한 가부를 물었던 것인데, 그 실상은 참으로 헤아리기 어렵습니다.

대리청정을 종묘에 고하는 것은 명백히 선례가 있습니다. 그런데 김창집이 힘껏 저지한 것은 아마도 사태가 엄중해지면 나중에 그 형세를 바꾸기 어려울지 몰라 두려웠기 때문입니다. 그러나 오히려 선왕의 지극히 자애하신 덕에 힘입어 사람들이 감히 입을 열지 못했고, 백 리 밖에서 병든 몸 가마에 실려 들어온(舁疾·여질)[7] 누런 머리(黃髮·황발)[8]의 충성심을 본받을 만한 한 사람(윤지완)이 있어 오늘까지 종사를 보존해 왔습니다.

전하께서 이미 왕위를 이으셨는데, 윤지술이 핍박하고 모욕한 것은 사람의 도리가 아닌데도, 김창집이 나서서 화답하며 어떤 작은 처벌이나 가벼운 견책도 내리지 않았습니다. 김창집은 심지어 "전하와 함께 정치를 할 수 없다"고까지 했습니다. 저들은 이미 전하를 임금

---

7 여질(舁疾): 병든 몸으로 가마 등에 떠 메여 가는 일. 90세 노인 윤지완이 병든 몸을 이끌고 안산(安山)에서 들어왔기 때문에 나온 말.

8 황발(黃髮): 누른빛의 머리털. 70-80세의 노인.

으로 대우하지 않았으니, 또한 신하이기를 자처하지 않는 것입니다.

오늘날 조성복이란 자는 저들이 부리는 심부름꾼 중 한 명인데 그 자가 시험 삼아 낸 꾀가 몰래 실현되어 떳떳하지 못한 교지가 갑자기 내려졌습니다. 저들이 틈을 엿보며 남의 마음을 미루어 헤아리는 것은 이미 무르익었습니다. 전하의 마음을 돌리도록 힘껏 애쓰는 것은 그들의 본래 의도가 아닙니다. 겉으로 드러난 상황으로 말하더라도, 김창집은 왼발을 반걸음도 문밖으로 내딛지 않았고, 이건명은 느릿느릿 걸어서 겨우 대궐 아래에서 멈췄습니다. 국가의 처분에 대해서는 일찍이 한 마디도 말하지 않고 조성복의 죄상에 대해서는 일언반구도 언급하지 않으니, 이러고도 그들의 마음가짐을 숨길 수 있겠습니까?

김창집은 고 영의정 김수항의 아들입니다. 김수항이 죽음이 임박하자 아들에게 권력 있는 중요한 자리를 힘껏 피하라고 경계했으나, 김창집은 태연하게 잊어버리고는 권력을 탐하고 권세를 즐겼습니다. 아들로서 불효가 이와 같다면, 신하로서 불충은 이미 정해진 것입니다. 이이명은 이사명의 아우로 앙심을 품은 원망과 독기가 더욱 참혹합니다. 조태채는 권력을 잃을지 걱정하는 비루한 사람으로 은혜를 잊고 의리를 저버렸습니다. 이건명은 마음이 어둡고 뒤틀렸으며 간사하고 사특해서 나라를 병들게 하고 백성을 해쳤습니다. 사흉의 위세가 왕성하여 온갖 간사한 무리가 그림자처럼 따라다니고, 손톱과 어금니처럼 긴요한 전후좌우의 복심들이 이 재상들의 사인(私人)이 아닌 이가 없어 보의(黼扆)[9]를 변모(弁髦)[10]처럼 여기니, 오늘날 나라

---

9 보의(黼扆): 도끼를 그린 병풍. 옥좌 뒤에 세움.

10 변모(弁髦): 쓸데없는 물건을 비유적으로 이르는 말. 변은 관례 때에 한 번만 쓰는 치포관, 모는 동자의 더펄머리

의 형세가 위태롭고도 다급합니다.

정청을 거두자, 우의정 조태구가 급히 금경(禁扃)[11]에 도착해 자신의 뜻을 아뢰며 입대를 요구했는데, 승지와 양사가 사흉의 기세에 비위를 맞추며 한편으로는 가로막고 다른 한편으로는 탄핵하고 공격했습니다. 그러나 전하께서 특별히 그를 선실(宣室)[12]로 불러 하늘의 계시처럼 명쾌히 결단하시자, 김창집과 이이명이 급히 허둥대며 군색한 걸음으로 뛰어가다가 넘어지니, 그 광경이 놀랍고 괴이하여 심부름꾼도 손가락질하며 웃었습니다.

아! 저 무리가 사흘 동안 입대를 청했으나 한 번도 허락하지 않으셨으니, 이것은 성상께서 그들이 불성실한 것은 꿰뚫어 굽어보셨기 때문입니다. 하물며 정청이 이미 거두어지고 차자가 이미 들어왔으니, 저들의 속마음이 다 드러나 스스로 엮은 재앙에서 도망치기 어렵게 되었습니다. 진실로 머리를 나란히 하고 석고대죄하며 공손히 형벌을 기다려야 마땅한데, 어찌 다시 낯을 들고 뻔뻔스럽게 향안(香案)[13] 앞에 서 있단 말입니까?

아! 군신의 의리가 지극히 엄하고도 중하여 조금만 차질이 생겨도 악역(惡逆)[14]을 찬시(簒弑)하는 처벌을 피할 수 없습니다. 하물며 저 무리는 차곡차곡 쌓은 죄가 이미 오래 묵었고 임금을 능멸하고 해친 죄가 날로 커졌습니다. 신하 노릇을 하지 않으려는 뜻은 한 장의 차자에 훤히 드러났고, 임금을 무시한 죄악은 만인의 눈을 가리기 어렵

로, 관례가 끝나면 모두 소용이 없게 된다는 데서 나온 말이다.

11 금경(禁扃): 임금이 있는 곳으로 아무나 들어가지 못하도록 금해놓은 곳.

12 선실(宣室): 궁궐 방.

13 향안(香案): 제사 지낼 때 향료나 향합을 올려놓는 상.

14 악역(惡逆): 의리에 어그러지는 몹시 악한 행위. 당나라, 명나라 때 규정되어 있던 범죄의 하나. 부모 또는 조부모를 때리거나 죽이려 한 죄.

습니다. 삼강오륜은 남은 것 없이 완전히 끊어져서, 『춘추』의 무장죄(無將罪)[15] 조항으로도 죄를 다스릴 수 없고, 한나라 법의 부도죄(不道罪)[16] 조항으로도 기율을 바로잡을 수 없습니다. 이것은 실로 천지가 용납하지 않는 것이고, 신과 사람이 용서하지 않는 것입니다.

02 상소가 들어가자, 임금이 중지(中旨)[17]를 거듭 내려 무릇 노론으로 지목된 자들은 모두 쫓아내고 소론은 모두 불러들였다. 이에 삼사에서 이제, 박필몽, 양성규(梁聖揆), 이명의, 윤연(尹埏) 등이 교대로 김창집 등 여러 노론 인사들을 논박하여 모두 처벌을 추가해 귀양 보내고 윤지술과 조성복을 죽였다. 그리고 조태구와 최석항이 정승이 되어 김일경과 함께 나라 안의 공론을 주도했다.

4. 세제를 흔드는 소론과 노론의 반발

01 영변 부사(寧邊府使)를 지낸 김일경이 영변 사람 환관 박상검(朴尙儉)을 후대했다. 나중에 두 사람은 이 인연으로 결탁해 박상검이 김일경을 궁중에서 후원했다. 신축환국(1721, 경종 1)으로 소론이 집권하자, 박상검이 드디어 세제를 궁지에 몰려고 궁녀 석렬(石烈)·필정(必貞) 및 환관 문유도(文有道) 등과 함께 우선 장세상(張世相)을 쫓아내려고 모의했다. 장세상도 환관이었지만, 명색이 세제궁(世弟宮) 소속

15 『춘추』의 무장죄(無將罪): 시역하려는 의사만 있어도 죽이는 죄. 춘추시대 노 장공(魯莊公)의 아우인 숙아(叔牙)가 장공을 시해할 마음을 굳히자, 숙아의 아우인 계우(季友)가 독약을 먹고 자결하게 했다. 『춘추공양전(春秋公羊傳)』, 장공(莊公) 32년 조에 "임금과 어버이에게는 시역하려는 의사가 없어야 하니, 시역하려는 마음만 먹어도 죽인다(君親無將, 將而誅焉)"고 했다.

16 한나라 법의 부도죄(漢法不道): 대역부도(大逆不道), 곧 모반(謀叛). 항우(項羽)가 의제(義帝)를 강남(江南)에서 시해하자, 한 고조(漢高祖)가 대역부도라고 한 데에서 유래한 말이다. 『사기』, 권8, 「고조본기(高祖本紀)」.

17 중지(中旨): 외정(外廷)을 거치지 않고 궁중에서 어필로 내리는 명령서.

이어서 노론과 결탁한 자였다. 이때 임금이 장세상을 귀양 보내라고 명했다. 세제가 임금에게 박상검 등이 전횡한다고 아뢰고, 그에 대한 처분을 유사(有司)에게 맡기자고 청하자, 임금이 허락했다.

02 얼마 뒤에 임금이 세제에게 "그가 마음대로 하게 내버려두라"고 하교했다는데, 그것은 박상검이 꾸며낸 말이다. 게다가 박상검은 여우가 있다는 핑계로 청휘문(淸暉門)에 덫과 함정을 설치하고 세제가 알현하러 가는 길을 막아버려서, 세제가 거듭해서 임금을 알현하려 했으나 알현하지 못했다. 이에 세제가 밤에 동궁전의 관리들을 불러 모아 울면서 박상검 등의 실상을 말하고, 이어서 세제의 지위를 벗어던지려고 합문을 나섰다. 대비가 조정에 언문 교지를 내려 세제의 사직을 허락하며 선왕(숙종)이 내린 작호(爵號)는 보존케 하려 했는데, 글이 매우 애통했다.

03 조태구 등이 삼사와 정승들을 인솔하여 임금을 뵙고 간곡히 간언하다가 오열을 터뜨렸다. 신하들이 서로 이어 가며 박상검 등을 내쫓고 국문하라고 힘껏 청하자, 임금이 한참 지나서 비로소 허락했다. 조태구가 다시 물러 나와 세제를 찾아가 효도와 우애를 베풀라는 말로 위안했다. 그는 대비에게도 아뢨다. "임금이 이미 처분했으므로 언문 교지는 감히 반포하지 않고 삼가 돌려드립니다."

04 이때 판의금부사 심단(沈檀)이 박상검의 목을 즉시 베라고 청했다. 김일경도 "박상검의 죄상은 이미 드러났으니, 국문할 것도 없다"고 말했다. 그러나 조태구가 반대해서, 최석항이 옥사를 다스렸는데, 박상검과 문유도는 승복하자 처형했고, 석렬과 필정은 곤장을 맞고 죽었다.

05 이에 전 참판 정호가 상소를 올려 말했다. "세제의 지위가 점점 흔들리고 있어서 대비께서 애통해하는 교지를 내리셨는데, 대신이 마

음대로 교지를 돌려드리고, 환관과 궁녀의 옥사는 바로 목을 베라고 청하기도 하고, 서둘러 죽이기도 하여, 죄상을 모두 자세히 밝히지 못했습니다. 또 선왕의 오랜 신하들이 모두 배척당하고 쫓겨났으니, 무슨 일로 무슨 죄를 지었는지 모르겠습니다." 대간이 정호를 논박해서 귀양 보냈다.

5. 경종 제거 음모를 청나라에 보고하는 진주문

01 임인년(1722, 경종 2) 여름에[18] 사신 이건명 등이 돌아왔으므로, 세제를 책봉하는 의전의 절차가 완료되었는데, 다음날 목호룡(睦虎龍)의 고변이 올라왔다. 목호룡이란 자는 남인으로 서얼이었는데 시(詩)에 능해 사대부들과 교류했다. 목호룡은 연잉군의 매사냥꾼 백망(白望)과 친분이 있어서 그를 통해 김용택·이천기 등에게 선을 대고 그들의 비밀 모의에 참여했다. 그런데 임금(경종)이 즉위하고서 세제를 세우는 논의가 순조롭게 진행되자, 김용택 등이 목호룡을 죽여 입을 막으려 했다. 김일경이 이것을 알아차리고 목호룡을 사주해 비밀 논의를 고변케 했다. 최석항이 위관이 되고, 이삼(李森)이 포도대장이 되고, 심단과 김일경이 의금부 당상이 되어 그 사건을 맡으면서 노론을 많이 죽였는데, 사안이 복잡해서 여기에는 다 싣지 못한다.

02 때마침 청나라로 가는 사행이 있었는데, 예문관 제학 유봉휘가 역적 토벌의 본말을 진주문에 다음과 같이 적었다.

---

18 경종 2년 3월 26일 주청사(奏請使)인 좌의정 이건명과 부사(副使) 윤양래(尹陽來)가 북경(北京)에서 출발하면서 세제 책봉이 승인되었음을 알렸다. 『경종실록』, 2년 3월 26일; 『경종수정실록』, 2년 3월 26일.

올해 3월에 한산(閑散)꾼[19] 목호룡이 "역적의 무리가 혹은 칼로, 혹은 약으로, 혹은 폐출로 은밀히 반역을 꾀했으니, 황공함을 이기지 못해 아룁니다"라고 고변했습니다. 이에 곧바로 의정부, 의금부, 양사에서 선발된 관원들이 모여 앉아 진상을 캐물었습니다.

목호룡이 다음과 같이 진술했습니다. "칼로 한다는 것은 용사(勇士)가 비수(匕首)를 차고 궁 안에 들어가 도측(塗廁)[20]하는 것을 말하는데, 역적의 무리가 저희끼리 '대급수(大急手)'라고 부르는 것입니다. 약으로 한다는 것은 궁녀가 약을 음식 속에 섞어 넣는 것으로 '소급수(小急手)'라고 부릅니다. 폐출이라는 것은 돈으로 내시를 매수해 죄목(罪目)을 엮어 임금을 폐위하려는 계획인데, '평지수(平地手)'라고 합니다. 정인중(鄭麟重), 이기지, 이희지, 김용택, 이천기, 심상길(沈尙吉), 조흡 등이 역적들과 주도면밀하게 준비했는데, 우선 김용택은 백망에게 보검(寶劍)을 주고 국상일(國喪日)에 담을 넘어 궁에 들어가 대급수를 시행하게 했습니다. 정인중, 김용택, 이천기, 이기지, 이희지, 홍의인(洪義人), 홍철인(洪哲人) 등은 백망을 시켜 궁녀 이영(二英)의 사촌 궁녀에게 은(銀)을 주고 약을 쓰는 일을 성공시키려 했습니다. 이희지는 언문(諺文) 가사(歌辭)를 지어 궁중으로 유입시켜 주상을 무함하려 했고, 거짓으로 꾸민 숙종의 명령 초안을 작성해서 환관 장세상을 시켜 국상에 맞추어 곧바로 명령을 내리게 했는데, 초안 속에는 세자(경종)를 폐하여 덕양군(德讓君)으로 삼는다는 말이 있었습니다. 김민택(金民澤), 조흡, 심상길, 홍의인, 이희지 등

---

19 한산(閑散)꾼: 하는 일 없이 한가하게 지내는 사람.

20 도측(塗廁): 변소를 수리한다는 뜻. 중국 전국시대 진(晉) 나라의 예양(豫讓)이 변소에 숨어 조양자(趙襄子)를 살해하려 했던 고사에서 나온 말. 예양은 자기의 주군인 지백(智伯)이 조양자에게 살해되자 원수를 갚기 위해 칼을 품고 변소에 숨어 해치려다 실패했다.

은 각각 차등 있게 은(銀)을 내놓았습니다."

이 진술에 따라 각 피고들을 잡아다가 심문했습니다.

정인중이 진술했습니다. "제가 이천기, 김용택, 백망 등과 모여 결탁할 때, 나는 손바닥에 '의(義)' 자를 썼고, 백망은 손바닥에 '양(養)' 자를 썼는데, 그것은 정승 이이명의 자(字)입니다."

심상길이 진술했습니다. "이천기가 편지를 보내 은화(銀貨)를 구하기에, 제가 은화 1백 냥을 마련해 주었고, 기묘하게 만든 부채도 50자루를 보냈더니, 이천기가 그것을 환관들과 결탁하는 일에 썼습니다."

백망이 진술했습니다. "하루는 정인중과 함께 김용택의 집에 갔더니, 이희지와 이천기가 앉아 있었고, 술을 대작하며 서로 '사생지교(死生之交)'를 맹세했습니다. 제가 '주상이 만약 승하하게 되면 지금 세상에는 유비와 같은 이가 없으니 어찌해야 하겠습니까?'라고 말하니, 사람들이 '저절로 그런 사람이 나올 것이오'라고 말하면서, 각자 손바닥에 글자를 써서 속마음을 보였습니다. 김용택은 '충(忠)' 자를 썼고, 다른 사람들은 '의(義)' 자나 '신(信)' 자를 썼고, 나는 '양(養)' 자를 썼습니다. 주위 사람들은 그 뜻을 알지 못했으나, 이천기는 알아듣고 크게 웃었습니다. 이이명의 자가 양숙(養叔)인 것을 말한 것으로, 나는 김용택이 이이명을 추대할 것으로 짐작했기 때문에 유비와 같은 역할을 할 인물이 누구인지 물은 것입니다. 그리고 모아둔 은화는 이영이 다른 곳에 감추어 두었는데 포도청이 수색해 찾아냈으며, 김용택이 준 칼은 제가 사는 곳 현장에서 찾아냈는데, 그것은 대단히 중요한 장물(贓物)입니다."

이천기가 진술했습니다. "이른바 삼수(三手)의 일은 나와 김용택,

이희지, 이기지, 백망 등이 서로 은화를 모으고 깊이 상의하여, 모든 일을 하나하나 함께하지 않은 것이 없습니다. 처음에는 김용택의 집에 가서 백망의 신수가 훤한 것을 보고서, 그의 용력(勇力)을 묻고 술을 대작하며 사생지교를 맹세했습니다. 백망이 손바닥에 쓴 '양(養)' 자를 좌우에서는 서로 쳐다보기만 하고 그 뜻을 알지 못했지만, 나는 알아보고 크게 웃었습니다. 백망이 은화 5백 냥으로 한 번 먹으면 즉사하는 중국의 알약을 살 수 있다고 말하자, 조흡이 은화 2천 냥을 내고 약으로 실행하는 일을 도모했습니다. 내가 쓴 편지 중에 이른바 혈신(穴臣)[21]이란 곧 환관 장세상을 가리킨 것이고, '구(久)가 들어가서 들은 무엇이 있었다'는 구절에서 구는 백망의 자(字)로 백망이 변복하고 입궐하여 약을 쓰는 일을 독촉했다는 뜻입니다."

김용택이 진술했습니다. "고변한 자(목호룡)는 '제가 백망에게 보검을 주고 선대왕(先大王: 숙종)의 국상일에 궁에 들어가 대급수를 행하게 했다'고 하는데, 저는 백망에게 내준 것은 가죽 칼집 속의 마도(馬刀)[22]라고 진술했습니다. 그러나 포도청이 백망의 방안에서 보검을 찾아냈는데, 길이와 장식이 고변한 자가 말한 것과 조금도 차이가 없어서, 마도라는 말은 내가 교묘히 꾸며냈다는 것이 저절로 입증되었습니다."

장세상이 진술했습니다. "내가 정우관(鄭宇寬), 이정식(李正植), 김창도(金昌道) 등과 친하게 왕래하며 국가가 처분한 일에 관해 묻고 답하지 않은 것이 없었는데, 청을 들어달라고 요구하는 말도 했습니다. 거짓 명령에 관한 일은 이정식의 무리가 나인의 처소에 들여보낸

21 혈신(穴臣): 극혈신(隙穴臣). 반역(叛逆)의 뜻을 품고 임금을 염탐하는 신하.

22 마도(馬刀): 기병(騎兵)이 휴대하는 군도(軍刀).

것이고, 약을 쓰는 일은 백망이 나의 처소에 들여보낸 것이니, 역모한 것은 사실입니다."

이영이 진술했습니다. "백망 등이 보낸 은자(銀子)를 궁녀 지 씨(池氏)에게 전달하며 약을 쓰는 일을 성공시키라고 했습니다. 일찍이 백망의 주머니 안을 보니, 겹겹이 싸고 풀칠해 봉한 누런 알약이 있었는데, 지 씨가 자기 집을 나올 때 백망이 그 약을 직접 주었습니다."

이정식이 진술했습니다. "내가 장세상과 김창도 등과 본래 절친한 사이였는데, 역적의 무리가 항상 주상께 병환이 있다고 생각하다가, 헛소문이라는 말을 듣고서 모두 죽임을 당할지 몰라 두려워, 약을 쓰는 이런 흉한 일을 꾸몄습니다. 또 궁성을 호위하는 일에 관해서 말하자면, 영의정 김창집이 무신 이삼의 용력(勇力)을 꺼려서, 그를 충청병사(忠清兵使)로 내보내고, 대신에 대장 이홍술에게 분부해서 김창집과 친한 유취장(柳就章)에게 중군(中軍)[23] 직을 맡겼습니다. 이홍술과 김창집은 뜻이 같고 의리가 통해서 이러한 일을 진행한 것인데, 대개 장세상은 괴수(魁首)가 되었고 정우관이 심복이 되었고, 제가 기괄(機括)[24]이 되었습니다."

김창도가 진술했습니다. "이정식이 이미 바른대로 다 말했습니다. 그런데 이기지가 영의정을 만나 상황이 몹시 위태로우니 궁성을 호위하는 것이 좋겠다고 하자, 영의정이 그렇게 하는 것이 좋겠다면서, 이삼이 장수로서 지략은 있으나 함께 참여하지 않을 것이 분명하니, 매우 꺼려진다고 했습니다. 영의정이 이건명, 이이명, 조태채와 함께 병

---

23 중군(中軍): 훈련도감(訓鍊都監)·금위영(禁衛營)·어영청(御營廳)·총융청(摠戒廳) 등에 둔 종2품관으로 대장에 버금가는 장군직.

24 기괄(機括): 쇠뇌의 시위를 거는 곳(弩牙·노아)과 화살의 시위를 메우는 부분(箭括·전괄)을 말하는데, 곧 사건의 매우 중요한 부분을 맡았다는 말.

조판서 이만성에게 이삼을 충청병사로 내보내라고 말했고, 대신들은 유취장에게 중군 직을 맡기는 일을 상의하여 대장 이홍술에게 분부했습니다. 궁성 호위의 계책은 자세히 알 수 없지만, 이기지의 말을 들으면 다른 견해를 가진 사람은 감히 들어오지 못하게 했다고 합니다. 은을 모아 일을 도모한 것은 그 유래가 이미 오래되었는데, 저 역시 그 가운데 동참하는 것을 피하지 못했습니다."

정우관의 진술은 김창도와 대체로 같았습니다.

김일관(金一觀)이 진술했습니다. "제가 이천기의 사주를 받아 환국(換局)하는 음모를 꾸몄으나, 정우관이 한 것과는 조건이 다릅니다. 일찍이 제가 이기지의 집을 지나는데, 이기지가 어떤 사람과 은밀한 이야기를 나누며 말하기를, '그대는 한 나라 수상의 손자로서 정우관의 무리와 서로 결탁하여 무슨 일을 벌이고 있는가?'라고 했는데, 그 사람은 김창집의 손자 김성행이었습니다. 저는 역적들과 서로 친해서 그들이 하는 짓에 함께 참여했기에 모르는 것이 없습니다."

유취장이 진술했습니다. "지난해 10월에 영의정을 찾아가 뵈었더니, 그가 말하기를, '근래 일의 조짐이 수상하니 군대의 장관으로 친하고 믿을만한 사람을 배치해야겠네. 그대는 아직 중군을 지내지 않았으니 만약 결원이 생기면 그대가 중군을 맡아 주는 것이 좋겠네'라고 했습니다. 그 후에 이삼이 충청병사가 되기에 제가 양익표(梁益標)에게 '중군에 결원이 생겼으니 만약 대신의 분부만 얻는다면 제가 맡을 수 있겠다'고 하자, 양익표가 영의정에게 가서 고한 후 이어서 대장 이홍술에게 말해서 제게 임금의 재가가 내려졌습니다. 드디어 이홍술을 처음 뵙고 명함을 드리니 이홍술이 말했습니다. '상황이 몹시 위태로우니 한편으로는 군사를 나누어 대궐 문을 지키고 다른 한

편으로는 대신에게 아뢰어 당로자(當路者)에게 해를 끼친 환관들을 죽이자고 청하려는데, 군사들이 따라주겠소?' 제가 '대장의 명령을 따르지 않을 이유가 있겠습니까?'라고 대답하고, 김창집을 찾아가니 김창집이 제게 묻기를 '그대는 대장을 자주 만나서 조용히 대화를 나누어보았는가?'라고 물었습니다. 그의 뜻은 나더러 자주 찾아가서 이러한 일에 대해 수작(酬酌)하라는 것이었습니다. 제게 이미 같은 마음으로 수작한 죄가 있으니, 어찌 처벌을 면할 수 있겠습니까?"

이헌(李瀗)이 진술했습니다. "내 집이 이이명의 집과 가까워서 늘 왕래했습니다. 정유년(1717, 숙종 43) 이후에는 이이명과 김창집이 항상 세자를 폐출시키는 일을 도모했는데, 저의 집이 장세상의 집과 팔이 닿을 정도로 나란히 있어서, 경자년(1720, 숙종 46) 무렵에는 이천기와 김용택의 무리가 밤낮으로 꾸미는 모의를 간간이 얻어듣고서 역모에 동참했습니다."

양익표가 진술했습니다. "제가 유취장을 중군에 임명하는 일을 도모하기 위해 비변사에 갔다고 하는 말은 실상을 정확히 파악한 것입니다."

김성절(金盛節)이 진술했습니다. "정우관이 '약을 쓰는 일은 이희지와 이기지가 김운택(金雲澤) 및 김민택과 함께 전적으로 주동했으며, 나를 장세상에게 약을 전해 주는 다리로 삼았다'고 말했습니다. 이기지는 자기의 아버지도 그 일을 이미 안다고 말했는데, 그의 아버지는 이이명입니다." 김성절은 그 뒤에 이런 진술도 했습니다. "김창집의 임시 거처에 갔더니, 김창집이 말하기를 '김시태(金時泰)가 이홍술의 집에서 은을 얻어 장세상에게 주며 환국을 도모하려 한다'고 했습니다. 작년에 이우항(李宇恒)을 만났더니 '김창도 외에 또 장세상에게 부림을 당하는 사람은 우홍채(禹洪采)다'라고 했습니다. 이러한 내용을 김창집에게 말했더니 김창집은 '우홍채가 장세상의 집에 왕래하며 전하는 말이 꽤 있었는데, 내가 그 사실을 알게 되어 마음이 후련하다'고 했습니다. 제가 이미 김창집 무리와 더불어 수작했으니, 역모에 동참한 사실을 피할 수 없습니다."

우홍채가 진술했습니다. "김성행이 제게 '이기지가 제 아버지가 화를 입을지 염려하여 궁중에서 약을 쓰는 일을 하려고 하는데 그대도 그 일을 알고 있으니, 그대가 장세상의 집에 가서 탐문하고 알아보라'고 해서 그 말에 따라 찾아가서 물어보니 장세상은 '안의 일은 이미 정돈되었으니, 밖의 일을 잘 처리해야 한다. 어영청과 훈련도감의 대장을 반드시 우리 사람으로 세워야 어떤 일이 생기더라도 걱정이 없을 것이다'라고 말했습니다. 그 뒤에 김창집이 장세상의 집에 왕래한 일을 묻기에 그렇게 대답하니, 김창집이 웃음을 지었습니다. 내가 이미 김성행과 함께 장세상을 만났고, 약을 쓰는 일을 탐문해서 알았으니, 역모에 동참한 것이 분명합니다."

이러한 진술에 따라 조사하고 검토해서(照得·조득),[25] 의정부 대신이 보고한 내용을 간추려 기재하면(節該·절해)[26] 다음과 같습니다.

오늘의 이 삼수의 음모는 대개 하룻저녁에 꾸민 계획이 아닙니다. 선왕이 병으로 자리에 누웠을 때부터 이미 음모가 이루어졌고, 주상이 왕위를 계승한 뒤에는 흉악한 음모를 더욱 서둘러서 반역을 꾀하는 실상을 알아내기가 어려웠습니다. 이들을 추종하는 무리도 참으로

---

25 조득(照得): 공문에 쓰이는 문투. 주어진 사안과 관련해 기존 문서를 조사하여 살핀다는 뜻.

26 절해(節該): 문건이나 어떤 사람의 말을 전문 그대로 옮기지 않고 그 요지만 간추려 기재할 경우에 쓰는 용어이다. 『이문집람(吏文集覽)』에 의하면, 성지(聖旨)와 공문서에는 반드시 첫마디에 '절해(節該)'라는 두 글자를 덧붙인다.

많았는데, 그중에는 미욱하고 모질어서 형 집행 이전에 지레 죽은 자도 있었고, 혹은 바른 말로 자백한 자도 있었습니다. 또 그 지류는 생략하더라도 우선 그 본원만 모아보면 역적의 수괴 김창집과 이이명은 선왕의 대신으로서 오랫동안 국정을 마음대로 휘두르며 부귀에 홀려 재물을 탐해서, 저택은 대단히 넓고 사치스럽고 전원(田園)은 거의 주현(州縣)에 두루 걸쳐 있습니다. 어진 이를 죽이고 바른 이를 해쳤으며, 나라를 좀먹고 백성을 해쳤으며, 권력을 탐내고 위세를 즐겼으며, 정의를 뒤로 하고 이익을 앞세웠습니다.

무릇 이처럼 본성에 어긋난 사악한 행실은 오히려 자질구레한 일이어서, 처음에는 벼슬을 얻을 수 있을지 걱정하고 잃을지 걱정했습니다. 그러나 결국에는 빼앗지 않고는 만족하지 못하게 되어, 권위를 도둑질하여 마음대로 부리며 태아(太阿)[27]를 거꾸로 쥔 채, 임금을 무시하는 마음을 감추고 신하 노릇 하지 않겠다는 뜻을 품고서, 먼저 조정에 당여를 심고 은밀히 여항(閭巷)의 무뢰배를 길렀습니다. 그리고 그들의 아들·조카·손자와 가문의 서자 등을 반역하려는 환관들과 결탁시켰으며, 은화를 주워 모아 궁중으로 통하는 사사로운 길을 뚫어 내간(內間)에서 약을 쓰는 일을 주관하고 수소문했으며, 아장(亞將)[28]을 교체할 때는 모여 앉아 방법을 지도하고 가르쳤습니다.

이천기는 이희지와 이기지의 혈당(血黨)[29]으로 백망이 손바닥에 쓴 글자의 뜻을 알아차리고 추대할 사람을 미리 정했으며, 유취장은 김창집의 비밀 지시를 받들어 이홍술이 병사를 배치하는 계책을 도

---

27 태아(太阿): 중국 고대 보검(寶劍) 이름. 권병(權柄)의 비유.

28 아장(亞將): 무관 계통의 차관급 벼슬. 용호별장(龍虎別將), 도감중군(都監中軍), 금위중군(禁衛中軍), 어영중군(御營中軍)을 이른다.

29 혈당(血黨): 죽고 삶을 한 가지로 한 동아리.

왔으니, 임금을 폐출하려는 음모를 자행한 것입니다. 이건명도 그들의 우두머리가 되었고, 조태채도 위협에 눌려 복종한 혐의에서 벗어날 수 없습니다. 예로부터 난신과 역적이 대를 이어 나왔지만, 이처럼 지극히 흉포하고 극악한 자들은 없었습니다.

이러한 사실에 따라 역적의 괴수인 김창집과 이이명 등을 법률에 따라 처단하고(勘處·감처),[30] 그 나머지 역모에 동참한 자로서 사형 집행에는 미치지 않는 죄인과 그들과 연좌된 지속(支屬)[31]은 죄의 경중에 따라 논의하여 잘못을 판단하였습니다. 그 외에 근거가 된 전말을 모두 합하여 황제께 아룁니다.

가만히 생각건대 신이 왕위를 이은 지 오래되지 않아 나라를 지키는 데 신중하지 못해서 대역부도의 변고가 재상의 반열에서 나왔습니다. 환난을 막는 데 서툴고 남에게 일을 맡기는 데 실패했으니, 자신을 돌아보며 스스로 책망해도 마음 둘 곳이 없습니다. 이에 사건의 상황을 대략 위와 같이 아룁니다.

6. 경종 제거 음모 관련자 토벌 반교문

01 홍문관 제학(提學) 김일경이 지은 역적 토벌 반교문(討逆頒敎文·토역반교문)은 다음과 같다.

돌아보니 내가 온갖 어려움을 두루 겪었는데, 이제는 외람되게도 더할 나위 없이 큰 어려움마저 물려받게 되었다. 이사명과 홍치상의

---

30 감처(勘處): 죄를 심리하여 처단함.

31 지속(支屬): 지족(支族). 갈라져 나온 혈족.

요망한 유언비어는 (경종이 태어난) 무진년(1688, 숙종 14)에 연매(燕禖)[32]를 지내던 때부터 시작되었고, 도적 임창과 흉악한 박규서가 기회를 틈타 일으킨 음험한 짓은 신사년(1701, 숙종 27)에 (장희빈이 인현왕후를) 무고하던 때의 일이다. 이들이 두드리고 흔들어 위험을 충동질한 계책은 백 가지 정황으로 나타났고, 핍박하여 욕보이며 헐뜯은 말은 만 가지 단서로 드러났다. 그런데도 선대왕의 지극히 자애로운 인덕과 비길 데 없는 뛰어난 은혜에 힘입어 나같이 불초하고 박덕한 소자도 오늘에 이를 수 있었다.

그 후 반역의 기도가 조금이나마 꺾였다고 여겼는데, 역적의 정황이 예측하기 어렵게 진행될 줄이야 어찌 생각인들 했겠는가? 역적이 역심을 품은 지 30년이나 흘러 흉악한 무리가 번성하게 되었으니, 그 누가 한두 명의 신하를 꺼리고 두려워하겠는가? 그리하여 교만한 기운은 더욱 횡행하니, 공광(孔光),[33] 급암(汲黯),[34] 구람(仇覽),[35] 순숙(荀淑)[36]이 남긴 강직함을 생각하면, 남구만, 유봉휘, 윤지완, 최석정 등의 죽음이 안타깝고, 옛날 양기, 염현, 왕망, 조조의 간사함을 생각하면, 이이명, 김창집, 이건명, 조태채의 방자함이 한탄스럽다.

역당이 왕실의 우익(羽翼)을 잘라내니 텅 빈 조정에 사람은 없고,

---

32 연매(燕禖): '매(禖)'는 자식을 기원하는 제사. 연매는 제비가 날아오는 날에 지내는 제사로 세자 탄생을 바라며 지낸 제사라는 뜻.

33 공광(孔光): 공자의 14대손. 한나라 평제(平帝) 즉위 뒤 왕망의 권력 전횡을 우려하여 은퇴하려 했으나 허락되지 않았다.

34 급암(汲黯): 전한 무제 때의 인물. 승상 장탕(張湯)과 어사대부 공손홍(公孫弘) 등을 법률 만능주의자요 천자에게 아첨하는 영교지도(佞巧之徒)라 비난하고, 황로지도(黃老之道)와 무위(無爲)의 정치를 주장하며 왕에게 간했으나 받아들여지지 않았다.

35 구람(仇覽): 후한 환제(桓帝) 때 포정장(蒲亭長)으로 덕정을 베푼 것으로 유명하다. 포정의 백성 진원(陳元)이 불효하여 그의 어머니가 고발했는데, 구람은 처벌 대신 교화로 진원을 효자로 만들었다(『후한서(後漢書)』, 권76, 「구람열전(仇覽列傳)」).

36 순숙(荀淑): 후한 안제(安帝) 때 현량방정(賢良方正)으로 천거되어 대책(對策)에서 외척들을 공격하다가 양기(梁冀)의 미움을 사 낭릉후상(朗陵侯相)으로 쫓겨났다.

늘어선 사당(私黨)의 심복들은 관직을 팔아 선비들을 모집했다. 궁녀와 연줄을 트고 내시와 결탁해서 은화와 재물을 거리낌 없이 궁중에 뇌물로 뿌렸고, 요망한 사람과 검객을 집안에 모아 길렀다. 밖으로는 비수를 품고 깊숙한 궁궐에 들어가 예양의 도측을 모방했고, 안으로는 천금으로 대국에서 독약을 구매해 곽현(霍顯)[37]이 술잔으로 한 일을 도모했다. 진(秦)나라 이사(李斯)가 조고(趙高)[38]와 깊이 사귀었고, 진(晉)나라 전봉(錢鳳)이 왕돈(王敦)[39]을 도운 것처럼, 고변한 글의 내용도 또렷하고 반역의 자취도 분명하다.

이이명은 손바닥에 쓴 '양(養)' 자로 자신을 추대할 모의와 약속을 이미 정했고, 주머니 속 거짓 조서의 초고에는 임금을 폐출하려는 정상이 훤히 드러났다. 국구(國舅)의 성명을 은어로 써서 몰래 제거하려고 했고, 죽을 결심을 맹세하며 일진의 길흉을 점쳐 시험했다. 이들은 진실로 역당의 조카나 아들이 아니면 모두 죽음을 맹세한 선비나 노련한 장수였다. 미리 환관에게 글을 얻어 독대할 날짜를 알아냈고, 밤중에 비변사에서 머리를 맞대고 은밀히 모의했다.

김용택[40]은 이이명과 사돈 관계를 맺고 친밀해져서 한결같이 그들의 지휘를 받았다. 이천기는 동네의 사사로운 친구라는 핑계로 몰래 약속을 맺었다. 김일관의 발언에서는 더욱 역적들의 마음이 어디로 쏠리는지 알 수 있었다.

---

37 곽현(霍顯): 한나라 때 대장군 곽광(霍光)의 아내. 자기 딸을 선제(宣帝)의 아내로 만들기 위해 황후 허 씨(許氏)가 임신하자 유모인 순우연(淳于衍)을 시켜 독살했다. 그 후 곽광이 죽고 그 죄가 탄로나 기시(棄市)되었다.

38 이사(李斯)와 조고(趙高)는 모두 진 시황(秦始皇) 때의 간신으로, 시황이 사구평대(沙丘平臺)에서 죽자, 거짓 조서(詔書)를 만들어 차자 호해(胡亥)를 태자로 세우고 장자 부소(扶蘇)와 장군 몽염(蒙恬)을 사사했다.

39 왕돈(王敦)은 진(晉)나라 때 대장군(大將軍)을 지낸 권신으로 두 번이나 모반했는데, 그때마다 개조 참군(鎧曹參軍)으로 있는 전봉(錢鳳)의 말을 많이 따랐다.

40 김용택은 김만중의 손자이자, 이이명의 사위이다.

김창집은 김창도를 정우관과 내통하게 했고, 상궁을 몰래 사주하고 김성행을 조정해 서덕수(徐德修: 영조의 처조카)와 결탁해 소훈(昭訓)[41] 이 씨를 먼저 죽였다. 그는 궁중의 인척과 연락해 동정을 엿보며 세력을 형성했고, 중군(中軍)을 종처럼 부렸으며, 살리고 죽이기를 마음대로 하며 위세를 부렸다. 편지 한 장으로 다시 임금 제거를 도모하면서, 그 일의 더딤과 빠름을 장세상에게 자주 물었고, 삼목(三木, 李森)을 지방의 절도사로 내보내면서 그 처리를 문득 이만성에게 요청했다. 만약에 궁성에 병력을 배치하는 일이 발생했다면, 조정에서 피를 밟는 일을 어찌 면할 수 있었겠는가? 다행히 임금의 명이 내려지기 전에 기강을 바로잡았으니, 신명도 훤히 굽어보았다. 이들은 작은 희망이 이루어지길 기다렸으나, 바라던 길이 막히자, 모반하려는 뜻을 자행하려 했다.

이건명에게는 이이명이 형뻘이고, 그는 동생뻘이니, 같은 집안 출신으로 성품과 행실이 특히 비슷했다. 김창집이 영의정으로 있고, 이건명 자신은 좌의정으로 있으면서, 자리를 나란히 하며 명성과 위세를 서로 끌어주었다. 그는 청나라에까지 명성과 위세를 떨치면서 감히 우리 임금 헐뜯는 거짓을 꾸몄는데도, 잔악한 졸개들이 부추기는 바람에 악당의 우두머리로 지목하기에도 어색하기 짝이 없었다.

조태채는 본래 득실을 걱정하는 야비한 자로 반역의 흉당에 몰래 빌붙으려 했다. 민심이 그와 한 하늘을 함께 머리에 이고 있을 수 없다고 분개하니, 그가 장차 어디로 돌아갈 수 있겠는가? 왕법이 지엄하니, 그 역시 용서할 수 없다.

---

41 소훈(昭訓): 세자궁에 딸린 종오품 내명부의 품계.

대저 사흉이 잇달아 올린 차자는 실로 삼수의 음모에서 시작되었다. 김춘택이 세자 시해를 모의했다고 한 임부의 진술은 본래 근거가 없는 맹랑한 것이 아니었고, 칼날이 세자에게 향할지 염려한 이잠은 섶(薪·신)을 옮긴 무릉의 서복(徐福)이라고 이를 만하다.[42] 큰 죄인이 죄를 자복했으니, 드디어 민심이 몹시 기뻐했고, 나머지 추한 자들이 옥에 가득했으니, 악인을 가두는 하늘의 그물은 피하기 어렵다는 것을 족히 상상할 수 있을 것이다. 앞뒤로 죄를 자백한 자가 20여 명이고, 차례로 신문한 기간이 7~8개월이었다.

역적 김창집, 이이명, 이건명, 조태채, 이홍술, 백망, 정인중, 김용택, 이천기, 이희지, 이기지, 이영, 심상길, 장세상, 이헌, 정우관, 김창도, 이정식, 서덕수, 이우항, 유취장, 김성절, 우홍채, 심진(沈榗), 김일관, 김극복(金克復), 양익표, 이명좌(李明佐) 등에게는 이미 사형을 집행했다. 수백 개의 비밀 장물을 수색하며 갑(匣)에 든 패검(佩劍)도 찾아냈고, 28명의 간악한 자들을 귀양 보냈는데, 모두 은화를 써서 출세의 지름길을 찾던 자들이었다. 늦겨울에 약을 쓰려던 계획이 실행되지 않자 독이 강하지 않았음을 탄식했고, 초여름에 몰래 기회를 엿보았으나 비유컨대 이미 익은 밥을 지은 것과 같았다. 모의는 모두 대가(大家)와 거실(巨室)에서 나왔고, 재물은 모두 열곤(列閫)[43]

42 전한(前漢) 선제(宣帝) 때 정승 곽광(霍光)의 후예가 지나치게 위세를 떨치자, 무릉의 서생(書生) 서복이 글을 올려 곽 씨의 세력을 억제해야 한다고 세 번이나 주장했다. 그러나 그 건의가 받아들여지지 않았다가, 마침내 곽 씨의 역모가 발각되어 곽 씨가 몰락하고 말았다. 그 후 곽 씨의 역모를 고변한 사람들에게는 모두 상을 주었으나, 정작 서복에게는 상이 돌아가지 않았다. 그래서 어떤 이가 서복을 위해 "이것은 곧은 굴뚝을 굽게 만들고 아궁이 근처의 섶을 옮기라고 말해 화재를 미연에 방지한 사람에게는 상을 주지 않고, 불이 난 뒤에 불을 꺼준 사람에게만 후한 상을 내리는 것과 같다"고 비유한 고사에서 온 말이다. 여기에서는 이잠에게 바로 서복같은 선견지명이 있었다고 비유한 말이다. 『한서(漢書)』, 권68, 「곽광열전」.

43 열곤(列閫): 지방의 병영(兵營) 및 수영(水營)을 말한다.

과 웅번(雄藩)[44]에서 조달되었다.

나는 저들을 특별히 팔다리와 같은 옛 신하로 대우했으나, 저들은 도리어 나의 팔꿈치와 겨드랑이에서 급변을 일으켰다. 선대 임금으로부터 받은 사랑과 보살핌을 차마 배반하고 반역을 꾀하려는 마음을 제멋대로 품었기에, 오늘의 형법으로는 용서할 수 없으니, 내 마음이 근심스럽고 안타깝도다.

02 이때 목호룡이 고변한 정인중 등의 일은 모두 숙종 말년에 모의한 것이었고, 김성절의 진술에서 유취장 등을 끌어들인 일은 지금 임금이 즉위한 이후의 일을 가리켜 말한 것이다. 그 앞뒤로 고변 된 사람들은 모두 김창집·이이명 집안의 아들과 조카 및 빈객들이었기에 조정의 논의는 '연명 차자(聯箚)'와 '삼수의 음모'를 연결된 하나의 사건으로 간주했다. 그러므로 국문에서 나온 진술과 대간의 논의에서 공적인 것과 사적인 것, 오래된 일과 최근 일이 뒤섞여 증거가 매우 분명하지 않았다.

03 김용택, 이천기, 이희지, 이기지, 김성행 및 백망 등은 모두 자백하지 않고 죽어서, 시체의 무릎을 꿇려서 목을 베었다. 서덕수 등은 정형에 처했는데, 승복해서 받아낸 진술도 여러 차례의 고문으로 거의 죽게 되어 정신이 혼미하고 어지러운 상태에서 나온 것이 많았다. 김창집 등의 사형에 대해서 대간이 반수가검(盤水加劍)[45]의 법을 시행하자고 청하자, 임금이 "아뢴 대로 하라"고 답했다. 또 아뢰기를 "그러면 가

---

44 웅번(雄藩): 강성한 번진(藩鎭).

45 반수가검(盤水加劍): 쟁반에 물을 가득 채우고 그 위에 칼을 얹는 것. 쟁반에 물을 채운다는 것은 물은 원래 수평을 유지하므로 공평한 법으로 다스려 줄 것을 바란다는 뜻이고, 칼을 얹는 것은 그 칼로 목을 찔러 죽이겠다는 뜻.

검(加劍)도 해야 합니까?"라고 하니, 임금이 "아뢴 대로 하라"고 답했다. 이에 사자(使者)를 보내 목을 베려 하자, 조태구가 상소했다. "대신은 목을 벨 수 없습니다." 임금이 가검하라는 교지를 거두었지만, 사자가 먼저 출발했기 때문에 이건명은 참수당했고, 나머지는 모두 사사되었다. 이 사건에 연루되어 죽거나 귀양 간 자들은 이루 다 헤아릴 수 없었다.

04 목호룡의 고변서에 세제를 해치려 한다는 말이 있자, 세제가 환관을 불러 울면서 세제의 지위에서 물러나겠다고 했다. 최석항이 이것을 임금에게 아뢰자, 국문 기록에는 세제에 대한 언급은 모두 싣지 않았다. 옥사가 평정된 후, 사직을 보존한 공신(扶社功臣·부사공신)을 책봉하고, 목호룡을 동성군(東城君)에 봉했다.

7. 분열하는 소론

01 신축년(1721, 경종 1) 환국 초기에 김일경은 남인 심단을 끌어들여 이조판서를 맡기고 기사년(1689, 숙종 15) 이후 벼슬길이 막힌 자들을 대거 기용했다. 남인을 시켜 노론을 공격하여 죽이게 한 뒤에 남인도 함께 몰아내려던 계획이었다. 조태구는 이것을 옳지 못한 속임수라고 생각했다. 김일경이 다시 장희빈의 은혜를 갚아야 한다고 힘껏 청했지만, 이광좌는 안 된다고 고집했다. 이조참의(吏曹參議) 서명균(徐命均)이 제일 먼저 남인 탄핵을 주장했다. "심단은 노쇠해서 등용할 수 없고, 벼슬길이 막힌 남인을 갑자기 등용할 수는 없습니다. 윤지술의 죄는 비록 죽여 마땅하나, 태학생이라 죽일 수 없습니다." 결국 서명균도 그 발언으로 배척당했다.

02 국문이 시작되자, 김일경은 노론을 마구 죽이려 했다. 대사간 이사상(李師尙)이 소를 올려 엄하게 응징하자고 청했는데, "종자도 퍼지지 못하게 하라"는 말까지 들어 있어서, 조태구, 이광좌, 최석항이 모두 너무 심하다고 여겼다. 조태채는 오직 연명 차자에만 참여했고, 다른 혐의는 지적할 만한 것이 없었는데, 김일경은 "사흉은 우두머리와 졸개를 구분할 수 없다"고 여겼다. 조태구는 조태채와 종형제였으므로 의혹을 피하려고 그 논의에 참여하지 않았다.

03 삼사의 응징 논의가 드디어 온건론과 강경론(緩急·완급)으로 나뉘었는데, 온건론의 우두머리는 조태구였고, 강경론의 우두머리는 김일경이었다. 김일경이 정언 신필회(申弼誨)를 사주해 삼사를 모두 탄핵하게 했고, 아울러 서명균을 변방으로 귀양 보내라고 청했다. 지평 조최수(趙最壽)가 소를 올려 "신필회는 기사년의 잔당으로 김일경이 끌어들여 등용한 것이 잘못이므로, 김일경의 이조참판 직을 갈아야 한다"고 따졌다. 이사상이 신필회와 조최수를 모두 경질하라고 청하자, 김일경이 상소하여 물러나기를 청했지만, 임금이 허락하지 않았다.

04 전에 윤순이 이진유와 함께 진신소를 모의하다가 김일경이 상소의 우두머리가 된다는 소식을 듣고 고향으로 내려가 피했다. 그런데 김일경이 권세를 부리자, 윤순이 여러 사람에게 "김일경은 인망(人望)이 두텁지 않다"고 말했다. 그러자 김일경이 성을 내며 윤순을 소론 온건파(緩少·완소)의 우두머리로 지목했다.

05 강현(姜鋧)이 문형(文衡: 대제학)을 추천하면서, 김일경을 첫 번째로 거명하고, 이광좌와 조태억을 그다음으로 거명했다. 지평 정수기(鄭壽期)가 소를 올려 "강현은 늙고 정신이 가물가물해서 이런 일에 적합하지 않다"고 따졌다. 김일경이 이사상에게 반박하는 편지를 보내

"이 일은 이광좌와 조태억으로부터 비롯된 것"이라고 말했는데, 이것은 이광좌와 조태억이 김일경 다음으로 자신들이 거명된 것을 부끄럽게 여겨, 정수기를 사주했다는 뜻이다.

06 조태억이 상소로 김일경이 이사상에게 보낸 편지의 구절을 들추자, 김일경은 "조태억이 윤순으로부터 편지의 내용을 들었을 것"이라고 의심하며, 정언 박징빈(朴徵賓)을 시켜 윤순이 간사하다고 탄핵했다. 정수기가 상소했다. "윤순은 유려한 문장을 구사하는 우아한 선비지만, 박징빈은 비루하고 외람되며, 김일경은 저절로 이루어진 일을 자기의 공이라고 주장하면서도 기세가 당당합니다." 김일경이 여러 차례 소를 올려 스스로 변명하며 번번이 "나라를 위해 역적을 토벌했다"고 자칭해서 세상의 미움을 받았다고 한다.

07 전에 김일경이 지은 역적 토벌 반교문에, 처음에는 '회인종무(懷刃鍾巫)'[46]라는 구절이 있어 이것을 본 사람들이 매우 놀라 곧바로 고쳤다. 그러나 '금도접혈(禁塗蹀血)'[47]이라는 구절은 어떤 이는 말하기를 "다른 책에도 많이 인용되니, 고칠 필요가 없다"고 하고, 어떤 이는 "그 출처를 알 수 없으니, 말해서는 안 된다"고도 했다. 이윽고 김일경이 다

---

46 회인종무(懷刃鍾巫): 노(魯)나라 대부 우보(羽父)가 은공(隱公)의 서제(庶弟) 환공(桓公)을 사주해 은공을 살해한 일을 말한다. 은공은 아직 공자(公子)로 있을 때, 정(鄭)나라 사람과 싸워 포로가 되었는데, 정나라에서는 그를 윤 씨(尹氏) 집에 가두었다. 은공은 윤 씨에게 뇌물을 주어 윤 씨의 가신(家神)인 종무(鍾巫: 윤 씨 가문의 신주)에게 기도를 드렸고, 이윽고 윤 씨와 함께 노나라로 탈출하여 노나라에 종무를 모시는 사당을 지었다. 은공 11년 11월 은공이 종무를 제사 지내려고 위 씨(寪氏)의 집에 유숙했는데, 이때 우보가 악당을 시켜 은공을 살해했다. 우보는 태재(大宰) 벼슬을 원하여, 은공이 임금 자리를 물려주기로 마음먹었던 환공을 죽이자고 청했는데, 은공이 듣지 않자, 도리어 환공을 충동질해 은공을 죽였다. 요컨대 '회인종무'는 동생이 왕위를 노려 형을 칼로 살해했다는 뜻을 내포하고 있다. 『춘추좌전』, 노은공(魯隱公) 11년.

47 금도접혈(禁塗蹀血): 금정접혈(禁庭蹀血)과 같은 말로, 대궐의 뜰에 유혈이 낭자하여 그것을 밟고 건널 정도였다는 뜻이다. 당나라 초기 고조(高祖)가 장자 이건성(李建成)을 태자로 세웠는데, 이건성은 당나라 건국에 공이 많았던 아우 이세민(李世民)이 자기 자리를 넘볼까 염려하여 미리 제거하고자 했다. 이에 이세민이 군사를 동원하여 현무문(玄武門)으로 들어가 이건성을 죽였다. 이때의 처참했던 상황을 사마광은 자치통감 에서 '접혈금문(蹀血禁門)'이란 말로 묘사했다. 아우가 형을 잔인하게 죽이고 왕위를 차지했다는 뜻을 내포하고 있다. 『자치통감(資治通鑑)』, 권191.

시 상소하며 '종무(鍾巫)'의 사례를 인용하자, 사람들은 그가 전에 지은 반교문에서 언급한 '조정에서 피를 밟는 일'(禁庭之蹀血·금정지접혈)이라는 구절도 그가 고의로 언급한 것임을 모두 알게 되었다.

08 윤순이 조용히 최석항에게 말했다. "지금 김일경을 배척하지 않으면, 훗날 반드시 근심거리가 될 것입니다." 최석항이 말했다. "지금 김일경을 배척하면 사람들이 떼로 일어나 구원할 테니, 그것은 모든 사람을 김일경이 친 그물에 가두는 꼴이 될 것이네. 우리가 조정에 건재한데, 한낱 김일경이 어찌 감히 근심거리가 되겠나?"

09 대사간 김동필(金東弼)이 홀로 상소했다. "김일경이 임금을 대신해 글을 지으면서, 군더더기 말을 끼워 넣어 거칠고 어수선하고 그릇되게 엮었고, 인용한 것이 도리에 어긋나고 기이하니, 여러 사람이 입을 모아 떠들썩하게 말하기를 '미친 듯이 기이하다'고 합니다." 아울러 그가 관직에 있으면서 탐욕스럽고 방자하여 자기와 다른 사람들을 배척하며 충돌한다고 비판했다.

10 대사헌 이세최가 상소했다. "김일경의 몸속에 가득한 뜨거운 혈기가 하늘을 지탱하고 해를 받들었으니, 작은 허물로 그가 세운 공을 가릴 수 없습니다. 옛날에 제갈량은 '법효직(法孝直)[48]이 주군을 도와 날개를 펴고 뜻을 펼칠 수 있게 했으니, 이제 와서 어찌 막아서 그 뜻을 행하지 못하게 하랴!'라고 말했습니다. 김일경에게는 법정(法正)과 같은 교만과 횡포도 없으니, 공적을 논한다면 더욱 크다고 할 수 있습니다." 대사간 남취명(南就明) 등도 김일경을 두둔하고 김동필은 배척했으니, 어지러움이 그치지 않았다.

---

48 법효직(法孝直): 삼국시대 촉한(蜀漢)의 신하로 유비의 신임을 받았던 법정(法正). 효직은 법정의 자(字).

11 정언 유수원(柳壽垣)은 유봉휘의 조카였는데, 다음과 같이 상소했다. "조태구가 근거 없는 주장을 끌어들여 국시를 엄정하게 하지 않고, 인재를 쓰는 데에서도 사적인 것에 기울어져 속마음을 감출 수 없었습니다. 맑은 논의는 주장하지 않고 바른 기운은 점점 막히고 사라져서, 서로 번갈아 사정을 봐주며 부귀에 우선 안주하여, 정수기를 홍문관 부응교로 임명(瀛選東壁·영선동벽[49])하는 것을 공로로 여겼으니, 사람들의 기대에서 한참 벗어난 것입니다." 이에 조정의 논의가 크게 떠들썩해져서, 이조참의 이명언(李明彦)이 김동필을 외직에 임명하려 했다. 이조판서 이조가 반대하자, 이명언이 사직하고 물러났다.

12 이진유가 이조참의가 되자, 임금에게 뵙기를 청하여, 유수원을 예안(禮安) 현감으로 내보내고 김동필을 광주(光州) 목사로 삼았다. 그러자 최석항이 상소하여 이진유의 전횡을 김석주에 비유하며 비난했고, 아울러 김동필과 유수원의 외직 보임을 환수하라고 청했는데, 얼마 지나지 않아 김동필을 경상도 관찰사로 삼았다.

13 당시 소론 강경파(急少·급소)의 세력이 매우 왕성해서 응징이 몹시 가혹했다. 교리 이진수(李眞洙)가 응징을 조금 너그럽게 하자고 청하자, '대한(大寒)에 양춘(陽春)'이란 말이 나왔다. 부제학 이사상이 상소를 올려 "이진수가 나중에 노론이 집권하는 날을 내다보는 것"이라며 비방했고, 또 "김동필의 처제는 이정영(李廷瑛)의 아내로 조태채의 딸인데, 나라를 원망하고 저주하여 흉한 물건을 김동필의 집에 묻었으니, 먼저 김동필을 체포하여 심문하기를 청한다"고 주장했다. 지평 윤용(尹容)이 장계를 올려 "이사상은 마음 씀씀이가 탐욕스럽고 비루하며 간악한 데

---

49 영선동벽(瀛選東壁): 영선은 홍문관 관원을 선발하는 것이고, 동벽은 벼슬아치가 출근해서 모여 앉을 때 좌석의 동쪽에 앉는 벼슬로, 홍문관에서는 응교·부응교가 이에 해당한다.

에 기울어 아름답지 않다"고 말하자, 대사헌 박태상과 대사간 이제가 상소를 올려 이사상을 구원하고 윤용을 배척했다.

14 이때 조태구와 최석항이 연달아 죽자, 김일경의 세력은 더욱 불어났다. 이광좌가 정승이 되어 힘써 의견을 조정하는 데 주력했고, 이진유도 김일경을 물리쳤는데, 많은 사람이 소론 온건파를 따랐다. 사헌부 정언 이서장(李瑞章)이 작은 꼬투리를 가지고 이조판서 유봉휘를 탄핵했는데, 이것도 소론 온건파가 주도했다고 한다.

8. 임금의 헛소리

01 환국한 뒤에 윤선거 부자의 관직을 회복시키고 윤증에게 시호를 주었으며, 남구만, 박세채, 윤지완, 최석정을 숙종의 묘정(廟庭)에 배향했다. 조정에서 논의하기를, "숙종 말년에 내려진 정령(政令)은 임금의 뜻이 아닌 것이 많았다"고 하면서, 표지를 붙여 바로잡자고 청하기도 했다. 임진년(1712, 숙종 38) 과거도 복과(復科)[50]되어 오수원과 이헌장이 모두 삼사에 임명되었지만, 이진급만 완강히 사양하며 출사하지 않았다. 그가 정언직을 사양하며 올린 상소의 대략은 다음과 같다.

> *신은 재주가 본래 무디고 난삽해서 그때 과거에 응시한 글도 난축(亂軸)[51]에 가까스로 들었습니다. 시권(試券)을 늦게 바친 것을 나무라신다면 용서받을 방법이 없고, 선왕 말년에 내려진 발방(拔榜)[52] 명*

---

50 복과(復科): 과거에 급제한 사람의 이름을 방문(榜文)에서 지워 낙제시켰다가 다시 합격시키는 것.

51 난축(亂軸): 과거에 응시한 사람들이 시권을 제출하면 낸 순서에 따라 수권관(收券官)이 10장씩 책으로 묶고 『천자문』의 번호에 따라 자호(字號)를 매기는데 이것을 작축(作軸)이라 하고, 시간이 넘어서 낸 시험지는 따로 묶어 난축(亂軸)이라 했다.

52 발방(拔榜): 과거에 급제한 사람의 이름을 방목에서 뽑아버림.

령은 실로 선왕의 특별한 하교였습니다. 그것을 이제 와서 혼동하여 뒤늦게 복과한다면 어찌 심히 불편하지 않겠습니까? 신이 가히 문관으로 자처하지 못하는 것은 그 이유가 명백합니다. 이른바 가죽이 없는데 털이 장차 어디에 붙겠습니까? 바라건대 홍패(紅牌)[53]를 다시 거두어 주십시오.

02 임금이 일찍이 경연 중에 갑자기 말했다. "승지는 좌의정 최석항의 소행을 알고 있는가? 나라가 망했다면 그만이지만, 만약 그렇지 않다면 좌의정이 어찌 감히 이럴 수 있는가? 잡아다 국문하는 것이 옳다." 이어서 승지까지 함께 파직하라고 명했다. 우의정 이광좌가 입대하여 명령을 거두라고 청하자, 임금이 말했다. "최석항이 무엄했는데 우의정이 그를 구원하는 것은 옳지 못하다." 이광좌가 말했다. "최석항은 자신을 돌보지 않고 나라를 위해 죽을 충신입니다." 임금이 말했다. "그렇다면 잡아다 국문하는 것은 지나치니, 추고(推考)[54]하는 것이 좋겠다." 이광좌가 말했다. "대신을 추고하는 관례는 없습니다." 그러나 임금은 대답하지 않았다.

03 수찬 권두경(權斗經)이 상소로 말씀을 삼가라고 청했는데, 그 상소 가운데 "우리 임금께서 정신없이 헛소리한다"는 말이 있어, 양사가 꾸짖고 귀양 보냈다. 김일경이 상소했다. "우리 임금께 과연 병이 있습니까? 우리 임금께서 40세 가까이 되도록 이런 병이 없었는데, 이제 와서 무슨 병이란 말입니까? 그 말에는 반드시 까닭이 있을 것입니다."

04 임금의 병은 실제로 돌이킬 수 없었지만, 환국 이후 신하들은 경

---

53 홍패(紅牌): 문과의 회시에 급제한 사람에게 내어주던 증서. 붉은 바탕의 종이에 그의 성적·등급 및 서명을 먹으로 적었음.

54 추고(推考): 벼슬아치의 허물을 추문(推問)하여 고찰(考察)함.

쟁적으로 "용안이 전보다 나아졌고, 판단력도 비할 데 없이 명확하다"고 말했다. 그러나 크고 작은 공무를 처분하지 못하는 경우가 많아서, "청한 대로 따른다"고 하거나, "청에 따라 윤허한다"고 하거나, 끝내 결정을 내리지 못하기도 했다. 때로는 대들보가 울릴 만큼 큰 소리로 갑자기 진노하여 경연에 참여한 신하들이 두려워 떨기도 했는데, 승지의 걸음걸이가 느릿느릿하다거나 사관이 자꾸 쳐다본다는 것과 같은 사소한 일 때문이었다. 임금의 분노가 발동할 때마다 신하들은 번번이 "주상이 오늘 화가 동하셨다"고 말하며 물러났다가, 잠깐 지나서 다시 들어가면 곧 청을 들어주기에 그때 뜻을 아뢰고 나왔다.

05 하루는 임금이 하교했다. "내관 최홍(崔泓)이 제 임금을 배반했으니, 법에 따라 처벌하는 것이 좋겠다." 신하들이 들어가 최홍의 죄를 물으니, 임금이 말했다. "어떤 법을 써야 하겠는가?" 신하들이 대답하지 못하자, 임금이 말했다. "고신을 박탈하는 것이 좋겠다." 그러나 끝내 무슨 이유로 임금을 배반했는지는 알 수 없었다.

06 임금이 우애가 돈독해서 세제를 볼 때마다 반드시 웃는 모습을 띠었으며, 때로는 친히 동궁을 방문해 문밖에 우두커니 서서 말했다. "내 아우의 책 읽는 소리를 듣고 싶다." 소론의 신하들도 모두 진심으로 세제를 보호하여 세제의 지위가 편안했다고 한다.

경종 시대의 당인들

<노론>

김고(金槔), 김극복(金克復), 김민택(金民澤), 김성절(金盛節), 김성행, 김용택, 김운택(金雲澤), 김일관(金一觀), 김재로, 김창도(金昌道), 김창집, 민진원, 박치원(朴致遠), 서덕수(徐德修), 심상길(沈尙吉), 심진(沈榗), 양익표(梁益標), 어유구, 어유룡(魚有龍), 우홍채(禹弘采), 유복명(柳復命), 유취장(柳就章), 윤지술, 이건명(李健命), 이관명(李觀命), 이기지, 이만성(李晩成), 이명좌(李明佐), 이사명, 이우항(李宇恒), 이의현(李宜顯), 이이명, 이정소(李廷熽), 이정식(李正植), 이천기, 이헌(李瀗), 이홍술(李弘述), 이희지, 장세상(張世相), 정우관(鄭宇寬), 정인중(鄭麟重), 정택하(鄭宅河), 정호, 조성복(趙聖復), 조영복(趙榮福), 조태채, 조흡, 홍계적, 홍석보(洪錫輔), 홍의인(洪義人), 홍철인(洪哲人)

<소론>

김연, 김일경(金一鏡), 김주신(金柱臣), 박태항(朴泰恒), 박필몽(朴弼夢), 서종하(徐宗廈), 심수현(沈壽賢), 양성규(梁聖揆), 유봉휘, 윤성시(尹聖時), 윤연(尹埏), 이광좌, 이명의(李明誼), 이삼(李森), 이제(李濟), 이조(李肇), 이진검(李眞儉), 이진유, 이태좌(李台佐), 정해(鄭楷), 조태구, 조태억, 최석항(崔錫恒), 한배하(韓配夏), 한세량(韓世良)

<소론 강경파: 급소(急少)>

김일경, 남취명(南就明), 박징빈(朴徵賓), 박태상, 신필회(申弼誨), 유봉휘, 유수원(柳壽垣), 이명언(李明彦), 이사상(李師尙), 이세최(李世最), 이제

< 소론 온건파: 완소(緩少)>

김동필(金東弼), 서명균, 윤순, 윤용(尹容), 이광좌, 이서장(李瑞章), 이조, 이진수(李眞洙), 이진유, 정수기(鄭壽期), 조최수(趙最壽), 조태구, 조태억, 최석항

<남인>

권규(權珪), 목호룡(睦虎龍), 심단(沈檀)

제6장 영조 시대

第六章

1. 영조 즉위와 노론 집권

01 경종이 승하하고 영조가 즉위했으며, 이광좌가 원상을 맡았다. 공제(公除)[1] 이후 제일 먼저 유봉휘를 좌의정으로 삼았고, 민진원은 선후(先后)인 인현왕후의 오빠라는 이유로 특별 명령으로 석방했다. 그리고 여러 차례 하교하여 신하들에게 당을 결성하지 말라고 엄히 경계하고, 또 우레가 치는 이변을 계기로 구언했다.

02 유학 이의연(李義淵)이 상소했다. "대행대왕에게 병이 있었는데 소인들이 가리고 덮었습니다. 세제 책봉을 도모한 신하들의 신원(伸冤)을 청합니다." 대사간 권익관(權益寬), 사직 이명언 등이 상소로 변론했는데, 대략은 다음과 같다.

> *성상께서는 숙종의 둘째 적자였고 대행대왕에게는 후사가 없어 대통이 전하께 저절로 돌아간 것입니다. 하물며 세제 책봉을 도모한 것은 대행대왕께서 자전(인현왕후)의 뜻을 받들어 행한 것입니다. 흉악한 무리가 저절로 이루어진 일을 자기들의 공이라고 주장하면서 세제의 대리청정까지 청했으니, 전하께서 이 무리에 의해 옹립되었다면*

1 공제(公除): 임금이나 왕비가 죽은 뒤 일반 공무를 중지하고 26일 동안 애도의 뜻을 표하던 일.

온 천하의 후손들에게 무슨 핑계를 댈 수 있겠습니까?

03 우의정 조태억이 임금에게 말했다. "당나라에서 환관들이 임금을 옹립해 '정책국로(定策國老)[2]'니 '문생천자(門生天子)[3]'니 하는 칭호가 생겼습니다. 지금도 신하가 임금을 옹립하며 자신의 공로라고 주장하니, 무엇이 이것과 다르겠습니까?" 그는 또 『예경(禮經)』의 "태자에게 아부하지 않았다(不附太子·불부태자)"[4]는 말, 그리고 한나라 위관(衛綰)[5]과 우리나라 이경여(李敬輿)[6]의 사례를 인용해 유봉휘의 충성심을 두둔했다. 그는 또 이의연을 전하의 부형(父兄)의 원수라며 성토했다. 임금이 처음에는 이의연에게 처벌하려는 뜻이 없었는데, 신하들이 강요하자, 결국 섬으로 귀양 보내라고 명했다.

04 이의연의 상소에 김일경이 언급한 '접혈'이란 말이 있었는데, 사직 송재후(宋載厚) 등이 다시 말했다. "김일경이 인용한 '종무,' '사구(沙丘),'[7] '접혈' 등의 일은 모두 골육 간에 벌어진 망극한 재앙을 말한 것입니다." 임금이 김일경의 반교문을 들이라고 명하고 여러 번 하교

---

2 정책국로(定策國老): '임금이나 황제의 옹립권을 갖는 국가의 원로'라는 뜻으로, 당나라 때 정권을 좌우한 환관을 이르는 말.

3 문생천자(門生天子): 당나라 말엽에 환관이 국정을 마음대로 휘두르며 황제를 폐지하기도 하고 세우기도 했는데, 환관이 황제 보기를 시험관이 문생 보듯 한다고 해서 생긴 말.

4 출처가 명확하지 않다.

5 위관(衛綰): 한나라 문제(文帝)의 신하. 문제의 아우 경제(景帝)가 태자 시절 위관을 잔치에 불렀으나 위관은 병을 핑계로 가지 않았다. 문제가 죽고 경제가 즉위하자 경제는 문제의 부탁으로 위관을 중용했고 위관 역시 문제를 힘껏 섬겼다. 『사기』, 권103, 「만석장숙열전(萬石張叔列傳)」.

6 이경여는 봉림대군(鳳林大君)의 세자 책봉을 반대했고, 소현세자 빈의 사사를 반대하다가 유배되었으나, 봉림대군이 효종으로 즉위하자 그가 선왕에게 충성한 것을 생각하고 영의정으로 등용했다.

7 사구(沙丘): 사구는 진 시황이 병에 걸려 죽은 사구평대(沙丘平臺)이다. 진 시황이 재위 37년(B.C. 210)에 천하를 순행할 때 조고(趙高)가 부새령(符璽令)으로 따라갔는데, 진 시황이 죽음이 임박해서 장자인 부소(扶蘇)를 불러 후사를 이으라는 내용의 편지를 조고에게 전했으나, 조고가 진 시황의 사망과 편지를 감추고 이사(李斯)와 결탁해 가짜 조서를 내려 부소를 자살하게 하고, 그때 수행했던 막내 아들 호해(胡亥)를 이세 황제(二世皇帝)로 삼았다. 즉 신하의 간사한 술수로 대통을 이을 형을 죽이고 아우가 왕위를 계승한다는 뜻이 내포되어 있다. 『사기』, 권6, 「진시황본기(秦始皇本紀)」.

했다. 하교 중에 "빈전(殯殿)[8]에서 울부짖느니 차라리 죽어 버리고 싶다"는 말까지 있었는데, 삼사에서는 누구도 김일경을 처벌하자고 청하는 자가 없었다.

05 옥당(玉堂: 홍문관)의 이거원(李巨源)과 승지 이명의가 매우 힘껏 김일경을 두둔하며 구원했고, 김동필도 말했다. "김일경의 반교문은 심한 망발에 불과하지, 대역죄는 아닙니다." 임금이 김일경을 섬에 귀양 보내 위리안치시키라고 명했다. 그 뒤에 신하들이 이의연을 국문하라고 청하자 마지못해 허락하고, 이어서 김일경과 목호룡도 함께 국문하라고 명했다.

06 유학 홍득일(洪得一) 등은 신하들에게 맡기지 말고 임금이 친히 국문하기를 청하면서, 심지어 "여러 명의 김일경이 한 명의 김일경을 다스리게 해서야 어떻게 실정을 파악할 수 있겠습니까?"라고 말하기까지 했다. 임금도 사관과 금례(禁隷)[9]를 연달아 파견해 국문하는 과정을 살펴보았다. 조태억은 위관이 되자, 스스로 불안하여 임금의 친국(親鞫)을 청하니, 임금이 친국했다. 김일경은 임금을 향해 '신(臣)'이라고도 칭하고 '나(吾)'라고도 칭했다. 임금이 뜻을 같이한 자를 물으니, 김일경이 말했다. "내가 백수(白首)의 나이로 어찌 친구를 팔아 살기를 도모하겠소?" 임금이 말했다. "내가 장차 너의 목을 베어 빈전에 알리겠다." 김일경이 말했다. "나도 대행대왕 곁에서 죽기를 원하오." 목호룡의 말도 거칠고 오만했다. 임금이 김일경의 목을 베라고 명했고, 목호룡은 이미 곤장을 맞고 죽어서 그 시체의 목을 베었고, 이의연도 곤장을 맞고 죽었다.

---

8 빈전(殯殿): 국상 때, 상여가 나갈 때까지 왕이나 왕비의 관을 모시던 전각.

9 금례(禁隷): 의금부나 사헌부에 속하여 시중을 들면서 백성들의 불법 행위를 단속하던 하인.

07 김일경이 죽자, 노론의 발언이 날로 거세졌고, 소론은 두려움에 떨어서 사람의 얼굴색이 아니었다. 이때 임금이 영의정 이광좌를 오롯이 신임하고 사랑으로 대우함이 매우 융숭하여 소론은 더더욱 그에게 의존하게 되었다. 수찬 이광덕(李匡德)이 상소로 정승들을 논박했다.

근래 전하께서 김일경 옥사에 대한 처분을 엄하고 분명하게 하시자, 앞에서는 자기 당을 감싼 혐의가 드러났고, 뒤로는 역적 토벌을 관대하게 한 죄가 드러나서, 대소 신료들이 놀라 부들부들 떨고 있습니다. 그래서 세 대신도 남에게 참혹한 비판을 들었지만, 진퇴(進退)와 출입(出入)은 오직 전하의 명만 따르고 있습니다.

사람들이 말하기를 "임금을 속인 죄인의 마음으로 대신들이 서로를 두둔한다"고 하니, 이것이 얼마나 큰 죄입니까? 전하께서 참소하는 자를 처벌하자니 이미 그들의 주장의 10분의 7이나 8을 받아들였고, 대신을 처벌하자니 인산(因山)[10]이 가까이 닥쳤기에, 우선 이런 회유의 계책을 쓰신 것입니다. 이때 전하의 마음은 진실했습니까? 진실하지 않았습니까? 왕도였습니까? 패도였습니까?

세 대신은 유봉휘, 조태억, 이광좌를 이른 것이다.

08 대사헌 오명준이 상소로 이광좌를 탄핵했다.

예전 태평성세에는 사대부가 벼슬을 얻을 때나 잃을 때나 모두 자신을 바르게 지키고 아부하지 않아서 좇아가 어울리거나 비굴하게

10 인산(因山): 태상황, 황제, 황태자, 황태손과 그 비(妃)들의 장례. 또는 상왕, 왕, 왕세자, 왕세손과 그 비들의 장례.

비위를 맞추는 풍조가 없었습니다. 그러므로 비록 한때의 실패가 있더라도, 악취를 남기는 부끄러움은 볼 수 없었습니다. 지금 전하께서 오직 탕평을 근본으로 세웠으니, 호오(好惡)로 출척(黜陟)하려는 뜻이 없는데도, 조정의 풍기가 먼저 변하여 사대부의 뜻과 취향이 점점 더러워졌습니다.

영의정 이광좌는 감독하고 인솔하는 책임을 맡은 지위에 있음에도, 염치(廉恥)를 내던진 채 말마다 아첨하고 일마다 굽신거리며, 오직 말 한마디라도 전하의 마음에 맞지 않을까, 한 가지 일이라도 전하의 뜻을 거스를까 두려워합니다. 공제하던 날에도 빈전 옆에 있으면서, 전하의 슬픔에 찬 눈물이 마르지 않았는데도, 급히 친어머니의 사당을 세우자고 청했고, 또 슬픔에 허둥거리는 경황 중에 임금의 얼굴을 베껴 그리자고 청했고, 임금의 사랑을 바라며 은총을 굳히려고 오직 전하에게 듣기 좋은 것만 좇았습니다. 전하께서 높은 곳에 임하셔서 굽어보신다면, 어찌 그 실상을 간파하지 못하겠습니까?

이광좌가 여러 번 상소하여 물러나기를 청했으나, 임금이 위로하며 머무르게 했다.

09 임금이 목호룡을 국문할 때, "김일경의 신축년(1721, 경종 1) 상소에 동조했느냐?"고 하교했는데, 승지 정석삼(鄭錫三)이 임금에게 아뢨다. "신축년 상소는 진신소입니다." 임금이 그 상소문을 들이라고 명하니, 유응환(柳應煥)과 방만규(方萬規)가 연이어 상소를 올렸다. "신축년 상소에 '기현(冀顯)'[11]이란 말이 있었는데, 그 뒤에 김일경도 그의 글에서

---

11 기현(冀顯): 양기(梁冀)와 염현(閻顯)을 말한다. 제5장 각주 6 참조.

'기현'이란 말을 세 번이나 썼습니다. 염현이 태후에 의지하여 어린 임금을 옹립했고, 곽현(霍顯)이 태후를 믿고 허후(許后)를 독살했다는 것입니다. 이것은 대비를 지목해서 배척한 것입니다."

10 지난 임인년(1722, 경종 2)에 김성절이 "김 씨 성을 가진 궁녀가 약을 써서 시해를 도모했다"는 진술을 했고, 약원(藥院) 일기에는 "임금이 일찍이 누런 물을 한 되나 토했다"는 기록이 있었다. 국청에서 이를 인용해 약을 쓴 단서로 간주하자, 신하들이 실상을 조사해서 밝히라고 요청했다. 임금이 처음에는 조사를 허락했다가 이윽고 그런 사람이 없다며 거부하자, 대신과 삼사를 비롯한 백관이 경쟁적으로 진상 규명을 요청한 지 여러 해가 지났다. 교리 윤서교(尹恕教)가 상소했다. "혹시 이 여종이 선왕(경종)을 섬겼기에, 선왕이 그녀를 아꼈듯이 전하께서도 그녀를 아끼셔서 차마 처벌하지 못하는 것입니까?"

11 이때 방만규가 말했다. "윤서교의 생각이 엉큼하고 괘씸합니다." 임금이 방만규를 미워하여 그의 목을 베라고 명하고 유응환도 귀양 보냈다. 이때 이조참의 윤봉조(尹鳳朝)가 바야흐로 당시의 여론을 주도하다가 방만규를 국문할 때 연루되어 함께 귀양 갔다. 그러나 그의 주장을 지지하는 사람들이 끊이지 않자, 임금이 신축년의 상소에 참여한 이진유 등 6명을 귀양 보내라고 명하고, 이광좌를 파직했으며, 노론을 모두 불러들이니, 민진원과 정호 등 과거에 귀양 갔거나 벼슬길이 막혔던 자들이 조정에 가득 늘어서게 되었다.

2. 노론 네 대신의 복권

01 민진원이 조정에 들어와서 예조판서가 되자, 제일 먼저 왕자 경의

군(敬義君)을 세자로 책봉하자고 청하니, 임금이 좋다고 답했다. 그러자 민진원이 이어서 신축년에 건저를 추진한 네 대신의 억울함을 아뢰며 말했다. "저들이 건저를 폐립(廢立)[12]이라고 하고 대리(代理)를 찬탈이라고 한 것은 신하들을 무함한 것이 아니라 곧 전하를 무함한 것입니다. 전하에 대한 무함을 씻어낸 뒤에야 신하들의 억울함도 아뢸 수 있을 것입니다. 그러나 신하들의 억울함을 아뢰지 않으면 전하를 무함한 것도 밝힐 수 없습니다." 민진원은 이어서 소매 속에서 상소문을 꺼내 올렸는데, 그 대략은 다음과 같다.

대행대왕께서는 불세출의 영명한 자질을 갖고 계셨으나, 불행히도 중년에 병이 들어, 병세가 억지로 일하기 어려운 상태임을 스스로 헤아리시고, 전하에게 부탁하여 세제를 삼았습니다. 이에 세제에게 서무(庶務)를 대리하라고 명하시니, 신하들이 상심하고 애통하여 차마 받들지 못한지도 여러 날이 지났습니다. 그러다 "세제에게 서무를 맡기는 것이 옳은가, 좌우의 측근에게 맡기는 것이 옳은가"라는 하교에 이르러서는 임금의 염려하심이 더욱 깊고 멀었습니다. 그런데 한 무리의 사람들이 스스로 의심하고 겁을 내며 자신들에게 돌아올 불이익을 두려워하자, 조태구가 그의 당을 이끌고 함부로 대전에 들어가 면대를 요청하고 갑자기 종사가 장차 망할 것이라고 말했습니다. 그러나 신은 모르겠습니다. 좌우의 측근이 권력을 휘두르면 종사가 편안하고 전하가 대리하면 과연 종사가 망한답니까?

질병은 성현이라도 피하지 못하는 것입니다. 임금의 덕에 무슨 손

12 폐립(廢立): 임금을 폐하고 새로 다른 임금을 맞이해 세움.

해가 되길래 선왕에게 병이 있는 것을 숨기고서는, 속이고 감춘 버릇없는 행적에서 자신은 몰래 벗어나려고 하면서, 임금에게 끼친 욕된 허물은 걱정하지 않으니, 어찌 마음 아프지 않겠습니까? 저들이 숙종의 처분에 대해서는 여러 해 쌓인 고질병에서 비롯된 것이라며 마음대로 헐뜯더니, 선왕에 대해서는 질환을 몰래 숨기고서 그것을 언급하면 번번이 역적으로 몰았습니다. "선왕에게 병이 있었는데, 소인들이 이것을 막아 숨겼고, 불과 몇 년 사이에 숙종의 옛 정치를 바꾼 것도 모두 간신들의 어지럽힘에서 나온 것이다"라고 분명히 말한 연후에야, 비로소 안팎의 의혹과 후세의 의심을 풀 수 있고, 또한 선왕 본연의 아름다운 덕도 밝힐 수 있을 것입니다.

02 정호가 우의정으로 임명되자, 민진원과 함께 임인년 옥사의 신원을 논의하며 상소를 올렸는데, 그 대략은 다음과 같다.

목호룡의 고변서는 남의 꾀임을 받아서 나온 것이니, 다만 이것은 무옥(誣獄)[13]일 따름입니다. 그것이 무옥임이 이미 밝혀졌다면, 승복하지 않은 사람이나 승복한 사람, 정형에 처하지 않은 사람이나 정형에 처한 사람이 무슨 차이가 있겠습니까? 예로부터 무옥 중에서도 임인년 옥사 같은 것은 없었습니다. 3년 동안 교묘하게 죄목을 꾸며 하고자 하는 대로 다 했으나, 죄인의 입에서 나온 말도 기록해 두지 않은 것이 있었고, 죄인의 입에서 나오지 않은 말인데도 기록해 둔 것이 있었으니, 이른바 승복했다는 것은 저들이 허물을 숨기려고 꾸민 것은 아닌지 어찌 알겠으며, 죽음에서 살아나려는 자가 함부로 지껄

13 무옥(誣獄): 죄 없는 사람을 무고하여 일으킨 옥사(獄事).

인 말은 아닌지 어찌 알겠습니까?

네 대신의 재앙은 오로지 건저와 대리에서 나왔고, 이와는 별개의 죄목도 몇 가지에 불과합니다. 예컨대 '궁성호위(宮城扈衛)'라는 말도 그 근거는 이삼을 충청병사로 내보낸 것에 불과하니, 이삼이 스스로 외직으로 나가기를 원했음은 온 조정이 다 아는 사실입니다. 유취장은 이삼 대신 중군(中軍)에 임명되었다가 얼마 지나지 않아 다시 평안병사에 추천되었으니, 만약 저들의 말과 같다면 어찌 외직으로 내보낼 수 있겠습니까?

'양(養)' 자를 손바닥에 써서 추대했다는 주장에서도, 그것이 과연 털끝만큼이라도 그럴듯한 일입니까? '위(痿)' 자는 또 어찌 깊은 뜻이 있겠습니까? 손발이 마비되는 것을 '위(痿)'라고 하는데, 이 한 글자로 어찌 선왕을 폄훼하고 헐뜯었다고 할 수 있겠습니까?

이건명의 재앙이 다른 세 신하와 비교해 가장 참혹한 것은 그가 전대(專對)[14]를 자청했기 때문입니다. 전하는 그것을 아십니까, 모르십니까? 대리가 본래 찬역(簒逆)이 아니라면 조태채의 죽음은 또 무슨 죄 때문입니까? 이 네 신하는 다만 숙종의 옛 신하로서 '내 임금의 아들(영조)'을 차마 버리지 못해 끝내 죽음을 면치 못했을 뿐입니다.

03 이건명이 세제 책봉을 청하러 연경에 들어가자, 청나라 사람이 물었다. "임금의 병은 무엇 때문이오?" 이건명은 '위(痿)' 때문이라고 대답했는데, 남자에게 생식력(陽道·양도)이 없다는 말이다. 이 때문

---

14 전대(專對): '사신(使臣)'을 달리 이르는 말. 외국에 사신으로 나간 사람이 본국과 상의 없이 임의로 응답하거나 일을 처리하는 것. 이건명은 경종 1년(1721)에 세제 책봉 주청사(奏請使)로 청나라에 다녀왔다.

에 대간이 이건명을 처벌하라며 환온(桓溫)[15]이 제혁(帝奕)[16]을 폐위한 것에 비유했다. 정호가 상소에서 말한 이른바 '위(痿)' 자의 일이 이것이다.

04 이에 김창집, 이이명, 이건명, 조태채의 관직을 모두 회복하고 시호를 내렸으며, 사당을 세워 '사충사(四忠祠)'라고 명명했다. 임인년 옥사도 모두 번복했고, 이미 승복한 사람도 모두 신원했다. 전 훈련대장 윤취상(尹就商)과 내시 손형좌(孫荆佐) 등은 베어 죽였고, 이사상도 전교를 내려 정형에 처했는데, 이들이 박상검과 김일경의 당이었기 때문이다.

3. 정미환국과 소론 집권

01 이때 노론이 다시 대대적으로 살육을 단행하려 하자 임금이 말했다. "나 역시 참혹하게 무고와 모독을 당했으니, 어찌 분하고 미운 마음이 없겠는가? 그러나 무고를 가려내고 억울함을 푸는 것은 좋지만, 보복은 안 된다." 정호와 민진원이 또 임인년 옥사를 뒤집은 내용을 종묘에 고하고 사면령을 반포하라고 말하고, 차대(次對)[17]에서 거론한 조목에는 "대행대왕에게 병이 있었는데 간당(奸黨)이 속이고 은폐했다"고 사실 그대로 쓰고 팔방(八方)에 알렸는데, 당시에는 이것을 '반질(頒疾: 임금에게 병이 있다고 반포하는 것)'이라고 불렀다.

02 이에 사과 정석삼이 올린 상소의 대략은 다음과 같다.

---

15 환온(桓溫): 동진(東晉) 시대에 대사마(大司馬)를 지낸 권신으로, 황제가 고자라는 유언비어를 퍼뜨려 폐위시켰다.

16 제혁(帝奕): 환온에 의해 폐위를 당한 폐제(廢帝) 사마혁(司馬奕).

17 차대(次對): 매달 여섯 차례씩 의정, 대간, 옥당이 임금 앞에 나아가 정무를 보고하던 일.

무릇 부형(父兄)의 일은 비록 대수롭지 않은 말과 행동이라도 죽은 뒤에 다른 사람에게 말하기에는 오히려 두려운 것입니다. 하물며 나중에 임금의 안위 문제를 끄집어내고 지난 일을 들추어 조종의 신령을 슬프게 하고 사방의 듣는 이들을 놀라게 하여 만세에 비판거리를 남겨야 하겠습니까? 가령 선왕께서는 신하들에게 속고 가려졌기 때문에, 상신(相臣)의 말처럼, 죄는 마땅히 신하들에게 있다고 한다면 이것만으로도 족히 그 마음에 흡족할 수 있는데, 어찌 차마 이처럼 이치에 어긋나는 논의를 한단 말입니까?

서명균, 송인명(宋寅明), 조문명(趙文命) 등이 서로 이어 가며 그와 같이 말하자, 임금이 정석삼은 귀양 보냈지만, '반질'은 그만두었다.

03 태학생 정유(鄭楺) 등이 소를 올려 말했다.

선왕의 병세가 아주 위독했는데도, 이광좌는 의약청(議藥廳)[18]을 설치하지 않았고, 조태억이 지은 교서에는 "어찌 한밤중에 일이 일어날 줄을 알았겠느냐"라는 구절이 있었습니다. 이것은 선왕께서 병 없이 돌아가셨다는 주장입니다.

임금이 정유를 귀양 보내라고 명하자, 정호 등이 격하게 반박하기를 멈추지 않았다. 임금이 자못 곤혹스러워했는데, 조문명, 조현명(趙顯命), 송인명이 여러 번 탕평을 주장하자, 임금이 받아들였다.

---

18 의약청(議藥廳): 왕과 왕비 등의 환후가 중태이거나 병세가 오래 계속될 때 내의원에 임시로 의약청 또는 시약청(侍藥廳)을 특설하여 내의원 소속 이외의 의관(醫官)이나 의방(醫方)에 능통한 중신들을 함께 참여시켜 증세와 치료 방법 등을 상의했다.

04 때마침 신하들이 유봉휘와 이진유 등을 죽이자고 다투어 청하며, 38차례나 정청하여 아뢰었고, 3년 동안 쉬지 않고 계속했다. 병조판서 홍치중(洪致中)이 정청에 참여하지 않자, 임금이 드디어 그를 정승으로 삼았다. 얼마 후 임금이 신축년 상소 때 소두(疏頭) 이외의 사람 중에서 소두 다음 한 명에게 '차율(次律)'[19]을 시행하라고 명했는데, 소두 다음 한 사람은 이진유였고, 차율은 교수형을 말한다. 당시 신축년 상소에서 소두 이외의 사람 중에 정해는 이미 죽었고, 이진유 및 박필몽, 이명의, 윤성시, 서종하는 마침 귀양 가 있었는데, 대간에서 다섯 사람 모두 정형에 처해야 한다고 다투어 아뢰었다.

05 이에 삼사가 함께 임금 뵙기를 청했고, 대사헌 이교악 등이 네 사람을 먼저 정형에 처하자고 청했다. 임금이 말했다. "다섯 명이 어떻게 네 명으로 되었는가? 그중 한 명은 마땅히 차율을 써야 한다는 것인가?" 이교악 등이 대답했다. "그 한 명도 차율을 쓸 수 없고, 장차 이 네 명에 대한 정형에 이어서 정형에 처할 것을 청하고자 합니다." 임금이 갑자기 몹시 화를 내며 말했다. "그 한 명을 다른 네 명과 함께 정형에 처하지 않는다면, 그 한 명에게 먼저 차율을 쓰고 그 뒤에 또 네 명의 처벌을 논의하겠다는 것이냐? 신하들이 임금을 속이고 농락해도 되는가?" 삼사의 벼슬을 모두 빼앗고 내쫓으라고 명했다. 이에 민진원 이하 노론을 모두 파직하고, 이광좌와 조태억을 기용해 정승으로 삼고 소론을 불러 등용했다. 이것을 정미환국(丁未換局, 1727, 영조 3)이라고 한다.

---

19 조선시대의 사형(死刑)에는 교수형(絞首刑)과 참수형(斬首刑)이 있는데, 참수형이 교수형보다 무거운 형벌이다.

4. 소론의 국시와 경종 독살 논란

01 지평 조현명이 상소를 올렸다.

전하의 조정은 이 당, 저 당의 당인들이 부귀를 구하는 객사(客舍)가 되었습니다. 자중하는 선비라면 그 누가 부른다고 모이고 꾸짖는다고 흩어지기에 바쁜 당파의 휘하에 들어가려고 하겠습니까? 또한 응징하여 처벌함에 지나친 것이 많았으니, 사사로운 분노를 끌어들인 것은 신축년(1721, 경종 1)과 임인년(1722, 경종 2) 사람들의 죄이고, 보복에 급급하여 오로지 남을 함정에 빠뜨리는 데 마음을 쓴 것은 을사년(1725, 영조 1) 사람들의 죄입니다. 양쪽의 잘잘못을 전하께서 이미 아셨다면, 등용하는 것과 내치는 것을 마땅히 공평하게 해야 합니다. 그런데도 한꺼번에 등용하고 한꺼번에 내치는 것은 무슨 까닭입니까?

임금도 그 말이 옳다고 여겼다.

02 이광좌가 조정에 나와 먼저 국시를 정하자고 청했다. 대사성 송인명이 경연에서 큰 소리로 말했다.

청컨대 신이 전하를 위해 국시를 정리해 보겠습니다. 임인년 옥사는 3등급으로 나눌 수 있습니다. 이희지, 이천기, 김용택, 정인중의 무리는 숙종 말년부터 함부로 은화를 쓰며 환관 및 궁녀와 결탁한 증거가 어지럽게 흩어져 있어 숨길 수 없습니다. 손바닥에 글씨를 썼다거나 칼을 주었다는 기록은 믿을 수 없으나 이미 도리에 어긋난 말이

있었으니, 역적이라고 하지 않을 수 없습니다. 국문 받은 죄수 중에 승복한 자들에 대해서는 따로 논할 것이 없지만, 승복하지 않은 자들에 대해서는 마땅히 따로 말해야 할 것이 있습니다. 이만성 이하는 죄가 명백하지 않으니 그 관작을 그대로 두는 것이 옳습니다. 이이명과 김창집 같은 자는 남을 사주하여 상소하게 하고도 책임을 면하려고 정청했으며, 정청하다가 연명 차자를 올리고, 연명 차자를 올렸다가 다시 거두어들이기를 청했으니, 이것은 음으로 양으로 여닫기를 마음대로 한 것입니다. 이러한 일은 모두 순수하거나 공변된 것이 아니기에, 곧 반역입니다. 100분의 99가 공적인 것이고 100분의 1이 사적인 것이라도, 그것 또한 반역입니다. 행적에 증거는 남았지만, 반역할 마음은 없었다니, 노적(孥籍)[20]의 형벌은 지나치지만, 벼슬과 시호를 주는 것은 아주 잘못된 것입니다.

임금이 칭찬해 마지않으며, 임인년 옥사의 기록을 대략 송인명의 말과 같이 개정하라고 명했다.

03 임금이 이이명 등의 관직을 그대로 두려 하자, 이광좌가 반대하며 바로잡으려 했다. 임금이 말했다. "연명 차자와 삼수 사건은 본래 두 개의 사건인데, 연명 차자를 삼수 사건의 국문 기록(鞫案·국안)[21]에 뒤섞어 넣었으니, 그것은 지나친 것 아닌가?" 이광좌가 말했다. "선왕이 원년(元年)에 정무를 내려놓자, 김창집 등이 신하로서 두 마음을 품었으니, 이것은 하늘과 땅(覆載·부재)[22] 사이에서 용납할 수 없는 것입니

---

20 노적(孥籍): 모역, 반역 등의 중죄에 대해 죄인은 극형에 처하고, 그 처자도 연좌시켜 노비의 적에 올리고 재산은 몰수하는 처벌.

21 국안(鞫案): 죄인을 국문한 사실을 기록한 문서.

22 부재(覆載): "하늘이 만물을 덮고 땅이 만물을 담았다"는 뜻으로, 하늘과 땅을 이르는 말.

다.” 임금도 부득이 이이명, 김창집, 이건명의 관직을 빼앗고 조태채는 다만 그 시호를 거두어들이라고 명하자, 이광좌가 또 고집스럽게 반대하며 바로잡으려 했다.

04 이조판서 오명항이 임금에게 아뢰었다. “조태구는 진정한 충신으로 흠이 없는 순수한 신하이고, 이진유는 신축년 상소 외에는 다른 죄가 없습니다.” 그러자 임금이 조태구와 유봉휘의 관직을 돌려주고 제사를 지내 주라고 명했다. 당시 유봉휘는 유배지에서 죽었다. 얼마 후에 또 조태채의 관직을 빼앗고 신축년 상소의 소두 아래 다섯 명은 모두 양이(量移)하라고 명했다. 삼사의 김호(金浩) 등은 민진원, 정호가 반질한 일을 논박하며 그들을 귀양 보내라고 청하자, 임금이 자못 난처해하더니 오래 지나서 비로소 허락했다.

05 함원부원군 어유구는 본래 노론이었다. 신축년과 임인년 무렵에는 소론과 소통하는 일이 많았지만, 밖으로는 노론을 위하여 힘써 돕고 보호했다. 그러나 을사년(1725, 영조 1) 이후에는 오로지 민진원에게 붙어서 민진원이 귀양 갔을 때도 그를 위해 상소했다. “경종이 실제로 병들어 있었는데 소인의 무리가 속이고 감추었으니, 모두 민진원의 말과 같습니다. 반질 논의는 민진원이 주장했으나 신도 실제로 함께 들었으니, 신도 민진원과 함께 처벌받기를 청합니다.”

06 전에 경종이 승하하려 할 때, 병세가 위독해지자, 의관 이공윤(李公胤)이 임금의 병세를 보고 나와서 다른 사람에게 ‘할 수 있는 것이 없다’고 말하고, 임금이 재촉해 불러도 굳이 들어가려고 하지 않으면서, 거칠고 오만한 말을 많이 했다. 이에 대간이 논박하여 의관들을 국문했는데, 이공윤이 진술했다. “기울어지려는 하늘을 어찌 한 손으로 지탱할 수 있겠습니까?” 임금이 이공윤을 귀양 보내라고 명했다.

07 심유현(沈維賢)이란 자는 경종의 첫째 왕비 단의왕후(端懿王后)의 동생이었다. 국상 뒤에 그의 친구 이유익(李有翼)과 이야기하다가, 이유익이 그에게 대행대왕은 무슨 병으로 승하했는지 물었다. 심유현이 말했다. "내가 급히 부름을 받고 환취정(環翠亭)에 들어갔더니 임금의 안색은 여느 때와 같았소. 환관 한 명이 곁에 있었는데 대신이 들어와 고복(皐復)[23]을 청합디다." 심유현, 이유익, 박필현(朴弼顯) 등이 이 공윤의 말을 더욱 부풀려서 널리 퍼뜨리고, 이천해(李天海)에게 임금의 능행(陵幸)[24]을 기다려 어가(御駕) 앞에서 흉언(凶言)[25]을 발설하게 하고 심지어 대비까지 배척하게 하니, 임금이 사관에게 기록하지 못하게 하고 이천해를 베어 죽였다.

08 이때 정호 등이 선왕에게 병환이 있었다는 것을 밝힌 뒤에야 흉언이 없어질 것이라며, 반질하자는 논의를 시작했다. 대간 임징하(任徵夏)는 소를 올려 "전하께서 일대 혼란을 만나셨습니다"라고 대놓고 말한 뒤에 또 "경종은 아는 것이 없으셨다"고 비난했다. 이 말을 들은 자들은 몹시 분개하며, 노론이 선왕을 능멸하고 비난하는데도 임금이 그들을 베어 죽이지 않는다고 생각했다. 소론과 남인 중에 성정이 사납고 거친 자들이 흉언으로 선동하는 것이 더욱 심해져서 호남과 호서 지방에는 해마다 괘서(掛書)가 나붙었는데, 차마 들을 수 없는 말이 많았다. 세상에서 정미환국은 임금이 뜻을 잃은 자들을 위안하려고 행한 것이라고 했다. 그러나 괘서는 끝내 멈추지 않았고, 범인을 체포하려 했으나 붙잡지 못했다.

---

23 고복(皐復): 초혼(招魂)하고 발상(發喪)하는 의식.

24 능행(陵幸): 임금이 능에 거둥함.

25 이천해의 흉언이란 영조가 경종을 독살했다는 주장이다.

5. 이인좌의 반란과 소론 온건파의 부화뇌동

01 봉조하(奉朝賀)[26] 최규서가 달려와서 역변을 고했다.[27] 며칠 뒤 역적 이인좌(李麟佐)가 청주를 함락하자, 서울에 계엄(戒嚴)을 내리고 비로소 총융사(摠戎使) 김중기(金重器)에게 출정을 명했다. 김중기가 머뭇거리며 나아가지 않자, 병조판서 오명항이 출정을 자청했다. 임금이 이광좌를 영병조사(領兵曹事)로 삼았으며, 오명항을 도순무사(都巡撫使)로 삼고 상방검(尙方劍)[28]을 하사하여 안팎의 군사 업무들을 통괄하게 했다. 오명항이 출전한 지 십여 일 만에 이인좌를 사로잡았고, 또 그의 종사관 박문수(朴文秀)를 파견해 영남의 역적들을 토벌했다.

02 예전에 훈련대장 이삼은 포도대장을 맡아 임인년 옥사를 주관했었다. 그래서 노론이 국정을 장악하자 그를 기어코 죽이려고 남간(南間)[29]의 옥에 수년간 가두었는데, 임금이 그를 온전히 풀어주고 다시 데려다 대장으로 임명했다. 이때 이삼이 이광좌의 지시에 따라 염탐한 것이 한결같이 잘 맞아떨어져서 안팎의 역적들이 많이 잡혔다. 역적들이 진술에서 이삼의 이름을 댄 자들이 많아서 이삼이 매번 대죄했지만, 임금이 번번이 그의 손을 쥐고 위로하며 전과 같이 대군의 지휘를 맡겼다.

03 역적이 진압되자, 양무공신(揚武功臣)을 녹훈하면서, 오명항을 해은부원군(海恩府院君)으로 삼았고, 박문수, 이삼 및 조문명, 조현명

---

26 봉조하(奉朝賀): 종2품의 관리로 사임한 사람에게 특별히 주던 벼슬. 실무는 보지 않고 의식(儀式)이 있는 경우에만 관아에 나가 참여하며 종신토록 녹봉을 받았다. 세조 10년(1464)에 봉조청(奉朝請)을 고친 것이다.

27 최규서가 역변을 고한 날은 영조 4년(1728) 3월 14일이다.

28 상방검(尙方劍): 임금이 간악한 신하를 제거할 때 쓰는 날카로운 칼.

29 남간(南間): 의금부 안의 남쪽에 있던 옥사. 주로 반역 사건에 관련된 중죄인을 가두었으며 영조 때에는 기결 사형수를 가두었다.

등을 모두 녹훈 대상에 포함하라고 명했다. 조문명은 별다른 공이 없었지만, 당시 조문명의 딸이 세자빈으로 책봉되었고, 조문명과 송인명이 바야흐로 탕평론으로 국론을 주도했고 또 어영대장을 겸하고 있었기 때문에 형제가 훈적에 포함되었다고 한다.

04 처음에 역적의 무리가 여러 고을에 격문(檄文)을 전파했는데, 내용이 모두 이천해의 흉언과 일치했다. 그리고 군대 안에 경종의 위패를 설치해 두고 아침저녁으로 곡(哭)했다. 이들이 체포되어 진술할 때도 사리에 어긋난 말이 많았다.

05 임환(任環)이라는 자가 진술했다. "심유현, 박필현, 이유익, 이하(李河) 등이 흉언을 부르짖으면서 함께 모의한 지 이미 여러 해가 되었습니다. 작년(1727, 영조 3)에 환국이 되었다는 소식을 듣고 이들이 말하기를, '일이 되기는 글렀다. 노론이 선왕을 욕보여 민심이 모두 분노했을 때는 일을 도모할 만했다. 그런데 지금 소론이 다시 조정에 들어갔으니, 들어간 자는 비록 소론 온건파(緩少·완소)지만 소론 강경파(峻少·준소)도 바라는 것이 생겼다. 무릇 인간이란 바라는 것이 생기면 나쁜 마음도 사라지게 된다'고 했습니다. 결국 정희량(鄭希亮), 한세홍(韓世弘) 등이 재촉하여 반란을 서두르게 하니, 평안병사 이사성(李思晟)이 관서(關西)의 군대가 서울로 진격하는 것을 허락하여 역적과 함께 거사에 합세했으며, 서울에 들어가면 먼저 소론 온건파를 죽이고 소론 강경파와 남인을 등용하겠다고 했습니다."

06 이에 노론은 소론이 역모에 많이 참여했다고 말했고, 소론 온건파도 노론을 따라 부화뇌동했다. 반란 초기에 노론의 보잘것없는 신하들도 모두 서울로 달려가 "이광좌와 오명항도 믿을 수 없다"고 공공연히 떠들었다. 이에 임금이 교지를 내려 말했다. "지금의 반역은 당론에

연유했다. 무릇 지금 당을 논하는 자는 피차를 가릴 것 없이 모두 역적이다. 마땅히 효수할 것이니 따르라." 이에 따라 노론은 감히 그 같은 말을 다시 하지 못했고, 이광좌와 오명항은 힘을 모아 사태 수습에 성공할 수 있었다.

07 사태가 평정되자, 조문명과 송인명이 서울에 사는 노론 인사들을 두루 찾아가서 임환 등 죄수들의 진술을 모두 전달했고, 또 이광좌와 이삼이 역적에 대한 치죄를 엄하게 하지 않았다고 말했다. 조문명이 유척기(兪拓基)에게 말했다. "김일경과 목호룡이 죽임을 당하자, 모든 소론이 넋이 거의 나갔었네. 그때 임금이 단호한 처분을 내렸다면, 소론이라는 말을 감히 다시 꺼내지 못했을 것이네. 성상께서 인자하고 유약해서 결단을 내리지 못하셨으니, 누가 대대로 지켜오던 주장을 기꺼이 버리고 마음을 고쳐 도모하던 바를 바꾸려고 하겠는가? 이것이 오늘날 변란이 일어난 이유라네." 송인명이 이양신(李亮臣)에게 말했다. "삼남(三南)의 역적은 걱정할 것 없지만, 사모(紗帽)를 쓴 도적이 가장 큰 걱정거리라네." 마침내 조정에 들어가 임금에게 아뢨다. "오늘날 이광좌를 버리면 나랏일을 할 수 없습니다."

08 당시 노론이 죽이려던 자로는 이광좌, 이삼 및 이진유에 필적할 만한 이가 없었다. 그리고 역적들도 진술에서 한결같이 말했다. "이광좌는 평소에 충절이 있었고, 이삼은 임금이 두 번 살려 준 은혜에 감동하여 반드시 따르지 않을 것이니, 마땅히 먼저 이 두 사람을 죽여야 한다." 그런데 이진유의 이름은 처음부터 끝까지 국청에서 나오지 않았다.

09 박필현은 태인(泰仁) 현감이었는데 반역했고, 그의 사촌 형 박필몽은 유배지 무장(茂長)에서 임금의 부름을 받았다고 속이고 달아났다. 박필몽의 문객이던 박만정(朴萬廷)은 나주(羅州)로 가서, 박필몽이

임금의 부름을 받고 떠났다고 이진유에게 보고했다. 이진유는 마침 유배지에 있었는데 곧바로 박만정을 포박하고 관아에 알려서 박필몽이 박필현과 함께 바로 체포되었고, 박필몽이 먼저 처형되었다. 그리고 임금은 김일경 상소의 소하(疏下)[30]로 박필몽이 다시 언급되자, 그 상소에 연명한 나머지 네 명(이진유, 이명의, 윤성시, 서종하)도 체포하라고 명했다. 윤성시와 이명의는 또 다른 사건 때문에 진행된 국문에 연루되어 이명의는 곤장을 맞아 죽었고, 얼마 뒤에 임금이 이진유와 서종하는 유배지로 돌려보내라고 명했다.

6. 소론 탕평책의 한계

01 이사성, 남태징(南泰徵), 김중기는 모두 소론의 무장(武將)이었다. 이사성과 남태징은 역적의 수괴여서 처형되었고, 김중기도 역적의 진술에서 여러 번 거론되었고, 그들 외에도 소론 중에 연루된 자가 매우 많았다. 그리고 이사성과 남태징은 일찍이 이광좌가 천거한 사람들이다.

02 이사성을 체포하기 위해 오명항이 출정하며 임금에게 청했다. "신이 평소 이사성의 재주를 알고 있습니다. 만약 국문해도 반역한 사실이 드러나지 않거든 신의 군중(軍中)으로 내려보내 주십시오." 임금이 칭찬하며 말했다. "경이 아니면 누가 이런 말을 하겠는가?" 결국 이사성의 목을 벤 뒤 오명항이 군대를 이끌고 돌아와 백의(白衣)로 대죄하니, 임금이 위로하며 마음을 풀어주었다.

03 이때 송인명이 노론 중에 벼슬길이 막힌 자들을 모두 등용하자고

---

30 소하(疏下): 소두(疏頭) 이외의 사람들.

청하여 이들이 점차 삼사에 포진하게 되었다. 그러자 맨 먼저 지평 정익하(鄭益河) 등이 이광좌와 오명항이 이진유 등을 양이하고, 이사성과 남태징을 천거하고 끌어들여서 결국 그들이 반란을 일으키게 했다고 논박했다. 이광좌가 상소하여 변론했다. "이사성과 남태징은 을사년(1725, 영조 1)에 이미 곤수(閫帥)[31]에 추천되었으므로, 신이 단독으로 천거하여 끌어들인 것은 아닙니다." 이어서 이진유의 원통함을 변호하며 말했다. "박상검의 난 때, 이진유가 경종에게 울며 고하기를, '전하께서 이 종(박상검)을 베지 않으시면 무슨 면목으로 다시 선왕의 빈전에 들어가시겠습니까?'라고 했습니다. 임인년(1722, 경종2)에 청나라 사신이 와서 세제를 책봉할 때, 청나라 황제의 교지에 '국왕에게 만일 종사(螽斯)[32]의 경사가 있으면 왕은 그것을 다시 아뢰라'고 하여, 당시의 정승들이 모여 대답할 말을 의논했는데, 이진유가 '이미 세제의 명호(名號)가 정해졌는데, 다른 날 또 한 명의 왕자가 태어나더라도 어찌 번거롭게 다시 아뢸 필요가 있겠는가?'라고 말했습니다. 이러한 이치를 어찌 이진유만 알았겠습니까마는 당시의 신하들은 그렇게 아뢰지 않았습니다. 그러나 이진유의 임금을 향한 붉은 마음은 밝게 빛나기가 이와 같았습니다." 임금은 이광좌의 변론을 몹시 불편하게 여겼고, 이광좌와 오명항이 전에 양이를 청한 것에 대해서도 나중에 전교를 내려서 나무랐다. 그 후 노론의 여론이 더욱 각박해지자 오명항은 근심 끝에 죽었다.

04 송인명이 다시 민진원을 석방하라고 청하고, 또 나와서 홍치중에

31 곤수(閫帥): 평안도(平安道)와 함경도(咸鏡道)의 병마절도사(兵馬節度使)와 수군절도사(水軍節度使)를 통틀어 이르던 말.

32 종사(螽斯): 메뚜기, 베짱이, 여치를 통틀어 이르는 말. 여치가 한 번에 99개의 알을 낳는 것처럼, 부부가 화합하여 자손이 번성함을 비유적으로 이르는 말.

게 말했다. "내가 일찍이 남을 따라서 민 정승을 논박했는데, 이제야 그의 선견지명을 알겠습니다." 홍치중이 그 말을 듣고 임금에게 아뢨다. "신이 신의 아들과 조카들에게 '마음가짐은 마땅히 송인명을 본받아야 한다'고 말했습니다." 그가 또 말했다. "지금 전하께서 비록 탕평하고자 하시지만, 반으로 갈린 조정에서 누구도 따르는 자가 없다면 어찌하시겠습니까?" 임금이 말했다. "이진유를 기어코 죽이고, 유봉휘에게 역률(逆律)[33]을 추가로 시행하고, 다시 사충사를 세워야 신하들이 들어올 수 있다는 것인가?" 이어서 홍치중이 김창집 등의 억울함을 간곡히 말하니, 임금이 받아들였다.

05 당시 노론 가운데 벼슬길이 막힌 상태에서 기용되어 환란을 구원했던 자들은 모두 임지를 버리고 고향에 돌아가고 조정에 기꺼이 머물려 하지 않았는데, 홍치중만 잠깐 나와서 임금의 뜻을 엿보다가 곧바로 돌아갔다. 대사헌 이병상(李秉常)과 지평 조정순(趙正純) 등이 서로 이어서 김창집 등을 두둔하고 이광좌를 공격했다. 이때 효장세자(孝章世子)가 죽었다. 조문명이 효장세자의 외척이었는데, 스스로 궁중의 후원을 잃어버렸다고 여기고, 이에 따라 노론이 자기를 넘어뜨릴까 염려하며 더욱 노론에 붙어서 이광좌의 장단점을 임금 앞에서 말했다. 그러나 임금은 오히려 이광좌를 중시하고 그를 논박하는 자가 있으면 바로 귀양 보냈다.

06 때마침 양사에서 연명으로 장계를 올려 이진유를 섬에 귀양 보내자고 청했는데, 지평 임집(任𤧚)이 홀로 말했다. "이진유의 이름이 역적의 진술에서 나오지 않았고, 죄가 전날보다 추가된 것이 없는데, 섬

---

33 역률(逆律): 역적을 처벌하는 법률.

에 귀양 보내는 것은 그 처벌이 지나치게 무겁습니다." 이로부터 소론으로서 대간이 된 자 중에 책임을 지고 물러난 자들이 일곱 명이나 되었다. 결국 임금이 이진유를 먼 변방으로 귀양 보내라고 명하고, 그것도 모자라 대간이 오히려 무거운 형벌을 청할 것으로 생각했다. 그러나 지평 남위로(南渭老)는 죄인 명단에서 이진유의 이름을 삭제하고 다시 거론하지 않았다. 임집과 남위로는 모두 소북이었다.

07 신축년과 임인년 이후 남인과 소북은 모두 소론과 의견을 같이하는 이들이 많았는데, 임금은 임집과 남위로가 이광좌의 지시를 받았다고 더욱 의심했다. 이에 수찬 이양신이 상소로 이광좌의 열두 가지 죄를 논박하면서 역적의 수괴라고 배척했다. 임금이 불러서 힐난하자, 이양신이 말했다. "송인명은 신의 인척의 아우인데 신에게 말하기를 '이광좌가 역적을 느슨하게 다스린 것이 많았다'고 해서 이 열두 가지 죄를 알게 되었습니다." 임금이 이양신을 귀양 보내라고 명했지만, 속으로는 송인명이 더 현명하다고 생각했다. 이윽고 임금이 엄한 교지를 내리고 임집과 남위로 등을 모두 파직했다.

08 이때부터 이광좌도 다시는 감히 이진유를 두둔하지 못했다. 다만 상소로 김창집 등을 신원할 수 없다며 말했다. "대리청정하라는 명이 내려지자, 저들도 처음에는 대리청정을 반대하며 정청했습니다. 그런데 이미 정청했으면 그만이지 무엇 때문에 대리청정하라는 연명 차자를 올렸으며, 이미 연명 차자로 대리청정을 거행하는 절목(節目)을 올리고서는 또 무엇 때문에 남을 따라 들어가서 번거롭게 사죄하며 명을 거두라고 청한단 말입니까?" 상소의 대략은 송인명 등이 정미년(1727, 영조 3) 초에 말한 것과 같았다. 이로부터 소론이 노론 네 정승의 죄를 거론할 때 다시는 감히 건저와 대리청정의 일은 거론하지 못했고, 매번

"그들이 태도를 정청, 연차(聯箚), 청수(請收: 명 거두기를 청하는 것) 등으로 세 번 바꾸었다"고만 말했다.

7. 기유처분과 소론-노론 연정

01 조문명과 송인명이 물러나기를 청하니, 임금이 그 이유를 물었다. 조현명이 말했다. "탕평을 성공시킬 수 없기 때문입니다." 송인명이 말했다. "한쪽 길을 열면 탕평할 수 있습니다." 임금이 말했다. "무슨 말인가?" 송인명이 말했다. "건저와 대리청정이 반역은 아닙니다. 소론은 경도를 실천했고, 노론은 권도를 실천했을 뿐입니다. 이이명과 김창집은 패륜한 자식과 반역한 손자(이기지와 김성행)를 두었으므로, 마땅히 허적의 사례를 적용해야 하지만, 조태채와 이건명은 참으로 억울합니다. 이 두 사람을 신원한다면 이것이 한쪽 길을 여는 것이니, 노론도 같이 일할 수 있을 것입니다." 임금이 말했다. "김창집이 조정에서 한 일은 내가 자세히 알고 있는데, 청렴하거나 검소하지는 않았다. 김성행이 모의한 것을 그가 모른다고는 못 할 것이니 분명히 무고는 아니다. 그 외에는 처벌할 수 없다." 그러나 임금은 끝까지 난처해했다.

02 때마침 이석효(李錫孝)라는 사람이 벽서를 붙였는데, 그의 진술이 이천해와 같았다. 임금이 놀랍고 서글퍼서 편전 문을 걸어 닫고 며칠 동안 정사를 보지 않았다. 대신과 삼사가 뵙기를 청해도 허락하지 않았고, 여러 차례 교지를 내려 "당쟁의 재앙이 역적의 변란을 일으켰다"고 말했다. 오래 지나서 신하들을 불러 노론 네 정승의 일을 논의했다. 윤순이 '세 번 바꾼 것'은 네 정승의 죄라면서 말했다. "이미 경종에게 불순했으니, 전하에게도 불순한 것입니다." 송인명이 말했다. "신이 세 등급의 처벌을 제안했

는데, 그중에 연명 차자는 감히 말해서는 안 되었기에, 김창집과 이이명은 처벌하지 않을 수 없지만, 이건명과 조태채는 처벌할 수 없습니다."

03 임금이 말했다. "네 정승이 누구에게 대리청정하라고 했기에 역적이라고 하는가? 경종의 교지에 '정사를 좌우에 맡기는 것이 옳은가? 세제에게 맡기는 것이 옳은가?'라고 했는데, 소론이 국정을 맡았다면 장차 어떻게 했겠는가? 목호룡이 김일경의 사주를 받아서 나를 제거하고자 했는데, 이런 자를 어찌 군(君)으로 봉할 수 있겠는가? 영중추부사 이광좌와 해은부원군 오명항은 어찌하여 연명 차자에 대해서는 엄격하면서 신축년 김일경의 상소에 연명한 소하는 지나치게 감싸는가? 연명 차자를 반역이라고 하는 것은 어디를 핍박하려는 것인가? 설령 잘못이 있더라도, 이미 베어 죽였는데, 다시 관작까지 박탈하는 것은 너무 심한 것 아닌가? 만약 그들을 충신이라고 하는 것이 지나치다면, 김창집과 이이명 및 그들의 자손은 논외로 하더라도, 이건명과 조태채의 관작은 복구하는 것이 옳다."

04 홍치중이 임금에게 아뢨다. "연명 차자가 반역이 아니라면, 김창집과 이이명에게 무슨 죄가 있습니까?" 임금이 말했다. "지금 만약 네 사람을 함께 신원하면 세상 사람들의 불평불만이 끓어오를 테니, 우선 기다리는 것이 좋겠다." 당시 이광좌가 정승에서 물러나고 이태좌가 정승이 되어 자못 탕평을 주장하자, 다른 소론이 감히 다시 반대하지 못했다. 이것을 '기유처분(己酉處分, 1729, 영조 5)'이라고 한다.

8. 이광좌와 민진원, 두 영수의 갈등

01 임금이 또 교지를 내려 말했다. "김일경이 박상검과 결탁한 사실

은 이미 밝혀졌으니, 소하 세 사람도 결국 죄를 묻지 않을 수 없다." 임금이 되풀이해서 이진유 등을 국문하라고 명했다. 이때 노론은 곧바로 정형에 처하자고 청했는데, 대사간 조석명(趙錫命) 등이 오히려 국문하기를 청하자, 임금이 자신의 명령을 어긴다고 질책하며 조석명을 경질했다. 우의정 이집(李㙫)이 연일 신문을 요청해 이진유, 윤성시, 서종하는 모두 곤장을 맞아 죽었고, 임징하도 곤장을 맞고 죽었다. 임징하는 국문당한 지 3년 동안 모진 형벌을 수십 번 받아도 승복하지 않았는데, 이때 이집이 그를 죽이자, 소론이라는 굴레에서 비로소 벗어날 수 있었다고 한다.

02 전에 임금이 민진원을 유배지에서 불러들여 다시 정승을 시키려 했지만, 그가 달가워하리라고는 생각하지 않았다. 이에 민진원과 이광좌를 불러 왼쪽으로는 민진원의 손을 잡고 오른쪽으로는 이광좌의 손을 잡고 서운함을 풀게 했다. 또 민진원에게 말했다. "무신년(1728, 영조 4, 이인좌의 난)의 역적들이 영의정을 죽이려 했다고 하니, 영중추부사 이광좌의 마음을 알만하지 않겠소." 민진원이 말했다. "신은 무신년 이후 이광좌를 더욱 의심했습니다."

03 이광좌가 말했다. "신이 일찍이 민진원을 논박한 것은 부득이한 것이었습니다. 비록 송인명처럼 너그럽고 온건한 논의를 주장하는 사람도 일찍이 민진원을 처벌하자고 청했습니다." 임금이 말했다. "송인명은 무신년 이후 민진원의 고심과 선견지명을 깨달았다고 했는데, 경은 끝내 판중추부사 민진원의 마음을 알지 못하겠는가?" 이광좌가 말했다. "사람의 속마음은 꿰뚫고 지나갈 수 없습니다. 신이 어찌 그의 속마음을 알겠습니까?" 이어서 임금에게 손을 놓아 달라고 청하니, 임금도 끝내

그들의 서운함을 풀 수 없었다. 뒤에 임금이 복상(卜相)[34]할 때마다 번번이 탄식하며 말했다. "영중추부사 이광좌와 판중추부사 민진원은 오늘날의 영수인데, 한 사람은 사람들이 조정에 나오지 못하게 하고, 한 사람은 조정에 나가기를 꺼리니, 어찌해야 하는가?"

04 기유처분 이후 이광좌는 죄를 핑계로 고향으로 돌아가니, 노론이 다투어 상소하여 "억울함을 풀어줌이 고르지 못하고, 처분이 분명하지 못하다"고 말했다. 그 중에서 지조를 지키려는 자들은 모두 "임금에 대한 무함을 씻어내지 못하면 국시도 펼 수 없다"며 고향에 머문 채 조정에 나오려 하지 않았다. 그들 중에서 이재, 김진상, 윤심형(尹心衡), 이태중(李台重) 같이 더욱 과격한 자들은 종신토록 벼슬하지 않기도 했고, 홍치중, 김재로에게 붙어서 때때로 벼슬살이 한 자들에 대해서는 그 당에서도 서로 꾸짖고 책망했다. 소론은 감히 출사하지 않을 수 없었지만, 그 가운데 과격한 자들은 또한 조현명과 송인명에게 붙으려 하지 않았다. 게다가 이광좌가 떠난 뒤부터는 위아래로부터의 후원이 더욱 없어졌다. 반면에 바야흐로 임금은 탕평의 법에 전념하여 노론 한 명에 소론 한 명씩 짝을 맞추어 벼슬을 임명하고, 남인과 소북도 섞어 등용했다.

9. 기유처분에 대한 각 당의 비평

01 대사헌 조관빈(趙觀彬)이 상소했다.

---

34 복상(卜相): 새로 정승을 가려 뽑기 위해 후보자를 천거하던 일.

전하께서 당을 없앤다고 하시더니, 도리어 두 당 외에 당 하나를 보태, 음도 아니고 양도 아닌 물건을 따로 만들어 음양과 함께 나란히 셋이 되었습니다. 그들은 군자답게 나아가지도 못했고, 차라리 소인답게 물러서지도 못했습니다.

02 승지 오광운(吳光運)은 남인인데, 그가 올린 소의 대략은 다음과 같다.

전하께서는 진실로 여러 파벌 가운데 자신의 지조를 지키려는 자를 얻어, 진실한 뜻으로 감동을 주고 충성과 절의로 독려하며 조정에 가득 포진시켜, 그들을 탕평의 화로와 풀무에서 융화시키셔야, 그 뒤에 효험을 볼 수 있습니다. 지금은 다만 배 아래 솜털과 등 뒤의 털만 뽑아서 육핵(六翮)[35]을 가진 새처럼 높이 날라고 독려하니, 이런 것들이야 아무리 많다 해도 무엇을 할 수 있겠습니까? 저들은 자기들 마음속으로 소론이 단독으로 정권을 잡아야 하는데 노론도 참여하게 되면 반드시 재앙이 닥치리라 생각합니다. 그리하여 탕평이란 이름으로 꾸며서 전하를 속이고, 한쪽 편에게 동정을 구걸해서 다른 한쪽 편 사람들의 사기와 뜻을 굳건하게 합니다. 신이 바라는 것은 조정이 진짜 탕평을 세우고 가짜 탕평을 없애는 것입니다.

03 영성군(靈城君) 박문수도 임금에게 아뢨다. "전하께서 끝내 이광좌와 민진원이 머리를 맞대고 함께 일하게 하지 못하시니, 이것은 거짓 탕평입니다." 지평 이석표(李錫杓)도 임금의 뜻에 응해 만언소를 올렸다. 상소 중에 탕평을 논한 한 개 조목은 친한 벗이 말려서 결국 올리지

35 육핵(六翮): 튼튼한 날개. 공중에 높이 나는 새는 여섯 개의 강한 깃털을 지니고 있다고 한다.

못했다. 상소의 대략은 다음과 같다.

전하께서는 김재로에게 이조판서를 맡기실 때 반드시 이종성(李宗城)이 보좌하게 하시고, 송인명에게 이조판서를 맡기실 때는 반드시 신방이 보좌하게 하셨습니다. 사람을 쓸 때는 반드시 쌍방의 인재를 모두 등용해 서로 마주하게 하고, 말을 들을 때는 시비를 따지지 않으셨으니, 이는 한유가 말한 "어진 자에게도 천금을 주고 불초한 자에게도 천금을 준다"는 것입니다.

대저 우리나라에서 벌어진 당쟁의 재앙은 이미 백 년이 된 고질인데, 냄새와 맛의 차이에서 시작되어 삼성(參星)과 상성(商星)의 차이[36]로 벌어지더니, 마침내 물과 불의 차이처럼 벌어졌습니다. 예전에는 서로 방관만 하더니, 그 뒤에는 창을 휘둘렀고[37], 지금은 아주 짓밟아 결딴내서 어육(魚肉)이 되었으니, 예전에는 숙종의 영명함과 굳셈으로도 깰 수 없었고, 그 뒤에는 경종의 넓은 도량과 깊은 헤아림으로도 금지하지 못하고 오늘에 이르게 되었습니다.

아! 노론과 소론 사이에는 진실로 주객과 강약의 형세 차이가 있습니다. 노론은 대대로 나라의 운명을 쥐어 왔기에 당파의 기반이 그 근저부터 참으로 깊고 단단합니다. 반면에 소론은 안팎의 도움을 받지 못했고 의지할 만한 권력이 없으니, 한낱 나그네 같은 신하에 지나지 않습니다. 이런 이유로 난폭하게 남을 능멸하며, 기세등등하게 자기와 다른 자를 배척하고, 자신의 사사로운 것에만 힘쓰고 기뻐하

---

36 삼상(參商): 삼성(參星)과 상성(商星)을 아울러 이르는 말. 삼성과 상성이 동서로 멀리 떨어져 있듯이 멀리 떨어져서 그리워함을 이르는 말.

37 입실조과(入室操戈): 남의 방 안에 들어가 창을 휘두른다는 뜻으로, 어떤 사람의 학설을 가지고 그 사람을 공격함을 비유해 이르는 말.

는 자가 노론의 본래 습성이며, 좌고우면하면서 머리가 되는 것도 두려워하고 꼬리가 되는 것도 두려워하며, 흔적 남기기를 교묘하게 피하고 책임을 맡으려 하지 않는 것이 소론의 본색입니다. 저들 노론의 장점은 용맹스럽게 곧장 앞으로 나아가는 것이지만, 단점도 여기에 있으며, 우리들 소론의 단점은 유약하고 비겁하게 물러나는 것이지만, 장점도 여기에서 비롯되니, 이것이 바로 피차의 우열을 판단하는 근거입니다.

불행히도 신축년과 임인년 사이에 한 부류의 권력을 탐하는 무리가 우직함을 지키는 본래의 면목을 벗어던지고, 당인들의 준엄한 것에 힘쓰는 상투적인 습성을 무턱대고 따라 하며, 그 기관의 운영에 있어서는 오로지 자기와 다른 것은 배척하고 사사로운 것은 구제하려는 데에만 계책을 세우니, 결코 민심에 맞지 않았습니다. 그런데 역적 김일경이 기세를 떨친 뒤에는 조정이 또 그 기세를 두려워하여, 결국 그 당시의 선비 중에서 특출한 자까지도 새매가 참새 쫓듯이 분명히 드러내서 공격하지 못했습니다. 그러므로 저쪽 노론의 억지로 공격하는 자들이 청탁(清濁)을 가리지 않고 혼동해서 소론 전체를 김일경의 당이라고 지목한 것입니다.

그가 형벌을 받고 죽임을 당한 때에 이르러서는 그를 치죄하자는 논의로 떠들썩했으나, 그가 살았을 때는 팔뚝을 끊듯이 과감하게 결단하지 못했으며, 그가 죽은 뒤에는 그의 마음마저 단죄하려 했지만 이미 때늦은 것이었습니다. 저들이 바야흐로 우리를 흉한 역적으로 몰아 우리를 어육으로 만들려 하는데, 그 누가 기꺼이 그 마음을 곡진하게 용서하며 곡진하게 분별하려 하겠습니까?

본래 어려운 형편 때문에 위축되는[38] 형세가 쌓여서, 약함을 보여 수모를 겪는 것이 아주 적지 않았는데, 하물며 이러한 난리를 겪고 나서는 태반이 부귀한 집(韓魏·한위)[39]에 무릎을 꿇고서 공허한 꾸짖음의 위엄에 벌벌 떨었습니다. 이익을 탐하고도 부끄러움이 없는 무리는 실로 말할 것도 없지만, 고상한 말로 큰소리치는 자들도 때에 따라 변해서, 전에는 검다고 가리킨 것을 지금은 갑자기 희다고 하며, 예전에는 음이라고 지목했던 것을 지금은 도리어 양이라고 하니, 부끄러운 줄 모르는 자들과 오십보백보의 차이에 지나지 않습니다.

대저 역적은 역적이고 나는 나이며, 저편은 저편이고 이편은 이편입니다. 일개 일경이라는 역적이 우리의 결백함에 어떤 흠이 되기에 어찌하여 우리가 저들의 더러움을 씻어줘야 합니까? 게다가 우리의 머리와 얼굴을 바꾸어[40] 저들의 비위를 맞추게 하니, 어찌 사대부의 수치가 아니겠습니까? 하물며 그 지위나 인망이 저쪽과 이쪽을 모두 제압할 수 있는 자라도 한쪽 편만 너그럽게 용서하는 정책을 편파적으로 쓰니, 너그럽게 용서함이 부족하면 두려워하게 되고, 두려워함이 부족하면 결국 비굴하게 됩니다. 이편도 이렇게 되는데, 하물며 저편이야 말해 무엇하겠습니까?

신이 시골에 살면서 시골 사람들의 말을 가만히 들어보니, 한결같이 "소론이 관찰사가 되고 노론이 수령이 되면 비록 하늘 같은 큰일

---

38 외약(畏約): 빈천한 이가 검약하며 남을 겁냄. 어려운 형편 때문에 위축되는 것. 자신의 곤궁한 처지 때문에 움츠러든다는 말. 『사기』에 "고점리는 오래도록 숨어 살면 빈궁으로 위축됨이 끝날 때가 없을 것이라 생각하고, 이에 물러나 상자 속에 간직해 두었던 축과 좋은 옷을 꺼내어 용모를 바꾸고 나아갔다(高漸離念久隱畏約無窮時, 乃退, 出其裝匣中筑與其善衣, 更容貌而前)"라는 말이 있는데, 사마정(司馬貞)은 『색은(索隱)』에서 "약은 빈천검약의 뜻이다(約謂貧賤儉約)"라고 했다. 『사기』, 권86, 자객열전(刺客列傳).

39 한위(韓魏): 한 씨(韓氏)와 위 씨(魏氏). 모두 진(晉) 나라 육경(六卿) 중의 부호. 부귀한 집.

40 개두환면(改頭換面): 마음은 고치지 않고 겉만 달라진 것.

이라도 관내에서 받아들여지지 않을 요청이 없다"고 합니다. 전하께서는 일찍이 소론의 관찰사가 감히 노론의 대가를 장파(狀罷)한[41]것을 보셨습니까? 봉조하의 행차가 그 한 예로 민진원이 자리에 앉으면 이쪽은 무릎을 꿇고 공손히 따랐으며, 이광좌가 관아에 도착하면 저들은 병이 났다며 교묘히 달아나니, 오늘날 체통과 기강이 떨치지 못한 것은 반드시 이러한 것에서 기인하지 않은 것이 없습니다.

10. 군주를 선택하려는 신하들

01 이때 노론과 소론의 강경파는 조문명 등을 달갑게 여기지 않았지만, 임금은 그들을 더욱 두텁게 대우하여 조문명 형제와 송인명, 김재로가 서로 이어서 정승이 되었다. 그러자 세간에 "조문명과 송인명의 세상을 김재로가 함께 만들었다"는 노래가 돌았다. 이건명과 조태채의 신원은 송인명이 주도했지만, 노론은 날마다 그 밖의 사람들이 아직 다 복권되지 않았다고 주장했다. 그러나 임금은 겉으로는 이광좌가 걸렸고 속으로는 조문명과 송인명을 고려해 번번이 차일피일 미루며 노론의 복권을 허락하지 않았다. 더욱이 임금은 김창집을 좋아하지 않아서 그의 충성심을 변호하는 자가 있으면 번번이 위엄있는 기세로 꺾거나 혹은 의심하는 말로 그 주장을 막았다.

02 계축년(1733, 영조 9)에 대간 권영(權瑩)과 이흡(李潝) 등이 상소하여 김창집과 이이명 두 정승을 변호하자, 임금이 갑자기 몹시 괴로워하며, 민진원과 이광좌를 불러 두 사람의 사직을 허락하고, 이어서 손수 쓴 글을 사관에게 내리며 말했다. "여러 당 가운데 모두 난을 일으

---

41 장파(狀罷): 죄를 지은 수령을 감사가 임금에게 장계하여 파직시킴.

킨 역적이 있었는데 본래부터 삼종(효종, 현종, 숙종)의 혈맥을 도우려는 자들은 아니었다. 그 근본은 신축년(1721, 경종 1)과 임인년(1722, 경종 2), 무신년(1728, 영조 4)과 경술년(1730, 영조 6)에 시작된 것도 아니고 실제로는 경자년(1720, 경종 즉위년) 국상 날에 비롯된 것이니, 이것이 이른바 신하가 임금을 선택(臣擇君·신택군)한다는 것이다. 민진원이 주장하는 의리와 이광좌의 고집은 모두 긴 밤에서 깨어나지 못한 것이니, 가히 모골이 송연하다."

03 승지 조명익(趙明翼)이 임금께 뵙기를 청해 변론하려 하자, 임금이 차고 있던 주머니를 들어 보이면서 말했다. "김창집의 편지가 여기 있는데, 이것이 과연 삼종의 혈맥을 도우려는 것인가?" 조명익이 말했다. "김창집이 국정을 맡았을 때 어떤 사람이 거짓말로 김창집의 편지라고 일컬으며 전하께 전달한 것인데, 전하께서는 그것이 어찌 가짜가 아니라고 단정하십니까?"

04 임금이 민진원에게 말했다. "건저의 일은 광명정대했는데, 서덕수를 시켜 내 뜻을 탐지하게 한 것은 무엇 때문인가? 서덕수가 가져온 도목(都目)[42] 중에는 세 대신의 이름이 그 가운데 들어있지 않았는데, 서덕수가 또 나에게 말하기를, '그때 만약 궁중에서 내응하지 않았다면, 영의정(김창집)으로부터 임금을 선택하자는 논의가 나왔을 것입니다'라고 했다."

05 민진원이 답했다. "경자년 국상 이후 성상(경종)의 건강이 좋지 않아서 신하들이 건저를 의논했습니다. 그래서 신이 말했습니다. '임금께서 즉위하신 지 1년도 지나지 않았는데 곧바로 건저를 논의하면, 세간에

42 도목(都目): 국가 차원에서 벼슬아치의 성적이 좋고 나쁨을 적어 놓은 조목.

서는 내막을 알지 못해 반드시 의혹이 일 것이다. 힘을 모아 보필하고서 3년이 지난 후에 논의하는 것이 좋겠다'고 했습니다. 김창집도 신과 의견을 같이했는데, 이만성이 너무 늦다고 따지자, 김창집이 말했습니다. '왕자가 많다면 마땅히 서둘러 건저를 논의해야 하겠지만, 지금 우리 임금의 아드님은 오직 한 분뿐이시니, 천명과 민심이 결국 어디로 쏠리겠는가?' 마침 대간의 상소가 갑자기 올라와서, 신이 몹시 놀라 김창집을 찾아가서 말했습니다. '일개 대관(臺官)이 갑자기 이런 논의를 제기했다니, 어찌 된 일입니까? 그러나 이런 논의가 이미 제기됐으니, 오늘을 넘겨서는 안 되겠습니다.' 그리고 마침내 임금께 뵙기를 청하여 대책을 결정하게 되었습니다. 무릇 삼종의 혈맥이 전하뿐이라는 것은 위로는 자전의 전교와 경종의 명이 있었으니, 비록 전하께 태백(泰伯)과 중옹(仲雍)의 뜻[43]이 있다고 하더라도, 삼종의 혈맥을 잇는 책임에서 벗어날 수 있겠습니까? 책임에서 벗어날 어떤 구실을 찾아서 알아볼 것까지 있겠습니까? 이것은 조정에서 3년을 늦추어 기다리자는 논의가 있었기 때문에, 서덕수 무리처럼 음험하고 방자한 패거리가 건저를 빨리 성공시켜서 자기의 공로로 만들려고 김창집의 이름을 들먹인 것에 불과합니다. 3년을 늦추어 기다리자는 논의는 실로 신에게서부터 시작되었으니, 신도 같이 처벌받기를 청합니다."

06 임금이 말했다. "서덕수가 어찌 혼자 판단했겠는가? 김일경과 목호룡이 경종을 돕는다는 명분을 내세웠기 때문에, 경종을 돕는다는 자들이 그들에게 속아서 끼어들게 되었고, 서덕수의 무리가 나를 돕는다

---

43 주(周)나라 고공단보에게는 태백과 중옹, 계력 등 세 아들이 있었다. 고공단보는 계력이 형들보다 현명하다고 판단했고, 게다가 계력에게는 덕성과 지혜가 뛰어난 창(昌)이라는 아들이 있었다. 그래서 고공단보는 태백과 중옹을 제치고 계력을 후사로 지목해 창에게 왕위를 물려주려고 했다. 그러자 태백과 중옹은 동생에게 왕위를 양보하려고 형만(荊蠻) 땅으로 달아났다(『사기』, 권4, 「주본기(周本紀)」).

는 명분을 내세웠기 때문에 나를 돕는다는 자들도 속아서 끼어들게 된 것이다. 서덕수뿐만 아니라 그들이 탐지하려 한 것은 이욕(利欲)이다. 만약 내가 그들을 대우할 때 그들의 욕망을 채워주지 못하면, 결국 틀림없이 두 마음을 품을 것이다." 서덕수는 임금의 전 왕비 정성왕후(貞聖王后)의 조카였는데, 임인년 옥사에서 죄를 승복해 정형에 처했다.

11. 혼돈개벽과 경신처분

01 을묘년(1735, 영조 11)에 장헌세자(莊獻世子: 사도세자)가 태어났다. 영의정 이의현 등이 경사를 계기로 김창집과 이이명 두 정승의 관직을 복구해달라고 청하자, 임금이 밤중에 신하들을 불러 다시 김창집의 택군설(擇君說)에 대해 하교하고, 이어서 말했다. "김창집은 일찍이 이이명을 시기하여 죽이려 했다." 이 하교는 노론이 모르던 것이어서 이의현 등이 받들어 응대하기 어려워서 갑자기 사퇴했다.

02 임금이 말했다. "이제는 경들도 의심이 환하게 풀렸을 것이다." 이어서 여러 번 하교하여 김창집 등은 신원할 수 없다며 말했다. "건저를 정한다는 계책을 빙자해 자신의 공을 세우려 했던 자가 김창집이며, 그 사이를 왔다 갔다 하면서 망측한 일을 꾸민 자는 목호룡이며, 각을 세우며 임금을 속여 반역을 꾸민 자는 김일경과 박필몽이다. 김일경과 박필몽의 반역은 여지없이 탄로 났지만, 김창집이 한 짓은 하급 선비들처럼 겸손하고 공손해서 당시 사람들은 그의 속마음을 알아채지 못했다. 김창집, 김일경, 박필몽의 행적은 얼음과 숯처럼 다르지만, 그들의 마음은 확실히 통해 있었다."

03 이의현 등이 상소하여 변론했으나, 임금은 곧바로 하교했다. "경

들은 이미 의심이 환하게 풀렸을 텐데, 어찌하여 또 이런 말을 꺼내는가?" 이의현 등이 다시 말했다. "의심이 시원하게 풀린 적이 없습니다." 임금이 그의 관작을 삭탈하라고 명했다.

04 계축년(1733, 영조 9)의 하교는 정월 19일에 내렸기 때문에 '십구하교(十九下教)'라고 했고, 을묘년의 하교는 때가 한밤중이었으므로 '반야하교(半夜下教)'라고 한다. 이로부터 매번 십구하교와 반야하교로 노론을 꺾었으나, 노론은 끝까지 억울함을 호소했다.

05 정사년(1737, 영조 13)에 남인 김성탁(金聖鐸)이 소를 올려 그의 스승 이현일을 두둔했다. 이에 김성탁이 역적을 감쌌다고 국문을 받았다. 수찬 정이검(鄭履儉)이 상소했다. "천하의 역적은 다 같은데, 오늘날 조정의 신하는 이름이 단서(丹書)[44]에 기재된 자라도, 감히 대신이라 칭하면서 힘껏 신원을 청하니, 역적 보호를 처벌하는 법률에도 낮고 높음과 가볍고 무거움의 구별이 있습니까?" 노론이 김창집과 이이명을 두둔한 것을 논박한 것이다.

06 노론이 떠들썩하게 앞다퉈 상소했다. "정이검이 사사롭게 대리청정에 원한을 품은 것입니다." 윤급(尹汲)과 한익모(韓翼暮)가 그 논의를 주도했다. 그러자 소론의 재상 조영국(趙榮國)과 윤동도(尹東度) 등 수십 명이 소를 올려 변론했다. "김창집을 처벌하자는 것은 그가 입장을 세 번 바꾸어 신하의 절개를 잃었기 때문인데, 저들은 정이검이 대리청정에 원한을 품었다며 함정을 팠습니다."

07 이에 임금이 윤급과 한익모를 잡아들여 국문하라고 명하고, 잠시 뒤에 수라를 물리라고 명했다. 판중추부사 김흥경(金興慶), 좌의정 김

---

44 단서(丹書): 죄인의 죄명과 성명을 주서(朱書)해 놓은 문서.

재로, 우의정 송인명 등이 백관을 거느리고 울면서 수라상 들이기를 청했으나 허락하지 않았다. 경연에 참여한 신하 중에는 심지어 맹세하기를, "신들이 지금부터 다시 다시 당을 거론하면 참으로 개자식입니다"라고도 했지만, 임금은 비웃었다.

08 이때 이광좌가 여러 해째 칩거하고 있다가, 달려와서 노여움을 풀어달라고 힘껏 청했다. 그러나 임금은 윤급과 한익모를 섬에 귀양 보내 위리안치하라고 명했다. 그리고 이광좌를 불러들여 영의정으로 삼고, '탕평'이란 이름을 고쳐 '혼돈개벽(混沌開闢)'이라고 칭하며, 어제 이전의 일은 선천(先天)에 부치고 감히 선천의 일을 말하는 자는 목을 베겠다고 말했다. 조현명이 조정에 들어가 축하하며 말했다. "오늘에서야 바야흐로 영웅다운 일 처리 솜씨를 보게 되었습니다." 임금이 술을 주고 이광좌 이하의 신하들 모두 마시게 하며, 당파심을 깨끗이 씻어버리라고 타일렀다.

09 당시 민진원은 이미 죽었고, 그밖에 노론 중에서 조정에 있던 자들은 '예, 예'라고만 하며 감히 다른 말은 하지 못했다. 해를 넘겨 달성부부인(達城府夫人: 정성왕후 서 씨의 어머니)이 죽었는데, 서덕수의 할머니였다. 임금은 매번 역적들의 흉악한 말이 서덕수의 자백에서 비롯되었다고 하면서 서덕수의 이름을 역적 명단에 그대로 두라고 명했다. 그런데 이때 와서 임금이 서덕수를 신원하라고 명하여 부부인의 혼령을 위로하니, 노론이 이것을 계기로 선천의 일을 다시 제기했다.

10 유척기가 우의정이 되어 김창집과 이이명의 관직 회복을 청하자, 임금이 신하들을 불러 말했다. "3당에 모두 역적이 있는데, 그들이 소중하게 여긴 것은 종묘사직이 아니라 자신들의 안위였다. 그러나 선왕의 대신이 어찌 이런 것에 물들었겠는가? 처분에는 앞뒤가 있으니, 선

후에 따라 처분하면 무슨 어려움이 있겠는가?" 그리고서 김창집과 이이명의 관직을 모두 회복시켰다. 그러자 좌의정 김재로가 이천기, 김용택, 김성행 등도 모두 복직시키자고 청했지만, 임금이 허락하지 않았다.

11 이광좌, 조현명, 조원명(趙遠命), 김시형(金始炯), 서종옥(徐宗玉) 등이 번갈아 상소했다. "10년에 걸쳐 대대적으로 결정한 국시를 전하께서 하루아침에 바꾸셨습니다." 임금이 대답했다. "오늘 나에게 신하 노릇을 하는 자들이 어찌 감히 함부로 주둥이를 놀리는가?" 이 뒤에도 임금이 엄한 가르침을 여러 차례 내렸다. 이때부터 소론은 감히 다시 논쟁하지 못했으며, 이광좌는 속을 태우다 죽었다.

12 지평 이태중 등 삼사가 함께 유봉휘, 조태구, 이광좌의 관직을 추탈하자고 청하자, 임금이 노하여 이태중을 귀양 보냈다. 이어서 크고 작은 공무를 물리치면서, "결단코 임금의 책임을 내려놓겠다"라는 하교를 내렸다. 그러자 김재로 등이 울면서 분부 거두기를 청하자 곧 그만두었다. 이어서 임인년 '역안(逆案)'[45]의 명칭을 '국안(鞫案)'[46]으로 고치고, 계묘년(1723, 경종 3) '토역과(討逆科)'[47]도 '별시(別試)'로 개명했으며, 이 사실을 종묘에 고하고 사면령을 내렸는데, 이것을 '경신처분(庚申處分, 1740, 영조 16)'이라 한다.

---

45 역안(逆案): 역적을 국문한 기록.

46 국안(鞫案): 죄인을 국문한 기록.

47 토역과(討逆科): 토역경과(討逆慶科). 역적 토벌을 경축하기 위하여 특별히 보이던 과거.

12. 숙종의 거짓 시 논란

01 이때 김재로 등이 번갈아 임인년(1722, 경종 2) 옥안(獄案)[48]을 모두 없애버리고 아울러 이천기 등을 신원하라고 청했지만, 임금은 곤란해했다. 조현명과 송인명도 말했다. "선왕을 욕보였으니 가볍게 바꿀 수 없습니다." 김재로가 말했다. "욕보였다는 것은 삼수를 말하는 것이다. 삼수가 무함이라는 것이 이미 밝혀졌는데, 오히려 욕보였다고 말하면 주상이 무함받은 것은 결국 다 밝히지 못할 것이다. 또 이천기 등이 역적이라고 한 것은 사실 목호룡의 말이었다." 이에 대해 조현명 등이 따지지 못했다.

02 조현명이 전에 민형수(閔亨洙)에게 사사로이 물었다. "이천기와 김용택의 무리가 신축년(1721, 경종 1)과 임인년 무렵에 자신들이 '동궁(영조)을 보호하겠다'고 한 말은 오히려 이해할 수 있겠으나, 경자년(1720, 경종 즉위년) 이전에 이미 나라 안에 그런 말이 떠들썩했던 것은 과연 뭐라고 설명해야 하겠소?" 민형수가 말했다. "그렇지 않소. 숙종께서 이이명을 시켜 이천기 등에게 뜻을 전한 것은 선조가 일곱 신하에게 교지를 남겨 왕자를 부탁한 일과 같소. 이천기 등이 비록 벼슬하지 않은 빈천한 선비지만, 이미 비밀 교지를 받았으니, 어찌 마음을 다하지 않았겠소?" 조현명이 말했다. "무엇으로 입증할 수 있겠소?" 민형수가 말했다. "김용택의 집에 숙종께서 하사한 시가 있는데, 지금 임금이 손수 베껴 쓴 것이오. 나의 사촌 형 민익수(閔翼洙)가 직접 보았소." 조현명이 말했다. "그렇다면 이천기와 김용택은 신원할 수 있겠구려."

03 이에 조현명이 임금에게 아뢨다. "전하께서 이런 시를 베껴 쓰신

---

48 옥안(獄案): 옥사를 조사한 기록.

적이 있습니까?" 임금이 말했다. "없다." 조현명이 머리를 조아리고 말했다. "전하께서 일찍이 '고죽청풍(孤竹淸風)' 같은 심정이라고 말씀하셨기에, 신 등이 전하를 흠결 없는 처지에 있게 해드리려 했는데, 어찌 이렇게 말씀하십니까?" 그러자 임금이 근심스러운 낯빛으로 일어서서 대비전에 들어갔다가 한참 뒤에 나와서 말했다.

> *이이명이 숙종과 독대한 곳이 바로 이곳이었는데, 지금 생각하니 어렴풋하다. 이른바 선조 때 일곱 신하의 처신은 참으로 옳았다. 대비께서 나에게 하교하기를, "4대신은 어찌하여 스스로 건저를 청하지 못하고 이정소의 입을 빌렸소? 그때 나의 기력이 지금처럼 쇠약했다면, 어찌 건저를 감행할 수 있었겠소?"라고 하셨다. 송나라 조여우(趙汝愚)[49]의 사례처럼, 내가 대신의 처지였다면 마땅히 대비의 하교에 따랐을 것이다. 그러나 내게 진실로 큰 역량이 없었다면, 건저 실행이 어찌 가능했겠는가? 안에는 박상검과 석렬이 있었고 밖에는 도끼와 모루가 있었으니, 세제의 지위가 어찌 안전했겠는가? 내가 즉위하지 못했다면 삼종 혈맥이 끊겨서 조선도 망했을 것이다. 만일 경종의 성덕이 아니었으면 어찌 나에게 오늘이 있었겠는가?*
>
> *박상검 사건이 발생해 내가 대전에 들어가 경종에게 아뢰니, 흔쾌히 맞으시며 환관을 내쫓으라고 명하셨다. 내가 창문 밖으로 막 나왔는데, 어떤 궁녀가 바로 임금 앞으로 나아가 말하기를, "어찌하여 그런 하교를 하십니까?"라고 했다. 석렬이란 자는 보는 앞에서 나를 배척하며 말하기를, "우선 기다리면 때는 저절로 올 것이오"라고 했다.*

---

49 조여우(趙汝愚): 남송의 재상. 효종이 붕어하고 광종이 병들자, 조여우가 헌성태후(獻聖太后)에게 주청하여, 광종의 둘째 아들로 가왕(嘉王)에 봉해진 영종(寧宗)을 모셔 와 즉위시켰다.

내가 어쩔 수 없이 울면서 대비에게 고하니, 대비께서 하교하기를, "차라리 사저로 돌아가 연잉군이란 군호를 보전하라"고 하셨다. 그래서 내가 말하기를, "그렇다면 신으로서는 다행이지만, 국사는 망극한 상황을 맞을 것입니다"라고 했다. 나의 이런 말이 어찌 다만 내 한 몸을 위해서 꺼낸 것이겠는가? 그런데 대비께서 하교하시자마자, 조태구가 또 대비의 교지를 봉한 채 돌려보냈다.

04 조현명이 임금의 뜻을 몰라 감히 답하지 못했다. 임금이 한참 뒤에 김용택의 아들 김원재(金遠材)를 국문하라고 명했다. 또 민익수를 함께 국문하려 했는데, 송인명이 민익수를 구원하여 그만두었다. 김원재가 국문을 받고서 말했다. "신이 어찌 그 시가 거짓인 줄 알았겠습니까? 전하께서 거짓이라고 하시니, 전하 자신께서 마땅히 아실 것입니다." 임금이 말했다. "네 아비가 위조한 것이 아니라 목호룡이 한 짓일 것이다." 임금이 보는 앞에서 그 시를 불태우라고 명하고, 김원재를 귀양 보냈다. 당시 민형수가 옆에 있었는데, 두려움에 떨어서 사람의 기색이 아니었다. 조현명이 말했다. "민형수 때문에 시를 위조한 사실이 드러났으니, 민형수의 공이 큽니다."

05 임금은 홀연히 전 봉사(奉事) 김복택을 잡아들이라고 명하고, 친히 국문하며 말했다. "너도 죽어라." 김복택이 말했다. "바라건대 그 죄목을 듣고자 합니다." 임금이 말했다. "여러 해 전에 네가 사적으로 나를 만나러 와서, 두 개의 '불(不)' 자를 말하지 않았느냐. 또 복침(復寢)이란 말도 하지 않았느냐." 드디어 곤장을 쳐서 죽였다.[50] 김복택은 김

50 두 개의 '불(不)' 자와 '복침(復寢)'이란 신축년(1721, 경종 1)에 노론 사대신이 건저를 논하며, "장차 복침하여 후사를 얻는 경사를 바랐으나, 임금의 건강이 점점 위중해져서 제사에도 참여할 수 없고(祭奠不能參), 강연도 열

용택의 사촌 아우인데, 김복택이 한 말은 세상에서 자세히 아는 이가 없었다.

13. 신유대훈

01 임금은 김복택을 죽이고 나서 신하들이 다시는 이 일을 말하지 못하도록 막았다. 얼마 뒤 지평 이광의(李匡宜)가 장계를 올려 김복택에게 처벌을 추가하자고 청하자, 임금이 몹시 화내며, 이광의의 형 참판 이광덕을 잡아들여 친히 국문했다. "어찌하여 동생을 시켜 금령(禁令)을 위반하게 했는가?"

02 이광덕이 답했다.

> *신이 말씀드리겠습니다. 신축년과 임인년 당시에 역적 토벌이 한창 진행되고 있었는데, 신의 부자가 그 기간에 한 번도 참여하지 않은 것은 저들에게 죄가 없다고 여겨서가 아닙니다. 가만히 생각해 보면 동궁(영조)은 선왕(숙종)의 아들이고 그때 임금(경종)의 동생입니다. 만약 국가에 후사가 없다면, 종사가 의탁할 곳은 장차 어디겠습니까? 팔도의 신민이 비록 입으로 감히 말하지 못했으나, 동궁에게 마음이 끌리고 눈길이 쏠린 지는 오래되었습니다. 이에 한 편의 무리는 자신들이 동궁을 사사로이 받들었다고 하고, 다른 한 편의 무리는 또 제멋대로 동궁을 이롭지 못하게 하려 하니, 이것이 무슨 변고입니까?*

수 없으므로(講筵不能開), 억지로 정무를 보게 할 수 없으니, 제때 건저하여 종사(宗社)를 위한 대계를 세우지 않을 수 없다"고 했는데, 김복택이 영조를 사적으로 만날 때 이 말을 전했다는 것이다. 복침이란 말에 대해서는 임금도 그 뜻을 알지 못했으며, 흉언인가 의심하여 신하들에게 하문하니, 처음에는 모두 모르겠다고 했는데, 뒤에는 그 말이 『예기』에서 나온 것이라고 말하는 사람도 있었다고 한다(『영조실록』, 16년 11월 5일). 복침의 사전적 의미는 잠시 아내와 잠자리를 같이 하지 않다가 나중에 전과 같이 회복한다는 뜻이다.

이제 동궁을 사사로이 받들었다는 자들의 무함을 분명히 밝히지 않고 마구잡이로 뒤섞어 죽이고 토벌하면서 어떤 근거나 자료도 기대어 살펴보지 않으니, 크게는 반드시 종사에 재앙을 끼칠 것이요, 작게는 반드시 몸과 이름에 해를 끼칠 것이니, 해서는 안 될 일입니다. 천만년 뒤에 하늘의 자리가 크게 정해지면, 동궁을 이롭지 못하게 한 무리는 마땅히 벌을 받고 죽어야 하지만, 동궁을 사사로이 받들었다는 무리도 반드시 법대로 죄를 다스려야 할 것입니다. "바야흐로 성상의 마음을 도와 하늘의 토벌을 받들어 드날릴 수 있을 것이다"라고 하는 것, 이것이 신의 부자의 뜻입니다.

을사년(1725, 영조 1) 이후 신 또한 일찍이 조정에 있지 않았는데, 이제 전하께서 김복택을 엄하게 다스리시니, 신의 동생은 동궁을 사사로이 받든 자가 법대로 다스려져서 의리가 펼쳐지고, 하늘의 토벌이 실행되었다고 여겼습니다. 그래서 신의 동생이 그 상소를 올린 것이니, 신 또한 만류할 이유가 없었습니다. 또 김복택이 사사로운 마음으로 전하를 뵈었으니, 전하께서는 마음속으로 분하고 밉게 여기셨다가 수십 년 뒤에 사리에 따라 죄를 다스리셨으니, 이는 천고의 제왕에게도 없었던 성대한 일입니다. 마땅히 노래로 전파하고 역사책에 남겨야 하는데, 조정은 도리어 금지하고 널리 알리지 못하게 하니, 이는 대신들의 허물입니다.

03 임금이 말했다. "이렇게 된 것은 너의 죄이다. 너 같은 자가 조정에서 벼슬하지 않았기 때문에, 조정이 이 지경에 이른 것이다." 임금이 또 여러 번 하교했다. "너는 나의 마음을 알고 나는 너의 마음을 아니, 너의 집 부자형제가 수십 년 동안 했던 말들이 오늘 나에게 정문일침

(頂門一針)이 된다.” 임금이 이광덕을 석방하라고 명했으나, 오히려 이광의는 금령을 위반했다며 귀양 보냈다.

04 이광덕은 판서 이진망(李眞望)의 아들이자 박세채의 외손자였다. 박세채가 탕평설을 처음 주장하자, 이광덕과 조문명 등도 함께 주장했다. 신축년과 임인년 초에는 조문명 등이 소론 강경파의 배척을 받아 출사하지 못했고, 이광덕은 친척이 존귀하고 번성해서 사람들이 다투어 추천하고 끌어들였지만, 출사하기를 즐겨하지 않았다. 어떤 이가 그 이유를 물으니 대답했다. “나는 반드시 탕평의 세상이 온 뒤에야 출사할 것이다.”

05 그런데 조문명 등이 국정을 맡고 탕평론이 크게 실행되었는데도, 이광덕이 끝내 진출하지 않자, 어떤 이가 또 그 이유를 물었다. 이광덕이 답했다. “내가 말한 탕평은 노론 강경파와 소론 강경파가 유감을 풀고 국사를 함께 하는 것이다. 어찌 부귀를 즐기고 염치를 버리는 자와 함께 할 수 있겠는가?”

06 또 글을 지어 자식들을 깨우쳤다.

‘임금이 받은 무함을 밝힘(辨聖誣)’이란 세 글자는 내 탕평론의 골자이다. 우리 성상(경종)의 마음은 본래 연잉군 한 분에게 있었다. 이미 동궁으로 옹립되어 마침내 왕위에 오르게 되었으니, 이는 종사에는 복이지만, 영조의 마음에는 불행한 일이었다.

저 한 무리의 불평분자들이 감히 하늘을 탐하는 계책을 꾸미려고, 터무니없는 데 기대어 근거 없이 농간을 부리며, 감히 드러내고 말 못 할 자리(영조)에 누를 끼치고자 함이 이와 같았다. 그러므로 김일경과 목호룡은 이것에 근거하여 핑계를 댔고, 이인좌와 정희량은 이

것에 근거하여 일을 시작해서, 국가가 하마터면 위험에 빠지려다 다행히 보존되었다.

오늘날 신하 된 자는 마땅히 눈을 크게 뜨고 가슴을 확 펴서, 성상을 위해 이희지와 이기지 무리의 무함을 통쾌하게 밝혀, 우리 성상의 고죽청풍(孤竹淸風) 같은 마음을 온 세상에 영원히 훤하게 비추면, 저 김일경과 목호룡의 무함은 비록 백 대의 수레처럼 많다고 하더라도, 큰 화로에서 저절로 눈 녹듯 할 것이니, 이른바 "가죽이 없으면 털이 어디에 붙겠는가?"라는 말과 같다.

그러나 지금은 그렇지 못하다. 한 편의 사람들이 이희지와 이기지 무리의 억울함을 풀어주려고, 그렇게 한 뒤에야 임금에 대한 무함을 밝힐 수 있다고 하지만, 그 의도는 이희지와 이기지 무리가 한 짓을 임금이 듣지 않으신 것이 없는 것처럼 꾸미려는 것이다. 아! 이 어찌 차마 할 일이겠느냐? 또 다른 한 편의 사람들은 말이 이러한 것에 미치기만 하면 끝내 감히 밝게 말하거나 드러나게 배척하지 않으니, 그 의도는 오히려 임금 자신에게도 혐의가 없을 수 없다는 것과 같다. 이 또한 어찌 신하가 차마 할 일이겠느냐?

우리 집안의 주장은 오직 이런 무리의 무함을 밝혀 임금을 구원하는 것이다. 이러한 무함을 씻어내면 김일경과 목호룡, 이인좌와 정희량의 무함은 공격하지 않아도 저절로 깨질 것이다. 이미 양쪽을 처벌한 뒤에는 노론, 소론, 남인, 북인 중에 아무런 허물이 없고 재주가 있는 자들을 거두어 모아서 마음을 합해 서로 돕다가, 만약 다른 사람의 마음이 내 마음과 같지 않으면, 태연히 물러나서 시골 오두막에서 늙어 죽을 때까지 그렇게 할 따름이다.

07 얼마 지나지 않아 임금이 특별히 하교하여 임인년 옥안을 모두 불태워 버리라고 명하며 말했다. "김일경과 목호룡이 나를 역적의 괴수로 여기고는 나를 역적 명단에 포함했으니, 이것을 어찌 그대로 둘 수 있겠는가? 홍계적 이하 9인은 복관(復官)시켜 증직(贈職)하고, 그 외에 어지럽게 진술하며 무고한 무리는 거론하지 말라." 이에 좌의정 송인명과 우의정 조현명이 임금에게 요청했다. "'삼수의 설'은 신 등도 믿지 않습니다. 다만 김용택, 이천기 무리가 체결한 검은 음모는 일이 경종과 관련되어 있습니다. 하물며 거짓 시(僞詩·위시)의 죄가 있으니, 이것 또한 반역입니다. 마땅히 따로 하나의 역적 명단에 포함해야 합니다." 임금이 그 말을 따르며, 김용택, 이천기, 이희지, 심상길, 정인중 5인은 거론하지 말라고 명했다. 김재로가 말했다. "만약 이렇게 한다면, 임인년의 옥안은 비록 불태우더라도 오히려 남게 됩니다." 이에 임금이 5인도 함께 신원하게 하고, 글을 지어 '대훈(大訓)'이라고 하고 종묘에 고하려고 했다.

08 그러자 어영대장 박문수와 평안감사 이종성이 들어와 임금 뵙기를 청했으나, 승정원에서 이종성은 변방의 관찰사라는 이유로 허락하지 않았다. 결국 박문수가 먼저 들어가 이종성을 부르자고 청하고서 박문수와 이종성이 함께 5인은은 역적 명단에 포함하지 않을 수 없다고 힘껏 진술했다. "이렇게 하지 않으면 전하의 고죽청풍(孤竹淸風)과 같은 심정을 후세에 밝게 비출 수 없습니다." 박문수가 붓을 가져다 "벼슬 없는 선비(布衣·포의)가 공적을 바라고 두 임금(경종과 영조)에게 누를 끼쳤다"라고 쓰고, 이것을 5인의 죄로 간주하며 대훈에 덧붙여 넣기를 청했다. 또 전에 3당에 모두 역적이 있었다고 했던 하교를 함께 기재하자고 청했다. 임금이 평소 이 두 신하를 소중하게 대했기 때문에

특별히 허락했다.

09 양사에서 박문수와 이종성이 갑자기 들어가서 제멋대로 결정했다고 탄핵하며, 조태구에 비유했다. 김재로 등 노론이 들어가 말했다. "지금 박문수 등이 감히 경자년(경종 즉위년) 이후의 일로는 5인을 다시는 처벌하지 못하게 되자, 경자년 이전의 일을 단안(斷案: 판단 기준)으로 삼았습니다. 그러나 진실로 그 주장대로라면 3당이 모두 역적이 되니, 이것은 몸을 바쳐 섬긴 신하를 김일경이나 박필몽에 견주는 것입니다."

10 이에 임금이 다시 "3당에 역적이 있다"라는 구절을 고치고, 박문수와 이종성을 함께 파직했다. 이어서 대훈을 종묘에 고하자, 송인명이 대훈을 금석(金石)의 법전으로 정해서 이것을 따지는 자가 있으면 반드시 죽이자고 청하니, 임금이 좋다고 했다. 이것을 '신유대훈(辛酉大訓, 1741, 영조 17)'이라고 한다.

14. 노론의 반발

01 '신유대훈' 반포 뒤에 민형수가 죽자, 그의 형 민창수(閔昌洙)가 상소했다. "죽은 동생이 조현명에게 속아 경솔하게 위시를 발설하여 5인의 역적 명단이 완성되었습니다." 임금은 그 말이 '대훈(大訓)'을 거슬렀다며 수라를 물리라고 명하고, 또 임금의 책임을 내려놓고 전위하겠다고 명했다. 조현명이 들어와 땅을 두드리고 탄식하며 말했다. "'대훈'이 이미 완성되어 위로 종묘의 신령에게 고하기까지 했는데, 민창수가 감히 이런 말을 했습니다. 이것은 전하를 무시하는 것이고 종묘를 무시하는 것입니다. 민창수를 죽이지 않으면 나라가 반드시 망할 것입

니다. 전하께서 죽이지 않으시면 신에게 여섯 아들이 있으니 반드시 그를 죽일 것입니다." 임금이 민창수를 국문하고 귀양 보내라고 명했다가, 얼마 지나지 않아 석방했다.

02 이보다 앞서 노론 선비들은 모두 5인의 일을 말하는 것을 부끄럽게 여겼다. 민진원은 을사년(1725, 영조 1)에 옥안을 번복해 이들을 모두 신원하자고 했으나, 그가 지은 『일록(日錄)』에서는 이들의 죄를 모두 드러냈다. 더욱이 김성행이 사사롭게 연잉군을 알현한 것을 허물로 여겼다. 그런데 거짓 시 사건이 폭로되자, 노론은 "김용택 등이 모두 종사에 공을 세웠다"라고 말했다. 심지어 환관 및 궁녀와 결탁한 것까지 더 이상 스스로 꺼리지 않아서, 민창수가 상소로 직언하기를, "건저를 결정함에 거간(居間)에게 의뢰하지 않을 수 없었습니다"라고 했다.

03 이재와 김원행(金元行) 등 유식하다고 일컬어지는 사람들도 도리어 종묘에 고한 것을 인용해 글을 지어 결탁한 것이 죄가 될 수 없음을 드러냈다. 다만 조관빈은 민창수에게 편지를 보내 꾸짖었다. "다른 사람은 내가 알 바 아니지만, 나의 아버지 같은 분은 애초에 이 무리가 어떤 사람인지도 몰랐다." 조관빈은 조태채의 아들이다.

04 병인년(1746, 영조 22)에 임금이 또 특별히 하교하여 김복택을 신원했다. 이에 노론이 임금의 뜻을 엿보고 진신이 합동으로 상소했다. 윤양래(尹陽來)가 상소의 우두머리가 되었다. 상소의 대략은 다음과 같다.

김일경, 목호룡, 이인좌, 박필몽의 소행에는 원래 뿌리가 있었습니다. "혐의를 무릅쓰겠다"고 주장하며 북문으로 들어가는 계책을 실행한 자는 누구입니까? 건저 논의에 원한을 품고 호칭을 정하는 날

이것을 두드리고 흔든 자는 누구입니까? 대리청정하면 반드시 망한다거나 역적 김일경을 장려할 만하다며, 성상(경종)의 병환을 감추고 심유현과 이인좌가 역적모의할 여지를 열어주고, 남태징, 이사성 같은 흉악한 자를 발탁한 자는 누구입니까? 문생이나 국로(國老)[51]라는 말로 김일경을 위해 뒤를 봐준 자는 누구입니까? 3년 동안 참혹하게 옥사를 다스려 결국 목호룡의 와주(窩主)[52]가 된 자는 누구입니까?

05 이에 삼사가 합계하여 조태구, 유봉휘, 이광좌, 조태억, 최석항의 처벌을 청했다. 임금이 조현명에게 물었다. "경은 유봉휘를 어떻게 생각하는가?" 조현명이 말했다. "신의 형은 늘 스스로 불충하다고 했는데, 유봉휘를 토벌하지 못했기 때문입니다. 유봉휘는 실로 무신년(1728, 영조 4) 환란의 효시입니다." 임금이 말했다. "경의 형제에게는 참된 마음에서 우러나는 정성이 있다." 이어서 조태구, 유봉휘, 최석항, 권익관, 정해 등의 관직을 모두 추탈하라고 명했다. 양사에서 이광좌, 조태억의 관직도 빼앗으라고 청했지만, 임금이 허락하지 않았다.

06 대사헌 이종성이 상소를 올려 말했다. "신과 이광좌는 의리상으로는 단문(袒免)[53]의 친척이지만, 정(情)으로는 오히려 사표(師表)입니다. 그의 충성심은 해를 뚫을 만하고, 선량함은 대대로 죄를 용서(宥世·

---

51 문생 국로(門生國老): 당나라 말기에 환관(宦官)들이 권한을 멋대로 휘둘러 천자(天子)를 시관(試官)이 문생을 보듯이 여겼으므로 문생 천자(門生天子)라는 말이 나왔으며, 또 천자를 마음대로 폐립(廢立)시켜 국로(國老)라 일컬었으므로 정책 국로(定策國老)라는 말이 나왔다. 곧 국왕의 폐립을 아랫사람이 멋대로 한다는 뜻이다.

52 와주(窩主): 도둑이나 노름꾼 등을 거느리는 우두머리.

53 단문(袒免): 시마(緦麻) 이하의 복(服)에서, 두루마기 따위의 웃옷의 오른쪽 소매를 벗고 머리에 사각건을 쓰는 상례(喪禮). 단문친(袒免親): 상례(喪禮) 때에 단문복을 입는 친족. 종고조부·고대고(高大姑)·재종·증조부·재종증대고(再從曾大姑)·삼종 조부·삼종 대고·삼종 백숙부·삼종고·사종 형제자매 등을 이름.

유세)할[54] 만합니다." 임금은 답하지 않고, 그를 파직했다.

15. 수세에 몰린 소론

01 기사년(1749, 영조 25)에 좌의정 김약로(金若魯)가 김성행과 환관 장세상, 궁인 묵세(墨世)를 불쌍히 여겨 구제해 주기를 청하자, 임금은 전교를 기록에 남기라고 명하며 말했다. "묵세, 김성행, 백망의 억울함은 온 나라 사람들이 다 안다. 묵세와 백망은 후하게 처분하여 구제해 주고, 김성행에게는 벼슬을 내리라." 이어서 임금이 거듭 하교했다. "백망은 효장세자의 외가 쪽 친척이다. 그 당시 국청에서 '백망의 일족인 이 씨의 국문을 청합니다'라고 한 것으로 그 뜻을 알 수 있다. 묵세는 갑자기 고문과 국문을 받았지만 입을 다물고 죽었다. 어찌 잔인하지 않은가? 묵세를 먼저 적게 한 것에서 내 마음을 알 수 있을 것이다." 임금은 또 박필몽 등이 흉악하게 무함했다며 여러 번 하교했다.

02 신하들이 말했다. "이처럼 하늘을 꾸짖고 해를 욕하는 말을 어찌 성상의 마음속에 담아두십니까?" 임금이 성난 소리로 말했다. "오늘날에도 이런 마음을 품은 자가 없을지 어찌 알겠느냐?" 임금이 또 하교했다. "백망을 구제해 준 특전을 혹시 사사롭다고 여기는가?" 신하들이 말했다. "누가 감히 사사롭다고 여기겠습니까?" 임금이 또 성난 소리로 말했다. "경들은 비록 사사롭다고 여기지 않더라도, 사사롭다고 여기는 자들이 반드시 있을 것이다." 임금이 또 말했다. "지금 국가의 체통이 원만하고 임금의 기강도 바르다. 내가 해야 할 일은 다 하고야 말겠

---

54 유세(宥世): 공신이나 특정인의 자손에게 큰 사건을 제외한 여느 범죄 행위를 용서하는 특전.

다.” 이어서 임금이 세자에게 대리청정을 명했다.

03 이로부터 의견을 내는 자들은 모두 연이어 이광좌와 조태억의 관직을 추탈하자고 청했는데, 오찬(吳瓚), 민백상(閔百祥), 조명정(趙明鼎) 등이 이광좌를 거론했다가 모두 귀양 갔다. 임금이 이광좌를 추념(追念)하며 말했다. “갑진년(1724, 영조 즉위년)에 이 사람이 없었다면 오늘이 없었을 것이고, 무신년(1728, 영조 4)에 이 사람이 없었다면 오늘이 없었을 것이다.” 임금이 또 말했다. “갑진년에 시약청(侍藥廳)을 설치하지 않은 것에 대해 어찌하여 나를 책망하지 않고 이광좌를 처벌하려 하는가?”

04 임신년(1752, 영조 28)에 최석항의 관직을 회복시키라고 명하면서 “조태구와는 차이가 있다”고 하교했다. 이어서 제사를 지내 주라고 명했다. 당시 임금이 잠저(潛邸)에 거둥해 기유년(1729, 영조 5) 때처럼 칩거했으나, 신하들이 감히 말리지 못했다.

05 을해년(1755, 영조 31)이 되자, 전라감사 조운규(趙雲逵)가 벽보를 붙인 역적 윤광철(尹光哲)을 비밀리에 아뢰자, 그를 국문했다. 윤광철은 윤지(尹志)의 아들이자, 윤취상의 손자이다. 윤지는 이때 나주에 귀양 가 있었다. 그 문서 가운데 전 목사(牧使) 이하징(李夏徵)의 편지가 많이 있어서 임금이 이하징을 체포하라고 명하고 친히 그를 국문했다. “어찌하여 역적 윤취상의 자손과 사귀었느냐?” 이하징이 말했다. “윤취상이 어찌하여 역적입니까?” 임금이 또 물었다. “김일경은 어떠하냐?” 이하징이 대답했다. “김일경도 역적이 아닙니다. 김일경이 있고 난 뒤에야 신의 절개도 있습니다.” 이하징이 또 스스로 말했다. “어찌 내 마음뿐이겠습니까? 소론의 마음이 모두 그렇습니다.” 마침내 그의 목을 베었다. 이하징은 이명언, 이명의의 조카였다. 당시 조문명의 아

들 조재호(趙載浩)가 막 정승이 되었는데, 임금에게 대대적인 처분을 내리라고 권하고, 밖에 나와서 소론들을 협박해 서둘러 스스로 변명하게 했다.

06 이에 소론에서는 이조판서 이익정(李益炡), 전 감사 심성진(沈星鎭), 사직 정휘량(鄭翬良), 이창수(李昌壽), 승지 정홍순(鄭弘淳), 이조참의 조재홍(趙載洪), 판윤 이창의(李昌誼), 사직 이춘제(李春躋), 한사득(韓師得), 형조참의 권일형(權一衡), 사과 김시위(金始煒), 김상중(金尙重), 김상구(金尙耈), 사직 이유신(李裕身), 윤동도, 이득종(李得宗), 이중조(李重祚), 부사(府使) 조재민(趙載敏), 윤동섬(尹東暹), 정순검(鄭純儉), 윤득우(尹得雨), 사과 서명응(徐命膺), 정상순(鄭尙淳), 좌랑(佐郎) 이수훈(李壽勛), 사과 서유량(徐有良), 신응현(申應顯), 인평군(仁平君) 이보혁(李普赫), 사직 이일제(李日躋), 조적명(趙迪命), 송징계(宋徵啓), 부제학 오수채(吳遂采), 호조참의 최상정(崔尙鼎), 전 부사(前府使) 송창명(宋昌明), 이조참의 조명채(曹命采), 형조참의 박사눌(朴師訥), 좌랑 이준휘(李儁徽), 전 지평 변치명(邊致明), 여선형(呂善亨), 전 정랑(前正郎) 조종렴(趙宗濂), 부정자(副正字) 심욱지(沈勗之), 지평 홍량한(洪良漢), 급제(及第) 정창성(鄭昌聖), 보덕 이우(李堣), 사직 이창유(李昌儒), 이창임(李昌任), 사직 이광부(李光溥), 정언유(鄭彦儒), 이제화(李齊華), 전 집의(前執義) 이봉령(李鳳齡), 사과 심각(沈穀), 이광직(李光溭), 이광익(李光瀷), 전 도사 심야(沈埜), 정경서(鄭景瑞), 전 현감(前縣監) 유억기(柳億基), 부정자 정언섬(鄭彦暹), 이세효(李世孝), 급제 이영조(李永祚), 정자 이세연(李世演), 전 부사 조진세(趙鎭世), 판서 이철보(李喆輔), 지평 한광협(韓光協), 급제 이의암(李宜馣), 공조판서 홍중징(洪重徵), 영성군 박문수, 광주 유수(廣留)

서명빈(徐命彬) 등, 그리고 소북에서는 사직 남태제(南泰齊), 전 대사간(前大諫) 남태기(南泰耆), 전 급제(前及第) 남태회(南泰會), 사과 남덕로(南德老), 남운로(南雲老), 사복정(司僕正) 이수봉(李壽鳳), 이수덕(李壽德), 사직 임위(任煒), 정자 임해(任瑎), 사서(司書) 임희교(任希敎), 판결사(判決事) 박평(朴玶), 사직 최성대(崔成大), 전 헌납(前獻納) 이육(李堉), 사과 이수기(李壽基), 정항령(鄭恒齡), 최태형(崔台衡), 사정(司正) 박도천(朴道天), 정자 신경준(申景濬), 송영(宋瑛) 등이 서로 이어서 혹은 연명으로 혹은 단독으로 상소했다. 어떤 이는 조태구, 유봉휘 등에게 처벌을 추가할 것을 청했고, 어떤 이는 이광좌와 조태억의 관직을 추탈하자고 청했고, 어떤 이는 당쟁의 악습에서 헤어나지 못했다고 스스로 꾸짖고, 어떤 이는 밖에 있으면서 늙고 병들어서 즉시 응징하여 벌주지 못했다며 스스로 물러났다. 어떤 이는 "비로소 꿈에서 깬듯하다"라고 말했고, 어떤 이는 "비로소 취한 것이 깬듯하다"라고 말했다.

07 임금이 모두에게 너그러운 말로 비답(批答)을 내렸고, "세상의 한 모퉁이 해동(海東)에 하늘과 땅이 다시 밝아졌다"라고 하교하며, "신하들이 이와 같다면 내가 다시 무엇을 걱정하겠는가?"라고 칭찬했다. 곧 이어 대전에 나가 하례를 받고서, 상소하지 않았거나 하례에 참여하지 않은 사람들은 모두 입궐시키라고 명하여 모두 국문하려다가, 얼마 지나지 않아 중지했다.

08 임금이 또 하교했다. "사람마다 스스로 진술하는 것은 도리어 진실한 뜻에 흠이 된다. 이 뒤로는 그런 소는 바치지 말라. 처분이 이미 정해졌으니, 진실로 신하 노릇할 마음이 있는 자라면 무슨 이의가 있겠는가?" 판중추부사 이종성이 상소했다. "지난해 올린 한 건의 소로 저

자신이 죄인을 신원해 구해주는 죄에 빠졌으니, 신이 마땅히 벌을 받은 뒤에야 신의 마음이 편안해지겠습니다." 임금이 이를 허락하고는 벼슬을 깎아 쫓아내며 부처(付處)[55]하라고 명했다. 당시 사직 심악(沈鑰)은 고향에 있어서 하례식 반열에 나아가 참여하지 못했기에 소를 올려 물러나며, 다른 말은 하지 않고 다음과 같이 말했다. "떳떳한 분수를 저버렸으니, 죄가 만 번 죽어 마땅합니다."

16. 『천의소감』과 노론 당론의 정당화

01 전 승지 신치운(申致雲)이 마지막으로 소를 올렸는데, 승정원은 금지령이 내려졌다는 이유로 상소를 받아들이지 않았다. 달을 넘겨 임금이 몸소 나와 선비에게 시험을 보였는데, 흉한 말이 종이에 가득 적힌 답안지 한 장이 나왔다. 마침내 시험장 안을 조사하게 하여 심정연(沈鼎衍)을 붙잡아 죽였다. 그는 무신년(1728, 영조 4) 이인좌 난의 역적 심성연(沈成衍)의 동생이다. 춘천(春川)에서도 군사를 모아 반역을 꾀한 자가 있었다. 윤지의 아우 윤혜(尹惠)와 김일경의 조카 김인제(金寅濟), 김유제(金有濟), 김덕제(金德濟), 김홍제(金弘濟) 및 그 당의 송수악(宋秀岳), 이준(李埈), 여광학(呂光學) 등을 사로잡아 국문하니, 그들의 진술에 신치운이 연루되어 있었다.

02 신치운이 승복하며 말했다. "심정연의 흉서는 신과 박사집(朴師緝)이 함께 만들었습니다." 그는 흉한 말도 내뱉었는데, 차마 들을 수 없기에 이괄의 전례를 원용해 사지를 찢어 죽였다. 박사집이 진술했다. "박필몽은 바로 신의 숙부이고, 남태징은 바로 신의 외삼촌이며, 신치

---

55 부처(付處): 벼슬아치에게 어느 곳을 지정하여 머물러 있게 하던 형벌.

운, 이하징, 이거원, 심악, 유수원, 윤상백(尹尙白), 김성(金渻)은 모두 신의 당 사람인데, 서로 김일경의 충성과 이광좌의 절개를 칭송한 지 오래되었습니다." 유수원이 진술한 말도 대략 박사집과 같았다.

03 심악이 맨 마지막으로 체포되자 임금이 친히 물었다. "유수원은 어떤 사람이냐?" 심악이 대답했다. "나라를 향한 진심이 있는 사람입니다." 드디어 승복한 것으로 여기고 둘을 함께 정형에 처했다. 유수원과 심악이 죽자, 조재호가 들어와 하례하니, 임금이 말했다. "이제야 비로소 역적의 뿌리를 뽑았다." 이 두 사람을 최악의 소론 강경파라고 평가한 것이다.

04 이에 유봉휘, 조태구, 윤취상, 이사상과 김일경의 상소에 참여한 다섯 명과 권익관, 이명언(李明彦), 김호(金浩), 권혜(權嵆), 권집(權緝), 김홍석, 윤상백 등에게 모두 역률을 시행하라고 명하고 목을 베었다. 박찬신(朴纘新), 이광좌, 최석항, 조태억은 모두 관직을 추탈하고, 이러한 사실을 종묘에 고하고 사면령을 내렸으며, 『천의소감(闡義昭鑑)』을 편찬하라고 명했다.

05 원래 경종은 건강이 좋지 않아 수라 들기를 싫어했다. 때마침 새로 담근 게장을 올리자, 경종이 수라를 잘 들게 되었다. 이때 신치운이 진술한 말에 게장이라는 말이 있었고, 이것으로 대비를 핍박했다. 임금이 울면서 대비전에 들어가 고하니, 대비가 하교했다. "그때 게장을 올린 일은 있으나, 다만 수라간에서 으레 올린 것이고, 대비전에서 올린 것은 아니었다." 임금이 이것을 『천의소감』에 써넣으라고 명하고, 또 이공윤에게 노륙(孥戮)[56]을 추가로 시행하라고 명했다.

---

56 노륙(孥戮): 연좌제에 따라 죄인의 아내나 아들을 함께 사형시키던 일.

06 김재로가 『천의소감』 총론(摠論)에서 말했다.

숙종 갑술년(1694, 숙종 20)에 중전이 복위되어 온 나라가 모두 기뻐했는데, 영의정 남구만은 "오늘날 신하들이 중전의 복위는 기뻐하지만, 장희빈의 폐위는 슬퍼할 것이니, 그 마음이 기사년(1689, 숙종 15) 때와 무엇이 다르겠는가?"라고 말했다. 장희재, 민암, 이의징 등이 중전을 해치려고 하다가, 일이 들통나 체포되어 국문을 받게 되자, 남구만이 장희재는 동궁(경종)의 외척이므로 "깊고 신중한 사려가 있어야 한다"라고 하면서, 참작해 처분할 것을 에두르지 않고 청했다.

병자년(1696, 숙종 22)에는 장희재의 종 업동이 흉한 물건을 장 씨네 선산에 묻고 동궁을 저주하면서 선비들에게 잘못을 뒤집어씌우려 했다. 그 실상을 조사하며 업동을 국문하자, 남구만과 유상운, 신익상 등은 그 사건을 일부러 늦게 처리했다. 뒤에 다시 국문하자, 사건의 전말이 모두 맞추어졌다.

신사년(1701, 숙종 27)에 중전이 승하하자, 무고(巫蠱)[57]의 변고가 발생해 숙종이 친히 궁녀들을 국문했다. 남구만의 제자인 영의정 최석항이 차자를 올려 그 일을 묻지 말자고 청했다. 그러나 숙종은 받아들이지 않고 모두 탄핵하여 목을 베고, 아울러 정승들도 처벌했다. 남구만이 "깊고 신중하게 생각하라"고 주장한 것이 마침내 흉악한 역적들에게 잠깐 숨 돌릴 틈을 주어 재앙을 빚어내게 했다. 저들이 마침내 명분과 의리에 어긋나게 도리어 역적을 토벌하는 논의가

---

57 무고(巫蠱): 무술(巫術)로 남을 저주함.

동궁에게 불리하다고 지적하여, 기사년의 흉한 역적 무리와 뒤섞여 임부와 이잠이 잇달아 나왔다. 숙종은 그들이 장차 난의 실마리가 될 것을 간파하고 목을 베었다. 또 병신년(1714, 숙종 40)에 유림의 시비(是非)를 분명히 밝히자(병신처분), 소인들이 원망하는 감정을 품은 지 오래되었다.

경자년(1720, 숙종 46)에 경종이 왕위를 이었는데, 후사가 이어질 희망이 없고, 효종, 현종, 숙종의 삼종 혈맥이자 경종의 형제는 다만 지금 임금(영조) 한 명뿐이었다. 육상궁(毓祥宮)[58]도 중전에게 본래 순수한 정성이 있었고, 임금(영조)도 또한 영민하고 슬기로웠다. 그런데 저들은 하루아침에 국본(國本)이 정해지면 다시 뜻을 얻을 기약이 없다며, 조태구가 먼저 미움받을 것을 무릅쓰고 말을 꺼내 위협하며 버티다가, 임금(영조)이 세자로 정해지자, 유상운의 아들 유봉휘가 급하게 글을 올려 원망의 붓을 방자하게 놀렸고, 조태구가 그것을 따라 권장하고 비호했다.

얼마 뒤에 임금(경종)의 병환이 심해지자, 대리(代理)하라는 명이 내려졌다. 사대신(四大臣)[59]이 연명 차자를 올리자, 김일경 등 칠적(七賊)[60]이 글을 올려 권력을 훔쳤고, 환관 및 궁녀들과 결탁하여 임금이 자리를 사양한다는 의견을 내게까지 했다. 그 후 얼마 지나지 않아 또 목호룡을 사주해 무옥을 일으켜 위로는 임금을 능멸하고 핍박하는 계책을 마음대로 부리고, 아래로는 도륙(屠戮)의 재앙을 빚었다. 김일경은 또 미리 흉언(凶言)을 상소문과 교서에 묻어두어 무신

---

58 육상궁(毓祥宮): 영조의 생모인 숙빈 최 씨의 사당.

59 노론의 사대신, 김창집, 이이명, 이건명, 조태채.

60 김일경, 이진유, 이명의, 박필몽, 서종하, 윤성시, 정해.

년(1728, 영조 4)의 기세등등한 역모의 바탕이 되었다.

다행히 황천(皇天)과 조종의 신령에 힘입어 마침내 천벌이 내려졌으나, 역적 잔당의 남은 씨가 당을 엮어 틈을 보며 위세를 부리다가, 지금의 이 반역에 이르러 극에 달했다. 근원이 한 번 어긋나면 물길의 갈래는 점점 벌어지고, 조금씩 흐르는 것을 막지 않으면 끝내는 강하(江河)를 이루게 되니, 삼가지 않을 수 있겠는가?

07 원경하(元景夏)가 임금에게 아뢨다. "재앙의 근원을 소급해 논의하면 경종을 핍박하게 될까 두렵습니다." 김재로가 말했다. "그렇게 하지 않으면 『천의소감』은 머리가 없는 글이 될 것입니다." 임금은 끝내 그 글을 사용하지 않았다.

17. 흔들리는 대탕평

01 『천의소감』이 완성되자, 신하들이 사충사를 복원하라고 청했다. 임금이 말했다. "건저를 추진한 네 정승이 나로 인해 죽었으니, 어찌 슬프지 않겠는가? 그러나 사당까지 세우는 것은 지나치다." 지사 이성중(李成中)이 말했다. "의리를 드러낸 뒤에는 칭찬하고 장려하지 않을 수 없습니다." 이에 사충사 복원을 허락했다.

02 김용택 등 5인[61]의 죄안은 '신유대훈'에 실려있었기 때문에, 사람들이 함부로 말하지 못했다. 병술년(1766, 영조 42)이 되자, 임금이 5인의 일을 경연에 참석한 신하들에게 물었다. 그리고 하교했다. "김용택은 나라와 고락을 함께 한 사람이다. 정인중이나 심상길 따위와 비교할

---

61 김용택, 이천기, 이희지, 심상길, 정인중.

수 없다.” 남태제가 말했다. “이희지만 나라와 고락을 같이한 집안이 아니란 말입니까? 공을 바라고 상을 기대하는 것은 군더더기 일일 뿐이고, 나라를 위하는 마음은 5인이 한결같습니다.” 조운규와 정창순(鄭昌順)도 같은 목소리로 아뢨다. “공과 상을 기대했다고 말할 수 없고, 오로지 나라를 위하는 마음에서 나온 것입니다.” 김상철(金尙喆)이 말했다. “공과 상을 기대한 것은 적고 나라를 위한 것은 많습니다.” 좌의정 김치인(金致仁)이 나아가 말했다. “이런 논의를 통해 온 나라의 공론을 알 수 있습니다.” 이에 5인의 이름을 ‘신유대훈’에서 빼라고 명하고, 이를 ‘세보대훈(洗補大訓)’이라고 일컬었다. 이어서 이천기, 심상길, 정인중의 관직을 복구했다.

03 임진년(1772, 영조 48)에 임금이 갑자기 하교하여 이광좌, 최석항, 조태억의 관직을 복구하라고 명하고, 이름하여 ‘대탕평(大蕩平)’이라고 했다. 참판 조영순(趙榮順)과 참의 김이소(金履素) 및 그 외 노론 중에 관직을 버리고 떠나가는 이가 많아지자, 조영순을 국문하라고 명하고 곧바로 판결문을 내렸다. 조영순이 글로 답했다. “나라의 역적을 토벌하지 못했고 개인의 원수도 갚지 못했으니, 불효와 불충을 전교(傳敎)에 따라 자백합니다.” 조영순은 조태채의 손자이다. 임금이 효수하라고 명했다가, 다시 사형을 감형하여 안치(安置)하라고 명했다. 해를 넘겨 다시 하교하기를, “조영순은 어질다”라며 용서하라고 명했다.

04 을미년(1775, 영조 51) 정시(庭試)[62]에서 최석항의 손자 최수원(崔守元), 조태억의 증손 조우규(趙羽逵)와 종손(從孫) 조영의(趙榮毅)가 모두 급제했다. 대간이 “시험 답안지에 부화뇌동한 것이 많다”고 아

62 정시(庭試): 나라에 경사가 있을 때 대궐 안에서 보이던 과거.

되자, 명관(命官)[63] 김상철과 제학 이복원(李福源)이 상소를 올려 3명의 삭과(削科)[64]를 청하자, 임금이 허락했다.

05 정조가 즉위했다. 공제를 마친 뒤에 승지 김약행 등의 상소로 인해 다시 윤선거, 윤증, 이광좌, 최석항, 조태억의 관직을 빼앗았다. 나중에 다시 윤선거 부자의 관직을 복구하라고 명했다.

---

63 명관(命官): 전시(殿試)를 주재하도록 임금이 친히 임명하던 시험관.

64 삭과(削科): 과거를 볼 때에, 규칙을 위반한 사람의 급제를 취소하던 일.

❁ 영조 시대의 당인들 ❁

<노론>

권영(權瑩), 김복택, 김약로(金若魯), 김원재(金遠材), 김원행(金元行), 김이소(金履素), 김재로, 김진상(金鎭商), 김흥경(金興慶), 민백상(閔百祥), 민익수, 민진원, 민창수(閔昌洙), 민형수(閔亨洙), 방만규(方萬規), 송재후(宋載厚), 신방, 어유구, 오찬(吳瓚), 유응환(柳應煥), 유척기(兪拓基), 윤급(尹汲), 윤봉조(尹鳳朝), 윤심형(尹心衡), 윤양래(尹陽來), 이교악, 이병상(李秉常), 이의연(李義淵), 이의현, 이재, 이태중(李台重), 이흡(李潝), 임징하(任徵夏), 정유(鄭楺), 정호, 조관빈(趙觀彬), 조명익(趙明翼), 조명정(趙明鼎), 조영순(趙榮順), 조정순(趙正純), 한익모(韓翼謩), 홍치중(洪致中)

<소론>

권익관(權益寬), 김덕제(金德濟), 김동필, 김유제(金有濟), 김인제(金寅濟), 김일경, 김중기(金重器), 김호(金浩), 김홍제(金弘濟), 박문수(朴文秀), 박사집(朴師緝), 박필몽, 박필현(朴弼顯), 서명균, 서종하, 신치운(申致雲), 심악(沈鑵), 심유현(沈維賢), 송수악(宋秀岳), 송인명(宋寅明), 오명준, 오명항(吳命恒), 유봉휘, 유수원, 윤광철(尹光哲), 윤동도(尹東度), 윤서교(尹恕教), 윤성시, 윤지(尹志), 윤혜(尹惠), 윤취상(尹就商), 이거원(李巨源), 이광덕(李匡德), 이광사(李匡師), 이광의(李匡宜), 이광좌, 이명언, 이명의, 이사상, 이삼, 이석표(李錫杓), 이유익(李有翼), 이종성(李宗城), 이진유, 이창수(李昌壽), 이창의(李昌誼),

이하징(李夏徵), 정석삼(鄭錫三), 정이검(鄭履儉), 정해, 정홍순(鄭弘淳), 조문명(趙文命), 조영국(趙榮國), 조재호(趙載浩), 조재홍(趙載洪), 조현명(趙顯命), 조태구, 조태억, 최규서, 최석항

<소론 강경파: 준소(峻少)>

김중기(金重器), 남태징(南泰徵), 박필몽, 박필현, 심악, 심유현, 유봉휘, 유수원, 이사성(李思晟), 이유익, 이인좌(李麟佐), 이하(李河), 정희량(鄭希亮), 한세홍(韓世弘)

<소론 온건파: 완소(緩少)>

박문수, 송인명, 오명항, 윤순, 이광좌, 이태좌, 이삼, 조문명, 조석명(趙錫命), 조원명(趙遠命), 조현명, 최규서

<소북>

남위로(南渭老), 남태제(南泰齊), 임집(任王集)

<남인>

김성탁(金聖鐸), 오광운(吳光運)

원론 原論

서언

01 아! 붕당(朋黨)이라는 이름은 유래가 깊다. 그러나 붕당의 그릇됨과 올바름 및 역리(逆理)와 순리(順理)의 구분, 당원의 많고 적음의 구별, 그리고 역사의 길고 짧음의 차이는 하나하나 따져서 논해야 한다. 구양수(歐陽修)는 붕당이 요순시대 및 은나라·주나라 때부터 시작되었다고 주장했다. 그러나 사흉(四凶)[1]과 주(紂) 임금의 악함, 그리고 열여섯 재상[2]과 무왕의 어짊은 굳이 구별하지 않아도 분명하다. 또 요임금 때의 붕당은 네 명이나 열여섯 명에 지나지 않았으니, 그것은 큰 붕당이라고 할 수 없다. 은나라의 백만 명과 주나라의 삼천 명은 크다고 할 수 있으나, 이것은 적국의 세력이 그러하다는 것이니, 붕당이라고 말할 수 없다. 또 사흉의 붕당은 요임금이 정사에 지친 때 일이었고, 순임금이 즉위하면서 그들을 귀양보내거나 죽였으니, 그 해악이 오래가지 않았다. 주 임금이 남긴 악습이 완고한 백성에게 영향을 미쳐서 사그라지지 않았으나, 그 또한 무왕과 성왕(成王)의 시대까지 이어지지 않았다.

02 후대로 내려가면 동한(東漢) 및 당나라와 송나라 때보다 더 붕당

---

1 사흉(四凶): 요순시대 4인의 악인으로, 공공(共工)·환두(驩兜)·삼묘(三苗)·곤(鯀)을 일컬음.

2 십육상(十六相): 순임금이 사흉을 베고 등용한 16명의 선인(善人). 고양 씨(高陽氏)의 여덟 아들과 고신 씨(高辛氏)의 여덟 아들을 합한 16인의 선인(善人)을 가리킨다. 고양 씨의 여덟 아들은 팔개(八愷)로 불리던 창서(蒼舒), 퇴개(隤凱), 도연(檮戭), 대림(大臨), 방강(尨降), 정견(庭堅), 중용(仲容), 숙달(叔達)이고, 고신 씨의 여덟 아들은 팔원(八元)으로 불리던 백분(伯奮), 중감(仲堪), 숙헌(叔獻), 계중(季仲), 백호(伯虎), 중웅(仲熊), 숙표(叔豹), 계리(季狸)이다.『춘추좌전』, 문공(文公) 18년.

이 왕성하게 발전한 적은 없었다. 동한의 당은 숫자도 많았고 오래 지속되었다. 그러나 이고(李固)와 진번(陳蕃)이 충성스럽다는 것과 양기(梁冀)와 장양(張讓)이 사악하다는 것은 누구나 다 쉽게 하는 말이다. 반면에 당나라의 당은 그렇지 않다. 우승유(牛僧孺)와 이종민(李宗閔)은 둘 다 군자는 아니지만, 심한 소인도 아니어서, 그들을 뭐라 단정하기는 매우 어렵다. 송나라의 당은 더욱 복잡했다. 범중엄(范仲淹), 정이(程頤), 소식, 유지(劉摯)는 모두 군자였다. 그렇다고 여이간(呂夷簡), 왕안석도 배척할 만한 소인은 아니었으니, 이러한 현상은 붕당의 역사에서 전에 없던 일이다. 그러나 당나라 당의 역사는 앞뒤로 겨우 수십 년이었고, 송나라 당의 역사도 몇 세대에 지나지 않았지만, 결국 나라를 망쳤다. 당송 시대의 모든 사람이 당을 결성했던 것도 아니었는데 그랬다.

03 온 나라 사람이 모두 갈라져 둘이 되고, 셋이 되고, 넷이 되어, 이백여 년의 세월이 흐르는 내내 두 번 다시 합쳐지지 못한 채, 그릇됨과 올바름 및 역리와 순리의 차이에 대해 분명한 말로 논의를 정하지 못한 경우는 오직 우리 조정뿐이다. 고금의 붕당 역사에서 가장 크고 가장 오래되고 가장 말하기 어려운 경우라고 할 수 있다.

04 가만히 따져 보면 그 원인은 여덟 가지이다. 도학이 너무 존중된 것이 첫 번째이고, 명분과 의리가 너무 엄격한 것이 두 번째이고, 문사(文詞)가 너무 번잡한 것이 세 번째이고, 형벌과 옥사가 너무 촘촘한 것이 네 번째이고, 대각이 너무 준엄한 것이 다섯 번째이고, 관직이 너무 맑은 것이 여섯 번째이고, 벌열(閥閱)이 너무 번성한 것이 일곱 번째이고, 나라의 태평이 너무 오래 지속된 것이 여덟 번째이다.

1. 도학이 너무 존중된 것

01 도학이 너무 존중되었다는 것은 무슨 말인가? 천하의 사람들은 각각 제 몸이 있으면 제 마음이 있다. 자신의 사사로운 이익을 위해서 서로 경쟁하기를 즐기고 서로 양보하기를 부끄럽게 여기는 것은 자연스러운 현상이다. 옛 성현이 그것을 우려해 예법을 높여 밖으로 드러나는 것을 가지런히 하고, 착한 본성을 밝혀 근본을 한결같게 해서, 모두가 난폭하고 방자하게 다투고 빼앗으려 하는 기운을 눌러, 순조롭게 화합하여 공정한 경지에 이르게 했다. 그 결과 천하의 사람들이 모두 다 같이 성인을 존중하고 숭상하며, 그의 어짊을 가까이하고 그가 남긴 이익을 즐겨, 죽을 때까지 잊지 못했다.

02 이렇게 된 것은 그가 위세와 기력으로 사람들을 두렵게 만들어 복종시켰기 때문이 아니다. 그가 자신을 이기는 학문을 실천해서 자신을 없애는 도를 얻었기 때문이다. 그의 마음은 넓게 트여서, 저것과 이것, 같고 다름의 구별이 없어서, 천하를 한 집안으로 여겼고, 온 나라 사람을 한 사람으로 여겼다. 착한 일을 사람들과 함께하면서 자신을 잊어버리는 것, 이것은 사람이 하기 어려운 것인지라, 도학이라는 이름을 붙인 것이다.

03 만약 자신을 이기지 못하고 자신을 없애지 못하면, 비록 그가 읽는 것이 성현의 글이고, 입는 것이 성현의 옷이며, 행하는 것이 또한 처음부터 성현의 행동이 아닌 것이 없더라도, 그 자신의 사사로운 이익을 꾀하는 마음은 오히려 천하의 용렬한 사람과 결국은 차이가 없게 될 것이다. 용렬한 사람의 마음으로 도학이라는 이름을 차지하는 것, 그것은 애초에 불가능한 일이다. 하물며 천하의 용렬한 사람을 끌어들여 자기

들끼리 도학이라는 이름으로 당을 결성해 그 시대를 호령하며 남들이 감히 자신들의 잘못을 바로잡지 못하게 한다면, 어떻게 옛 성현에 견줄 수 있겠는가!

04 자기의 지위는 날마다 높아지고, 나의 권세는 날마다 커지며 사사로움은 날마다 굳어지고 이익은 날마다 늘어난다면, 어느 누가 이런 도학을 하려고 하지 않겠는가! 여기에서 경쟁하고 빼앗는 형세가 만들어지고, 재앙과 혼란이 일어났다. 용렬한 사람과 경쟁해서 빼앗으려는 자는 결국 용렬한 사람이다. 그러므로 그 재앙은 한때에 그친다. 그러나 도학과 경쟁하여 빼앗으려는 것은 결국 도학이다. 그러므로 그 재앙이 끝없이 펼쳐진다.

05 도학을 귀하게 여기는 것은 끝없는 혜택이 있기 때문이지 끝없는 재앙이 있기 때문은 아니다. 그런데 지금은 그 결과가 이와 같다. 생각건대 혹여 모든 도학이 이러한 것은 아닐지니, 저들 도학을 추앙하여 존중하는 자들의 잘못 때문이다.

2. 명분과 의리가 너무 엄격한 것

01 명분과 의리가 너무 엄격했다는 것은 무슨 말인가? 무릇 명분과 의리는 천하의 공적인 물건으로 한 사람이나 한 집안이 사사로이 얻을 수 있는 것이 아니다. 예전에 공자 시대에 천하가 크게 어지러워져서, 아랫사람과 윗사람이 서로 간음하고(烝報·증보)[3] 신하가 임금을 시해하는(簒弑·찬시) 재앙이 대를 이어 끊이지 않고 나라마다 횡행했지만, 오히려 사람들은 그것을 편안히 여기며 괴이하다고 생각하지 않았다.

---

3 증보(烝報): 윗사람에게 간음하는 것을 증이라 하고, 아랫사람에게 간음하는 것을 보라 함.

그러므로 공자께서 『춘추』를 지어 추상적인 말(空言·공언)[4]로 부월(斧鉞)[5]의 위엄을 대신했으니, 이때 이후 인륜이 비로소 밝아졌다. 오늘날 『춘추』를 읽는 자들이 공자가 폄훼(貶毁)한 것에 대해 그것이 악하다는 것을 모르는 자가 드물게 된 것은 시대가 흘렀기 때문이다. 이른바 명분과 의리라는 것도 이와 같다. 가령 지금 천하의 모든 사람이 명분과 의리가 무엇인지 모르더라도, 오직 나는 그것이 무엇인지 안다고 주장하려면, 그것은 그 나라의 혼란 상황이 춘추시대와 같고 그 사람의 어짊이 공자와 같아야 가능한 것이다. 그러나 그것은 성인을 자처하며 온 세상을 속이는 것에 가깝지 않은가!

02 게다가 명분과 의리가 어찌 일정하기만 하겠는가! 공자는 『춘추』를 지어 주나라 왕실을 높였지만, 맹자는 제후들이 왕정을 실행하도록 권했다. 공자는 위군(衛君)을 인정하지 않았지만, 자로(子路)는 그를 위해 죽었다. 공자는 삼가(三家)[6]의 성(城)을 허물려 했으나, 염유(冉有)와 재아(宰我)는 그들의 신하가 되었다. 그러나 맹자는 아성(亞聖)이 되었고, 자로, 염유, 재아 세 사람은 오히려 승당(升堂)[7]의 반열에 오를 수 있었다. 지금의 관점에서 보면, 그 누가 맹자는 찬탈을 모의했고 자로, 염유, 재아는 난신역적(亂逆)을 따랐다고 말하지 않겠는가! 또한 누가 공자는 성인이 아니며 그가 남긴 폐해가 이 지경에 이르렀다고 말

---

4 공언(空言): 「태사공자서(太史公自序)」에 따르면, 공자가 노나라 사구(司寇)가 되었으나 자기 말이 채용되지 않자, "내가 추상적인 말로 기록하려 했지만, 그것보다는 실행한 업적을 살펴보는 것이 더 절실하고 명백하다(我欲載之空言, 不如見之於行事之深切著明也)"라고 하면서 『춘추』를 지었다(『사기』, 권130, 「태사공자서」). 공언은 시비(是非)를 포폄(褒貶)하는 것이다. 공자의 말뜻은 추상인 말보다 위정자의 실제 업적을 정확히 평가하는 것이 더 중요하다는 것이었지만, 이건창은 『춘추』에 담긴 공자의 촌철살인이 부월보다 효과적이었다고 해석한 것이다.

5 부월(斧鉞): 출정하는 대장에게 통솔권의 상징으로 임금이 손수 주던 작은 도끼와 큰 도끼. 정벌, 군기, 형륙(刑戮)을 뜻한다.

6 삼가(三家): 노(魯)나라의 대부(大夫)인 맹손(孟孫), 숙손(叔孫), 계손(季孫)의 세 집안.

7 승당입실(升堂入室): 학문이 점점 깊어짐을 비유적으로 이르는 말. 학문이나 예술을 익힘에 있어 점차 높은 경지에 이른다는 뜻으로 쓰이는 말. 『논어』, 「선진(先進)」 14.

하지 않겠는가!

03 천하의 변화는 지극히 무궁하고, 인심의 은미함은 자세히 살펴보기 몹시 어렵다. 그래서 실질에 힘쓰는 것이 중요하고, 시대에 따라 변화해야 한다. 진실로 한때의 한 가지 일을 가지고 억지 명분과 거짓 의리로 삼아, 자기를 후하게 하고 남을 막아서, 그것이 반드시 남을 이기는 술책이 되도록 힘써서는 안 된다. 하물며 갑(甲)이 명분으로 여기는 것을 을(乙)이 또 좇아가서 죄로 엮고, 을이 의리로 여기는 것을 갑이 또 좇아가서 그 사특(邪慝)함을 드러낸다면, 명분과 의리에 과연 무슨 일정함이 있겠는가!

04 예로부터 붕당의 다툼에서 자신을 군자로 부르고 남을 소인이라고 배척하지 않는 경우가 없었다. 훗날 옛일을 평론하는 자들은 오히려 이것을 병폐로 여겼다. 그런데 지금은 그렇지 않다. 소인이라는 이름으로 부르는 것만으로는 그 일족을 몰락시키고 그 무리를 평정하기에 부족하다고 여긴다. 그러므로 반드시 명분과 의리의 설을 빌려서 모조리 난신적자로 몰아넣은 뒤에야 통쾌하게 여긴다. 그 어질지 못함이 너무 심하니, 처음 허수아비를 만든 자(作俑者)[8]보다 더 심하다.

3. 문장이 너무 번잡한 것

01 문장이 너무 번잡하다는 것은 무슨 말인가? 자구(字句)를 들추어 남을 처벌하는 것은 예전 시대에도 삼가던 것인데, 우리나라에서는 지

---

8 작용자(作俑者): 옳지 못한 일을 처음 시작한 사람. 악한 선례를 창시한 자를 말한다. 예전에 장사 지내면서 허수아비(俑·용)를 함께 묻었는데 이것이 후세에 순장(殉葬)하는 동기가 되었다고 하여, 공자가 "처음 허수아비를 만든 자는 후손이 없을 것이다(始作俑者, 其無後乎)"라고 하며 그 나쁜 관습을 비난했다. 『맹자』, 「양혜왕 상(梁惠王 上)」 4.

난 백여 년 이래 당쟁으로 피해를 본 사대부들은 모두 여기에 연루되었다. 처음에는 그 속내는 따지지 않고 말한 것만 처벌하더니, 마침내는 그 말도 따지지 않고 글만으로 죄를 엮었다. 무릇 마음은 가슴 깊이 감춰져 있고, 말은 잠깐 사이에 내뱉어진다. 그러므로 마음에 허물이 있어도 남들은 다 보지 못하기도 하고, 말에 실수가 있어도 한때에 그친다. 그러나 글만은 그렇지 않으니, 한 번 종이 위에 먹으로 쓰면 오래 멀리 전해진다. 이미 가리고 숨기거나 갈아서 없앨 수 없는데, 저들 자구를 들추어 남을 처벌하려는 자들은 세월이 흐를수록 더욱 교묘해져서, 고증을 하기도 하고, 주석을 달기도 하고, 중요한 말을 간추리기도 하고, 함축된 속뜻을 부연하기도 한다. 그들이 마음을 쓰는 정성과 힘을 쏟는 노력이 옛 선비들이 경전에 쏟는 정성과 노력 못지않으니, 이것을 남을 공격하고 죽이는 자료로 삼아 목적이 실현되지 않으면 멈추지 않는다. 세상에 완전한 문장이 어디에 있겠으며, 완전한 인간이 어디에 있겠는가! 이 또한 슬픈 일이로다!

02 그러나 이 지경에 이른 데에는 이유가 있다. 가령 임금을 논박하는 자가 다만 "폐하는 속으로는 욕심이 많은데, 겉으로만 인의(仁義)를 베풀려고 하십니다"라고 말하고, 재상을 논박하는 자가 다만 "바라건대 상방검(尙方劍)을 얻어서 아첨하는 신하 한 사람의 목을 베고자 한다"라고 한다고 하자. 그러면 그는 그 어리석을 정도의 우직함과 지나친 망령됨으로 인해 전혀 예측하지 못한 죽임을 곧바로 당할 수도 있다. 그러나 그 말 자체는 질박하고 그 글 자체는 간명하여, 비록 자구를 들추어 죄를 찾으려 해도 더 보탤 것이 없다.

03 문장의 문체가 시대에 따라 수준이 떨어지는 것은 우리나라만 그런 것은 아니지만, 늘어지고 번잡하기가 우리나라만큼 심한 곳은 없다.

늘어지기 때문에 일의 형편(事情·사정)에 맞지 않고, 번잡하기 때문에 의논(議論)을 각박하게 하는 데 힘쓴다. 일의 형편에 맞지 않으면 곡직(曲直)을 밝히기 어렵고 시비(是非)를 가리기 어려워 듣는 이가 현혹되기 쉽다. 의논을 각박하게 하는 데 힘쓰면, 사랑과 미움이 더욱 치우치게 되고, 감정과 분노가 더욱 격해져서, 보는 이가 흥분하기 쉽다. 가령 등나무 종이가 다 없어지고 붓털이 닳도록 쓰인 공거(公車)[9]에 올라온 상주문과 선비들의 편지가 쌓이고 쌓여서, 늙어 죽도록 기력을 다해 읽어도, 그 주장을 이해하지 못하는 것도 있다. 글이 이미 이처럼 번잡하니, 비록 문장을 잘 짓는 자라도 실수를 안 하기 어렵다. 하물며 글 자체의 폐단이 이와 같은데, 당파심에서 비롯된 글이야 말해 무엇하랴! 그 얽히고설킨 실타래와 삐거덕거리는 수레바퀴 소리가 서로 이어져 안정되지 못하는 것이 당연하다.

4. 형벌과 옥사가 너무 촘촘한 것

01 형벌과 옥사가 너무 촘촘하다는 것은 무슨 말인가? 무릇 대부(大夫) 이상에게는 형벌을 가하지 않는 것이 예법이다. 송나라에서는 재상을 죽이지 않았고, 고려에서는 간관(諫官)을 죽이지 않았다. 우리나라는 충직함과 온후함으로 나라를 세웠으나, 당쟁의 재앙이 연달아 일어나 사람을 죽이는 데 기강이 없어졌다. 그 결과 의친(議親)[10]과 의귀(議貴)[11]

9 공거(公車): 한대(漢代)의 관서로 공가(公家)의 수레가 있는 곳인 데서 이름 붙인 것으로 천하의 상서(上書) 및 징소(徵召)의 일을 맡아보았음.

10 의친(議親): 형벌을 심의하여 감면해 주는 친족. 곧 임금의 단문(袒免) 이상의 친족, 왕대비(王大妃)·대왕대비(大王大妃)의 시마(緦麻)의 친족, 왕비(王妃)의 소공(小功)의 친족, 세자빈(世子嬪)의 대공(大功) 이상의 친족을 일컫는다.

11 의귀(議貴): 팔의(八議)의 하나. 높은 벼슬아치가 죄를 지어 처벌받게 될 때 형을 줄이는 것을 의정(議定)하던 일을 이른다. 팔의는 중국 당나라 때에, 형벌을 덜어 주던 여덟 가지 조건으로, 의친(議親), 의고(議故), 의현(議賢),

의 논의도 드디어 엄격히 금지되었다. 이것도 이미 안타깝지 않을 수 없는데, 엄격한 국문과 옥사는 더욱이 전대에 없던 것이다.

02 대개 전대에 이른바 삼목(三木)[12]을 채워 옥에 가두고 조의(朝衣: 公服)를 입힌 채 동시(東市)에서 참수했다[13]는 것은 본래부터 지나치고 가혹한 것이다. 이 모두 임금의 일시적인 분노와 권행(權倖)[14] 및 소인배의 사사로운 원한에서 나왔을 따름이다. 그러므로 간사한 위세가 한창 왕성해도 바른 기운은 막을 수 없고, 큰 재앙은 막지 못했어도 곧다는 명성은 더욱 퍼졌다. 당시의 선비들은 이미 그들의 억울함을 하소연했고, 후대의 평론가들은 한결같이 그들을 칭찬했다.

03 우리나라는 전대의 잘못을 거울삼아 죄 없는 이들을 함부로 죽이려 하지 않았다. 그런데 당인들끼리 서로 죽일 때는 반드시 명분과 의리를 빌리고 법조문을 끌어대 죄를 엮는다. 난신역적이라는 이름을 붙여 옥에 가두어 고문하여 때리고 신문하여 죄를 판정할 때도 절차를 두루 갖춘다. 요컨대 죄인이 입으로 진술하고 손으로 서명하며 스스로 죽어 마땅하다고 인정한 뒤에야 죽인다.

04 『주서(周書)』에는 "이미 그 허물을 다 말했다면 죽이지 말아야 한다"[15]라고 했고, 제갈량은 촉(蜀)을 다스릴 때 범죄 사실을 실토(輸情·수정)[16]한 자는 아무리 죄가 무겁더라도 반드시 용서했다. 어찌 허물을

의능(議能), 의공(議功), 의귀(議貴), 의근(議勤), 의빈(議賓)을 일컫는다.

12 삼목(三木): 죄인의 목과 손과 발에 각각 채우던 세 형구(刑具)로, 칼, 수갑(手匣), 차꼬를 일컫는다.

13 조의(朝衣)를 입고 동시(東市)에서 참수: 한나라 경제(景帝) 때 조조(晁錯)가 제후들에 대한 영지 삭감 정책을 추진하자 오(吳)나라와 초(楚)나라 등 7국이 모반했는데, 이에 원앙(袁盎)이 모반의 원인은 조조의 삭지정책(削地政策)에서 비롯된 것이니, 조조를 죽여야 한다고 하자, 경제가 "한 사람을 아끼다가 천하를 그르칠 수는 없다"하고, 조조를 결박해 수레에 싣고 거리에서 조복(朝服)을 입은 채 동시에서 참살한 일을 말한다. 『사기』, 권101, 「원앙조조열전(袁盎晁錯列傳)」.

14 권행(權倖): 권세 있고 총애 받는 신하.

15 『서경』, 「주서(周書)」, 강고(康誥) 8.

16 수정(輸情): 죄인이 범죄 사실을 낱낱이 실토함.

말하고 죄를 실토했는데 반드시 죽여야 할 자가 있겠는가! 이것은 다름 아니라 반드시 이렇게 한 뒤에야 비로소 의로운 형벌이자 의로운 사형이라고 나라 안에 외칠 수 있기 때문이다. 그래서 비록 마음속으로는 그가 억울하다는 것을 알면서도 끝내 감히 한 마디도 그의 억울함을 입 밖에 내지 않는다. 자신이 난신역적의 당으로 몰릴 수 있기 때문이다.

05 또 한 사람을 죽여야 한다면 그 한 사람만 죽이면 그만이다. 그런데 우선 빨리 죽이지 않고 그를 국문하여, 그의 피와 살에 괴로움을 주며, 죽으려 해도 죽을 수 없게 한다. 그리하여 죄인 자신이 무함을 받아도 오히려 달게 여기게 되니, 남을 무함하는 데에 어찌 거리낌이 있겠는가! 이에 여러 사람을 끌어들이고 연루시켜(株連·주련)[17] 그 당의 무리를 섬멸시킬 수 있다. 이것은 도둑을 다스리는 법을 가져다가 사대부에게 적용하는 것이다. 비록 시대가 바뀌고 사태의 변화가 번복되어 일정하지 않지만, 서로 죽이고 서로 복수하는 것은 수레바퀴처럼 한결같아서, 조금도 고치거나 후회하지 않는다. 나라가 비지 않는 것이 그나마 다행이니, 하물며 인재가 늘어 많아지길 어찌 기대하겠는가!

5. 대각이 너무 준엄한 것

01 대각(사헌부와 사간원)이 너무 준엄하다는 것은 무슨 말인가? 대각을 설치한 목적은 진실로 임금과 시비(是非)를 다투라는 것이다. 그러나 이 또한 경중(輕重)과 대소(大小)의 구별이 있다. 그 무겁고 큰 것은 간언했으나 임금이 받아들이지 않으면 떠나는 것이 옳고, 그 가볍고 작은 것은 간언했으나 임금이 받아들이지 않으면 내버려두는 것이 옳다.

---

17 주련(株連): 한 사람이 저지른 죄에 여러 사람이 관련됨을 이르는 말.

그런데 지금은 경중과 대소를 따지지 않고 일단 간언하고 보며, 요청이 받아들여지지 않아도 멈추지 않고, 전임자가 비록 떠나도 후임자가 다시 이어받는다. 임금도 익숙해져서 으레 그러려니 여기니, 대각도 시끄럽게 떠들며 말하기를, "선례가 그렇다"라고 한다. 그러다가 임금의 지시에 따라 간언을 중단하는 자가 있으면, 허풍을 떨며 아주 이상한 일로 여긴다. 이러한 폐단은 오직 우리나라만 확연하다.

02 또한 조정에 일이 생기면 간언하는 것이 옳지만, 간언하지 않는다고 모두 그르다고는 할 수 없다. 설령 간언할 수 있는데 간언하지 않아도, 이것 또한 보통 사람의 일상적인 태도이니, 미워하거나 질투할 거리가 못 된다. 그런데도 한 사람이 논의를 주도하면 수십 명이 그 뒤를 따르고, 그 뒤를 따르지 않으면 세찬 공격을 먼저 받는다. 그러므로 부득이 이견을 내세워 자신을 변론해야 하는데, 간언할 사안이 임금에게 도달하기도 전에 간언한 사람이 밑에서부터 연이어 무너지니, 이 또한 하나의 폐단이다. 그러나 이것은 오히려 그 폐단의 절목(節目) 중 작은 것이다.

03 대체로 일에는 일정한 이치가 있지만, 사람마다 반드시 같은 견해를 가져야 하는 것은 아니다. 대각이 비록 중요하다지만, 이 또한 조정의 관서 중 하나이다. 대각이라고 해서 유독 여러 사람과 견해를 달리해서도 안 되고, 여러 사람이 대각을 구차하게 뒤따르는 것도 떳떳한 일은 아니다. 지금 당인(黨人)들은 상대방을 공격할 때, 자기들의 무리를 먼저 대각에 포진시키고서, 준엄한 논의를 주장하며 자신들과 다른 의견을 배척한다. 정상을 참작하면 간사함을 용납한다고 하고, 죄인에게 은혜를 베풀면(全恩·전은)[18] 법을 어지럽힌다며, 귀양 보내자고 청하

---

18 전은(全恩): 죽을 죄인에게 생명을 온전히 유지하게 하는 은전(恩典).

고 국문하자고 청하고 참수하자고 청하고 종을 삼자고 청한다. 조금 느슨하게 처리하려는 사람이 한 명이라도 있으면, 그에게 칼날을 겨눈다. 이것이 옛날에 이른바 옥리(獄吏)의 억지 법 적용(深文·심문)[19]인데, 이것이 이른바 우리나라 대각의 실체다.

04 무릇 대각의 직책은 부족한 것을 보완하고 잘못된 것을 바로잡아, 임금의 덕을 완성하고 관리의 사악함을 바로잡는 것에 있을 따름이다. 그런데 지금은 사람들의 장단점을 주워 모아 당동벌이(黨同伐異)[20]만 일삼는다. 대각의 그들 자신에 대한 대우가 이미 이렇게 각박한데, 오히려 조정에서는 이기기를 구하니, 그들이 어떻게 존귀한 임금을 감동시킬 수 있으며 여러 사람의 마음을 복종시킬 수 있겠는가! 그러므로 준엄한 논의라는 명칭은 대각에서 시작되었으나, 결국은 당동벌이의 구실이 되었다. 준엄함을 경계하며 오히려 그것이 지나칠까 두려워해야 하는데, 준엄함을 귀하게 여겼으니, 무슨 짓인들 못 하겠는가!

6. 관직이 너무 맑은 것

01 관직이 너무 맑다는 것은 무슨 말인가? 관직이란 하늘의 일을 사람이 대신하는 것이니, 삼가지 않을 수 없다. 크고 작은 관직과 안과 밖의 관직이 다 그렇다. 이른바 맑다는 것은 무엇을 가리키는가? 맑음이 있으면 탁함이 있으니, 사람이 비록 어리석더라도 어찌 기꺼이 스스로 탁한 곳에 안주하면서 저 맑은 것을 부러워하지 않겠는가! 이것이 맑음을 다투는 이치이다. 수당(隋唐) 이래 문장을 중시하고 과거 급제를 귀

19 심문(深文): 없는 죄를 꾸며 낸 뒤에 법률 조문을 억지로 끌어다 맞춰서 벌을 받게 하는 것을 말한다.

20 당동벌이(黨同伐異): 일의 옳고 그름은 따지지 않고 뜻이 같은 무리끼리는 서로 돕고 그렇지 않은 무리는 배척(排斥)함. 『후한서(後漢書)』, 권97, 「당고열전(黨錮列傳)」.

하게 여겨 문관 직책이 비로소 왕성해졌다. 그러나 당나라의 한림원(翰林院)과 송나라의 양제(兩制)[21]는 그 정원이 오히려 우리나라처럼 넘쳐나지 않았고, 권세도 오히려 우리나라처럼 막중하지 않았다.

02 우리나라는 문관 직책만 사대부를 격려하는 도구로 삼았다. 그래서 이른바 청렴한 관직과 명예로운 벼슬이 옛날과 견주어 보아도 또한 너무 넘쳐났는데, 재상의 막중한 직책도 모두 여기에서 배출되었다. 또 그 제도는 대부분 서로 추천해 끌어다 쓰는 식이었다. 이에 나이가 젊고 기백이 예리한 선비들이 권세로 조야를 위태롭게 했고, 그들의 헛기침이나 돌아보는 것만으로도 족히 그 시대를 영광스럽게도 했고 욕되게도 했다. 그러다가 이것을 달가워하지 않는 자들이 기세에 편승해서 급히 서두르면 사화가 되었고, 오래 끌면 당론(黨論)이 되었다.

03 그러나 사화란 소인이 선비의 무리를 해친 것이니, 그러려니 할 수 있지만, 당론은 선비들이 서로 다투는 것이다. 같은 선비들인데 어찌하여 서로 다투는가? 그들이 다투는 근거가 반드시 있으니, 도학과 관직이 그것이다. 도학을 다투는 자가 한 명이라면 관직을 다투는 자는 열 명이요, 도학의 당이 백 개라면 관직의 당은 천 개다. 도학의 위세가 없으면 관직의 종주가 될 수 없고, 관직이 맑지 않으면 도학을 성원(聲援)할 수 없다. 이처럼 도학과 관직의 형세가 서로 안과 밖을 이루고, 도학과 관직의 득실성패(得失成敗)가 처음과 끝을 이룬다. 천하의 재앙은 항상 성대한 찬미에서 시작되고, 세도(世道)의 추락은 반드시 치우침에서 비롯된다. 그러므로 "큰 명성 아래에서는 오래 머물기 어렵다"[22]고 했으며, 또 "나라의 이로운 기물(利器)은 남에게 보여줄 수 없

21 양제(兩制): 내지제고(內知制誥)와 외지제고(外知制誥)를 아울러 이르는 말.

22 『사기』, 권41, 「월왕구천세가(越王句踐世家)」에 나오는 말이다.

다"[23]고 했다. 어찌 이 말을 믿지 않을 수 있겠는가!

7. 벌열이 너무 번성한 것

01 벌열이 너무 번성하다는 것은 무슨 말인가? 무릇 천하의 일은 마땅히 천하의 사람들과 함께해야 하고, 만세(萬世)의 일은 마땅히 만세의 사람들과 함께해야 한다. 내가 혼자 간섭할 수 있는 것이 아니다. 나도 간섭할 수 없는데, 하물며 내 자손이랴! 내가 현명해도 자손은 어리석을 수 있으니, 자손이 나에게 미치지 못하는 것을 내가 어찌하겠는가! 내가 현명하지 못해도 자손은 현명할 수 있으니, 자손이 나와 다른 것을 내가 또한 어찌하겠는가! 또한 가령 내가 현명하고 자손도 현명하더라도 어찌 반드시 내 자손이 할 일이 내가 하던 일일 필요가 있겠는가!

02 내가 농사꾼이라고 해서 내 자손이 반드시 농사꾼일 필요는 없으며, 내가 장인(匠人)이라고 해서 내 자손이 모두 장인일 필요는 없다. 농사꾼이나 장인 같은 천민도 오히려 그러한데, 하물며 내가 다행히 귀하고 높게 되어 조정에서 건의하는 자리에 있게 되더라도, 내가 감히 내 자손을 모두 귀하고 높게 만들 수 있겠는가! 설령 내 자손이 귀하고 높게 되더라도 내가 건의한 것은 곧 한 시대를 위해 제기한 것인데, 내 자손의 시대에 어찌 반드시 이러한 건의를 다시 제기할 필요가 있겠는가! 내 자손도 그러한데, 하물며 나와 논쟁하던 자의 자손이 또 모두 높고 귀하게 되어, 내 자손과 이것을 다시 논쟁하겠는가! 이것은 결코 이치에 맞지 않는 일이지만, 유독 우리나라에만 있는 일이다. 벌열을 위해서는 장한 일이라고 할만하지만, 국가에는 무슨 이로움이 있겠는가!

---

23 『도덕경(道德經)』, 제36장에 나오는 말이다.

03 무릇 습관이 오래되면 변하지 않으며, 지킴이 굳어지면 소통하지 않게 된다. 변하지 않고 소통하지 않는 사람과는 한집안의 일도 같이 하기 어려운데, 하물며 나랏일이랴! 지금 비록 변화하여 소통하고자 해도, 강한 자는 그 안락함을 편히 여기고, 약한 자는 굽힘을 부끄러워하며, 어진 자는 자기 조상을 그리워하고, 어리석은 자는 자기 친족을 두려워하니, 형세 상 불가능하다. 또한 태어날 때부터 혼인하고 교유함에 이르기까지 온통 당파뿐이니, 고칠 수 있는 길이 어디에 있겠는가!

04 오로지 위에 있는 임금이 어느 날 떨쳐 일어나 지위에 구애받지 않고 어진 이를 세우고 준재를 불러 모으되, 그의 행동거지가 여느 사람보다 만 배나 뛰어나다면, 종전의 수많은 담론(談論)을 모두 한 귀퉁이에 묶어둘 수 있을 것이다. 그렇게 되면 천하 만세의 공정한 마음과 공정한 안목을 기대할 수 있을 것이니, 누가 낡아 떨어진 당론을 즐겨 일삼겠는가!

05 당론이 나뉜 이래로 벌열에 의지하는 것이 더욱 심해졌다. 예전의 벌열은 지위라도 따졌지만, 후대의 벌열은 순전히 당론만 따졌다. 조상의 명예로운 지위는 드디어 당인의 사사로운 물건이 되었고, 온 나라의 탐욕이 그리 쏠렸다. 당론이 어찌 세차게 타오르지 않을 수 있겠는가!

8. 태평성세가 너무 오래 이어진 것

01 태평성세가 너무 오래 이어졌다는 것은 무슨 말인가? 무릇 태평성세가 오래 이어진 것은 나라의 복이자 나라의 걱정이다. 맹자가 말했다. "국가가 한가로울 때 안락을 즐기며 게으르고 오만한 것은 나라가

망하는 길이다."[24] 그러므로 옛날의 현명한 임금과 명철한 재상은 반드시 이 문제에 전전긍긍하며, 정사와 형벌을 잘 닦고 밝히며, 백성을 위해 힘쓰고 군대를 잘 다스리느라, 늘 시간이 부족하다고 여겼다. 하물며 어느 겨를에 당론을 일삼았겠는가!

02 우리나라는 대대로 훌륭한 임금들이 잇달아 뒤를 이어 지난 옛날에 견줄 만큼 융성했고, 현명한 사대부도 아주 많았다고 일컬어졌다. 안락을 즐기거나 게으르고 오만한 것에 관해서는 어느 한 가지 일도 가까이 가지 않았다. 다만 문치(文治)가 너무 융성해서 의견을 내세우는 것이 공적을 세우는 것보다 많았고, 말과 용모를 꾸미는 것이 내실에 힘쓰는 것보다 왕성했다. 그러므로 나라를 다스리고 정책을 만드는 요령은 한나라와 당나라보다 못해서 외적이 쳐들어오면 갑자기 당해내지 못했고, 그들이 물러가면 위아래가 모두 편안히 여기니, 마치 처음부터 난리가 없었던 것 같았다.

03 나라는 작고 국토는 한쪽에 치우쳐 있었지만, 어진 은혜는 두루 펼쳐졌다. 밖으로는 큰 도적이 나라를 집어삼키지 않았고, 안으로는 기회를 엿보고 틈타는 권신(權臣)이 없었다. 다만 사람이 잘했을 뿐만 아니라 하늘의 운도 따랐다. 이에 사대부들이 정신과 마음을 쓸 곳이 없어져서 붕당의 논의가 시작되었고, 서로 도덕과 의리를 자랑하고 명예와 절개를 높였다. 진실로 세상의 교화를 유지하고 인심을 일깨울 수 있어서, 국가에 보탬과 이익도 있었으니, 전적으로 사사로운 이익만 추구한 것은 아니었다.

04 그러니 만약 이 마음을 움직여 실제 쓰이도록 조치하여, 안으로

---

24 『맹자』, 「공손추 상(公孫丑 上)」 4의 원문은 "今國家閒暇, 及是時, 般樂怠傲, 是自求禍也"이다.

는 자기 몸을 스스로 다스려서 자신의 분하고 격렬한 기운을 삭이고, 밖으로는 나라의 정사에 펼쳐서, 갈피를 잡을 수 없을 정도로 꾸며진 글의 폐단을 걷어낸다면, 임금과 신하가 함께 기쁨을 누리고 후세에도 복이 내릴 것이다. 또한 무슨 일인들 해내지 못할 것이며, 훗날 무엇을 근심하겠는가! 전(傳)에서 말했다. "반드시 한 세대가 지난 뒤에야 백성들이 어질어진다."[25] 또 말했다. "백 년 동안 덕을 쌓아야 예악(禮樂) 일어난다."[26] 무릇 한 세대와 백 년은 가히 오랜 세월이라고 할 만하다. 지금 당론의 오래됨은 다만 그 다섯 곱절에 그치지 않는다. 그런데 따지기를 지극히 자세히 하고, 지키기를 지극히 외곬으로 하며, 행하기를 지극히 오래 했으니, 나라가 있고 집이 있은 이래로 전혀 없던 일이다. 진실로 이 마음을 일으켜서 왕정을 실행한다면, 그 효과가 또한 어떠하겠는가! 만약 공자와 맹자가 본다면 이것에 대해 괴롭고 안타까워하지 않을 수 있겠는가!

결언

01 무릇 이 여덟 가지는 당론이 발생한 이유인데, 그 잘잘못은 피차(彼此)가 똑같다. 내가 어느 한 편의 당을 위해 말하는 것이 아니다. 내가 거듭 말한다. "그름과 올바름(邪正), 반역과 충순(逆順)의 구분은 끝내 분명한 말로 결론을 정할 수 없는 것이다." 내가 거듭 말한다. "지극히 크고 지극히 오래되고 지극히 말하기 어려운 문제다."

---

25 『논어』, 자로(子路) 12.

26 『사기』, 권99, 「유경숙손통열전(劉敬叔孫通列傳)」. "禮樂所由起, 積德百年而後可興也."

발문 跋文

01 아아! 이 글은 영재(寧齋) 선생이 지은 것이다. 선생이 일찍이 말씀하셨다. "우리나라가 당쟁으로 입은 재앙은 지극히 크고 지극히 오래되고 지극히 말하기 어려운 문제다." 그 내용은 원론(原論)에서 자세히 쓰셨다. 내가 가만히 시험 삼아 논해보면, 국가가 태평성세를 누린 지 수백 년이 되어, 태평스럽게 전쟁을 걱정하지 않게 되자, 사대부는 국정이나 민심을 살피지 않고, 오직 같은 방에서 창을 휘두르며 서로 베어 죽이려고만 했다.

02 그 이유를 자세히 살펴보면, 비록 시비(是非)와 사정(邪正)의 구분이 없지는 않지만, 그들이 사사로이 당을 세워 권력과 이익을 다투어 혼란과 멸망을 재촉했다는 점은 마찬가지다. 또한 피차의 기술은 번잡하고 자질구레하고 각각 한쪽으로 치우친 편견에서 나왔으니, 진실로 서로 비교하고 종합하여, 공정한 마음과 공정한 눈으로 엄정하게 판단하지 않으면, 그 진실을 바로잡을 수 없게 된다. 무릇 지극히 크고 지극히 말하기 어렵고, 더욱이 지나온 세월이 지극히 오래되어, 공적, 사적으로 간직된 글들이 백여 종을 밑돌지 않으니, 어찌 글의 줄 수나 글자 수만 세어보고서 짧은 시간 안에 그 실상을 파악할 수 있겠는가! 이것이 선생이 이 책을 지으신 뜻이다.

03 생각건대 번잡한 것을 깎아 간략하게 만들며, 여러 주장에 휘둘리지도 말고 한 사람의 주장에 얽매이지도 말아야, 그 실상을 말할 수 있다. 그러나 옳고 그름은 알기 어렵고, 오직 사사로운 뜻과 편견은 오랜 습관이 되어 마치 타고난 본성처럼 지금까지 버려지지 않고 있다. 그러니 나는 이 책을 열람하는 자가 선생의 마음을 알지 못하고 다만 시끄럽게 헐뜯는 것이 선생의 결점이라고 생각할까 두렵다. 왜 그런가? 선생도 역시 당파에 속한 사람이기 때문이다.

04 선생을 좋아하지 않는 자는 반드시 선생에게도 사사로움이 없을 수 없다고 의심할 것이며, 선생을 아끼는 자도 선생의 말씀이 혹시 자기편을 꺾고 상대편을 두둔하는 것에 가깝지 않은지 의심할 것이다. 이에 선생의 마음이 공정해서 분명히 자기편과 상대편의 경계를 구분하지 않는다는 것을 알 수 있다면, 어찌 선생이 소위 당파심이라는 것을 갖고 계셨다고 말할 수 있겠는가? 가령 선생이 당파심을 가지셨다면, 선생을 아끼는 자라도 선생의 말을 의심하지 않을 수 없을 것이다. 그러나 내가 선생을 보건대, 선생의 허물은 당에 있는 것이 아니라 당을 하지 않았다는 것에 있다.

05 대개 신축년과 임인년 때에는 이편이 옳고 저편이 그르다는 것은 숨길 수 없는 사실이었다. 오직 선생은 당을 하지 않으려는 뜻이 지나쳤고 남들이 선생에게 사사로움이 있다고 의심할까 두려워했다. 그러므로 때에 따라 이편을 꺾고 저편을 두둔하지 않을 수 없었다. 뜻이 지나쳐 공평함을 잃었다면, 선생을 아끼는 자가 그 말을 의심하는 것도 의아스러운 것이 없다. 무릇 선생의 공정함도 오히려 이러한 의심을 면치 못하는 것은 무엇 때문인가? 선생도 역시 당파에 속한 사람이기 때문이다. 차라리 지나친 데로 빠질지언정 옛 소문에 미혹되지 않으며 편

견에 치우치지 않는 것, 이것이 또한 선생이 이 책을 지으신 뜻이니, 책을 읽는 사람들은 반드시 알아두어야 할 것이다.

재종제(再從弟) 이건방(李建芳) 삼가 씀

校勘·標點 黨議通略

自序

01 先議政府君, 纂次《國朝文獻》百有餘卷. 悉皆手錄, 字細如豆, 大書則卷可三四倍. 今士大夫家, 巾箱之富, 鮮有若斯者.

02 世或謂: "所藏多秘傳軼事, 不以示外人." 然府君平生苦心勤力, 有述無作. 此書皆列朝起居注所載敎令章奏, 及先輩名公卿誌狀文牘. 惟是年經月緯, 引類比事, 以存其大全而已. 即令付諸寫官, 行之通邑大都, 無不可者.

03 第以遺澤所寓, 編帙浩穰, 不敢以煩耳目. 又自十數年來, 不肖遊宦四方, 不能挈挾以自隨, 每復暇歸鄉, 一出之以曬蟫而已. 自頃守制, 家居之日爲久, 而重罹創毒, 目視遂減, 往往手卷而不能讀. 蓋府君錄此書時, 春秋五十內外, 或至耆年未已, 而不肖今尙未四十也.

04 復惟不肖幼時, 受書府君懷膝間, 課讀之暇, 輒口授故事, 日若干條, 其於野史尤詳. 不肖時方騃多不省, 而府君則言之津津, 如與無不曉者道也. 及府君棄不肖, 而不肖稍稍有知, 尋繹前所承聆, 茫乎不可記憶緖 餘恨靡有窮已. 况於今日乎, 况過此以往乎! 視益暗, 記益惛, 無再少之理, 恐不能卒業於是書, 以負府君辟咡之誨. 而當世又鮮先生長者, 多識前言往行之人, 如諸弟及他朋友, 乃反有時叩質於不肖, 以爲斷港之一筏, 庸是以愧以懼.

05 玆於府君所述諸篇中, 鈔取其關繫之尤鉅者, 都爲二卷, 將以提其鈐領, 而塡其間架, 旣欲自便其閱覽, 而亦以應諸弟之問. 但以通敍首尾, 事情文氣稍令聯續, 故於其間不得已處, 往往有臆見微辭之附綴者. 要不敢著爲定本, 公諸同好焉耳.

06 若其先之以黨議者, 抑有說焉. 國朝黨獘, 爲歷代所未有. 卽自穆陵乙亥, 至元陵乙亥, 一百八十年之間, 公私文字之所紀載, 十之七八, 要非他事, 無論誰是誰非, 誰得誰失, 誰正誰邪, 誰忠誰逆, 大抵不出於黨耳.

07 他日修正史者, 必先撮畧黨議, 仿馬書班志, 別爲一部, 然後其他可整理而不紊. 猶《宋史》先標〈道〉, 而次別〈儒林〉·〈文苑〉. 蓋事有時而變, 則史例亦有時而不同. 此亦不背前日所承聆, 而記其大意也. 嗚乎唏矣!

제1장 선조·광해군 시대

第一章

1. 이준경과 이이, 그리고 유성룡

01 宣祖初, 領相李浚慶卒. 遺箚曰: "今人, 高談大言, 結爲朋比. 終必爲國家難拔之患." 時儒臣李珥, 以道學才猷, 領袖山林, 上甚尊寵之. 浚慶意指珥等也.
02 珥疏辨曰: "朝廷清明, 安有朋黨? 人之將死, 其言善, 浚慶之死, 其言惡." 三司請追奪浚慶官.
03 柳成龍獨不與曰: "大臣臨死進言, 有不當, 斥之可也, 罪之, 無已甚乎?" 左相洪暹等, 皆言: "浚慶有功德, 不可罪." 乃止. 後數年, 浚慶之言驗.

2. 을해당론: 동서분당

01 初明宗黜尹元衡, 用李樑. 樑姊爲仁順后母. 以后弟沈義謙尙少, 故樑得顓恣貪亂. 義謙旣壯且貴, 密奏樑罪竄之, 遂延攬前輩, 得賢聲.
02 銓郞吳健欲引金孝元自代, 義謙沮之. 孝元淸苦士, 爲後輩所宗. 其少時, 嘗與元衡贅婿李肇敏善, 至携臥具就之. 義謙以公事, 造元衡, 見其狀. 至是, 斥言"孝元乃元衡門客." 金繼輝揮手止之曰: "愼勿出口. 此其少年事也."
03 後孝元竟爲銓郞, 多引名士, 以自輔, 聲譽藉甚. 有薦義謙弟忠謙, 可代銓郞者. 孝元曰: "天官豈外戚家物耶!" 又短義謙曰: "是夫戇, 不足用也." 時仁順后已薨, 義謙無內援. 士類以虛名, 排義謙, 幷斥前輩之爲義謙地者. 人謂"孝元修隙矣."
04 朴淳爲右相, 大諫許曄因微事請推考, 淳自引去. 自是黨議遂分. 時主孝元者,金宇顒·柳成龍·許曄·李山海·李潑·鄭惟吉·鄭芝衍號東人. 以孝元居京東乾川也. 主義謙者, 朴淳·金繼輝·鄭澈·尹斗壽·具思孟·洪聖民·辛應時號西人. 以義謙居京西貞陵坊也. 東人喜尙名節, 西人多老成持重. 其不肖者亦多附麗, 或出入兩間, 相攻擊. 是謂乙亥黨論.

3. 이이의 양시양비론

01 左相盧守愼用李珥言, 白上曰: "沈義謙·金孝元, 互言囂囂, 恐士林不靖. 請兩出之." 上曰: "兩人互言何事." 守愼曰: "言平生過失耳."

02 珥曰 "此兩人未必深相嫌怨. 但世俗浮薄, 親戚故舊, 各以傳聞, 相告語, 遂紛紜如此. 大臣欲鎭定之, 甚善." 上乃授孝元 慶興府使, 而義謙爲開城留守. 吏判鄭大年等言: "慶興近胡, 非書生所宜." 乃移富寧, 富寧亦邊地, 東人多訟孝元屈, 且告守愼·珥. 珥爲請於上復移孝元於內地, 又引李潑爲銓郞.

03 歲餘, 修撰金誠一因經筵盛言貪黷恣行. 許曄繼劾尹斗壽受珍島郡守李銖賂米. 李潑并論斗壽弟根壽從子晛隱慝, 語多無實. 金繼輝疏辨之, 潑自詣臺, 執市人張世良, 謂"爲斗壽, 受匿珍島米." 拷掠無完膚, 終不服. 上疑之, 命釋世良勿問. 承旨宋應漑等爭不可, 上罷應漑. 時潑等力主淸議, 慷慨日甚, 雖爲上所絀, 而士類趍附益衆.

04 李珥屢移書李潑·鄭澈間, 勉以同心國事, 兩人皆不聽. 反謂珥"含糊," 共不快之. 初東西始潰, 珥中立無所偏倚. 或譏珥: "天下安有兩是兩非?" 珥曰: "武王、夷·齊兩是也, 春秋之戰兩非也."

05 及見潑等鍛鍊米獄, 而稍不直之, 意頗嚮西人. 知事白仁傑疏請保合東西, 李珥爲搆疏. 仁傑性疏, 坦漏其事. 正言宋應泂劾珥, "經幄臣不宜代人草疏." 金宇顒曰: "珥君子, 不可劾也. 吾輩豈可爲一應泂, 陷於小人哉!" 乃請遞應泂. 應泂 應漑弟也.

4. 전랑천대법 폐지의 경위

01 東人禹性傳有盛名. 其徒相推重, 以爲性傳得地, 萬物咸遂. 性傳嘗悅一妓, 及遭喪, 妓被髮出入. 李潑往吊, 見而駭之. 鄭仁弘起自山野爲掌令, 以風裁自持, 首劾性傳. 東人不知仁弘實聞潑言, 而疑李珥使之也.

02 珥爲大憲, 仁弘請於珥曰: "聞沈義謙嘗居喪圖起復, 義不可與此人同朝. 願從公劾之." 珥曰: "事久, 傳聞不可信. 且義謙在今日所謂孤雛腐鼠, 盍舍諸?"

03 仁弘欲棄官歸, 李潑說珥曰: "公知士類之有憾於公乎? 今公誠能絶一義謙, 則士類惟公是聽, 而東西復合矣. 且公惜義謙, 獨不惜仁弘之去乎?"

04 珥意動, 乃與仁弘聯啓曰: "青陽君 沈義謙貪權樂勢, 積失士類心. 請罷職." 旣草啓, 珥顧仁弘曰: "他日不可添增句語." 仁弘諾之.

05 翌日仁弘獨啓乃曰: "義謙援附士類, 以助聲勢." 上問曰: "旣云失士類心, 又云援附士類, 援附者爲誰?" 仁弘以"尹斗壽·根壽·鄭澈"對.

06 珥謂仁弘曰: "澈介士, 非附義謙者. 且珥嘗薦澈, 今在言地, 聽子劾澈, 珥乃反覆人也." 仁弘難之, 復疏言: "澈非義謙黨. 臣前啓失實, 請遞臣."

07 珥又疏言: "澈與義謙情厚則有之, 而氣味逈然不同." 正言尹承勳駁珥曰: "凡人必志同氣合然後, 相親密. 旣曰情厚, 何謂逈然不同?" 珥辨言: "韓愈之於柳宗元、司馬光之於王安石、蘇軾之於章惇, 皆情如兄弟, 而心事若燕·越." 又詆承勳無識, 趨附士類, 受其風旨.

08 上黜承勳於外, 大憲李墍等疎言: "珥不宜反詆承勳, 輕侮臺閣, 請幷罷之." 珥始劾義謙, 欲以慰東人, 及救澈斥承勳, 益取嫉於東人. 珥歎曰: "時人乃以我對承勳, 我豈至於是耶!"

09 久之, 有宗室慶安君 瑤者, 對盛言時弊謂: "由柳成龍·李潑·金孝元·金應南專權誤國." 上頗納之, 命革銓郎薦代之法. 故例, 銓郎必以年少儒臣極選, 相推引爲激揚甄別之資. 沈·金之釁亦自此始. 至是, 遽革之, 東人皆惕息, 而成龍等不安去. 時人皆謂"瑤受李珥指"云.

5. 계미삼찬: 박근원, 송응개, 허봉 탄핵 사건

01 會北虜尼湯介犯邊. 上擢李珥爲兵判, 悉委戎務. 珥便宜征調, 或先擧後聞.

02 一日被召入內, 兵曹眩臥, 不能進, 上遣醫診視. 於是, 三司宋應漑·李潑·許篈等劾珥專擅驕慢, 珥待罪. 上慰勉甚摯, 珥乞: "咨詢左右, 如謂臣罪可貰, 臣不敢不從政. 不然, 乞竄殛臣, 以謝言者." 三司又言"珥禦下蔽上."

03 領相朴淳、護軍成渾訟珥斥應漑等, 而渾請覈其主論者. 左相金貴榮、右相鄭芝衍曰: "此事須平心處之. 朝廷惜李珥, 宜爲之保全令名. 今摧折臺閣, 至欲鉤探言根, 他日雖權奸當國, 孰敢言者!" 上責罷貴榮·芝衍, 都承旨朴謹元疏請留二相, 而斥珥及淳·渾. 謹元·應漑·篈皆珥所嘗論劾, 至是, 詬辱珥益甚.

04 初珥嘗不得於庶母, 棄家入山, 後悔歸爲大儒. 及登第, 上疏自列其事. 應漑詆珥, 至言: "珥本緇髡, 化身還俗, 豢養權門, 出沒山林. 自以爲特立當世, 超然於是非之外, 或稱義謙之短, 或擧孝元之長. 以求至公之名, 下誣當世, 上欺殿下. 始爲兩非之說, 終乃三變其論. 內售傾陷, 逞智自用, 以亂朝廷. 此賣國之奸也."

05 於是, 太學生柳拱辰四百七十人、全羅儒生徐台壽、黃海儒生柳帶春四百餘人、及王子師傅河洛等, 相繼爲珥·渾疏辨, 上褒嘉之. 乃御筆親撰教文, 有曰: "憸人在位, 朝著不寧, 司寇失刑, 國是靡定. 尙寬肆市之誅, 薄施惟輕之典." 命竄謹元·應漑·篈. 是謂癸未三竄.

6. 이이와 성혼의 당

01 上屢下敎, 崇奬李珥·成渾曰: "珥苟君子也. 不患有黨, 惟患黨之少. 予亦用朱熹之說, 願入珥·渾之黨."

02 大諫金宇顒疏請調停. 略曰:

"李珥以儒學博識, 遭遇明時. 殿下傾心倚任, 計行言聽. 惜其志大而才疏, 量淺而意偏. 蔽於所厚, 滯於所見, 不能合一國之公, 以成天下之務. 徒欲任一己之私, 違拂擧世之情. 章奏頻煩, 不免强辯, 設施輕疏, 不厭人望. 士類之心, 始失所圖, 亦非一人之私論.
然珥之本心, 豈有他哉! 珥之本心, 士類莫不諒之, 初未嘗遽有攻擊之意. 不意三司論議, 漸至乖激, 彈章峻刻, 殊駭聽聞. 因其失誤無情之事, 指以'慢上擅權,' 又因其辭氣不服, 加以'固寵要君, 揮斥公論'之名, 至以'誤國小人'目之, 醜肆詆斥. 此豈足以服人心哉!
蓋緣近日, 珥與士類頗不相協, 怪鬼異論, 紛然雜出於其間. 如頃日慶安令 瑤, 輒指柳成龍等四人爲專擅, 成龍等俱以淸名雅望, 取重山林, 實帷幄之寶臣. 瑤言一出, 浸不自安, 疑珥益深. 而浮躁喜事之徒, 因事幷起, 始有攻擊之擧, 玆亦豈士類之本心哉! 亦緣成龍旣去, 而臺閣無復有重望鎭物之人, 故恣意排擊至此也.
若成渾疏, 則以擧朝爲朋讒, 而不究士類之本心, 以珥爲被人中傷, 而不原其失人心之所由. 山野之人, 未曉朝廷曲折, 徒懷憤世之心. 其言雖失中, 亦豈可深咎哉!
竊願殿下於珥則諒其本心, 而知其疏謬之病. 於三司則抑其浮躁, 而察士類之情, 開誠曉喩, 坦懷無阻, 不沮不挫, 潛銷鋒穎, 則庶乎其可矣."
上不納.
03 李珥旣失東人心, 常邑邑不樂曰: "苟有公眼人, 久久觀我所爲, 必能明我心." 及拜吏判, 引咎乞致仕, 請宥朴謹元·許篈, 皆不許. 然終不請宥宋應漑.
04 又言: "癸未三司諸臣, 皆浮躁不可復用." 又引白惟咸爲郎, 專用西人. 珥客宋翼弼, 多聚鄕儒, 日投疏發東人過惡. 珥不能禁, 東人憾之益次骨. 未幾珥卒, 家有咀呪事, 或謂東人所爲云.

7. 선조의 변심

01 初上遇李珥甚隆, 及卒恩禮殊薄. 領相盧守愼請宥三竄, 上許之, 且曰: "應漑等言珥奸, 珥果奸乎?" 守愼曰: "珥喜佞己者也."
02 自此東人覘上意改, 乃合謀以李珥·成渾·朴淳·鄭澈·辛應時·朴應男·金繼輝·尹斗壽·根壽·朴漸·李海壽·洪聖民·具鳳齡等, 悉名爲沈義謙黨, 三司彈駁無虛日. 李潑疏言: "臣嘗以經濟許李珥, 道學推成渾, 平日交道甚厚, 今公論重而私誼輕. 故舊可念而國不可負." 上頗信之.

03 公州教授趙憲、生員李貴, 李珥·成渾門人也, 累疏訟師冤. 又歷詆盧守愼·鄭惟吉·柳㙉·李山海·權克禮·金應南·白惟讓·盧稙·宋言愼·李好閔·盧稷等, 不報. 憲疏不已, 上命焚其疏而竄之.

8. 기축옥사: 서인 집권의 계기

01 鄭汝立, 全州人, 聰明善議論. 李珥奇之, 引爲修撰. 汝立每以珥比孔子. 及珥卒, 諂附李潑, 凡所以害珥者, 必甘心焉. 嘗於經筵極詆珥, 上曰: "汝立今之邢恕也."

02 時東人滿朝, 以汝立爲第一流, 潑尤力薦之, 上終不用. 汝立乃棄官歸鄕, 召聚四方無賴, 托爲鄕射禮, 陰謀不軌. 趙憲疏有汝立必反語, 時人皆笑之.

03 宋翼弼生於下賤, 有才氣. 李珥·成渾與之友, 世號爲西人謀主. 至是, 以與人爭堰, 爲刑官所索, 窘甚, 思翻覆以自脫. 乃與成渾·鄭澈門人賓客之在湖南者, 往來謀議, 盡得汝立反狀, 使鄕人告變. 汝立居湖南, 而變書初從黃海監司以聞者, 翼弼在白川故也.

04 時李山海·鄭彦信, 爲相當國. 彦信與汝立, 同宗相善, 欲以亂言斬告變人, 大憲洪聖民執不可. 乃發使捕汝立, 汝立逃. 大索八道, 汝立自刺死. 載其尸至京師, 踞斬之. 鞫其子玉男, 彦信爲委官, 治獄踰月.

05 翼弼說鄭澈疏論: "鞫事疏緩." 白惟咸復言: "李潑等交結汝立, 彦信庇覆逆狀." 領相盧守愼爲上言: "逆變起於搢紳, 宜從容而治之, 不可動於虛說."

06 上責罷守愼及彦信, 起澈爲相, 惟咸爲獻納. 又以成渾爲吏參, 命竄金宇顒·鄭仁弘. 以與汝立相厚也.

07 澈以汝立從子緝、及湖南民宣弘福所告, 請鞫鄭彦信·洪宗祿·鄭昌衍·李潑·白惟讓·彦信弟彦智· 潑弟洁. 惟昌衍得釋, 餘皆竄邊. 是謂己丑鞫獄.

9. 임금에 맞서는 서인, 조헌

01 臺諫白惟咸等, 并劾宋言愼等十數人, 或竄或罷. 湖南儒生丁巖壽疏, 列李山海·韓孝純·柳成龍·金應南·李陽元, 黨比誤國, 請悉罪之.

02 趙憲自謫歸, 與湖南儒生梁山璹, 迭疏如巖壽語. 上素嫉憲, 乃曰: "趙憲尙不知畏. 欲再踰摩天嶺耶!" 特拜柳成龍爲吏判, 稍敘東人, 以分西人之勢.

03 又教曰: "宋翼弼亡命私奴, 日與趙憲謀疏事. 必窮治之." 翼弼匿諸西人家, 終不就.

04 東人洪汝諄黜爲全羅監司, 畏罪覬賞, 與儒生梁千會·千頃·姜海·丁巖壽等, 謀詗察汝立之黨. 首告羅州訓導鄭介淸, 爲汝立相地, 鞫問無驗.

05 介淸力學好古, 朴淳嘗薦于朝而官之. 後與李山海善, 西人以此嫉之. 介淸著書, 有東漢節義之弊, 巖壽疏言"介淸排節義," 遂以排節義爲罪, 杖流道死

10. 동인 수괴 길삼봉을 찾아라!

01 崔永慶, 晉州人. 嘗從曹植遊. 孝友有至性, 淸苦絕世. 成渾甚重之, 謂人曰: "吾見崔君歸, 淸風滿袖矣." 自是得徵, 至持平. 後附李山海·鄭彦信, 身居林下, 遙聞朝論, 浸與成渾·鄭澈有隙.

02 汝立獄起, 賊招皆云"吉三峯爲上將." 朝廷大索吉三峯. 後有賊招云"三峯居晉州, 乃私奴也," 又有云"三峯乃羅州士人也," 又有云"三峯姓崔不姓吉." 其言年貌, 亦人人殊, 或謂"年三十," 或謂"六十," 或謂"面瘦," 或謂"肥且髥." 於是, 蜚語相傳曰: "三峯必晉州士人崔永慶, 年六十瘦而髥者也."

03 或說洪汝諄曰: "西人嫉永慶甚於介淸, 誠得永慶以告, 則爲功大矣." 汝諄乃密移慶尙右兵使梁士瑩, 發吏捕永慶. 搜其家得所爲書, 多詆時事, 且以逆獄比士禍.

04 梁千頃疏言: "永慶實汝立宗主." 命鞫之. 永慶就鞫, 風采揚揚, 獄卒相顧驚歎.

05 時鄭澈主獄, 問事郞李恒福, 從容謂鄭澈曰: "自獄起踰年, 賊招多矣, 孰有言崔永慶者? 今以道聽之說, 陷處士萬一不幸, 公何以辭其責乎? 且聞外議, 公與永慶

有怨, 豈有是哉?" 澈悟謝.

06 會成渾亦致書托澈救永慶. 澈白上盛言: "永慶行誼氣節, 不應爲逆." 乃得釋. 永慶出獄, 渾遣子文濬唁之. 永慶不知渾之救己, 謂文濬曰: "吾見惡於汝翁, 故至此." 臺諫具宬·趙洽等, 渾門人也. 聞永慶語而怒, 啓請"再鞫永慶." 上亦惡永慶, 命更訊與汝立通問狀. 永慶竟死於獄.

07 鄭彦信等, 皆以通汝立再鞫. 彦信之始逮, 其子慄疏辨久不與汝立通. 成渾與鄭澈書言"大臣不可殺," 故得末減. 後上檢汝立文書中, 多彦信札, 怒其欺, 杖流道死. 慄慚恨自殺.

08 李潑素負重名. 鄭澈雖惡潑, 然屢爲上言: "潑交汝立, 愛而不知惡而已. 天下豈有兩汝立哉!" 上不聽, 飭令加訊. 澈請告, 柳成龍代爲委官. 時潑累刑垂死. 成龍與潑俱東人, 然亦不相能. 且畏愼不敢救, 竟加杖殺之.

09 潑母年七十、子八歲、及弟洁, 皆死于獄. 白惟讓亦與三子俱死. 其從弟惟咸, 日赴臺, 彈擊揚揚自得, 人皆嫉之. 參奉尹起莘、都事曹大中、別坐柳夢井, 皆有時名, 以非辜死. 時四方告變者相續, 治獄踰年, 東人株連以千計.

11. 남북으로 분열하는 동인

01 鄭澈性剛亢. 好飮酒使氣, 放言自愉快. 盧守愼罷相待罪, 澈使人問曰: "相公前薦引汝立, 今何如矣?" 守愼答曰: "人見自不同耳."

02 鄭介淸供引朱子語, 澈厲聲曰: "汝何敢言朱子! 朱子背師乎!" 謂介淸背朴淳也.

03 崔永慶之鞫, 澈望見而笑曰: "以彼之貌, 偃臥竹林叢中, 嘲諷當世, 宜人之稱賢者也." 又以手自畫其頸曰: "彼乃欲加此於我." 蓋永慶嘗云"鄭澈可梟也."

04 然澈於彦信·潑·永慶之死, 皆力救之. 東人不知也. 或傳: "鄭緝·宣弘福臨刑呼曰: '啗我以多引東人, 何爲殺我.'" 蓋澈客湖南諸士所爲, 而澈亦不知也.

05 成渾以道學爲儒宗, 自李珥卒, 鄭澈等每有事, 輒書議以決之. 獄起, 渾居鄉不來. 其於東人多所救解, 而卒不得. 東人反謂渾使澈, 盡殺東人云.

06 初鄭仁弘劾禹性傳, 李潑主之. 柳成龍·金誠一·李敬中·李德馨皆右性傳. 汝立附潑求銓郎, 敬中沮之. 仁弘指敬中爲娼嫉. 及汝立誅, 成龍白上言"敬中有先見." 時敬中已死, 上命贈官. 而仁弘以此被罪. 潑之死, 成龍又不救, 故仁弘之黨, 遂與成龍爲仇. 故有南人北人之分, 以性傳居南山, 潑居北岳也.

12. 광해군이냐, 신성군이냐!: 세자 책봉을 둘러싼 논쟁

01 自逆獄以來, 時論悉歸左相鄭澈, 而領相李山海、右相柳成龍, 亦爲上所任用. 成渾與澈謀逐山海, 宋翼弼泄之. 山海懼, 思中傷之.
02 儲嗣未立, 朝臣多屬望於光海君, 而上方愛仁嬪所生信城君. 澈欲請建儲, 約山海同對, 山海許之. 前一日, 山海密招仁嬪弟金公諒謂曰: "今鄭相欲立光海, 而殺信城母子及汝矣." 公諒大驚 卽入告仁嬪, 仁嬪泣訴於上. 上不信曰: "此浮言也."
03 明日, 山海稱病不朝, 澈與成龍同對. 澈首言建儲, 上大怒曰: "今予尙在, 爾欲何爲?" 澈蒼黃出, 成龍不敢言而退.
04 於是, 東人朝士儒生, 迭疏攻澈專擅自恣, 殺崔永慶及他諸罪. 三司承山海指, 將合啓, 金晬與禹性傳善, 往議之. 性傳素嫉山海, 乃止晬勿預.
05 大憲洪汝諄疏劾性傳·晬, 削其職. 於是, 南北之論愈激, 而東人之名遂絕. 汝諄嘗告: "崔永慶爲東人所不齒, 而特以附山海劾性傳, 故遂與山海, 爲北人之魁云."
06 大憲李元翼等連啓, 悉竄鄭澈·尹斗壽等. 凡以西人名者, 皆逐之. 杖殺梁千頃, 贈崔永慶官, 以澈等罪, 榜示朝堂 以柳成龍兼行吏判事, 悉用南北人.

13. 전란 중의 당쟁: 화친을 둘러싼 논쟁

01 踰年, 倭寇至. 上西狩至開城, 百姓遮道, 乞召鄭澈, 諸臣皆咎李山海誤國敗事. 黃愼草敎文有曰: "首倡幸蜀, 國忠之頭可斬." 謂山海贊去邠也. 上命竄山海, 柳成龍請同罪, 亦罷之. 召尹斗壽於謫中拜左相, 又召鄭澈赴平壤. 西人稍進.
02 至義州, 尹根壽欲劾汝諄·李元翼. 成渾曰: "元翼何可劾?" 兩司乃請竄汝諄及宋言愼·李弘老·任蒙正·柳永吉, 弘老又疏詆尹斗壽訟李山海, 相與紛紛不已. 上御製詩, 示群臣曰: "諸臣今日後, 忍復各西東?" 然諸臣終不悛也.

03 甲午還京. 尹斗壽罷相, 柳成龍·金應南·鄭琢相繼入相. 時廟社墟莽, 庶事草創. 而大憲金宇顒等, 首論鄭澈之罪, 以爲崔永慶冤死, 致兵禍之報. 三司鄭曄·申欽訟澈斥宇顒, 上罷曄等. 宇顒雖與鄭仁弘·汝立善, 而尤重柳成龍, 故卒爲南人.

04 時天將胡澤來致中朝意, 令我奏請姑聽倭封貢. 柳成龍欲許之, 與成渾入對. 渾極言: "國勢危迫, 須少緩兵鋒以自圖." 上盛怒切責之. 成龍噤不敢言而退. 於是, 三司交章攻和議. 金宇顒·柳永慶主之, 然宇顒專攻渾.

05 永慶及李爾瞻北人也. 幷嫉成龍揚言曰: "主和者乃成龍, 而今使宇顒專攻渾, 以自免, 成龍眞奸邪也." 由是宇顒亦不能恣攻渾.

06 初上西狩, 路過坡州問"成渾家何在?" 李弘老在側, 詭指所見江上村曰: "此是也." 上曰: "何不來見予?" 弘老曰: "此時渠豈肯來耶?" 時渾家居, 車駕過後, 始聞, 欲赴之, 兵已塞路, 遂避入山中.

07 適光海君分朝在伊川, 召渾. 渾乃往, 轉向寧邊謁上. 弘老又譖之曰: "渾此來爲光海圖傳位耳." 上怒甚, 然時方播越, 倚渾以爲重, 故强尊禮之.

08 及還京, 渾自海州復命. 上乃責渾曰: "始予過卿居, 而卿不見予, 予之得罪大矣." 未幾復以和議被讒, 渾惶愧歸鄉, 尋卒. 自以心事未暴, 遺令薄葬.

09 時鄭澈亦卒. 上從臺諫言, 追削澈官. 自是西人多擯斥, 而南北迭相攻擊矣.

14. 유성룡의 주화오국을 둘러싼 남북 논쟁

01 柳成龍雖乏骨鯁之節, 其才識爲中興功臣之冠. 李元翼·李德馨皆有勞於再造. 成龍薦李舜臣, 終始力保. 而西人及北人以嫉成龍幷疑舜臣, 詆謀無所不至. 舜臣被急徵, 其母以憂卒. 金德齡亦爲西人所殺, 郭再祐幾危而僅免. 皆黨論之所毆也.

02 西人自趙憲·梁山璹·高敬命之死, 以節義勝, 而功業實遜於東人. 事具他書, 此惟以黨議見. 下亦仿此.

03 李山海雖被逐, 而上眷念終不已. 鄭琢希上旨, 請宥山海, 金宇顒劾琢免相. 北人謂: "柳成龍恐山海復用, 以偪己, 故使宇顒逐琢也." 以此益惡成龍.

04 會遣使辨楊鎬之誣. 上欲成龍行, 成龍以病辭. 上薄之. 李爾瞻欲劾成龍, 李憲國不從. 上是爾瞻而罷憲國官.

05 南以恭·金藎國, 欲以李山海子慶全通淸路, 銓郞鄭經世執不許. 以恭等疑經世受成龍指. 且見上意厭成龍, 乃劾成龍主和誤國、選軍牟利諸罪, 幷論禹性傳等諸南人.

06 金宇顒救成龍, 李墍幷劾宇顒. 臺諫文弘道受洪汝諄·鄭仁弘指, 疏詆成龍, 擬以杞·檜. 金藎國亦北人. 然以弘道言爲過甚, 欲改其辭. 弘道引避, 上爲罷藎國. 李元翼疏言"成龍淸忠, 汝諄讒誣," 又劾任國老·蔡謙吉·鄭榮國等. 皆北人也.

15. 대북과 소북, 그리고 육북과 골북으로 나뉜 대북

01 李德馨本南人. 以李山海婿, 故出入南北間. 至是, 見北黨漸盛, 還投南人. 北人之自好者, 稍稍恥與汝諄等同事.

02 李墍爲吏判, 欲擬汝諄大憲, 銓郞南以恭握筆不書. 金藎國疏劾汝諄樂禍無厭. 汝諄嗾柳希緖, 劾以恭·藎國及宋馹·朴彝叙·李德泂·慶暹·李必榮等, 目爲浮薄, 或罷或出, 惟柳希奮以戚里得免.

03 以恭·藎國等常居要地, 有時望, 重惜名器. 失志爭進者皆赴遡於山海·汝諄. 於是, 主山海·汝諄者爲大北, 主以恭·藎國者爲小北. 及小北被譴, 而山海·汝諄又相與爭權, 山海黨謂之肉北, 汝諄黨謂之骨北.

04 李爾瞻疏劾洪汝諄, 上兩黜之, 復參進西人. 未幾體察李貴自嶺南還, 論鄭仁弘居鄕不法事. 仁弘疏辨曰: "臣與成渾·鄭澈不相能, 又不快於柳成龍. 今其徒嫉臣如此." 因極詆渾搆殺崔永慶、不赴國難、主和議諸事, 幷劾鄭經世居喪飮酒. 大憲黃愼疏辨渾誣. 上遞愼, 悉逐西人在朝者, 有"奸渾毒澈"之敎 以柳永慶爲吏判, 鄭仁弘爲大憲.

05 李恒福平生無黨. 至是, 欲沮永慶吏判. 故爲其黨所劾, 指爲鄭澈腹心, 以此免相. 仁弘赴召, 首論崔永慶再鞫時臺諫具宬之罪, 竄之. 未幾柳永慶爲相專政, 仁弘等多罷遞, 專用小北.

16. 소북의 분열: 유당과 남당

01 初光海君册儲二十年, 累遣使請封, 中朝以臨海君居長, 持之不許. 臨海·光海皆恭嬪 朴氏出. 臨海狂暴多失德, 光海有監撫功, 懿仁后嘗取而子之, 中外皆屬心無異辭.

02 及懿仁后薨, 禮官復欲遣使請封, 上曰: "不請册妃 而請封何也?" 遂册仁穆后, 後后生永昌大君. 領相柳永慶援世宗時廣平·臨瀛二大君例, 率百官陳賀. 左相許頊·右相韓應寅曰: "一大君生, 何必陳賀?" 永慶乃止. 然人皆疑永慶迎上意, 爲大君地也.

03 上有疾, 密教傳位于世子, 招諸相. 永慶曰: "今召時相, 他相不得與." 他相皆退, 永慶獨啓請收曰: "今日之教出於群情之外, 臣不敢承命." 兵判朴承宗, 與永慶謀勒兵扈宮, 以備非常. 人心洶洶, 皆言"永慶不欲立世子."

04 時李山海·李爾瞻爲永慶所逐, 久不叙. 欲密托光海爲他日計, 與光海嬪兄柳希奮, 日夜聚議. 因人情之不平, 嗾臺諫宋錫慶, 以用藥不審, 請罪御醫許浚, 將以及永慶. 時永慶方爲藥院都提調也. 永慶令宋駬, 以他事迎擊錫慶, 上罷錫慶官.

05 山海·爾瞻計不售, 乃以李惺·李憺往嶺南, 見鄭經世, 極言永慶謀危儲君狀, 勸其上疏. 經世謝曰: "道不同不相爲謀." 又往說鄭仁弘, 仁弘慨然自鄉呈疏曰: "柳永慶秘聖旨, 而逐諸相. 所謂群情者, 國人之不願歟? 抑私黨之所不欲歟? 異時將自爲彌遠而濟王我東宮歟?"

06 上怒甚曰: "仁弘欲令世子速受傳位. 爲人臣者忍以退舊君爲能事哉!" 自此光海每問安, 上輒責之曰: "未受册命, 何以稱世子! 問安其勿更來." 光海伏地嘔血. 臺諫李效元等劾"仁弘動搖君父離間骨肉," 幷論山海幷慶全及爾瞻等, 悉竄之. 進士鄭蘊疏救仁弘, 不報.

07 時許頊·成泳·崔天健·洪湜·成俊耇·李效元·李惟弘·金大來·宋應洵·李德溫·宋

騁·宋駰·南復圭·柳惺·朴承宗·柳永謹·柳永詢·李瀞·李慶禔·朴而章·黃暹·黃昰·黃謹中·曹明勗·成以文·閔慶基·朴顔賢·申光立·申橈皆右永慶, 謂之柳黨. 金藎國亦入柳黨.

08 南以恭·金蓍國·南以信·朴彝叙·任兗·任章不附永慶, 謂之南黨. 柳希奮雖以光海故, 與大北計事, 然本小北. 尤與以恭善, 故亦稱南黨. 此皆於小北中, 又歧爲二者也.

17. 폐모론 이후의 북인, 그리고 남사고의 예언

01 上昇遐, 光海卽日卽位. 以李山海爲院相, 釋仁弘·爾瞻擢用之, 戮柳永慶·金大來. 柳黨皆坐罪, 然小北尙不盡斥. 以柳希奮用事故也.

02 自是賊臣當國, 一擧而殺臨海, 再擧而殺晉陵, 三擧而殺永昌, 四擧而殺綾昌, 五擧而戮延興之尸, 而廢母之論成. 其前後主凶論者, 鄭仁弘·李爾瞻·許筠·白大珩·鄭造·尹訒·李偉卿·韓纘男·朴鼎吉·朴道弘·蔡謙吉·李尙恒·李覺·韓希吉等皆大北也. 其被誘脅而不能自異者, 相臣韓孝純以下不可悉記, 亦皆大北也.

03 柳希奮·朴承宗·李爾瞻幷封勳, 號爲三昌 然希奮·承宗稍立異. 承宗又有救護西宮之功, 卒以身殉光海. 此二人小北也. 南以恭黨亦多不入廢論. 李山海卒於光海之初, 其子慶全與爾瞻有郤, 改爲小北, 後又爲南人云.

04 當時守正立節者, 如李元翼·李德馨·鄭逑皆南人也. 如李恒福·鄭弘翼·金德諴·吳允謙皆西人也. 大北惟奇自獻以領相獻正議, 與李恒福同竄. 鄭蘊初師仁弘, 及見仁弘不終 乃自割弟子籍, 上疏極言. 鄭昌衍·李溟·柳夢寅以右蘊自立, 人謂之中北云.

05 初術士南師古謂人曰: "國都東有駱峯, 西有鞍峴, 兩山相爭之象也. 必有東西人之爭. 駱者各馬, 東人必分裂各立. 鞍者革而安也, 西人必得革除之時而安云." 後其言悉驗.

제2장 인조·효종 시대

第二章

1. 서인과 남인의 이이·성혼 문묘종사 논쟁

01 仁祖反正, 彝倫再叙. 文武勳臣金瑬·李貴·申景禛·具宏·張維·洪瑞鳳·崔鳴吉·沈命世等, 皆故李珥·成渾門人, 及李恒福所嘗引薦者. 從錮廢中起, 協贊擧義. 大北自鄭仁弘·李爾瞻以下, 悉誅死, 後無敢以大北名者, 國論遂歸西人.

02 西人積憾東人, 始欲并錮南北, 金尙憲主其說. 然當時舊德凋喪, 惟李元翼獨存, 反正翼日, 自江上肩輿赴朝, 人心始大定. 遂立爲首相, 以此南人得不廢. 小北不能自立, 多投附西南矣.

03 諸臣首請成渾·鄭澈復官賜祭. 李元翼因請己丑罪人李潑等復官. 幷許之. 於是, 京外儒生請以李珥·成渾從祀文廟. 嶺南儒生迭疏詆: "珥入山毁形有玷名教, 渾遺君負國, 陰戕士類."

04 西人吳允謙·趙翼等, 疏辨嶺儒之誣, 上有"二臣釁累, 人所共知"之教 自是從祀可否, 爲西南攻鬪之大案, 朝士儒生投匭相爭無虛歲云.

2. 북인의 몰락: 기자헌·유몽인 옥사

01 奇自獻雖樹立, 以本大北, 而其子俊格犯逆誅, 故遂不收叙. 李适之變, 自獻及北人金元亮·尹守謙·李時言·玄楫等名, 罣變書被拿. 而上將播遷, 金瑬請"直斬諸囚, 而行以絕内應." 李貴爭曰: "殺一不辜, 王者不爲, 今無故而加淫刑可乎?" 瑬堅請之, 貴曰: "自獻舊輔相, 立節昏朝, 今混被誅戮. 願諭之以倉卒不得已之意,使死者自知非辜." 又請勿斬而縊之. 於是, 幷殺元亮等四十九人於一夜間. 李元翼及朝, 始聞之, 愕然曰: "誅殺如此, 而首相不得聞, 吾耄矣! 將焉用哉!" 嘆咤不已.

02 北人權縉以前判書, 竄嶺南, 勳臣具仁垕使監司閔聖徽, 直斬之. 事定, 以濫殺逮聖徽. 諸勳臣皆言"聖徽心實爲國," 止削其官.

03 柳夢寅本中北, 不預廢論. 反正後逃西山不出, 後被逮. 自陳所著〈老寡婦詩〉, 按獄者以爲就服而斬之. 其甥洪瑞鳳方爲勳臣, 而不能救. 自是朴弘耉·李仁居·柳孝立·鄭雲同·權大進之獄相續, 反側不安, 數年未已. 蓋以失志者半國, 而朝廷不能以恢平爲務, 故至此.

04 廟堂爲文通諭八道: "以奇自獻·柳夢寅欲爲廢主復讎, 譸張凶圖, 爲諸賊之本." 又追著大北諸人之罪謂: "與光海鴆弑宣廟." 其說尤無據.

3. 서인과 남인, 그리고 북인: 삼색도화

01 仁城君 珙多爲諸賊所引, 柳孝立獄後, 百官廷請置辟. 大諫鄭蘊疏曰: "今不問形迹之虛實, 一信賊招而已, 則逆獄將無虛歲. 仁城雖除, 豈無仁城? 先王之子噫其盡矣. '殷鑑不遠,' 近在廢朝. 使廢朝雖有昏亂之政, 但不殺同氣, 不廢母后, 雖以殿下之德, 不能有此位也." 又極詆諸勳臣曰: "殿下以此輩得國, 終以此輩亡國." 上始不欲殺珙, 諸勳臣爭不止, 不得已從之.

02 時方議圖國婚, 東人尹毅立女膺選, 勳臣李貴·金自點等力沮之. 檢閱睦性善、正字柳碩應旨言事, 非斥廷臣誅仁城、罷尹婚諸事. 副提學鄭經世、典翰李埈等, 與諸南人在朝者, 倡爲淸議, 至以李貴等戕害骨肉, 比之爾瞻. 西人憤怨謂"南人欲因此變換朝廷." 然鄭蘊·鄭經世以節義經行聞, 其所執爲朝野所共知, 故不能顯斥. 獨以性善·碩卑少, 群起攻之.

03 金尙憲代經世爲副學, 疏詆"性善·碩欲以己黨爲戚里, 時平則結肺腑之援, 欲留諸賊所推戴之王子, 世亂則受酬言之功," 聞者皆甚之. 右相申欽、臺諫黃㦿西人也. 然右經世等, 爲李貴所詬罵. 大諫李聖求南人也, 反攻性善, 請焚其疏, 以此驟用, 至拜相.

04 時南人柄用者, 惟李聖求·李光庭·張顯光·金時讓等數人. 北人惟南以雄, 嘗爲吏判, 每注擬, 參用西南北爲三望, 時號三色桃花. 不久被劾去.

05 趙絅以淸名, 爲時所重. 嘗以臺諫, 劾動相洪瑞鳳貪侈, 金尙憲請下絅於獄. 閔馨男疏言"諫官被鞫, 國朝所未有," 事得已. 李烓善文辭好議論, 與金尙憲有仇. 及尙憲赴瀋陽, 烓以附淸人告國陰事, 被極刑. 然事不明, 南人冤之. 當時朝議, 如元宗追崇及講和斥和之議, 雖有異同, 不繫西南, 故幷不載.

4. 경험이냐, 기개냐? 노서와 소서의 대립

01 反正初, 勳臣當國, 士類多附之, 而金尙憲獨持風裁. 於是, 有勳西淸西之目, 未幾又變爲老西少西. 勳西中金瑬主老, 李貴主少. 老西申欽·吳允謙·金尙容務欲幷用西南. 而三司朴炡·羅萬甲·李基祚·姜碩期, 皆慕尙憲之風, 自名少西.

02 南以恭與柳希奮植黨, 昏朝爲高官. 然終不預廢論, 世以此多之. 李景稷本無黨, 與李爾瞻爲疎屬. 爾瞻將害徐渻, 景稷與渻有通家誼, 爲往見爾瞻而解之. 不悅者譁言景稷通爾瞻, 及廢論起, 景稷以不參庭請得罪.

03 至是, 允謙擬以恭於大憲 尙容擬景稷於大諫, 炡等爭之. 李貴白上言: "允謙·尙容與金瑬合, 欲引進負累之人." 瑬又斥炡等狂愚自用. 上疑炡等樹黨, 至欲鞫之, 尋命遠竄. 大提學張維疏救三司, 出補羅州牧使, 朝議大鬨.

04 完城君 崔鳴吉上疏兩解之, 略曰:

"自分黨以來, 當軸者, 以銓曹爲根本, 以三司爲爪牙, 又推其中有重望者一人, 以爲監主, 凡通塞人才、是非朝政, 一決于監主之私室. 故三司論議如出一口, 銓衡之地, 彈駁不到, 而監主之家, 鞍馬盈門, 堂堂公朝, 遂爲黨私之窩窟.

反正之後, 彼此人才, 一時登庸, 皆因自己聲望, 不階汲引之力. 故銓曹之權始輕, 臺閣論事, 無所稟承. 雖異議間出, 固不害爲淸朝之美事. 今此數臣, 持論過峻, 責人太苛. 流言飛聞, 機牙幷發, 相隨而入於罟阱之中. 是可惜也.

南以恭雖柳希奮·朴承宗所親, 而與主張廢論者, 作爲仇敵, 竄謫累年. 閱事旣久, 計慮優長, 誠可與共謀國事. 臣在銓曹, 亦欲擬用而不果. 因金瑬議, 始通淸顯, 而少輩不容, 遂生風浪.

然臣今捨以恭, 而救少輩者, 非所見有變也. 良以諸臣攻以恭, 非欲全棄, 特不許清望而已. 使朝廷薄遞諸臣, 而仍用以恭可矣? 何必累加摧折, 使清議之士, 皆懷不平, 而重閉以恭之路乎?

李景稷嘗往見爾瞻, 邀入書室, 爲朴自興所見, 造謗傳播. 及庭請不參, 幾陷不測. 人始知景稷之本情, 而餘毁紛然, 至今未已.

景稷是臣儕輩也. 少有才名, 交游士類, 居家事親, 有可觀之行. 但負才使氣, 此其病處耳. 書室私語, 參證未明, 庭請立異, 事跡有據. 不以難明之過, 揜其有據之善. 此前輩之論是也.

雖無酬酢於廢論, 而足及權奸之門, 瓜田納履, 終未免嫌. 此後輩之言, 亦出於公正, 不可據以爲罪也.

末俗浮薄, 喜造名目, 囂囂之說 非今斯今. 反正之初, 亦有淸西·勳西·尹西·申西之目, 傳之者甚多, 而終於無事者, 以朝廷未嘗分別, 而無心以處之故耳.

大要前輩年紀旣高, 閱歷已多, 故其論常主於寬恕, 後輩血氣方强, 名節自勵, 故其說常主於淸峻. 寬恕者或流於情勝, 淸峻者或失於過刻, 二者所尙之相反, 其勢然也.

臣少時一隊士友, 如黃愼·鄭曄·吳允謙諸人, 以儒學行誼, 爲前輩所重, 金瑬·洪瑞鳳·金尙憲諸人, 以淸名華聞, 爲後輩所推. 而論事之際, 緩急不同, 譏評前輩之言, 蓋亦多矣. 而前輩處之怡然, 終不介意, 此全交之道也.

歲月浸尋, 人事漸變, 昔之後輩, 反爲今日之前輩. 而又將前日淸峻之論, 讓與一隊年少, 而自居於受人譏評之地. 互換之道, 正好一笑. 今前輩寬恕之道, 獨及於若干人之不能無瑕點者, 而不及於一時持淸議之士, 是何異於惡舟之傾, 而移左以就右乎?"

05 尹西·申西尹昉·申欽二家子弟之稱也, 未久皆復合.

5. 한당과 산당의 갈등

01 至上末年, 又有原黨·洛黨·山黨·漢黨之目. 原黨主原平府院君 元斗杓, 洛黨主上洛府院君 金自點, 皆勳臣也. 山黨主金集, 而宋浚吉·宋時烈等輔之, 皆連山·懷德山林中人, 故謂之山黨. 漢黨主金堉及申冕, 皆居漢上, 故謂之漢黨.

02 初金尙憲倡義斥和, 下城後遁歸山中. 後爲淸人所索, 拘縶燕館, 不屈. 經歲歸, 拜爲相, 薦金長生及其子集, 有王佐才. 長生造朝尋卒, 集服除, 起爲贊善, 輔世子. 時金堉以經濟進用, 建請革貢賦, 爲大同法, 集不可.

03 曾吏判缺. 朝野望集枋政, 而上以林墰爲吏判, 集棄官去. 三司館學交章請留. 又請令墰避賢路, 墰辭免. 上召集, 從子益熙, 追集諭意. 集乃還爲吏判, 悉引賢士, 布列朝廷. 二宋爲首, 而尹宣擧·李惟泰次第徵召. 南人權諰·許穆·尹鑴等亦預其選, 士類顒顒望風矣.

04 世傳反正初, 勳臣會盟, 有密約二事. 曰無失國婚, 曰崇用山林. 所以固形勢, 而收名實也.

05 方宋時烈等有盛名, 勳臣金自點·元斗杓·李厚源爭相薦引, 許爲主人. 及昭顯嬪 姜氏賜死, 自點實釀其禍, 事見他書. 士論以此擯自點, 而歸斗杓·厚源, 自點憾甚. 申冕方居顯路, 與金益熙爭權. 益熙挾山人重, 劾冕黨自點.

06 趙絅爲大憲, 與諸南人, 謀欲并傾諸黨. 事未發, 而宋浚吉以執義筵啓, 請竄李時萬·李以存·申冕·李之恒·李海昌·嚴鼎耉·黃㦿, 以黨自點也. 又請罷李行進·李時楷, 以黨斗杓也. 俱以士類附勳宰爲辭, 而人之多寡、罰之輕重異焉.

07 孝宗即位, 銳意討復, 悉以國政聽浚吉·時烈, 而黜自點. 自點乃使譯官李馨長譖於淸人曰: "新王退舊臣, 進用山林之人, 待以不次, 其意將以有爲." 於是, 淸遣六使查問, 事機不測. 領相李景奭以身自當, 與禮判趙絅, 就囚于灣上, 淸人尋意解乃已.

08 自點初命竄, 未幾謀逆事覺, 與子鈛并誅. 鈛臨死供: "自點遣馨長囑淸人縛宋時烈等以去, 其謀出自申冕." 冕被拷不服死. 後鞫馨長, 馨長至死, 猶言"申冕無罪"云.

09 或傳宋時烈等將赴朝, 以冕世貴有盛名, 使人致意. 冕曰: “諸山人果出耶?” 曰: “然.” 冕曰: “出將何爲?” 曰: “復讎雪恥, 伸姜嬪寃, 此二事今日所先也.” 冕曰: “爲我謝山人. 君輩如鳳, 聞其聲, 人自慕之, 時出而羽儀, 亦無不可. 但下與鷄鶩刺促, 未有不爲婦人孺子所笑也.” 語傳, 山黨大惱, 冕卒以此死云.

10 有閔愼者, 其祖死, 其父廢疾, 時烈引宋 光·寧事, 令愼代父承重. 金堉使臺諫劾愼廢父, 以侵時烈. 及堉卒, 其子佐明以隧道葬, 時烈又使人疏論其僭. 曹漢英右堉, 閔鼎重·維重右時烈, 相訟不決. 自是山·漢之隙如水火.

11 明聖后册嬪, 金氏爲戚里. 佐明素有幹能, 世期繼父爲相. 而時烈揚言: “戚臣不可復用.” 士類憚時烈, 多不與通問. 佐明子錫胄有文譽, 登第十年, 而無肯許淸顯者, 憾時烈次骨. 或謂鄭太和曰: “山人與戚里之怨深矣, 庸可復解乎?” 太和曰: “世變無窮 安知其不復合? 吾老矣, 公等尙或見之.”

제3장 현종 시대

第三章

1. 기해예송: 서인 예론의 실질적 승리

01 孝宗昇遐, 慈懿大妃在東朝. 大明禮及國制, 母后爲長衆子皆服朞. 贊成宋時烈引《喪服禮》: "庶子雖承重不得三年," 當以古禮服朞. 謂:"孝宗本仁祖次嫡, 而非長子也."

02 進善尹鑴曰: "《禮疏》: '第一子死, 立弟二子, 亦名長子.' 孝宗升儲嗣, 正合此文."

03 時烈曰: "《禮疏》: '四種不得三年, 其一曰體而不正.' 謂雖以己出且傳重, 而非長嫡則不得爲正也." 領相鄭太和止時烈曰: "公勿復此言. 萬一奸人執此言以搆禍於朝廷, 奈何?"

04 鑴又引《禮》: "君喪內外宗皆斬, 以重君臣也." 時烈折之曰: "子無臣母之義." 太和遂據國制定朞, 而時烈·鑴之說皆不行.

2. 체이부정 논란과 예송 금지령

01 顯宗元年, 掌令許穆疏言: "體而不正, 謂妾子也. 孝宗乃大妃之嫡子, 何謂不正?" 時烈歸鄕, 李惟泰在朝, 主四種之議甚力. 或謂惟泰: "今但言, 服朞自是國制, 非以古禮, 則彼說息矣." 惟泰不從.

02 時烈又獻議曰: "今以《禮疏》所云: '長子死, 第二子立, 亦名長子'之文, 以爲當斬之證, 臣未知所謂長子死者, 死於何時耶? 無乃長子死於幼時, 而父不服之謂耶? 使長子成人而死, 父旣服斬, 而又立次嫡, 其死, 又謂長子, 而又服斬, 則豈《禮》所謂不貳斬之義耶? 庶雖妾子之號, 而嫡出之第二子, 同名庶子. 庶非賤稱, 乃衆子之謂也. 孝廟固不害爲仁廟之庶子也. 昔文王舍伯邑考, 而立武王, 而周公制禮, 則必眷眷於長少之辨. 今如穆所云, 則檀弓之免、子游之衰, 果不足恤耶?" 又曰: "使世宗八王子相繼立爲儲, 死則將八斬耶?" 宋浚吉議與時烈略同.

03 尹鑴與李惟泰書曰: "禮爲長子斬者, 謂其承祖禰之序也, 氓庶之家然也. 受祖宗社稷之宗, 爲天下神人之主, 則其爲長也大矣, 其爲宗也尊矣. 故奪嫡奪宗, 事絕常倫, 王朝之禮, 有時與士庶不同也. 太王之宗, 移於王季, 不得歸於太伯, 漢室之宗, 移於茂陵, 不得歸於臨江. 宗之所在, 卽服之所隆也, 服之所降, 卽宗之所替也. 今執長庶之說, 而昧大統之重, 以委巷之禮, 而論王朝之典. 是不亦貳其宗而夷其尊乎?"

04 時烈又辨之曰: "長子主宗經也, 次子奪宗權也. 不曰立而曰奪, 聖人經權之義嚴矣. 服與統 自是二事. 服之降, 明嫡之義也, 統之移, 尊君之道也."

05 初尹善道在光海時, 討李爾瞻被竄, 然實受柳希奮指也. 以此反正後, 不得顯用. 嘗爲孝宗潛邸時師傅, 及卽位, 希得高位, 爲宋時烈等所沮, 積成怨嫉. 至是, 乃疏曰: "時烈以宗統歸於主廟社之君, 以嫡統歸於已死之長子. 宗統嫡統寧可二乎? 夫承父詔受天命, 猶不得謂之正統, 則是假世子乎、攝皇帝乎? 古公雖立季歷, 而古公之統猶在太伯之後乎? 若是則國人之志靡定, 而季歷之子孫何可保也?"

06 議制之初, 世多右鑴說. 尹宣擧父子, 始亦以三年爲是. 然宋時烈方居賓師, 西人尊慕之, 不敢貳. 及鑴書行而善道疏發, 始知南人欲假此以殺時烈逐西人也.

07 於是, 西人幷起, 右時烈攻善道. 副學兪棨首請焚其疏, 三司館學請鞫請刑. 右尹權諰疏言: "善道詆譏雖可惡, 亦敢言之士也, 且先朝舊師傅, 不可輕殺." 三司移攻諰, 諰辭歸. 竄善道於三水, 黜許穆補外郡.

08 趙嗣基疏救善道等, 以貶君短喪目時烈, 被竄. 嶺南儒生柳世哲等千餘人, 疏進<喪服攷證>, 且言: "列聖朝相傳之嫡統, 終歸暗昧不明之地." 命施儒罰, 下敎示中外: "己亥服制, 實遵《五禮儀》, 非用古禮. 如復藉托傾陷者, 當用重刑." 自此, 以禮訟爲厲禁者, 十年.

09 判府事趙絅老成有重望, 修撰洪宇遠號爲淸名士. 至是, 皆以救善道被錮不叙, 南人益怏怏矣.

3. 갑인예송: 남인 예론의 승리

01 及仁宣后薨, 復議慈懿大妃服制. 禮判趙珩等始以朞年啓定. 時宋時烈在外, 金壽興·壽恒兄弟爲相當國. 朝議以爲大妃喪制不可與先王同, 乃改請服大功.

02 嶺南儒生都愼徵疏言: "以殿下爲衆庶婦所誕生, 則是衆庶孫也." 上召壽興等問曰: "己亥服制, 實用國制《五禮儀》, 今日大功之議, 與己亥同乎異乎?" 壽興等不敢明言, 連四問四啓, 乃曰: "己亥衆論紛紜, 終以國制爲定, 而中外之人, 皆以爲不行三年出於古禮四種之說. 今請大功, 亦以衆子婦服之之意也."

03 上大怒曰: "己亥服制, 予以爲用國制, 而中外以爲用古禮, 是國家所用爲輕, 諸臣所用爲重也. 卿等皆蒙先王厚恩, 敢主體而不正之說, 薄於君而厚於何人乎?" 乃竄壽興·珩及臺諫南二星等, 幷削諸臺. 以救壽興故也.

04 初金錫胄素怨宋時烈, 乃與南人許積等深相結納. 宗室楨·柟等, 皆仁祖王孫也, 出入無時, 上所愛厚. 其外家爲南人吳氏, 故又與積等連密, 諸南人謀以宗戚爲內援, 而逐西人換朝廷.

05 以宋時烈爲西人領袖, 而所論禮制久爲人情所不厭. 乃乘時而發, 楨·錫胄之力爲多. 壽興得罪, 積爲相而南人稍得進. 錫胄一歲中超遷至兵判.

제4장 숙종 시대

第四章

1. 어린 숙종의 책임 추궁

01 是歲, 顯宗昇遐, 肅宗卽位, 命領府事宋時烈, 撰進誌文. 晉州儒生郭世楗疏曰: "己亥議制, 庶子之說實倡於時烈. 大行大王克正十六年顚倒之國是, 辨別嫡庶, 推究誤禮者之首從. 不幸晏駕, 壽興竄配, 而時烈獨漏憲章. 時烈者孝廟之罪人、先王之罪人. 豈可使兩朝罪人, 濫握彤管, 以溷德美乎? 且嫡統之正, 先王實錄中, 第一盛烈也. 爲時烈者將欲紀實乎 則自首負犯, 將欲掩美乎, 則聖德湮沒. 時烈之握此筆難矣."

02 大憲閔蓍重·持平李秀彦等請鞫問, 不許. 舘學疏斥, 答曰: "世楗忠言何爲凶疏? 無乃以予爲幼主, 而探試淺深乎?"

03 畿儒李必益請罪世楗, 招致時烈, 命竄必益. 以許穆爲大憲, 尹鑴爲掌令. 悉敍議禮廢錮人, 命吏參金錫冑, 撰進誌文.

04 又以大提學李端夏所撰行狀, 服制釐正一段, 語意熹微, 且不擧己亥議禮者之名, 命端夏改入. 端夏 時烈門人也. 疏言: "兩朝賓師, 不忍指名." 上迫之再三, 端夏乃改曰:"宋時烈所引禮"云云.

05 上覽曰: "予年少不能文, 又不知禮. 然必言時烈誤禮, 然後先王處分之意爲明白. 所引禮之所字, 以誤字改之." 時上春秋十四, 擧朝無不震慴. 端夏退出疏言: "迫於嚴敎, 書誤字." 上以知師而不知君, 責罷之.

2. 귀양 가는 송시열

01 於是, 南人布列三司, 李沃·睦昌明·南天漢·李宇鼎等迭起攻時烈. 持平權愭獨言: "己亥時烈之黨, 以禮爲禁, 凡主三年之說者, 目以嫁禍, 盡竄錮之. 今又以三年之歸正, 而深治朞功之說, 則不幾近於尋前車之轍乎?"

02 大諫李之翼亦言: "典禮非黨論也, 而今以黨論論典禮. 使時烈不黨西而黨南, 則今日兩司必無罪時烈者矣. 時烈固非德備之君子. 然以儒爲名, 以禮得罪, 亦足以羞愧其心. 罷職不可已, 而加律恐非所宜也."

03 臺諫爭請加律, 幷請宋浚吉追奪. 領相許積箚言: "宋時烈厚蒙孝宗不世之遇, 貶降二字, 實時烈之至冤. 以此爲罪, 無以服時烈之心矣. 人臣貶降君父, 其罪至大. 今日言者, 雖無深意, 安知異日傾危之輩, 不持以爲慘刻之言哉?"

04 尋命時烈遠竄. 左相鄭致和·兵判李尙眞·大司成南九萬·校理尹趾善等, 相繼疏救, 執義尹拯及京外儒疏, 爲師申辨者, 幷不報.

05 尙眞疏略曰:

"昔我孝廟欲泄山河之恥, 求忠義之士, 若宋時烈其人也. 際會感應之妙, 不翅雲龍風虎. 相許相期之意, 可以貫金石而泣鬼神. 今以不測無狀之罪, 加之時烈, 垂諸簡冊, 傳之後世, 必有竊議孝廟知人之明, 而孝廟之大志大業. 亦恐由此而疑其無實, 臣竊惜之. 孝廟嘗以貂裘賜時烈, 辭以不稱. 孝廟敎曰: '卿未曉予意耶! 早晩遼薊風雪, 將與同仇之資也.' 當日君臣之間, 有如此者. 雖遭中途之慟, 未及用此裘於遼野, 而豈意今日風雪, 用之於過嶺之行歟?"

3. 대비를 단속하라는 남인

01 初福昌君 楨·福善君 柟·福平君 㮒常在禁中, 潛奸宮女, 陰結朝紳, 睥睨非望. 淸風府院君 金佑明與其從子錫冑, 亦素與相善. 錫冑雖憾宋時烈, 設計傾之, 而自以本西人, 故終不與諸南協. 尤惡吳挺緯兄弟, 倚諸福之爲甥, 中外張甚, 思有以去之.

02 會有京城大俠許挺者, 其父某仁祖潛邸時故人也. 往說佑明曰: "公外西人而內南人也, 我外南人而內西人也. 請與公爲黨論可乎? 今上仁祖之孫也, 我之世交也. 我見世交之家朝夕有危, 而不忍不言. 公爲肺腑, 獨無意乎?"

03 佑明亦念: "上幼弱多疾, 無親兄弟, 强宗近昵, 恐致不測." 乃疏發諸福奸狀, 以紅袖有子證之. 命下楨·柟及內人常葉·貴禮于獄.

04 吳挺緯請援于許穆·尹鑴, 穆·鑴入請. 上召佑明, 問楨·柟事何從得之, 將以迫辱. 上素愛楨·柟, 乃敎曰: "信聽人言, 幾殺至親. 不勝痛泣." 因命幷釋楨等. 佑明聞事中變, 不敢詣闕, 待命于禁府.

05 許積·權大運等請對, 夜深張燭. 積等甫入閤, 聞哭聲. 明聖大妃御閤內, 哭且敎曰: "紅袖之變, 先王及予所親見聞者, 主上幼冲不知. 予恐宮闈之不嚴, 告于父親, 有此疏. 主上不以予言爲是, 卿等又謂此事曖昧乎?"

06 積惶懼, 請還鞫楨等. 尋因上命幷竄楨·柟及宮女, 數月幷宥還. 自此南人皆怨大妃.

07 尹鑴筵奏請上"管束慈聖." 趙嗣基於公會大言曰"復見文定王后." 參判洪宇遠疏曰: "家人之象, '女正位乎內, 男正位乎外.' 婦人不預外事, 無專制之義. 慈聖未嘗垂簾, 而猝御殿堂, 親自隔壁, 有此過擧, 不能諫止, 子之過也. 諫或欠於巽順, 至於傷恩, 亦子之過也. 願深惟幹蠱不可貞之義, 以成慈聖不貳過之懿德焉."

4. 송시열의 효종 모욕죄

01 幼學朴瀗疏曰: "宋時烈當先王卽位之初, 目見國勢危孤, 陰爲後日之計, 乃引檀弓·子游之說, 外眩耳目, 內有所附. 及至末年典禮大定, 時烈意以先王之照其肺肝, 必由於數三公子. 故倡爲陰險之言, 欲售網打之計. 及時烈竄逐, 其黨百計窺覘, 內以驚動慈聖之心, 外以疑惑殿下之聽, 以至於此也." 於是, 大妃下諺敎于朝廷, 有欲死語.

02 許積疏請"先招致瀗于政院, 試製文, 驗其自爲與否." 政院試以〈趙括母上書〉. 瀗所製有云: "括母之上書, 請勿使括也, 今臣之上疏, 請討時烈也. 皆所以爲國也.

括母之書, 不用於其時而已, 今臣之疏, 不徒不用, 將欲置之重律, 何聖代擧措之如是也?"

03 命鞫問, 尋竄之. 承旨趙嗣基救瀗曰: "慈聖有不安之心, 至下惻怛之敎, 反覆思惟, 未得其故. 此殿下之過耶? 朝臣之過耶? 臣請先伏誅, 以明殿下之無過. 願殿下負罪引慝, 以安慈聖之心. 若瀗者腐雛也. 雖置重辟, 何足以贖其罪? 然瀗疏一上, 擧朝欲殺之. 蓋其疏指意陰僻, 巧中一時之忌諱也. 至於語及慈聖, 亦與誹謗者有間. 臣恐重治瀗, 則適足以歸怨於慈聖矣." 上有人子不忍聞之敎, 命削嗣基官.

04 判府事金壽恒疏略曰:

"今之罪宋時烈者, 輒曰'執國命作威福,' 假令時烈誠有擅國之罪, 終始委任, 非孝宗與先王乎? 以孝廟之聖先王之明, 受制於下, 任其擅弄, 而莫之正乎? 前後進言者, 率多悖倫逆理, 至有勸殿下以照管慈殿, 以子而照管父母, 豈其理哉? 家人之象, 指男女內外之謂, 非母與子之謂也, 豈可引用哉? 朴瀗之言, 大不敬也. 趙嗣基之徒, 營護如不及, 彼其獨不爲慈聖地乎?"

05 上大怒答曰: "卿將欲離間我母子? 仰天推心, 生不如死." 三司合啓, 竄壽恒.

06 初上答許積疏有曰: "時烈之極罪, 覆載所不容. 以正國法, 以雪孝廟受辱之恥, 此乃孤日夜切齒之望也." 自是南人知上意欲殺時烈, 迭請加律. 然以時烈兩朝賓師, 難於遽殺. 乃先發告廟之說, 始嗾儒生黃錩·薛居一等疏言: "誤禮旣正, 宜上告祖宗之靈."

07 蓋臣下之罪, 非大逆不以告, 旣告則時烈不得不死也. 許穆·尹鑴主其說, 而許積以爲時烈之罪, 不至於死. 金錫胄又不欲殺時烈, 以重南人之權. 故錩等疏留中不下.

5. 송시열 고묘 논란

01 會湖儒柳弼明疏訟時烈, 借製於人. 其人欲欺弼明立功, 於時人疏辭, 引宗統嫡統, 語多謬妄, 弼明實不知其云何也. 以此鞫弼明竄之, 告廟之議益激.

02 大諫李元禎白上曰: "告廟非欲加罪時烈也. 有事則告禮也. 尹元衡之罪, 雖上告而不加律矣." 上然之.

03 時時烈自德源移配長鬐, 又以臺啓, 圍籬安置. 禮制釐正, 已過四年矣. 元禎先以此試上意, 而退與臺諫鄭之虎將發啓. 正言李后定以爲不可.

04 知事金壽弘前以議禮, 與許穆等同被錮者也. 至是, 盛言: "孝廟之於時烈, 待之如太公、武侯, 今不可殺." 判府事鄭知和疏曰: "尹元衡死於明宗末年, 宣廟初以削勳告廟. 元禎乃謂'雖告廟不加罪,' 何其誣罔之甚乎? 曷嘗有人臣之罪, 至於上告太廟, 而其人不死者乎?"

05 上乃悟見欺, 引見大臣三司責之. 右相許穆抗言: "時烈壞禮亂統, 不可不告. 設令告廟之後, 有加律之擧, 豈可慮是而不告? 今所重, 在太廟乎, 在時烈乎?"

06 元禎遂發啓, 館儒尹樓等七百餘人, 疏訟時烈. 金錫胄遣人沮之不得, 又爲代稿使呈之, 亦不許. 又使金萬基子鎭龜·鎭圭, 中路劫諸儒, 欲奪其疏, 諸儒拳毆之.

07 疏入, 樓竄極邊. 時諸儒爲時烈辨者, 無不竄, 而獨尹憲卿者無罪. 憲卿用錫胄文故也.

6. 송시열의 죄를 고묘하다

01 會有慶科. 西人儒生, 以疏事被停擧者, 數百人. 上命悉解之, 而諸儒猶不欲赴. 尹鑴使臺諫姑停告廟之啓, 諸儒乃悉赴.

02 時許穆·尹鑴之黨, 議論日益刻深. 儒生李碩徵疏言: "時烈之徒, 以僞朝閏位待先王, 呂聖齊寫玉册篆文, 王字缺一畫, 有不臣之心." 許穆·權大運亦言之, 因金錫胄救解得已.

03 會試試官李正英·朴泰輔, 以'美疢惡石'爲賦題, 擧子不肯製, 請改之. 閔熙告上曰: "此題之意 與檀弓免、子游衰同, 皆譏捨長而立庶也." 穆又箚論之, 正英與泰輔俱被竄.

04 顯宗祔廟, 議以鄭太和配享旣定矣, 而太和子載嵩爲大諫, 立異於告廟之論, 且言: "亡父引國制, 獻服朞之議, 朞則一也, 臣不敢預於此議." 於是, 許穆請寢太和陞祔, 臺諫繼發, 遂命勿祔.

05 掌樂正趙嘉錫疏言: "穆初議以太和爲可配, 今忽言不合, 老耄甚矣. 載嵩疏前太和可配, 載嵩疏後太和不可配, 可謂公是非乎?" 令削載嵩, 竄嘉錫. 尋以配享不可無相臣, 復祔太和云.

06 生員宋尙敏疏進册子, 備陳禮訟始末, 其中有云: "孝廟非長子, 服以長子則不誠." 上激怒杖殺之, 并殺寫疏者朴世徽. 於是, 兩司復請時烈加律, 命巨濟荐棘.

07 兵判金錫胄築墩于江都, 調集僧軍, 水使李儁領其役. 有投書者, 略云: "黨禍之至於此極者, 由宗統之失其序也. 昭顯世子之孫臨昌君, 眞聖人也. 諸公若立此君, 豈不快哉?" 又言: "領府事鄭知和, 前判書洪處亮·金宇亨·李正英, 前參判李翊相·申晸·尹深可使爲政, 以副群望."

08 錫胄以書聞, 尹鑴請環衛宮城, 以備非常. 又請諸公卿之家, 并給自衛, 無使有武元衡之事. 會得可疑人李有湞鞫之, 有湞承服就誅. 儁不服死 臨昌君 焜與其弟煜, 并置濟州.

09 又有掛書於京城者, 言西人叛狀. 尹鑴客李煥所爲也. 煥就鞫將服, 鑴上密箚救之. 時鑴專務恐動上心, 密箚累上. 至謂: "光海不誅李興立, 以致大禍, 不可不亟念. 宜易置將兵者, 俾無後悔." 意指金錫胄也.

10 有湞旣誅, 權大運等皆言: "邦禮釐正宜告, 不告, 故有凶書." 許積亦以爲然, 三司迭請, 乃許. 大提學金錫胄撰敎文, 惟言有湞事, 而不及禮論. 會錫胄往江華, 李夏鎭·權瑎等添其句語, 有曰: "祗緣大憝之罔悛, 以致邪說之益熾, 夷倫斁紀, 終爲無父無君之歸. 履霜堅氷, 嗟非一朝一夕之故!" 又曰: "德禮爲施仁之本, 有時幷行."《春秋》有討賊之文, 所貴一統. 錫胄歸, 疏辨非己語云.

11 權瑎撰告廟文, 則曰: "粤自己亥, 奸臣亂統, 馴致亂賊, 乃其羽翼." 旣告廟, 兩司請宋時烈按律, 五十七啓, 大臣率卿宰連請, 不許.

7. 남인 내분의 씨앗

01 初許穆·尹鑴俱爲許積所薦引. 及穆以不次用, 與積并相, 鑴亦至吏判, 權勢相埒. 其黨自好者, 多附穆·鑴爲名.

02 正言李壽慶於筵中斥積被遞, 掌令金海一等復請罷, 許之. 正言李瑞雨救壽慶, 副學李堂揆等幷請罷瑞雨. 指爲植黨.

03 穆白上曰: “壽慶·瑞雨所善者, 惟臣而已. 臣豈黨壽慶而負殿下哉?” 上爲叙壽慶以安穆. 鑴欲以海一補外, 吏郎柳命賢爭之. 鑴請推命賢目以猥濫.

04 穆乞暇歸鄕, 諸承旨聯疏請留. 而洪處大·李夏鎭·鄭晳獨不預, 鑴亦留疏出城.

05 鑴爲吏判有擬官, 上或斬點, 則鑴質問於上. 修撰柳命堅嘗面斥之, 鑴反詈命堅. 上積不安, 乃許鑴歸. 鑴上萬言疏, 歷詆許積·權大運, 上特諭積慰安之, 以鑴爲狙擊. 承旨鄭樸請改諭語, 不許.

06 許穆與書吏判洪宇遠, 使用李沃. 沃以淮陽府使擬副學. 吏議柳命天疏言: “沃嘗抵宋時烈書, 卑諂不忍正視. 及國是旣定, 沃反論時烈. 今擬副學未知其可也.”

07 沃弟浡疏詆命天及其弟命賢, 貪淫鄙瑣. 命天又疏發, 沃曾隨其父觀徵 慶尙監營, 偸匿寧海灾田百結, 又奪武人李重信·李暹馬, 又奪衿川民田諸奸狀.

08 持平李玄逸幷劾沃·命天. “忿懟捃摭, 如賈豎女子, 爭言皆不足信. 請并削之.”

09 承旨兪夏益·留守吳始復·參判閔黯皆上疏爲命天立證, 判義禁金錫胄議讞. “具言沃奸狀有據, 命賢兄弟所坐多無實.” 命沃·浡并遠竄.

8. 청남과 탁남

01 沃 許穆黨也, 諸柳 許積黨也. 自此南人分淸濁之目. 權大運·大載·李鳳徵·洪宇遠等, 幷主許穆, 力言宋時烈之罪, 當告廟加律, 自爲淸峻之論. 閔熙兄弟、吳挺昌兄弟·叔姪, 幷主許積, 爲寬緩之論, 時稱濁南. 挺昌兄挺緯別爲淸南云.

02 尹鑴初與許穆同爲淸南領袖. 後因行事貪縱爲穆所不與. 故前攻鑴者, 亦多附穆爲淸南.

03 儒生具綸疏言: “今日朝廷, 有淸南濁南之目, 互相擯斥. 與儒臣許穆·尹鑴同其議者, 目之曰淸, 與領相許積同其議者, 目之曰濁. 此三臣愛君憂國, 豈有偏黨之私哉? 但人心不一, 轉成傾軋耳.”

04 正言趙根疏曰: “夫以李沃之汚賤反覆, 吳挺緯之貪婪滅法, 趙嗣基之邪慝恡毒, 何以謂之淸南也? 無乃濁南之濁, 尤有甚於淸南之濁, 而得此名耶? 此正如鼎底釜底, 以黑相訾耳, 根西人南人也."

05 許穆疏咎金錫冑議讞失平. 錫冑疏言: "涇渭中盪, 餘波射人. 急流不退, 禍將滅頂." 涇渭謂淸濁也.

06 左尹南九萬疏曰: "許積庶子校書正字堅之妻, 淸風府院君之妾弟也. 府院君妾, 爲堅所毆, 折齒號哭而歸, 惡聲載路. 府院君之妾雖賤人, 乃慈殿之庶母也. 堅乃敢毆打僇辱如是, 而無爲殿下言者. 大司憲尹鑴所斫伐禁松數千株, 造家舍. 凡斫松滿十株者, 罪至全家, 而宰相權門獨可盡山斫取而勿問乎?" 又言"勢家子弟, 掠人妻妾," 亦指堅也.

07 上驚甚, 令禁府捕廳覈之. 左相權大運等白"鑴所構舍, 不過十數間." 判尹金宇亨·左尹申最査驗, "西道禁山松三百株, 皆入鑴家." 刑判李觀徵更査, 以爲非鑴所犯, 下教慰鑴.

08 禁府査堅妻禮亨淫亂狀, 禮亨流配, 堅奪告身. 府院君妾折齒, 非堅所爲, 置不問.

09 捕廳査譯官徐孝男子婦李次玉, 被掠至社稷洞高門大家, 五日後還. 權大運謂次玉弱女, 徑斃可慮, 請移禁府, 以緩其獄. 會有宋尙敏及李有湞之獄, 鞫事方張, 不復問次玉矣.

10 宋時烈旣移巨濟, 李元禎請幷治黨與閔鼎重·維重·李翻·李翊·李選, 幷遠竄. 上又以南九萬搆誣陷人, 幷竄之. 自是許積父子, 勢愈盛.

11 許穆乃上箚略曰:

"領議政許積旣任大責, 權位益盛, 締交戚里以爲形勢, 宦侍貴近結爲密客, 伺上動靜, 以爲迎合. 勸上興作, 深山險阻, 城壘萬杵, 以勤事惑上意, 以專權力.

其庶孼子堅, 所爲無狀, 國人所共知, 掌邦法者, 莫之禁. 因南九萬疏, 事始發覺, 而專掩匿覆蓋之, 九萬竄, 堅卒無事, 人心益不快. 上得此人與共國, 望治難矣."

12 上怒切責之, 使穆自首所聞伺上動靜語. 穆待罪不爲聞. 命竄權大載·李鳳徵·李沃·權瑎, 削洪宇遠官, 皆以黨穆也.

13 積盡室歸忠州, 上一日三遣承旨, 以慰諭之. 未幾, 積還朝如故, 穆竟歸鄕.

9. 경신환국과 서인 정권

01 先是上幼多疾. 楨·柟與許堅交通, 嘗會于鄭元老家. 柟謂堅曰: “上有不諱, 汝父肯立我, 我卽兵判汝矣.” 遂歃血爲盟, 因謀逐西人, 以宋時烈爲名. 朴瀗所謂數三公子是也.

02 金錫胄與許積最善, 元老亦與錫胄密. 而錫胄內弟申範華·宗華, 冕子也 以仇時烈, 故多與南人游, 而錫胄復使交諸福. 及金佑明起紅袖之獄, 而諸福幷仇金氏. 然以錫胄嘗聞元老之謀, 故畏其先發, 諸南之爲諸福者, 終不敢顯攻錫胄. 錫胄以此權傾內外, 積等濁南皆附之.

03 錫胄機警善覘勢. 自淸濁之分, 而知上意人心益厭南人, 決意欲傾之, 與國舅光城府院君 金萬基謀, 引萬基叔益勳爲御將, 以自輔. 又致意于時烈, 約以釋憾同事, 數誘範華·元老, 探柟·堅隱狀.

04 一日得堅手書, 有“麗水辛女先除”之語, 指中宮姓金, 誕辛丑也. 遂以密聞, 上乃遣武人李立身·南斗北·朴斌等, 察柟·堅, 錫胄多與立身等金銀, 令往交諸家婢, 日夜留宿. 柟婢有痛指者, 立身等問之, 婢曰: “因造戰服甚多, 執針傷指耳.” 三人以告.

05 會許積祖潛延諡, 大邀公卿. 西人相驚謂“堅伏甲將, 屠預宴者.” 金錫胄辭不往, 萬基至, 酒未行, 徑取他盃, 飮之曰“吾偶饑耳.” 及盃行, 卽堅辭曰“吾醉耳.” 蓋慮其鴆也. 忽有鷄飛入, 盡碎其酒器, 積令殺鷄, 自語曰: “鷄者酉也, 其西人歟!”

06 是日雨甚, 上命出御用帳幙, 送積家以侈宴. 左右曰: “積已取去矣.” 上大怒曰: “此韓明澮之所不敢爲也.”

07 趣召大將柳赫然·申汝哲於宴所, 萬基亦起. 積大驚, 趣駕隨之詣闕, 不得入, 而諸將已易置矣. 於是, 勒免領相許積, 以金壽恒代之, 奪訓將柳赫然符 以金萬基代之, 盡逐南人而召西人. 是謂庚申換局.

10. 허적과 윤휴의 최후

01 居数日, 鄭元老上變, 柟·堅謀叛狀悉露, 柟絞堅伏誅. 許積辭連就拿, 供曰: "臣若與知乎 則何爲有丙辰密奏乎?" 上惻然, 免爲庶人. 蓋積嘗奏言"上體多疾, 强宗布列, 起居飮食, 務從愼重"云.

02 及禁府請究次玉事, 盡發堅奸淫狀. 上怒積爲子掩覆, 命賜死. 積爲人英敏有相才. 身不犯惡逆, 以悖子死, 世或悲之.

03 自宋時烈倡大義之說, 而尹鑴亦慕之. 及得志, 請設體府, 鍊兵積儲. 名圖恢復. 許積爲體察使, 兼總兩局軍務, 尋罷之. 歲餘復設, 鑴求爲副使而不得, 至發怨言.

04 積廣置屯田於外邑, 使堅妾兄弟姜萬鐵·萬松爲別將, 任其事. 及堅獄起, 體府罷, 萬松等亦誅. 時言者以體府復設, 爲謀逆之本. 窮治其黨, 南人門生故吏, 鮮有得免. 然體府之復, 亦金錫冑所贊也.

05 尹鑴就逮, 兩司以鑴管束慈聖、復設體府二事, 請誅之. 南九萬貽書朝中曰: "人主不可手滑, 逆獄之外, 不宜復開刑殺之路." 李尙眞亦言: "我朝未嘗輕殺士大夫. 鑴雖當死, 貸之亦或一道."

06 及上下鑴密疏, 有易置將臣之語. 朝議憤嫉謂"鑴幾魚肉西人矣," 遂不之救, 鑴竟賜死. 鑴臨死曰"朝廷奈何殺儒者!"云.

11. 보사공신 책봉 논란

01 初宋時烈主四種之禮, 李惟泰贊之. 及時烈得罪, 惟泰亦竄. 西人之言禮者, 幷歸此兩人.

02 時烈欲擯惟泰, 聲言: "惟泰改禮說, 爲孝宗非庶子, 將以求活於時人." 許積爲上言: "聞惟泰悔罪改說, 請釋之." 惟泰疏言, 己見與時烈同, 未嘗易辭, 又爲書自辨於時烈.

03 至是, 上以惟泰·時烈所見本同, 雖時烈非果以孝宗爲庶子也, 乃命時烈量移淸風, 復宋浚吉官. 時烈在棘中聞移, 欲不行曰: "吾實以孝宗爲庶, 上誤聞而移我.

然吾罪固自如也." 禁府郎押行者, 駭曰: "公猶罪人也, 焉有罪人移配而不往者?" 强之乃行, 未幾宥還.

04 時命錄金錫胄·鄭元老·李立身等保社勳, 旣告廟會盟. 而有武人李元成者, 又告"元老嘗與吳挺昌謀逆," 復鞫之. 挺昌·元老承服正刑. 元老將刑曰: "吾所同謀者, 申範華也. 前告不盡發者, 亦聽範華也." 範華就逮, 禁府憚錫胄, 莫肯覈者.

05 兩司請嚴訊, 錫胄乃疏言: "臣實使範華, 潛察逆狀. 如王守仁遣冀元亨覘宸濠事. 今朝議洶洶, 乃欲爲叛賊報仇. 請錄範華功, 以明其冤."

06 上可之, 又命御將金益勳·校理李師命, 有詗察功, 幷錄之. 時原錄者六人, 追錄者五人. 逆獄皆出鉤探, 無確證. 主其事者, 錫胄等數人, 而廷臣不與聞, 人情疑惑, 追錄命下, 士類益不平之.

07 於是, 掌令沈濡首啓言: "諸臣雖有微勞, 旂常重典, 不宜輕施. 錫胄爲範華揚功掩罪, 非斥朝廷爲失言."

08 三司林泳·宋光淵·朴泰遜·申琓及大憲呂聖齊相繼爭之, 左相閔鼎重·右相李尙眞亦言不可, 上不從, 迫領相金壽恒策勳.

09 壽恒子昌協與其舅羅良佐論時事. 良佐曰: "詗察之政, 非聖世所宜有, 盍亟罷之?" 昌協曰: "仁廟初, 亦有是事." 良佐曰: "仁廟反正, 雖應天順人, 其勢不能無疑, 故不得已行之. 今聖明在上, 冲年爲群小所欺, 今旣覺悟, 處分得正, 何慮之有? 何不令反側者自安?" 昌協曰: "尤齋意也." 良佐驚曰: "焉有儒者而爲此不正之謀哉? 後必有大禍." 尤齋 宋時烈號也.

12. 서인 분열과 소론의 탄생

01 李珥·成渾從祀之議, 自反正初始, 歷數朝, 每西儒疏請, 則南人詆詈不已. 至是, 西人當國, 命許從祀, 竄南人儒生趙信乾等, 南人不敢復言. 時善類彙征, 臺閣尤盛. 廉直則趙持謙·朴泰輔, 文學則吳道一·林泳, 言議則韓泰東, 力量則朴泰遜, 恬雅則權斗紀, 皆年少名官也, 力主淸議, 遇事敢言. 稍稍排勳戚以自立, 少論之名始此.

02 閔鼎重·維重兄弟, 俱有時望. 仁顯后旣册封, 維重方居兵判. 議者謂外戚不可握政柄, 大憲李端夏請爲維重, 別設一司. 袪其名而重其實.

03 後端夏爲吏判, 校理朴泰輔疏言: "端夏曾以大提學, 怵於天威, 追改先王行狀, 爲公議所斥. 又薦李宇鼎·睦昌明, 欲與通志共事, 人共嗤笑. 至頃日, 閔維重之仍掌本兵, 毁累朝之大防, 啓外戚之干政, 端夏不思匡救. 乃爲別設一司之說, 求媚於上下, 今不可任以冢宰." 端夏引去, 泰輔亦罷. 自是士類與二閔不相能.

13. 강한 신하에 눌린 현종

01 初顯廟之喪, 淸人賜祭二壇. 儐使吳始壽白上曰: "通官張孝禮謂譯官朴廷藎云'爾國先王受制强臣, 不得自由. 故皇帝愍之而加禮也.'" 上聞之驚憤, 欲遣使辨誣而未果. 時聞者皆謂始壽自造此言, 以擠宋時烈云.

02 至是, 上遣使赴燕, 詰問孝禮, 孝禮曰"無之." 乃鞫始壽與廷藎, 廷藎亦曰"無之," 始壽則曰"聞於廷藎." 上賜始壽死, 廷藎遠配.

03 掌令鄭載禧曰: "今殺始壽而廷藎生, 則是朝廷不信大臣之言, 而信賤譯也. 且我使出疆, 與彼交際, 必憑譯舌, 謄之以奏報, 後若有變辭自脫如廷藎者, 皆將罪使臣乎?"

04 司諫趙持謙曰: "方始壽之始出此言, 廷藎無一辭自明, 今見始壽敗, 而專歸之始壽. 始壽固當死, 廷藎之罪, 烏可輕乎? 鞫廷藎至死不服, 然後殺始壽未晩."

05 大諫尹趾完曰: "始壽之罪, 固人情之所共嫉, 但言根是異國之人, 證左乃象胥之輩, 不可以此輕殺大臣. 無寧特貸其死, 沒齒荒裔, 不害爲屈法而全恩." 校理朴泰輔議同.

06 正言金萬埰·持平金鎭龜, 斥持謙·泰輔庇護始壽, 領相金壽恒請竄持謙等. 出趾完爲通信使. 始壽竟死, 自是士類與金壽恒又不協.

14. 임술삼고변: 남인 소탕 정치공작

01 辛酉監試, 有人投空券, 列書南人十三大家, 狀若告變者. 考官密啓於上, 上付之金錫胄, 錫胄令武人金煥, 復察諸南人. 煥本西人, 而得官於南人者也. 煥辭不能, 錫胄欲斬之, 煥乃從.

02 錫胄曰: "許璽·許瑛方在江上. 汝可往寓其隣, 與之博, 博勝曰'取國亦如此.' 璽等如應之, 則汝卽許與同反." 煥曰: "彼無反意, 反以我爲反則奈何?" 錫胄曰: "有吾在, 勿慮." 乃多與銀錢以資之. 煥如其言, 璽·瑛果應.

03 又使煥, 察柳命堅. 命堅名士, 煥不能遽結, 先交其客全翊戴, 以情告之. 又察李德周, 皆未得其狀.

04 時錫胄有事赴燕, 以煥托金益勳. 益勳欲自以爲功, 促煥甚急. 煥數問翊戴得命堅事未, 翊戴曰: "但見命堅嘗造弓, 爲可疑耳."

05 會有流言謂"煥陽托詗察, 實謀不軌," 中外喧傳. 益勳召煥, 令急告變. 煥懼, 請得益勳御營軍二人, 夜至翊戴家, 擒而歸, 脅之曰: "汝從我告變. 不者, 必先殺汝." 翊戴曰: "命堅無反狀, 何忍誣之!"

06 拒不從, 煥乃請益勳, 囚翊戴, 先入告璽·瑛. 璽·瑛被逮卽服, 煥遂爲勳臣, 升坐中階. 恐翊戴反累己功, 故不復言翊戴事.

07 益勳俟之終日, 無聞. 業已囚翊戴, 不可私縱之, 悶甚, 不知所出. 乃自詣鞫廳言之. 金壽恒方主獄, 斥之曰: "事不出告者口, 何可妄逮!"

08 會其日錫胄自燕還, 乃謂益勳曰: "往兒房密啓, 事下鞫廳, 則可爲也." 兒房者, 闕內將臣歇宿處也. 益勳曰: "吾不文, 奈何?" 錫胄卽取簡紙背, 草啓與之. 益勳如其言, 上以益勳啓下鞫廳, 卽逮翊戴而訊之.

09 翊戴見煥坐中階, 心艶之, 乃告命堅. 命堅就鞫, 與翊戴面質, 卒無驗. 煥他所引李德周等, 亦多無實. 又有金重夏者, 告閔黯, 按之, 尤虛妄. 是謂壬戌三告變之獄. 於是, 命堅·黯得免, 重夏·翊戴遠配, 而德周殞於杖. 尋命斬翊戴. 蓋煥·重夏皆錫胄·益勳所嗾, 而翊戴無援, 故獨死云.

15. 김익훈 처벌 논란

01 時士類爭言: "金益勳誘人爲逆, 其心甚於自爲逆." 趙持謙首論: "金重夏·全翊戴不宜異同. 且爲人所誘而誣告人者, 與誘人以誣告人者, 其間相去幾何? 翊戴死, 金煥獨有功可乎?" 又言: "金益勳貪侈, 家有六大門, 爲世所側目." 韓泰東持益勳尤峻曰: "益勳嘗諂事許積, 積所愛馬, 益勳手自距鐵. 今設有微勞, 是亦彭寵之子密耳. 豈可使司一國之命哉!"

02 持謙又言譏察之失曰: "聖主御世, 如上天之臨下, 日月以照之, 雨露以潤之, 風雷以振之. 雖有虹霓不正之氣, 干於其間, 亦自消自滅而已. 爲今之計, 惟當明政刑, 敷德澤, 肅紀綱, 以圖治化之隆. 譏察乃衰季之事, 不可爲也."

03 南九萬亦請疏決諸囚曰: "所謂上變者, 惟當告人謀逆而已. 凡若怨謗亂言者, 皆以急變上聞, 則國人將重足而立. 是豈古聖人不罪誹謗之意哉!"

04 自庚申以後, 廣開告密之門, 皆金錫胄所爲. 然士類亦畏錫胄, 止請黜益勳. 上勉從之, 數月復召益勳, 臺諫兪得一·朴泰維疏爭之, 幷論大臣不言, 庇護循私. 上怒, 斥補得一·泰維, 促令之官. 大臣三司力爭得寢, 益勳寵遇如故.

05 時閔鼎重爲相, 欲建行戶布諸事, 爲首相金壽恒所沮. 又自以戚里, 恐士類不與, 欲倚山林爲重, 乃白上召宋時烈·朴世采·尹拯. 時烈方在驪江, 上遣趙持謙招之. 持謙具以近事告時烈, 且言金益勳所爲無狀, 時烈曰: "誠如是, 則益勳死無足惜." 持謙歸語人曰: "大老所見, 亦與吾輩同矣."

06 及時烈造朝, 錫胄具言監試變書及上命本末, 訟益勳無罪, 時烈意惟難之. 上見時烈曰: "今朝議方持金益勳, 予將以大老之言決之. 以爲何如?" 時烈遜謝再三, 但曰: "金長生臣之師, 而益勳 長生之孫. 臣不能善導益勳, 使至於此, 臣之罪也."

16. 송시열에 맞선 다섯 간관

01 時烈雅以大義自命, 至是, 首請孝宗定世室. 又請太祖加謚曰: "太祖開國三百年鞏固之業, 實基於威化回軍, 昭大義於日星, 宜以昭義正倫爲謚." 又言: "神懿·

元敬二后位版, 獨書王太后, 宜去太字."

02 始時烈之至, 朝議謂"時烈起廢造朝, 必有昌言宏猷, 裨補聖德," 顒顒望其風采. 及見無他建白, 粉然以宗廟典禮爲請, 而其意皆假借以自重, 殊失人望.

03 朴世采素敬時烈, 至是, 同朝, 日夕執禮甚虔. 尹拯承召, 至果川不進, 世采往問之. 拯夜與共宿, 從容曰: "西南怨毒不可解, 三戚門戶不可杜, 今之時態, 異己者斥之, 順己者與之, 此風亦不可不變, 公能之乎?" 世采嘿然良久曰: "皆不能." 拯曰: "三者不可爲, 則吾不可入." 遂徑歸.

04 蓋拯意欲削勳籍, 疏罪案, 沮金萬基·金錫胄·閔鼎重, 而幷規時烈之失也. 世采心獨善之, 乃以諡議, 貳時烈曰: "太祖回軍, 實以化家爲國, 非專出於大義. 且帝王之謚, 當以王業爲重, 回軍乃潛龍時事, 不應加謚." 時烈怒謂"世采竊貶先君." 又因事叱世采子泰殷謂"今世之王雱." 時士類皆直世采而不歸時烈, 時烈之門, 可以雀羅矣.

05 於是, 益勳子弟瞰其隙, 日來泣訴求助. 時烈恚少輩之貳己, 乃上箚言: "臣不能一言救益勳者, 誠以臺論方張, 不敢以臣之衰朽, 出氣力以惹鬧端也." 又揚言曰: "益勳實爲國討賊, 旣享其功, 復求其罪爲不可." 自是士類大譁, 以爲"長者溺於偏私, 變其初見," 遂有自立之意矣.

06 持平朴泰維方在鄕, 欲疏論謚議之失, 而上已允時烈之請, 將行追謚. 人皆挽泰維以爲無益. 故疏不果上, 草稿已行於世. 臺諫李宏以泰維侮大老, 欲彈之, 趙持謙·韓泰東·申琓執不可, 儒生趙匡漢等疏詆泰維, 以爲少輩慮他日翻覆, 欲自貳於大老以免禍. 吳道一與琓聯疏, 盛言"泰維淸直士, 不可罪," 時烈遂留疏歸鄕.

07 故事儒賢告歸, 館儒輒上疏請留. 至是, 館儒皆直少輩, 不肯留時烈. 金錫胄白上請罪道一等, 上始不從. 錫胄强之, 自取官案於上前, 請斥補道一 蔚珍縣監, 上可之. 錫胄曰: "昔韓琦以空頭勅, 出任守忠, 處事貴剛決然也." 又請補泰維 高山察訪, 幷罷持謙·泰東·琓. 錫胄出, 又令臺諫搆疏請收還道一等, 凡錫胄所爲, 多不可測如此. 道一等旣獲罪, 時稱五諫.

17. 노론과 소론의 분열

01 自大臣金壽恒·閔鼎重以下至三司, 交章請寢, 不納. 時雖素不悅少輩者, 莫不惜之. 其後壽恒·鼎重皆主錫胄議. 李尙眞疏曰: "被譴諸臣, 皆務持風采, 淸操可尙. 今一擧而盡逐之, 其如國事何."

02 朴世采疏斥錫胄擧枉措直, 錫胄疏曰: "今以持謙·道一爲直, 則爲持謙·道一所侵侮者, 可以謂之枉乎? 加大凌長, 敬老之風衰, 順非堅僞, 淫朋之跡彰. 山林之士, 徒以一時意趣, 牽係顧戀, 不識世情, 乃至見鐵稱金, 認賊爲子, 其亦左矣."

於是, 館儒黃霨等, 復謂"錫胄侵侮儒賢," 陳疏請罪. 上命竄霨, 世采亦辭歸.

03 老少之論, 遂潰裂不復合. 主宋時烈·金錫胄·金益勳者, 爲老論, 主朴世采·趙持謙·韓泰東·吳道一者, 爲少論. 少論之名, 始於爭追錄, 成於貳謚議. 時前輩大臣中, 惟李尙眞力扶少論, 而尹趾完·南九萬·柳尙運, 年位稍過於五諫, 亦主少論云.

18. 기유년의 보내지 않은 편지

01 初尹宣擧年十七, 以太學生, 上疏請斬虜使. 江都之亂, 仲父烇、妻李氏, 及其友權順長·金益兼皆死. 宣擧以父在, 故微服以免. 後與宋浚吉·宋時烈, 共事金長生父子.

02 孝廟初, 屢被徵召, 自以不能死於江都, 矢志自廢. 孝宗敦勉甚至, 終不出. 時烈嘗言: "汝望脚伸, 吉甫頭回, 天下事乃可爲." 吉甫 宣擧字也, 汝望 宣擧兄文擧字也. 文擧亦不仕故云.

03 時南人尹鑴博學有重名, 宣擧·時烈皆與之遊. 時烈尤爲之傾倒, 然心實害其能. 鑴嘗著《中庸說》, 頗與朱子異同, 時烈斥鑴爲異端. 宣擧曰: "此其少時事也. 今不足追咎. 且異端必如陸九淵者可以當之, 鑴何能爲?" 時烈乃屈意益善遇之. 嘗爲吏判, 超遷鑴爲進善.

04 鑴與人訟墓地, 時烈爲言於上曰: "不可以訟者待賢士, 請勿案文書而直決之, 以歸鑴." 宣擧曰"安有不問曲直而決訟者乎?" 貽書時烈以非之.

05 及禮訟起, 鑴先唱卑主貳宗之說, 尹善道繼上疏, 欲因鑴說, 以搆殺時烈. 時烈始以讒賊目鑴, 人莫能難矣.

06 鑴以高節自負, 有召輒不起, 時烈嘗比之伯夷. 後與許積交結, 稍稍爲奸利, 宣擧以書責之曰: "綽約處子, 忽倚門而不知恥, 果有此心, 何獨愆期於歸妹之初乎?" 鑴怒, 遂與之絕.

07 時烈嘗問宣擧曰: "今以鑴爲君子乎, 爲小人乎?" 宣擧曰: "小人也." 時烈乃喜. 自是以議禮爲厲禁, 錮鑴等不用.

08 宣擧卒, 時烈祭之曰: "兩儀昏濛, 一星孤明. 衆流奔趨, 砥柱不傾. 愼老之沒, 典型有在, 一方之士, 以所事事." 愼老謂金集號愼獨齋也. 其叙江都事則曰: "中經大難, 非欲瓦全, 且在覲志, 身不敢專." 其美守節不仕則曰: "荷衣蕙帶, 皭然不滓." 又爲洪翼漢等作《三學士傳》, 贊曰: "潔身守志, 如尹公 宣擧, 事雖不同, 同歸一致." 其推隆如此.

09 鑴亦遣子祭宣擧, 門人欲不受, 嗣子拯曰: "彼以舊誼來, 拒之已甚." 及出其文, 有曰: "子謂我妄攖世禍, 我謂子不能自樹." 蓋忿憾之辭也. 拯亦悔之. 時烈聞拯之受鑴酹也, 大疑之, 復祭宣擧, 有云"惟是江說, 小有未契." 江者, 鑴居驪江, 謂宣擧終不絕鑴也.

10 拯嘗師事時烈, 時烈甚重之. 及鑴等得志, 時烈竄逐, 其門人弟子, 以禮訟得罪, 不可勝記. 拯亦嘗代湖儒草疏, 力救時烈. 然自宣擧父子斂退, 未嘗見疾惡於人. 又多與南人連姻, 南人頗敬重之. 故獨不及於黨禍, 而時烈愈益疑之.

11 拯嘗請宣擧碣文於時烈, 幷以宣擧嘗擬與時烈書示之. 宣擧在時, 每謂"士林出處雖不同, 而禍福不可不共之," 時烈在朝有所失, 未嘗不告誡. 後見行事益不厭, 乃歷陳其病, 欲切責之. 會時烈因事去朝, 宣擧遂止.

12 至是, 拯以爲父師存亡, 義不容有隱, 乃示其書. 書中有云"尹鑴·許穆·趙絅·洪宇遠等, 不可終廢, 宜稍加甄錄." 是謂己酉擬書. 時烈見之怒, 以爲宣擧果右鑴也.

19. 신유년의 보내지 않은 편지

01 時烈雅稱大儒, 世多以泰山喬岳目之. 及朴世采爲宣擧行狀, 稱引甚盛, 有喬嶽之喩, 時烈又不平之. 乃爲宣擧碣曰"余於狀德之文, 茫然不知所以爲辭," 銘則曰"允矣和叔, 極其揄揚, 我述不作, 示此銘章." 和叔 世采字也.

02 拯書請改之曰: "閣下與先人交好幾年, 反借和叔後生之語以爲重, 何哉?" 時烈答曰: "吾視和叔如喬嶽." 又與世采書曰: "喬嶽之說, 和叔用之, 吾亦借用之." 後又略改數語, 報世采曰: "弱固不可以敵强, 奈何?" 又以拯受鑴酹爲咎, 世采爲拯言其無他.

03 時烈又書曰: "昔草廬嘗言'鑴於江都事, 不屑美村,' 無乃其子病之, 欲彌縫然也," 復以淡墨, 抹江都事字而使之見. 草廬 李惟泰號也, 美村 宣擧號也. 拯以其語問惟泰, 惟泰曰: "烏有是哉? 尤公之攻人也, 以他人之言, 假托以攻之, 使人與人相鬪而已, 則從旁兩病之. 此尤公之勝筭也, 君亦爲尤公所欺矣!" 尤公指時烈也.

04 惟泰旣與時烈, 俱以誤禮被竄, 而時烈造爲惟泰改禮求免之說. 拯往候時烈棘籬中, 聞其言還, 又貽書問惟泰, 實無所改.

05 初宣擧遣拯受朱書於時烈, 且誡之曰: "尤庵突兀處難及, 然病痛亦不少. 汝宜知之." 至是, 拯乃疑時烈病不在於氣質, 而在於心術矣. 及時烈起廢入朝, 結連勳戚專務報復, 士論睽貳, 人望大觖. 拯乃爲書以規時烈曰:

"拯以忝在門下之久, 窃觀於所存所發, 似未免於朱夫子所戒, 王伯幷用、義利雙行之說. 請姑以一二事明之.

門下道學, 一宗於晦翁, 事業專在於大義. 惟其主張太過, 故己不能虛心而受益, 自引太高, 故人不得獻疑而發難. 於是, 尙同者見親, 而替否被疎, 匡拂者有患, 而將順者無灾, 此所以大名壓世, 而實德內疚者也.

蓋其自處偏於剛, 而不覺其過. 然自克勇者爲剛, 而今以責人猛爲剛. 理勝欲者爲剛, 而今以力服人爲剛, 則亦不得爲眞剛也. 是以見於酬酢之間者, 其於譏誚諷切抑揚予奪之語, 開口肆筆, 痛切深刻, 攻人勝人而後已. 一言之同異, 一事之差互,分之又分, 析之又析, 平生情義, 棄之如遺, 殆類申·韓之少恩矣.

惟其如是, 故游於門下者, 莫不以承望附會爲尊賢, 傾訐險薄爲嫉惡. 高者慕其名, 下者貪其利, 相歆以勢, 相怵以威, 饋問踰禮, 承奉過情, 人畏其威, 不懷其德. 宛然富貴之門庭, 而無復儒者氣象, 其影如此, 其形可見矣.

至於文章言論, 若無晦翁之言, 則殆無以信其說. 然或只得其名, 而未必得其義, 或先立己意, 而引晦翁而重之, 甚者幾於挾天子, 以令諸侯. 是以, 人皆外不能抗而內多不服. 平生樹立, 倡明《春秋》之義, 徒以言語取辦, 而無實以繼之.

是以, 內修外攘, 安强復雪之圖, 了無卓然之成事, 而所可見者, 惟祿位之隆重, 聲名之洋溢而已. 以所發於外者, 揆其所存, 窃爲氣質之不能變, 而學問之不以誠也. 一誠未立, 一己未克, 失得之效, 乃至於此.

《春秋》之大義、晦翁之學術, 與夫薦紳章甫之所倚仰. 在門下之一身者, 終無其實可以有辭於天下後世, 則豈非痛傷萬萬者乎? 今若爲門下計者, 衛 武九十而箴警, 曾子臨終而易簀. 誠能一朝奮發, 刬除鱗甲, 洗滌辛葷. 一誠所立, 百度俱貞, 表裏小大, 無往而不出乎天理. 于以紹前人之統, 酬初志之所期, 眞如戶樞之轉耳. 門下以爲何如?"

06 書成, 示世采, 世采力止之. 所謂辛酉擬書也.

20. 이성과 회덕의 갈등

01 會時烈謂李翔曰: "木川人有以美村爲江都俘奴, 不合享祀者, 何不嚴之?" 蓋宣擧祀於鄕已累年, 而人所未聞也.

02 拯以書問時烈: "何人傳此語?" 時烈曰: "聞之許璜." 許璜者, 不知何人也. 時烈門人居木川者問之, 則又答曰"我爲造言之人." 拯益疑憾, 寢其書.

03 未幾有南人權以鋋者, 時烈之外孫, 而拯之妻姪也, 與拯言時烈事, 勸拯諫之. 拯自言擬書未寄, 且誦王伯義利語.

04 以鋋歸語時烈, 時烈索其書於世采. 世采諱之, 時烈孫淳錫、世采婿也, 窃得之, 以示時烈. 時烈大怒曰: "拯必殺我." 時烈又謂門人曰: "昔金益熙以尹宣擧爲忍人, 以其逼妻死也." 又與拯書曰: "金尙書之論先公, 不但曰'忍人'而已, 蓋傷其同氣之死, 謂出於先公倡之也."

05 拯報時烈曰: "金公一家, 殺身成仁, 義烈炳炳, 死者固無怨悔, 生者豈有尤人? 金尙書苟怨先人, 則豈有登薦牘以欺君哉?" 又曰: "以不肖之, 故貽辱先人, 幷與先妣明白之節而湮滅之, 罪通幽明, 萬死難贖. 仁人君子寧不蠹傷於心乎?"

06 時烈答曰: "金尙書之前後異觀, 愚所不敢知, 問諸水濱可也. 豈亦謂非復吳下阿蒙耶!" 益熙 益兼兄也. 時益熙卒已久, 此言亦時烈自造也.

07 自是拯痛父母之辱, 遂與時烈絶. 當是時老少之論已裂, 一時士類, 方爲時烈所摧抑, 無所於歸. 及拯與時烈絶, 爭推拯爲宗主.

08 拯自少有重名, 屢膺徵召. 自以母先殉節, 父又守志, 引退不出, 人方以不用於世惜之. 而遽値罔極之變, 遂引咎自廢, 世多哀悼而駭憤者. 時烈居懷德, 拯居尼城, 是謂尼·懷之釁.

09 宋時烈使北道人崔愼上疏言"尹拯倒戈背師, 陰肆譏議, 萬古天下寧有此人?" 且擧江都俘奴之說. 朴世采爲拯疏辨之.

10 時金壽恒·閔鼎重爲相, 方附時烈主老論. 乃白上謂勿以儒賢待拯, 上從之. 右相南九萬同對, 獨不發一言而退. 尼·懷之事, 自此而遂達於朝廷矣.

11 尹拯貽史官書, 以辨江都之說曰: "栗谷有入山之失, 先人無可死之義," 栗谷 李珥號也. 舘儒李震顔疏言"拯誣引先賢." 上以震顔發人私書, 令停擧. 金壽恒救解之.

12 宋時烈與人書曰: "尹宣擧於江都爲虜所脅, 跪而得生, 又改名爲宣卜." 又曰: "今拯以權·金二公, 爲無義死, 爲此言者, 眞胡種也." 又曰: "今日無我一人, 則朱子不得爲亞聖, 而凶鑴爲眞儒, 栗谷不得爲東方大賢, 權·金二公皆爲傷勇之死, 而洪打家爲天下義主, 宣卜之黨紛紜跳梁矣."

13 又以書告朴世采曰: "吾恃和叔爲世道計, 和叔乃不肯爲吾所恃, 而反欲爲彼所恃. 一時之名可喜, 柰天下後世公議何?" 世采答曰: "一擧而辱人之兩親, 乖朋友平生之誼, 傷孝子罔極之情, 以至人心不服, 國論不恊, 禍難之萌, 靡有紀極. 是亦終無害於世道者耶?"

14 又與人書, 兩非之曰: "美村於江都事, 可謂狼狽, 而後來自靖, 旣明正. 尤丈亦許以爲友, 今不宜追咎於身後矣. 若尹鑴背朱子之說, 美丈但謂之過越, 其於服制之議, 又但謂之輕率, 恐皆未盡於義, 尤丈之疑, 亦非異事. 然若斷之爲世道害, 至謂附鑴背朱者, 又其論之太過者也. 若以狼狽而謂無可死, 反乖美村自靖之義, 以未盡而謂皆合理, 欲抗尤丈先見之明. 此則子仁之惑, 又甚矣. 愚謂美丈還他未盡, 尤丈還他太過. 子仁還他甚惑, 然後得失可以略定矣." 子仁 拯字也. 世采又貽書勸拯, 以全師生之誼, 拯亦答世采, 自陳其悔, 然卒不得復合.

15 後宋時烈又自謂疏詆尹宣擧父子曰: "尹鑴敢誣朱子, 一世風靡, 宣擧其尤者也. 《春秋》之法, 先治黨與, 有王者作, 宣擧當先鑴伏法. 臣始旣忘身斥鑴, 今又舍鑴斥宣擧, 拯所以痛刻而嫉臣者, 亦其眞心也." 宣擧門人羅良佐等, 相率辨師誣, 朴泰輔製其疏. "以爲時烈之擢鑴進善, 在鑴改註《中庸》之後, 其於宣擧, 則砥柱一星之誄, 潔身守志之贊, 幷在旣沒之後. 安有所謂忘身而斥之哉?"

16 上以良佐反詈大老, 命竄之. 副學崔錫鼎、承旨吳道一、三司李墪·李益壽·兪集一等, 疏救良佐, 幷削黜. 尼·懷之爭益激.

21. 기사환국과 남인 정권

01 禧嬪張氏誕景廟. 上欲册儲嗣、廢壼位, 恐西人不從, 稍進南人. 宗室東平君 杭, 結嬪兄希載有寵, 三司金萬重·李徵明·閔鎭周·韓聖佑等, 相繼以論宮禁事, 得罪. 吏判朴世采袖箚極論闕失, 上怒逐之. 領相南九萬與右相呂聖齊請對匡救, 幷竄極邊.

02 上召大臣·六卿·三司, 敎曰: "今將定元子號, 不從者納官退去." 吏判南龍翼首進曰: "臣退則退矣. 而中殿春秋方盛, 此擧爲太早矣." 尹趾完·崔奎瑞·柳尙運皆如龍翼言, 而南人睦昌明等依違而已. 幼學柳緯漢謂直封爲世子, 又請釋諸南人竄錮者, 上惡其迎合, 竄之.

03 及宋時烈疏言建儲之早, 引宋 哲宗事. 上激怒曰: "時烈以士林領袖, 顯有不滿之意, 緯漢疏無怪矣." 命時烈·龍翼等削黜, 拜睦來善·金德遠爲相, 悉召南人. 兩司李沆等首請時烈竄棘, 許之.

04 上方怒時烈, 乃敎曰: "尹拯事, 擧世紛紜, 爲時烈言者皆曲, 不如爲拯者之直. 當時反其是非者, 由大臣也." 命竄金壽恒·閔鼎重, 又命復以儒賢待拯. 又因諸儒疏, 命黜李珥·成渾從祀曰: "自兩臣從祀, 而時烈戕人病國, 至於與尹拯爭, 而彝倫幾斁絶矣."

05 吏判沈梓等, 率諸臣, 訟庚申獄之冤, 大憲睦昌明等, 連啓請殺宋時烈等. 於是, 削保社勳, 復許積·尹鑴官 而惟柟·堅不與焉. 宋時烈·金壽恒·金益勳·李師命·洪致祥等, 或賜死, 或正刑, 李立身·南斗北·朴斌皆杖斃. 是謂己巳換局.

06 惟金錫胄前死, 命奪官籍産. 錫胄在時, 自以多仇忌畏甚, 深房曲室, 一夜屢徙. 及卒, 又爲疑塚, 至是, 竟爲人所發. 有一子懼禍自殺.

07 時烈始竄, 路過金集墓, 以文祭之曰: "小子有此行, 拯乃騫騰." 以拯時擬政望也. 臨終, 又謂人曰: "此禍由拯, 何疑?" 拯聞時烈卒, 猶爲之行素數日云. 壽恒溫雅有賢名, 惟以其從孫女, 納爲貴人, 爲士論所不與. 且與時烈最善, 南人多怨之, 以此終不免.

22. 인현왕후 폐출과 윤증의 사직 상소

01 中殿閔氏遜于私第, 金貴人亦被黜, 以禧嬪升爲中宮. 前判書吳斗寅·前參判李世華·前應敎朴泰輔上疏極諫, 被鞫杖流, 斗寅·泰輔道卒. 判府事李尙眞亦以諫, 竄邊卒. 事詳他書.

02 時老少合一, 以名義樹立, 而幷被罪禍. 南人惟校理李后定有疏諫, 而其黨格之, 不以聞. 南人德少論之嘗救己也. 故請於上, 贈趙持謙·韓泰東官, 恤其妻子. 又爭訟尹拯曰: "君師父雖一體, 辱其父, 何可以爲師乎?" 又於伸尹鑴也, 引拯父子不絶鑴爲證.

03 未幾, 拜拯大憲召之, 拯辭疏. 略曰:

"臣於宋時烈, 自少以師事之. 不幸情義不保, 以致朝論紛紜, 聖明憂嘆, 畢竟於兩賢黜享之批, 亦及此事. 若以歸罪於兩臣, 兩臣何預焉? 以臣之故, 上玷聖教, 追累前賢, 臣罪一也. 尹鑴亦先臣所嘗善也, 告戒不從, 終至相絶. 乃者筵臣之伸鑴, 擧臣以證之, 臣未嘗言鑴之冤, 謂臣稱冤者妄也. 臣因仍泯默, 未免爲保任匪人之歸, 臣罪二也. 且朴泰輔臣甥也, 自聞其死, 心神驚隕, 不料聖明之世, 乃見此事"云.
04 兩司詆拯矯誣變幻, 請削奪, 從之.

23. 갑술경화와 소론 정권

01 金鎭龜子春澤有才任數, 慕金錫胄之爲人. 與韓重爀等, 謀聚銀貨, 圖復壼位. 以千金聘宮人之妹爲妾, 以通內逕 而又潛奸張希載之妻, 以覘南人之往來者. 右相閔黯·訓將李義徵廉得其狀, 使咸以完上變.
02 鞫春澤等, 重爀先自服. 黯將因以羅織之請對, 上忽下嚴教, 命黯及判禁柳命賢島配. 奪義徵符, 以申汝哲·尹趾完爲兩局大將, 起南九萬爲領相. 悉逐諸南人, 伸宋時烈·金壽恒·金錫胄·金益勳等. 乃下悔悟之教, 迎復中殿, 降張氏仍舊爵. 命自今著爲邦制, 勿復以嬪御登后妃. 是謂甲戌更化.
03 時聖斷奮發, 人情驚喜皷舞, 而或有以處變爲疑者. 兵判徐文重至曰: "八年六年, 母事維均, 有子無子, 輕重自別, 今宜以己巳之爭, 爭之." 從子宗泰止之, 乃已.
04 承旨朴泰淳等啓言: "壼位升黜, 是何等事, 而遽下一紙, 有若尋常節文者, 豈愼重之道哉? 請召大臣會議, 至當." 上可之.
05 九萬造朝, 首言承旨之失曰: "今日之事, 與己巳何異? 以禮言之, 亦當以死爭之, 而但今日與己巳別者, 中宮以正后復位. 一國不可二尊也, 今臣子之心, 惟以復位爲慶, 降位爲慼, 惝怳驚愕而已. 今欲諸臣之會議者, 是子而議母, 臣而議君, 天下寧有是哉? 且禧嬪之還舊爵, 可以言降, 不可以言黜." 上納之. 尹趾完貽書九萬, 勸請禧嬪供奉如例. 九萬不從曰"是則過矣."
06 時金春澤已放. 老論金、閔子弟爭言: "春澤有功, 宜授鎭龜大將以償之." 金昌協恥之, 貽書鎭龜弟鎭圭, 數春澤曰: "設令渠有通天之學、貫古之識, 其所處則下流也. 衆惡皆歸, 千人所指, 今不自量如此, 攘臂於倫紀是非之際, 雖堂堂正論, 一經其口, 便不光鮮, 何其愚且妄也! 士大夫雖甚無腆, 人情固莫不自愛. 誰肯與渠,關通謀計, 以自汚身名耶?"

07 九萬將赴朝, 左相朴世采問所奏事. 九萬曰: "必先誅韓重爀." 世采大驚曰: "將何以處春澤?" 九萬曰: "重爀鞫事有證, 春澤特無發露耳, 何可顧春澤而慭重爀哉?" 世采憮然.

08 九萬疏略曰:

"金錫胄詗察之擧, 心雖願忠, 實虧世道. 己巳當國者, 旣以詗察爲極罪, 加以淫刑. 而閔黯又誘以完, 欲驅半國之人, 賴天日之明, 奸謀不售, 自陷大戮. 然此徑一開, 覆轍相尋, 此風不革, 國必莫救. 今日第一大事, 惟在此逕之一掃而已. 掃之之道, 不但在治以完之嚴, 至於韓重爀等之罪, 亦宜明白處之. 然後衆心快而群情服.

夫坤位圖復, 此何等事, 而渠輩敢圖耶? 抑將圖之於何處耶? 無賴賤士, 生心如此, 國安得以不卑, 人安得以不疑? 今日億兆之心, 所以歡欣踴躍者, 非但以壼位之復爲慶而已. 誠以殿下爲千古所無之擧, 光明正大, 如日月之更無纖毫翳, 爲大幸也. 若如諸囚之供, 則是玆事不能無助於渠輩也, 其爲聖德之累, 顧何如哉? 黯黨之欲殺諸囚者, 以復位之有害於己也, 今之欲殺諸囚者, 以圖復之說, 誣辱歸於國家也. 罪名雖若相似, 法意不翅霄壤, 何得以襲黯黨之爲疑哉? 且時事雖換, 朝廷則一, 焉有昨日承疑, 而今日遽釋者乎?

請治重爀等, 快正王誅, 爲聖上解中外之疑惑, 爲坤宮明復位之正大, 爲士大夫洗千古之羞辱, 是所謂尊朝廷於日月之上者也."

09 又曰:

"蓋自甲寅以來, 朝廷之變易者, 屢矣. 禍亂之堦, 皆知根柢於黨論, 而飜覆之機, 或謂因緣於私逕. 是以罪人之心, 未嘗自服, 輿人之誦, 亦多窃議. 威罰亟行而紀綱愈不立, 黜陟屢新而人心愈益疑, 賤人之指高位, 有如逆旅, 遐荒之視流竄, 隱若臥龍. 乃至乳臭狂童, 自以爲操縱國命, 臣誠私心痛之."

10 重爀竟栲死, 以完之告也.

24. 남구만의 온건론

01 張希載諺書通於禧嬪, 有中宮與貴人, 聚銀圖復之語. 至是, 諺書發, 上將以謀害國母, 誅希載, 時議皆殺之.

02 九萬獨曰: “希載在世子, 爲八議之親, 不可輕施刑訊. 况以諺書爲罪, 則勢必連及於禧嬪. 禧嬪不安, 則世子亦不安, 世子不安, 則宗社危矣. 前日世子定號, 諸臣以太早難之, 己巳讒人乃謂世子獨渠輩屬心, 而諸臣不然. 故有罔測之禍. 今若不爲世子深長慮, 以致他日之難言, 則無乃實己巳讒人之說耶?”

03 朴世采爭之曰: “希載不當救.” 九萬曰: “吾言不中, 宗社之福也, 吾雖爲萬古罪人, 可以無恨. 如不幸而中, 如宗社何?”

04 臺諫李畬·兪得一請曰: “今殺希載, 他日有及於禧嬪, 則某等亦當以死爭之.” 九萬曰: “使希載以他罪死, 則吾何爲救之? 今希載與禧嬪, 其事爲一, 今不救希載, 後何以救禧嬪? 且諸君寧能保禧嬪無事耶? 抑心知其不能然而外爲此言耶?” 上從九萬言, 貸希載死, 圍籬安置.

05 尹趾完爲右相, 凡所獻議, 皆與九萬同. 有金寅者上變, 告李義徵等, 義徵以貪婪賜死, 其他多無實. 時將誅咸以完誣告之罪 九萬·趾完曰: “金寅所謂逆獄者, 已歸虛矣, 是亦欲害人而已. 以完欲害西人, 則殺之, 寅欲害南人, 則獨可貸乎?” 欲疏論之, 不果. 寅發希載諺書者也.

06 時三司論己巳諸臣之罪, 輿情憤嫉, 爭欲深治之, 吳道一·李奎齡曰: “順旨與請廢不同. 今苦置順旨者於極罪, 則設有請廢, 何以加其法乎?” 乃啓竄其重者十餘人而止. 故相臣惟閔黯、將臣惟李義徵, 以外無賜死者. 道一又請疏釋諸囚, 且以李萬元有樹立於己巳, 李鳳徵亦有疏語可尙, 請褒用之.

07 金昌協貽書南九萬曰: “袞·貞·芑·磁, 人皆痛恨其失刑, 今日之凶徒, 反不欲深治何哉? 抑昌協先人之禍, 有以自取, 而不可與己卯·乙巳比歟? 願聞明公一言之重耳.”

08 九萬不答曰: “吾謂昌協讀書士, 今無識甚矣. 設使我爲誅其讎, 豈可以私先許之耶?” 乃上疏曰:

“向來朝臣之一進一退, 有若晝夜之相反, 春秋之迭代, 每使此一番人, 議彼一番人之罪, 是所謂人方爲刀俎, 我方爲魚肉者也. 積疑之餘、蓄怨之中, 其處置之不得其平, 固其勢也.
臣之無狀, 亦未免於標榜者久矣. 至己未疏論鑴·堅也, 若非聖明保全, 臣幾無餘命矣. 其在人情, 寧有相假借之意?
但以時勢與國事揆之, 曾前屢覆之轍, 旣臭之載, 今不可不痛懲而猛省. 況此黨人, 類多故家大族, 其自作奸孼, 陷於重科者, 旣以伏其罪矣. 若其情犯差輕, 則不可不以次開宥, 才用可紀, 則不可不以漸收用. 議者或曰: '治黨人不嚴, 畏他日報復,' 噫此等語, 每當一番人進退, 必以爲杜人口之資, 彼此一也, 有何擇焉? 今日廷臣, 惟宜一心奉上, 掃除黨習, 必期於無所謂'他日'者可也. 今胡以爲他日必有是事, 而我則不畏而已云耶?"

25. 박세채의 탕평론

01 初李翔以儒逸, 從宋時烈遊, 爲人樸鄙, 證其姻親之淫獄, 而覬其貨, 爲世所不直. 李師命以名家子, 早顯文譽, 附金錫冑, 圖占勳籍, 貪躁不已. 至己巳俱爲南人所殺, 至是, 幷復官, 三司吳道一·朴泰尙, 疏請還收, 時論快之. 時命復保社勳, 而師命等五人追錄者不復, 老論怨益深.
02 左相朴世采, 以不殺張希載, 而殺韓重爀, 頗咎南九萬. 又謂"宋時烈身任大義, 死於士禍, 不宜追訾其小失," 至欲配享於趙光祖書院. 金昌協最尊時烈, 而亦以配享爲過, 乃止. 自是, 世采之徒, 多復爲老論者, 如兪得一·申琓·申銋是也.
03 世采上箚陳皇極蕩平之說曰:
"我朝東西之目, 始非有君子小人之辨, 如陰陽黑白之不相容者. 其後兩黨之得失前後相掩, 較其大致則, 一敗於汝立, 再敗於仁弘, 三敗於向日權奸之黨. 是皆出於東人一邊, 論者以此爲邪正之分, 固宜矣.
然所謂南人別立者亦多, 或屛退林野, 或抗言正論, 是以反正以後, 登庸之盛, 與西人無別. 重以列聖, 撫馭有方, 此所以久而後始壞者也. 今雖無屛退抗言, 如前日之名臣者. 然亦豈宜擧一邊之人而盡棄之, 以爲口實哉?

臣請於其逆獄奸黨, 斷不可貸者, 處之益加嚴明, 如高麗 鄭夢周定五案之例, 其非在此類, 而賢能可用者, 仍許蕩滌自新, 幷臻寅恭焉."

04 又論"南九萬深長慮, 不足以服一時之心, 徐文重倡議草疏、朴泰淳啓請會議, 爲失言"云. 世采尋卒, 而蕩平之名, 自世采始.

05 自建儲至壼闈之變, 老少二黨, 同樹名義, 同罹竄錮. 更化之初, 吳斗寅·朴泰輔幷施旌典, 而李珥·成渾復從祀文廟, 西人同時升進. 時老論舊臣, 多凋喪, 南九萬以直節重望, 首秉鈞軸. 九萬素不以少論自命, 尤不預尼·懷事.

06 至是, 少論皆望尹拯爲相, 而九萬獨不可曰: "知其必不可致, 而徒重其禮, 是不誠也. 且安有人主不識面之輔相哉?" 是以, 少論亦多不協. 而特以所建白, 事事與老論相反, 故老論憾之次骨. 或謂九萬曰: "今稍屈意徇老論一二事, 則老少復合, 而於國事爲幸矣." 九萬堅不從.

07 於是, 老論嗾幼學姜敏著疏言: "好惡人所同有, 而大臣意見, 超出常情之外, 以營救惡逆爲事. 坤位升降之論, 瞻前顧後, 用意尤縝密, 令人莫測. 雖自謂不怵於禍福, 人孰信之?" 掌令洪潚繼言: "敏著慷慨忠憤." 上竄敏著, 罷潚, 手諭慰安九萬, 而九萬辭歸鄕.

26. 남인 처벌에 대한 논란

01 己巳初, 以坤位廢易, 遣使于燕. 上使申厚載, 問於左相睦來善曰: "彼問廢妃, 何以見廢, 當以何辭對?" 來善曰: "此非人臣所敢言. 上敎及奏文有不順二字, 當以不恭順對." 厚載以來善言白於上, 上然之. 而《政院日記》書厚載所奏以不恭順爲不恭敬.

02 至是, 臺啓請鞫來善, 南九萬言: "不可以此輕殺大臣." 洪潚等持不已, 尹誠敎爲執義欲停, 吳道一曰: "子欲以一己之論, 輕停擧國之議, 白首嶺海, 爲子悶之." 誠敎曰"生殺大臣 國之大事, 子反以禍福怵我耶!" 遂停之. 衆謗大喧, 削誠敎館錄而出補外.

03 權大運無他罪, 而獨以己巳首相故被竄. 尹趾完請宥之, 修撰鄭澔劾趾完, 趾完

亦辭歸. 修撰丁思愼疏曰:

"權大運·睦來善以四朝耆舊, 當坤聖出宮之日, 大運則入對出箚辭意懇切, 來善則獨先請對於命輟供奉之初, 反復諫爭. 其始終心事, 斷斷無他, 乃今俱被大罪, 死亡無日. 殿下念簪履之舊恩, 豈不爲之愍惻也哉?

至如李玄逸, 爲坤聖抗疏, 前後非一. 設使疏語有未詳審者, 此不過山野疎闊之致, 原其大意, 出於匡輔. 而當時忠愛之悃, 反媒罔極之罪, 纔脫圓扉, 遠赴絕塞. 凡人抱冤, 尙宜恕究, 况曾所禮遇之臣乎?"

04 臺諫論思愼營救罪魁, 命削黜. 玄逸以儒名進, 己巳疏言: "廢妃雖自絕于天, 宜置之別宮, 謹其糾禁, 厚其供給." 至是, 以謹其糾禁, 語涉不敬, 竄之.

05 李義徵子弘渤, 與張希載家人謀, 使希載奴業同, 埋穢物於張氏先塋, 又以木標, 書世子年諱, 狀若咀呪者. 而又誘兵判申汝哲家奴, 竊其號牌, 墜於埋穢處, 使人告變, 欲以嫁禍於西人.

06 時南九萬復爲領相, 與左相柳尙運、右相申翼相主其獄, 慮事及諸張, 請勿窮治, 止決配業同. 後弘渤事露, 伏誅, 九萬等以過慮誤事, 自劾.

27. 내 어미를 살려주시오!

01 先是韓重爀之死, 金春澤罪狀未盡露. 南九萬亦憚其族强, 置勿問. 仁顯后薨, 春澤倡言"后喪由禧嬪巫蠱," 先募人, 呼於朝堂曰: "前爲希載貸死者, 不可在此列." 指九萬等也. 左相柳尙運疏言: "近有咎甲戌以後刑政之失者, 臣請與九萬同罪." 上慰解之.

02 禧嬪嘗於所居處, 設神堂, 爲世子祈福. 上治蠱獄, 親鞫禧嬪諸婢, 引神堂爲證.

03 領相崔錫鼎三上箚, 請爲禧嬪全恩曰: "禧嬪設有罔赦之罪, 念春宮誕育之恩, 爲春宮憂傷之慮, 少賜寬貸, 不至窮竟暴揚, 以安春宮幸甚. 臣所以不忍於禧嬪者, 爲世子也, 爲聖明也, 爲宗社也, 非爲禧嬪也." 判府事柳尙運·尹趾善·徐文重議同.

04 時世子年十三, 上書言: "臣母爲非, 臣不應不知. 請同死." 且席藁宮門外, 泣訴諸臣曰: "願活我母!" 左相李世白拂衣而避之, 錫鼎泣曰: "臣敢不以死報邸下?"

上竟賜禧嬪死, 復鞫希載·業同, 及諸張悉誅之. 皆世白所贊也.

05 右相申琓獨言"子無絕母之義," 請世子服緦擧哀, 朝廷問慰如例, 治喪亦宜從厚, 許之. 掌令尹弘离劾錫鼎, 不思討逆之義, 持平朴彙登·正言兪命凝救錫鼎, 上命遞命凝.

06 幼學朴奎瑞·任敞疏言: "世子不當恝然於正母之被弑, 而庇護私親. 當以禧嬪弑逆之罪, 告廟頒赦." 持平李東彦等合啓論南九萬·尹趾完·柳尚運·崔錫鼎, 庇護惡逆, 馴致禍變, 命九萬·尙運中途付處, 錫鼎竄配, 趾完罷職, 敞亦竄.

28. 어미 잃은 새끼 사슴

01 仁顯初喪, 南人吳始復·權重經等謀復禧嬪倡議欲聯疏. 李鳳徵先以禧嬪服制疏探上意, 有'翟儀遂空'之語. 至誅希載, 始復等幷島配. 輔德朴萬鼎前有禧嬪供奉之請, 至是, 亦竄之. 東平君 杭辭連希載獄, 賜死.

02 禧嬪既自盡, 少論自贊成尹拯以下及南人小北多疏請保護東宮, 而老論無發一言者. 護軍姜世龜疏引魏主叡'子母鹿'語曰: "不謂聖世乃見此事." 臺啓爭斥世龜以爲甚間, 命竄之.

03 時人情憂疑, 謂"有不測," 然上撫世子有加, 睥睨者不得售. 且察南九萬·崔錫鼎之忠, 復召錫鼎爲相, 多用少論. 又册仁元后, 后家少論也. 正言金普澤劾崔錫鼎, 幷論南九萬, 有曰: "明陵之松栢凄凉, 黃扉之芾舃輝映," 語尤深刻.

04 錫鼎陳情疏略曰:

"南九萬臣之師也, 立朝處身, 自有本末. 當賊堅之張也, 抗章極言, 有南海之謫, 戊辰銓長之被逐, 請對力爭, 有慶源之謫, 己巳又有江陵之謫, 甲戌當國以後, 衆言敲撼, 幸免大僇, 終有牙山之謫. 蓋其累遭竄逐, 不少挫抑, 精忠諒節, 可謂無愧於古人者.

當其欲寬希載也, 臣亦以爲過. 九萬曰: '凡天下之事, 當觀時義所在. 己巳之事, 後宮隆盛, 臣子當以扶護壼位爲主, 今日之事, 異於是, 又當以扶護儲宮爲主. 既以扶護爲主, 宜無所不用其極耳.'

由此觀之, 其心事皦然, 可質神明, 末後禍變之輾轉, 非所逆覩, 以此爲罪, 不亦寃乎? 夫顧一身之利害, 揣後日之禍福, 是乃鄙夫小人之所爲, 而謂九萬之忠而爲之乎? 《傳》曰'俟河之淸, 人壽幾何?' 又曰'吾儕小人朝不慮夕.' 夫不卹目前之譏謗, 而徼福於不可必之後日, 此天下之愚人也. 九萬殆不至此. 若臣辛巳之事, 誠以王家處變, 權度自別, 而公卿之臣, 與國爲體, 苟有所懷, 不敢不盡. 與有司執法之論, 幷行而不悖.

臣心膽怯弱, 知慮褊淺. 徒懷宗社之隱憂, 不暇一身之私計. 謬謂誅止諸婢, 王法可伸, 法外容貸, 儲位可安, 膚學末識, 妄論經權, 此臣之罪也.

及夫處分之後, 春宮啓處無損. 良由慰存撫安之篤至, 則殿下處義之道, 可謂得其當而無容間. 然臣惟自訟罪悔, 撫躬齰舌而已."

05 普澤, 春澤弟也. 世子嘗謁明陵, 欲歷臨禧嬪墓, 禮判金鎭圭沮之. 又欲率百官上壽, 至疏請, 蒙允. 鎭圭疏言"歲飢, 不宜盛擧," 遂寢之. 鎭圭, 春澤叔也. 至乙酉, 上以目疾, 遽命傳禪, 大臣率百官軍民請收, 乃已. 自是春澤等益不自安, 人言洶洶矣.

29. 남인 이잠의 상소와 소론 최석정의 편지

01 初張希載在謫, 聞其妻與春澤通奸, 書與諸張. 有云: "春澤欲殺我, 幷不利東宮." 諸張之鞫, 其辭發於囚供. 金昌集主其獄, 匿不以聞. 至是, 儒生林溥·李潛相繼疏論其事. 潛南人也, 溥以少論稱.

02 潛疏尤深刻, 其略曰:

"今諸臣假名義之號, 盡罪一邊之人, 踵起而爭功者, 幾年矣? 夫張氏賜盡, 諸張繼族, 宜無更問者, 而猶曰'名義名義'云爾, 則其心欲更逞於何地耶?

其所謂市恩徼福之說, 悖逆尤甚. 人臣事君, 固不可以市徼爲心, 而苟其有市與徼也, 則不於吾君之子而市徼之, 將於誰哉? 不有愈於危殿下之子, 而市徼於亂賊哉?

今春宮與春澤, 勢不兩立也, 明矣. 今之爲春宮願死者, 未必皆忠, 其爲春澤之說,而不顧春宮者, 未必皆逆. 特其所遭者異義, 所與者異途, 固不能無矢人函人之分也. 而殿下於護春宮者黜之, 黨春澤者寵之, 豈愛春宮不若愛春澤哉? 今左右前後, 莫不向刃於春宮, 而殿下猶未之覺何也?"

03 上乃逮問張獄時治事諸臣, 年久死亡, 無可問者. 上罷昌集, 而流春澤於濟州. 時少論方當國, 三司之議皆直溥·潛, 欲深治春澤. 老論譁然曰: "今少論不爲吾儕辨白, 則是將盡殺吾儕, 以實溥·潛之言也."

04 崔錫鼎使子昌大, 貽書朝中曰:

"夫東西之分, 已過百年. 此固難醫之痼疾, 而至於老少, 則同室之鬪, 輾轉乖激, 以至今日. 老黨之人, 凡於論議擧措, 一切以黨心從事, 有識之所以深非, 而世道之所以受害也. 今爲黨者, 苟能以不爭不黨不同不比爲心, 凡於論議擧措, 一切以公正從事.

且將物我彼此之界, 好惡愛憎之心, 與夫平昔忿狷怨憾之端, 擔置一邊, 只就每一件事, 先究義理之極, 折其是非之衷. 又必參之以時義事勢, 毋狃於積習, 毋牽於私朋, 獨觀昭曠之原, 執中緣督而行之, 務反於前轍之跡, 然後始可以當君子之目, 合於古所謂'彼以暴, 吾以仁'之義矣.

老少之分, 始於庚申治黨人緩急之爭. 其時被罪之人, 非有可惜, 特以濫觴之過, 非王政之公也. 故數三君子, 顯言力爭, 罹謗毁遭讒黜而不顧, 四方之公議, 翕然. 是之卽少輩之根本規模, 不在於偏激峻急, 而在於平正寬恕也. 向於一邊之人, 則雖其罪無可惜, 持平務恕, 惟恐攻伐之或過.

今於老黨, 則雖其本根之未始不同, 而仇怨相尋, 惟以攻伐爲心, 是豈不爲前後兩截, 而重失自家之本色耶? 此則道理然也. 且凡黨比相攻, 勢同戰陣, 其名之曲直而得失係焉, 所挾之長短而勝敗形焉.

老黨之長, 在於偏峻, 少黨之長, 在於寬平.

老黨之世執國命, 黨親盤據, 植根固而流波漫. 其安身立命, 本不在於仁義誠實, 以挾藉爲至計, 以驅喝爲能事. 至或假借名義, 以爲重, 或指陳闕失, 以爲名. 雖其機關運用, 不越乎排軋異己, 圖濟私利, 而推鋒假勇, 人未易犯. 此所以爲三王之罪人, 而以爭鬪則莫强之兵也. 故其言論常主於峻急, 以是, 至於敗衂而不自恤焉.

吾黨之人, 羈旅之臣也, 內外無所挾藉, 勢力氣勢, 萬不及老黨. 而徒以區區公論之空名, 得與老黨相抗, 其長專在於寬平而已. 今捨寬平而行峻急, 正所謂以短擊長. 譬如與人戰而失其長技, 吾見其終於大敗也.

藉使目下, 雖獲一時之微利, 事變相尋於無窮, 而朝局之改換無常. 時移事往之後, 以公眼而追觀, 則爵祿榮寵之不能長保, 彼此同之. 而乃與本色寬平之寸長, 而幷失之矣, 可不惜哉? 此又利害然也."

05 時錫鼎主獄, 務以慰老論心, 而老論謂溥疏始出於少論, 故憾之益深. 溥·潛皆杖死.

30. 송시열을 두둔하는 김창협의 편지

01 初金壽恒兄弟當國, 事無大小, 壹稟於宋時烈而行. 然往往爲時烈所詬, 壽恒諸子亦不平之. 及時烈·壽恒同時遭禍, 金昌協欲藉時烈以重壽恒, 自是專意尊慕之. 老論之前疑時烈者, 亦皆翕然同聲, 以昌協倡之也.

02 羅良佐貽書昌協弟昌翕, 歷叙時烈所嘗辱壽恒之語以惎之, 昌翕曰: "吾父固嘗以師道待尤庵矣, 師於弟子有嚴訓, 宜也. 吾豈效尼山之徒哉?"

03 昌協嘗報良佐書曰:

"來諭謂'姪於尤翁, 高下任情, 前後頓異.' 夫尤翁只是一尤翁耳. 然在前日, 則自南人以外, 擧世無不尊之, 直以躋於程·朱. 至今日, 則擧世毁之, 殆將擬於共·兜. 此世道之至變也.

若姪則自始至終, 胷中只一尤翁, 無二尤翁. 是以雖擧世尊之, 亦不增吾之尤翁, 擧世毁之, 亦不足損吾之尤翁. 由前則人疑其不滿, 由後則人疑其過隆. 若吾胷中之尤翁, 固自如也. 是則世人之無常, 而非姪之無常也.

來教又爲: '所言公, 當公言之, 豈有可與言不可與言之理?' 夫尤翁在前日, 則盡西人, 皆其徒也, 正如一家子弟, 說父兄事, 固無彼此之嫌. 今則西人之外, 皆尤翁敵也, 一言之脫, 便有以藉其口而助之攻, 何可不愼乎?

今謂'所言者公, 而無復有諱忌,' 則其不爲對仇敵而說父兄之過者, 幾希矣. 尤翁之住世既久, 言行滿一國, 則其賢與否, 不難知也. 姪獨恠, 夫舅主前則景仰尊慕, 言必稱先生, 又從以受累世墓文矣, 今則憤疾痛惡, 歷數其罪, 不以毫髮原貸. 是誠所謂前後高下之異, 而貫三光而徹九幽, 猶不若是懸也.

若謂尼山事後, 始知其心術云爾, 則舅主所指尤翁之罪, 貪財漁色, 不孝不忠. 非昔者無而今者有也, 雖非尼山事, 而亦既爲無狀小人矣. 數十年中, 一切置不問, 出入門下惟謹, 及其得過於尼山, 然後始乃斥絕之若是, 何也? 豈朋友交際之失, 罪有重於所謂不孝不忠者耶? 其亦乖乎大小輕重之倫矣.

若謂前則不聞, 今始備聞云爾, 則前之不聞, 宜非由於不聰, 今之備聞, 又安知非有所自耶? 且他事尚可謂之未聞, 若所謂'假冒大義, 欺負聖祖, 淫執朝權, 威福一世,' 則又非如微行細節人所難見者, 尚可諉於前後之異聞耶?

抑舅主所以處尤翁者, 惟尼山是視, 尼山貳尤翁, 實由於墓文. 夫墓文之託, 固當於賢者, 而不於非賢者矣. 尼山之師事尤翁, 凡幾年矣? 其言行隱微, 宜無不知, 輒以墓文爲託, 則固不以爲非君子矣. 及文成而猶嫌於借重和叔, 必欲其自爲定論者, 固以其言之信於來世, 尤有重於和叔之言也.

至所望不副, 釁隙大生, 然後本原心術之論出, 而尤翁遂爲無狀人. 向使墓文一副其所望, 則尤翁之爲賢人君子, 固將自如, 而尼山之服勤盡誠, 舅主之尊敬致禮, 亦將一如前日而不替矣.

夫尤翁之爲君子爲小人, 宜自有大體之不可易者, 使其本原心術, 誠小人也, 則其爲墓文雖善, 亦何能遽變爲君子? 佛氏之教人, '雖有彌天罪過, 只一念阿彌陀佛, 便能滅除惡業, 免墮地獄.' 嘗笑其言, 以爲無理. 今此無乃類之乎?"

04 良佐多爲書, 暴列時烈陰事, 故昌協言如此.

31. 대의가 송 씨의 사사로운 물건입니까?

01 初宋時烈慕李景奭之賢, 布衣草屨, 往來其門下. 景奭亟薦引之, 以半同列. 仁祖嘗迫於淸人, 命景奭爲三田渡碑, 頌淸主功德, 景奭辭不獲. 時烈嘗爲文, 以壽景奭, 盛言其功存社稷, 而有"壽而康"之語. 蓋暗用朱子譏孫覿文也.

02 後時烈求婚於景奭而不得. 又顯宗幸溫泉, 景奭疏斥在鄉朝臣之不來問安者. 時烈疑其逼己, 乃上疏詆景奭, 直比之覸. 又與人書, 以景奭爲鄉愿.

03 至是, 朴世堂撰景奭碑銘曰: “行僞順非, 世有其人. 梟鳳殊類, 載怒載嗔.” 於是, 金昌翕貽書于李德壽, 極詆景奭·世堂, 而又使館儒洪啓迪, 上疏辨之曰: “今以時烈爲亂政之少正卯, 則是孝廟之政亂也.” 自此有譏議時烈者, 老論輒群起, 以爲誣孝廟, 其說自昌翕·啓迪始.

04 南九萬未嘗言宋時烈是非, 病革, 始爲三家事文. 三家者曺漢英及景奭·世堂, 皆受詆譏於時烈者也. 九萬爲言其誣, 幷斥金昌協兄弟, 輕詆先輩之失云.

05 尹拯卒, 崔錫鼎代泮儒祭拯文曰:

“觀世之儒, 虛憍矜伐, 色厲爲剛, 邦聞爲達. 恂恂忠恕, 獨專內省, 黃中通理, 錦衣尙絅. 出處義之, 一其初終, 志蠱不事, 用乾潛龍. 家讎旣深, 國恥未雪, 非曰果忘, 庶幾歸潔. 豈如夫人, 鶩外徇名, 空言不躬 高論無成!”

06 館儒金楺等又上疏, 以爲錫鼎誣毁孝廟, 崔昌大上疏略曰:

“弱國不幸, 遭値劫數, 皮幣珠玉, 有不得免, 丙子以後, 山林遺逸之士, 固以爲深恥, 而擧不欲自輕於去就. 然其出處之義, 厥有二途.

觀時勢之可否 審材力之長短, 自量其出當世道, 可以有爲, 則行仁政以得民, 務爲修攘之本, 修軍實以壯國, 期收復雪之功, 此則出而成大義者也. 厥或不可, 則力辭朝命, 履貞不渝, 晦跡山林, 畢命田畝, 潔身而全節, 此則處而全大義者也. 其有起應徵辟, 據高位握重權, 徒能大言義理, 而了無事爲之實, 則名號誠美矣, 豈與夫終身不出者, 同日論也?

或曰‘朱子亦嘗立身於事虜之朝, 未覩匡復之效, 而撥亂復讎之議, 屢形於所譔述. 豈必以無實事得美名, 獨病時烈哉?’ 曰不然.

朱子之職, 其顯者, 不過崇政殿說書耳, 非有公卿將相之位, 處可行之地, 操可爲之柄也. 今時烈, 位望權力, 顧何如也. 無一事一劃, 以效修攘之實於憂勤責勵之朝, 其虛罔也甚矣. 堂堂大義, 獨可以爲宋氏之私物哉?”

32. 과거 시험 부정과 노론 전횡의 시작

01 自更化以後, 臺省銓選之間, 老少相鬨者, 不可勝記, 科獄其尤著者也. 其在己卯, 則崔錫鼎爲命官, 吳道一爲主文, 而科賊李聖輝等, 換封事發, 幷島配爲奴, 削其榜.

02 臺諫李坦·韓永徽等, 累啓請罪道一. 然道一實與他試官閔鎭厚等, 通同試取, 無可以爲罪者, 尋因他事被竄. 榜中李濟·洪錫輔·金一鏡等, 後中他科, 餘人多復科者.

03 壬午謁聖試官, 多老論, 中科者, 皆其親屬. 幼學崔世鎰疏言: "洪禹瑞之於洪受瀗、趙道彬之於趙泰采、任埅之於李畬、李縡之於李晩堅皆三寸親, 韓永祚之於金鎭圭、洪萬遇之於權世恒皆四寸親, 金萬謹卽李思永之婿, 李海朝卽閔鎭厚之姻婭." 命鞫世鎰, 杖流之.

04 至壬辰庭試, 李整主試, 吳遂元、李獻英·李獻章兄弟以試劵有可疑, 李眞伋以過限, 幷拔榜, 俱無證案. 特以遂元等, 父兄皆忤時論, 故至此, 少論尤冤之.

05 初上於輔相中, 最重南九萬. 九萬引錫鼎同升, 錫鼎前後九拜領相. 雖間有譴罷, 旋卽倚用. 以此少論常主國政者二十餘年.

06 至庚寅, 上忽責崔錫鼎提擧藥院, 侍疾不謹, 黜之. 三司疏救者, 幷削逐, 悉用老論, 人莫測其所由. 時南九萬已卒, 錫鼎尋亦卒, 老論專用事, 自此始.

33. 병신처분

01 初尹宣擧與兪棨相善, 嘗共編禮書, 名曰《家禮源流》. 宣擧·棨卒, 尹拯續成之, 藏于家. 拯於棨亦嘗以爲師, 棨孫相基又學於拯. 相基托左相李頤命刊行《源流》, 頤命許之. 相基索《源流》於拯, 拯恠相基之不謀而請刊也. 且以頤命異趣故, 故不出.

02 而拯子行教則曰: "此吾父祖書也." 相基乃詬拯, "旣背一師, 又背一師," 遂絶之, 而取《源流》初本刊之. 鄭澔·權尙夏爲序跋, 詆拯爲邢恕.

03 相基上疏奏其書, 上以澔侵詆儒賢, 罷其職. 上每謂: "拯爲父絶師. 父重師輕." 老論言非是, 斥之甚嚴. 以是, 老論不敢言尼·懷者十數年, 而上厚禮拯, 至拜相, 拯終不出.

04 及《源流》事起而拯卒, 上悼之, 御製追惟先正臣尹拯詩曰: "儒林尊道德, 小子亦嘗欽. 平生不識面, 沒日恨彌深." 又曰: "生三雖事一, 自有輕重殊. 可笑! 論思長甘心大老誣!" 論思長謂澔官副學也.

05 於是, 湖儒柳奎疏辨《源流》事, 又言: "權尙夏爲宋時烈碑, 以己巳之禍, 謂拯所釀." 泮儒尹志述率八路儒生朴光世等 疏斥奎救澔, 修撰魚有龜、臺諫金在魯·李弦等繼之. 承旨吳命恒·李善溥却光世等疏, 不捧.

06 尼·懷之爭, 復大起, 上命章疏言《源流》者勿入. 而言者猶不止. 老論則左相金昌集、判府事李畬、大司成閔鎭遠、承旨李喬岳·李縡·洪好人、三司洪啓迪·趙尙健等, 少論則副提學柳鳳輝、大諫李世最、三司李眞儒·鄭栻·宋眞明、正字金弘錫等, 迭疏言宋·尹是非, 不復及《源流》事.

07 舘學諸儒互相施罰, 屢月未已, 上命入尹拯辛酉擬書, 及宋時烈所撰尹宣擧墓文. 覽訖, 下敎曰: "今觀擬書, 果多操切之辭, 墓文則元無辱及宣擧者. 前後諸儒以伸辨時烈被罰者, 幷解之."

08 明年畿儒申球疏言: "尹宣擧文集, 多譏議孝廟語." 蓋宣擧嘗以不死江都, 累疏自引. 或言其不必過者, 宣擧曰: "吾與上同患難故耳." 又曰: "今日可言, 他日不可出口." 又曰: "聖人達權與匹夫不同." 又上疏中, 有曰: "無忘在莒." 又曰: "願以臣爲杜擧." 至是, 球歷言: "宣擧欲自掩其不死, 反責孝廟之不能死."

09 左相金昌集繼球疏詆益力, 請勿以宣擧父子稱先正, 奪宣擧謚, 又請進覽其文集. 承旨金普澤遂請宣擧父子削奪官爵, 上許之. 下敎罪宣擧則曰: "身負難洗之累, 自處無過之地, 敢以杜擧之罰君, 誣毁聖祖." 罪拯則曰: "背師之罪人." 是謂丙申處分.

34. 병신처분에 대한 소론의 반발

01 持平金鎭商又請宣擧書院及文集版并毁銷, 昌集申請之, 兵參李大成疏曰:

"昔章惇欲毁司馬光《資治通鑑》版, 以有神宗御製序, 不敢議. 今宣擧文集, 載孝·顯兩廟恩批十有七, 且有宸翰, 視神宗一序, 尤可貴重. 相臣如知有此, 則宜不敢請毁. 且本集中〈石室語錄〉九版, 皆先正與金尙憲問答語也, 附錄魯岡書院營建文, 又金壽恒所撰也. 相臣之私義, 亦宜有不忍者矣."

02 時少論判府事趙相愚·徐宗泰、參判吳命峻·金演·趙泰耉·李光佐·趙泰億、大諫李世勉、司直李善溥、三司尹淳·沈珙·呂必禧、儒生吳命尹·李弘濟·權弼衡·黃萬程等, 交章訟冤, 或罷或竄. 弼衡疏尤峻激, 有"賊球·凶集欲爲柳子光"之語. 上命疏儒下獄, 少論儒生, 百千成群, 脫巾爭赴, 或至呼哭. 蓋自是少論始甘心思逞於老論, 而無復爲持平之議者矣.

03 司果李世德擊錚就囚, 上原情數十萬言. 文多不能載, 略曰:

"今之毁詆拯者, 以爲墓文自一事也, 擬書自一事也, 相絶自一事也. 拯之絶時烈, 實由於末梢書札, 僇辱其兩親. 此何有於墓文? 而言者乃置末梢之辱, 只稱墓文之無辱, 可乎? 墓文之潛蓄不平, 誠拯之所不慊也. 然豈但以此遽相絶乎? 然拯所以疑時烈之本源者, 則墓文固亦其一事耳."

04 又歷詆時烈曰:

"向年聖上遣史官, 索取孝廟御札於時烈, 時烈以爲御札在黃江 權尙夏家, 乃令史官迤往取去. 因抵書於人曰: '勸送史官於黃江, 老耄嘗讀朱子書. 豈無所見而然歟?' 噫! 朱子之擅役王人, 見於何書耶?

其爲孝廟挽詩, 借製於金益廉, 有'龔心甘野草, 鳳詔帶天香. 宇宙懷深恥, 風塵有暗傷'之句, 自謂得意之作, 筆之於書. 未知朱子之挽宋孝宗, 亦有此事耶.

又在先朝, 以陵寢事, 時論多咎時烈, 時烈抵書於大臣曰: '陵行連年廢閣, 溫泉逐歲幸行, 不能無疑於人心. 當初聖意以弘濟洞爲道遠而不用, 雖如寧陵之近, 不能展省, 則與遠何異? 乃無一毫自反之意, 專咎臣下, 何也?' 未知朱子之議山陵, 亦有此辭氣耶.

昔孝廟獨留時烈, 賜便坐, 屛左右, 密詢復雪之計. 勤問不已, 乃以'刑家修己'四字塞責, 又以從祀五賢更加取舍, 金弘郁冤死可念, 陳對. 上曰: '今日所急, 非此事也.' 時烈所謂大義者, 止此一說, 更無繼進之策. 及孝廟之喪, 不待大葬, 徑出國門, 乃曰'我不受永安之詔,' 若是而謂之忠於孝廟可乎?

曾在丁丑南漢之圍, 嘗以短刀條繩自隨, 示以必死之意, 及下城之日, 終不踐言, 自謂'無當死之義.' 宋浚吉貽書責之, 浚吉文集, 時烈所勘定, 而其書見拔, 卒之兩門釁生. 篋笥始發, 而短刀之說, 狼藉於浚吉門人之通文. 噫! 不死南漢, 豈至爲大累? 而時烈平生每以節義自居, 惡人議己, 崎嶇掩護, 終不得掩. 今彼輩顧以尹宣擧謂之掩累, 正爲時烈道也.

蓋時烈名爲法朱子, 而實則假借而已. 名爲忠孝廟, 而實則虛僞而已. 異於己者, 輒謂之背朱子, 攻其短者, 反謂之誣聖朝, 使一世莫敢議己. 又從而肆然, 號於國中曰: '我朱子嫡傳之學也, 我孝廟同德之臣也,' 其徒從而和之, 如出一口. 噫! 若此不已無少懲遏, 則竊恐朱子之道不尊、孝廟之志不白, 而聖人之心法、《春秋》之大義, 將壞了無餘矣."

05 命世德遠竄.

35. 정유독대와 세자의 대리청정

01 自崔錫鼎之罷相, 而無以保護言於上者. 上忽荐下嚴敎, 責世子過失, 中外惶惑莫測. 特召左相李頤命, 屛史官, 語秘不聞. 是謂丁酉獨對. 頤命出, 而命世子聽政.

02 且敎世子曰: "近日處分, 事關斯文, 顧不重歟? 是非大定, 可以不惑於百世, 予志汝遵, 莫之或撓." 於是, 人多謂: "上爲老論罪尹氏, 老論亦爲上謀易儲. 其贊聽政, 則將因是以傾之"云.

03 時領府事尹趾完年九十矣, 舁櫬入京, 請保護, 疏曰:

"東宮睿質天成, 至孝無間, 中遭變故, 無幾微之形於外. 毓德三十年, 一國莫不延頸, 不意今日, 乃聞此語. 必有陰邪不逞之徒, 孼牙其間, 敗人家國者. 殿下何不念此?

昔在甲戌, 大臣南九萬, 曲意隄防, 竭誠調護. 今九萬已矣, 只有篤老垂死之微臣,不能鎭伏人心. 言之及此, 心骨俱寒. 至於獨對之擧, 尤上下之胥失. 殿下安可以相臣爲私人, 相臣亦何敢爲人主之私臣哉?"

上怒切責之.

04 頤命疏辨. "獨對實爲保護, 無他語." 趾完留疏歸曰: "頤命誠能如是, 則臣將不惜忠臣之名以與之. 豈曰私臣哉?"

05 司直李大成等搢紳疏曰:

"春宮懿德至行, 不可殫記. 明陵國恤, 號擗哀毁之容, 國人皆悅. 近日侍湯, 憂遑焦灼之誠, 五載靡懈. 嘗御書筵, 宮官問'邸下自期如何,' 則答曰: '非曰能之, 乃所願則以舜何人爲期,' 卽此一言 可見進德修業自期之弘遠.

嘗隨殿下, 禱雨太廟, 神色不怡, 顧爲從臣曰: '聖躬親勞, 靈應尙遲, 言念民事, 罔知攸濟.' 卽此一言, 可見孝親勤民, 誠意之篤至. 唯其如是之故, 凡我臣民, 罔不曰'吾君之子.'

今者, 筵教之未安, 其間委折, 有未詳悉. 無恠乎群情之駭而國言之沸也. 宜以獨對時事, 明白開釋, 使上下洞然無疑焉."

06 其後英廟年間, 有金福澤之獄, 獨對始露. 蓋上以二王子托頤命, 因問士人中誰可信任者, 頤命以金春澤之從弟龍澤及李天紀對. 上令頤命, 致意於龍澤·天紀, 此獨對大略云.

07 龍澤·天紀得頤命所致意大喜, 以爲此宗社計也. 乃與頤命子姪喜之·器之、金昌集孫省行等, 謀陰蓄武士術客, 以備不虞.

08 時延齡君序居第二, 方爲上所眷, 延礽君序居第三, 令聞日著, 老論不知所擇, 或相與異同. 未幾延齡卒, 始專屬心於延礽君, 而省行·福澤至私謁藩邸矣. 事詳下文.

09 景廟素仁孝, 講論經史, 問難多出意表. 自遭變故, 憂悸成祟, 寢不如初. 及代理, 無所施爲, 仰成於諸相, 老論亦無以伺其失. 而昌集·頤命方當國, 其子姪所爲, 亦不盡知也.

10 時復李翔·李師命官, 金長生從祀文廟, 幷擬宋浚吉·宋時烈從祀. 皆老論所欲爲, 而數十年持難者, 至是悉行. 禧嬪遷葬, 東宮將望哭, 校理金鎭商上疏止之.

제5장 경종 시대

第五章

1. 노론의 연잉군 세제 책봉

01 景廟卽位, 太學生尹志述請, 以禧嬪處分, 載於先王行狀曰: "辛巳之變, 暗密難測, 我先王明燭幾微, 夬施典章, 使宮闈肅而輿憤洩. 求之簡冊, 所罕見也." 又言: "當並載斯文處分." 命志述遠配. 領相金昌集、臺諫金槹·鄭宅河等, 交章救之, 以爲士氣不可摧折. 鄕儒趙重遇疏請禧嬪崇報, 下獄杖死, 人心益不平.

02 方是時仁元后在東朝. 慶恩府院君 金柱臣本少論, 而意嘗嚮老論. 上國舅咸原府院君 魚有龜本老論, 而老論不與共事. 自分黨以來, 宦官宮妾皆有西南老少之目, 迭相爲援.

03 上病愈痼, 大小祭奠, 多不能行. 臨朝常淵默, 章奏多委滯. 老論旣內懷不自安, 而又恐少論南人因內逕而圖己也, 故謀益急. 左相李頤命請冊封, 以銀貨六萬自隨, 人皆恠之.

04 承旨李眞儉疏曰: "今人心陷溺世道波蕩, 乘機旁伺者, 敢擧不敢議之事, 欲售慫恿嘗試之計. 窃權閃弄者, 追提不忍聞之言, 敢肆操切迫脅之習. 重遇托恩以悖義, 志述假義以絶恩. 此皆殿下之罪人, 而國人之所共惡也.

重遇旣死, 固無可論. 若伸救志述, 有若敢言立節之事, 編配薄罰, 終至反汗而後已, 徒知志述, 不知君父. 此何義理? 丁酉獨對已非人臣光明之擧, 而今玆大臣之赴京也, 請封自是常典, 不費一錢, 可以順成, 六萬餘銀貨, 用之何處?"

05 頤命還准納銀貨, 疏辨以備不虞而已.

06 及淸勅至, 有朝鮮王妻子姪均論之語. 時上以世子權襲, 所謂王子姪者, 指先王子姪也. 勅使問王子幾人. 金昌集以延礽君爵號及延礽夫人姓貫書示之, 勅使又欲見延礽君.

07 時右相趙泰耉, 新卜未起, 上疏曰: "上國吊列國之君, 而幷及弟姪之爲陪臣者, 古無是焉. 上國行之爲失禮, 陪臣受之爲冒嫌. 今日王子諸宗, 豈敢安於此哉? 且皇旨止稱均諭. 宗戚多少某出某娶, 旣非皇旨, 則何爲公然書示哉?" 昌集疏辨"勅使强請書示, 不得不從." 持平李廷熽疏劾泰耉以危險之語, 碁間骨肉, 泰耉引義不出.

08 湖儒李夢寅持斧伏闕, 疏論尹志述之罪. 且言: "獨對大臣, 偸去六萬之銀, 起承宣之訝惑, 當國首相, 書給一張之紙, 致右揆之驚慮." 命夢寅邊竄, 幷竄李眞儉.

09 數月李廷熽以正言疏請建儲曰: "殿下春秋鼎盛, 尙無繼嗣. 國勢岌嶪, 人心渙散, 亟宜念國家之大本, 定社稷之大策." 批下廟堂. 於是, 領相金昌集·左相李健命·判府事趙泰采·戶判閔鎭遠·兵判李晩成·刑判李宜顯·工判李觀命·判尹李弘述·大憲洪啓迪·大諫洪錫輔·承旨趙榮福·校理申昉等, 入對稟旨, 上無可否.

10 昌集等迭請曰: "此不容一刻遲緩. 願速賜允從." 上曰: "允從矣." 昌集曰: "臺臣疏請遵祖宗之典, 似指恭靖王故事也. 然此大事, 願稟定于東朝, 必得手敎, 宣示之, 然後臣等可以奉行." 因出閤外, 至夜半, 昌集等望見殿庭, 燈燭微明, 寂然無聲. 意不能無恐, 鎭遠欲復請對, 泰采止之曰: "豈可促迫爲也."

11 有頃召入, 案上有東朝封書, 上指之曰: "在此矣." 昌集·健命讀曰: "孝宗血脉、先王骨肉, 今上與延礽君而已, 豈有他哉?" 昌集等, 頓首涕泣稱賀. 健命令榮福書傳敎曰"以延礽君爲儲嗣," 奉而進覽, 上頷可之. 時辛丑八月也. 上卽位元年, 春秋三十四, 內殿春秋未滿二十. 上雖有疾, 臣民未嘗聞. 至是遽有是擧, 人情不測.

2. 세제 대리청정 논란

01 司直柳鳳輝 尙運子也, 疏言: "建儲何等事, 而時相不及聞, 諸宰不得預, 半夜嚴廬, 一請再請, 卒遽忙急, 愚弄迫脅, 此可謂無人臣禮者也. 成命旣下, 雖不容他議, 大臣之罪, 不可不正. 聖上亦宜明斷奮發, 毋使威福下移." 時趙泰耉在外不與聞, 疏所云時相也. 於是, 老論大譁曰: "焉有儲君而遭論駁者乎?" 世弟辭疏"有疏辭危險心膽震墜之語."

02 三司洪啓迪·兪崇等, 迭請鞫鳳輝, 趙泰耉疏言: "鳳輝雖狂妄, 爲國陳忠, 今日忠於殿下, 後必忠於世弟." 三司又幷攻泰耉, 世弟又疏請"勿深治鳳輝以安臣心." 命鳳輝遠竄.

03 十月, 執義趙聖復疏請世弟參聽庶務, 卽日傳敎曰: "予有奇疾, 誠難酬應萬幾, 大小國事, 幷令世弟裁斷, 俾予安意調養." 承旨李箕翊等入請還收, 不許, 請罷聖復而退.

04 左參贊崔錫恒 錫鼎弟也, 詣闕請對, 箕翊以夜深不許. 錫恒强之, 乃稟, 特命留門鑰而引見. 錫恒泣懇還收, 上曰: "予當思之." 力陳至五更, 上動容曰: "還收可也."

05 時李健命聞錫恒入, 始與兵參金在魯追至闕下, 聞已還收, 遂歸, 他相皆不動. 翌日健命疏論: "錫恒一宰臣, 深夜求對, 承旨不宜許入." 戶參趙泰億請對, 盛斥: "大臣三司袖手傍觀, 高枕熟睡, 無一人爭論, 反以錫恒之入而攻承旨, 倫常絶矣, 國不國矣."

06 司直朴泰恒等搢紳三十人, 疏論聖復及諸大臣, 司直李光佐·淸恩君韓配夏·刑參李肇·副司果韓世良相繼疏論, 世良疏曰: "嗚呼痛矣! 天無二日, 地無二王, 北面於殿下之廷者, 敢欲陰移天位, 萌諸心而發諸口哉?" 司直權珪等南人搢紳疏曰: "嗚呼! 皇天豈欲亂亡我國家耶? 殿下何爲賊臣所激惱, 而爲此敎耶?" 兩司以世良·珪語逼, 請鞫之, 且論崔錫恒·趙泰億搆誣廷臣.

07 後數日, 復命世弟裁斷如前敎. 金昌集等率百官請對, 不許. 庭啓請還收, 至四日, 世弟五疏固辭, 有"分苦分痛"之敎. 且敎下朝廷曰: "予病不可視事, 將使左右考例擧行, 左右可乎? 世弟可乎?" 昌集等謂"聖敎至此, 不敢不從," 乃聯箚, 請以丁酉代理事目施行, 而撤庭請. 惟李光佐及臺諫柳復明, 以爲不可, 復明老論也.

08 時有敎召趙泰耉曰: "抛棄前事, 洗滌時態, 幡然入城, 以安將亡之國." 又內賜《小學》一部, 卷首有御札, 亦如之. 泰耉卽馳詣朝堂, 諸相聯箚已上矣. 乃從宣仁門入, 請對, 崔錫恒·李光佐·李肇·韓配夏·金演·李台佐等踵至. 承旨洪錫輔·趙榮福, 以泰耉被劾相臣, 不可遽入, 斥之.

09 忽有敎曰: "聞右相入來, 卽爲進見." 於是, 昌集等不得已隨泰耉同入. 泰耉力請還收, 昌集等同聲請之. 良久, 上有頷可意, 昌集令承旨還收傳敎.

10 泰耉退錫輔進曰: "今日右相之來, 上何自知之?" 迫問至再三, 上無答. 都承旨洪啓迪曰: "自今置政院無益矣." 兩司魚有龍·朴致遠等啓劾: "泰耉以大臣交通宦侍, 潛圖進見, 此南袞夜開北門之類也. 請拿鞫. 幷諸宦侍內援者, 出付有司." 乃下敎曰: "予坐進修堂, 聞閤外前導聲, 知右相之入. 宦侍無罪." 兩司連啓不已.

3. 집권 소론의 노론 축출 상소

01 自朴泰恒等搢紳疏後, 司直沈壽賢等繼之, 疏會連設. 會冬旱祈雪, 有求言之命. 少論會者數十人, 難於疏首. 前參判金一鏡秩最居前, 且自求爲首. 一鏡雖能文, 然素麤悖, 人皆不悅. 聞一鏡爲首, 稍稍罷去, 疏下止李眞儒·尹聖時·朴弼夢·徐宗廈·鄭楷·李明誼六人. 疏略曰:

"聖復闖於前, 四凶肆於後, 宗社罔極, 臣民罔極. 吾君新服諒事, 臣子之情, 痛迫如何? 而黽勉庭請, 塞責三日而止, 聯名上箚, 任自裁定, 至請亟命有司擧行. 是豈人臣所敢發諸口筆諸書哉?

甲戌兩司論己巳大臣半日庭請之罪. 比之於造·訒·仁弘, 半日三日眞是百步之於五十步也. 己巳諸臣尙斥以造·訒·仁弘, 則今日彼輩難逭冀·顯·莽·操之誅. 且己巳猶未有自下箚請, 如彼輩者也.

中外人情, 波駭鼎沸, 咸指彼相曰'此眞逆也. 胡乃捨吾王也?' 四凶之罪, 固難戴頭於天壤間矣. 昔於甲戌之初, 一二元老, 苦心長慮爲調護之道, 則彼輩視若仇讐. 自辛巳以來, 指斥尤甚, 任敞·朴奎瑞恣爲凶言, 輒逼敲撼. 丁酉獨對, 李頤命前席取旨, 欲招諸相, 以詢可否, 苟究其情, 誠有難測.

代理告廟, 明有故事. 而金昌集力爲沮遏, 或恐事體嚴重, 其勢難動耳. 尙賴先王止慈之德, 人無敢開口, 而百里昇疾, 亦有一介黃髮之效忠, 保有今日.

逮殿下嗣位, 志述逼辱, 無復人理, 昌集起而和之, 末減薄譴猶不獲施. 昌集至謂

'殿下不足與有爲.' 彼輩旣不以君父待殿下, 而亦不以臣子自處.

今日聖復, 彼輩指揮使令中一也, 嘗試之謀潛售, 非常之敎遽降. 彼輩之偵伺揣摩, 固已爛熟. 力爭回天, 元非本意. 而雖以外面事體言之, 集也左足不窺於戶外, 健也緩驅僅止於闕下. 其於國家之處分, 曾無片語之到, 其於聖復之罪狀, 未有半辭之及, 如是而尙可掩其心跡乎?

昌集以故相壽恒之子. 壽恒臨絕, 戒其子力避權要, 昌集恬然罔念, 貪權樂勢. 爲子不孝若是, 爲臣不忠固其所也. 頤命乃師命之弟 包藏禍心, 怨毒尤憯. 泰采患失鄙夫, 忘恩負義. 健命暗曲回慝, 病國害民. 四凶勢成, 百邪影從, 爪牙腹心 左右前後 無非相國之私人, 其視黼扆, 殆若弁髦, 今日國勢, 危且急矣.

庭班之撤, 右相急到禁扃, 稟旨求對, 則承旨兩司, 承望四凶之風, 一邊沮格, 一邊劾擊. 宣室特召, 天啓明斷, 昌集·健命蒼黃窘步, 跳踉顚蹶, 景象駭怍, 走卒指笑.

噫! 渠輩三日請對, 一命終靳, 是聖上俯燭其不誠故也. 况班已撤矣, 箚已入矣, 肺肝畢露, 自孽難逃. 固當騈首席藁, 恭俟鈇鉞, 更擧何顔, 靦然於香案之前哉?

噫! 君臣之義, 至嚴且重, 一有蹉跌, 惡逆簒弑之誅, 有不得辭. 况彼輩積漸旣久, 凌犯日大. 不臣之志, 一箚孔彰, 無君之惡, 萬目難掩. 三綱五倫, 滅絶無餘,《春秋》無將, 不足以繩其罪,《漢法》不道, 不足以準其律. 玆實天地之所不容, 神人之所罔赦者也."

02 疏入, 中旨荐降, 凡以老論名者, 皆逐之, 悉召少論. 於是, 三司李濟·朴弼夢·梁聖揆·李明誼·尹㝚等, 交論金昌集等諸老論, 悉加流竄, 殺尹志述·趙聖復. 而趙泰耉·崔錫恒爲相, 與金一鏡幷主國論.

4. 세제를 흔드는 소론과 노론의 반발

01 一鏡嘗爲寧邊府使, 宦者朴尙儉 寧邊人也, 一鏡厚遇之. 後因結爲內援. 旣換局, 尙儉遂欲不利于世弟, 與宮人石烈·必貞及宦者文有道等, 謀先逐張世相. 世相亦宦者, 名隸世弟宮屬, 而與老論交結者也. 至是, 命竄之. 世弟白上言尙儉等之橫, 請出付有司, 上許之.

02 旣而有下教於世弟曰"可任自爲之," 尙儉所造也. 尙儉又托以有狐, 設機穽於淸暉門, 塞世弟朝覲之路, 世弟求復見, 不得. 乃夜召宮官, 泣言尙儉等狀, 因欲避位出閤. 大妃下諺教于朝廷, 欲許世弟辭位, 以保先王所授爵號, 辭極哀痛.

03 趙泰耉等, 率三司諸宰請對極諫, 嗚咽涕泣. 諸臣相繼力請, 出尙儉等, 鞫之, 上良久始許. 泰耉復退, 詣世弟, 陳孝友之說, 以慰安之. 又白東朝曰: "上已處分, 諺教不敢顯布, 謹以封還."

04 時判禁沈檀請直斬尙儉. 一鏡亦言: "尙儉罪狀已著, 無可鞫問." 泰耉不可, 崔錫恒按獄, 尙儉·有道承服誅, 石烈·必貞杖斃.

05 於是, 前參判鄭澔疏言: "國本有動搖之漸, 慈聖下哀痛之教, 而大臣擅自封還, 宦婢之獄, 或請直斬, 或令徑斃, 使罪狀不盡究覈. 且先朝舊臣盡行斥逐, 未諳何事何罪." 臺諫論竄澔.

5. 경종 제거 음모를 청나라에 보고하는 진주문

01 壬寅夏, 使臣李健命等還, 世弟封典准完, 其翌日而有睦虎龍之上變. 虎龍者南人庶孼也, 以能詩, 遊士夫間. 白望, 延礽君鷹師也, 與虎龍善, 因結金龍澤·李天紀等, 預其密議. 及上卽位, 建儲之議順成, 龍澤等欲殺虎龍以滅口. 一鏡覘知之, 嗾使告變. 崔錫恒爲委官, 李森爲捕將, 檀·一鏡爲禁堂, 按其事, 大殺老論, 事多不能悉載.

02 會有使行, 以討逆本末陳奏, 藝提柳鳳輝撰曰:

"本年三月日 閑散睦虎龍告稱, '賊黨或以刃, 或以藥, 或以廢黜, 陰謀造逆, 不勝驚惶來告.' 卽差政府禁府兩司官, 會坐推問.

虎龍供稱: '以刃云者, 令勇士挾匕首入宮塗厠之謂, 而賊輩私相號曰大急手. 以藥云者, 給藥於宮女, 和於飮食之中也, 號曰小急手. 所謂廢黜者, 以金締結內豎, 搆成罪目, 欲爲廢劃之計, 號曰平地手. 鄭麟重·李器之·李喜之·金龍澤·李天紀·沈尙吉·趙洽等綢繆諸賊, 龍澤給寶劍於白望, 國喪之日, 踰墻入宮, 行大急手. 麟重·龍澤·天紀·器之·喜之·洪義人·洪哲人等, 使白望因宮人二英, 納銀於四寸宮人, 圖成行藥之事. 喜之作諺文歌辭, 流入宮中, 誣主上, 具草矯令, 使宦者張世相, 臨國喪乃下, 草中有廢世子, 爲德讓君之語. 金民澤·趙洽·尙吉·義人·喜之等, 出銀有差'云.

據此拿問被告各人.

麟重供稱: '俺與天紀·龍澤·白望等, 相會結約時, 俺掌中書義字, 白望掌中書養字, 卽宰相李頤命字'云.

尙吉供稱: '天紀書索銀貨, 俺備給銀一百兩, 且送妙製扇五十柄, 天紀用於締結宮禁之事'云.

白望供稱: '一日偕麟重往龍澤家, 則喜之·天紀在坐, 遂酌酒相盟, 結爲死生之交. 俺曰:「主上如有不諱, 則世無劉備奈何?」諸人曰:「自有其人」, 各書掌中, 以示心事. 龍澤書忠字, 他人或書義字信字, 而俺書養字. 左右不知其義, 而天紀覺得大笑. 蓋李頤命字養叔之謂, 俺疑龍澤推戴頤命, 故問劉備. 而所聚銀貨, 自捕廳搜得於二英移藏處, 龍澤所贈之劍, 又現捉於俺所住處, 此是大段贓物'云.

天紀供稱: '所謂三手之事, 俺與龍澤·喜之·器之·白望等, 交聚銀貨, 爛熳相議, 一動一靜無不同. 初往龍澤家, 見白望好身手, 問其勇力, 酌酒相盟, 結爲死生之交. 白望掌中養字, 左右相顧, 不知其義, 俺覺得大笑. 白望言以銀五百兩, 買得中原丸藥, 一歃卽斃者, 趙洽出銀二千兩, 圖成行藥之事. 俺手札中, 所謂穴臣, 卽指宦者張世相, 而「久也入去, 有何所聞」云者, 久卽白望之字, 而變服入闕, 促行藥之事也.'

龍澤供稱: '上變人以「俺給寶劍於白望, 先大王國喪日, 入宮行大急手」云, 而俺則以皮鞘之馬刀, 出給白望, 納供矣. 自捕廳得寶劍於白望房內, 長短粧飾, 與告人所言, 一無差錯, 馬刀之說 自歸巧飾'云.

世相供稱: '與鄭宇寬·李正植·金昌道相親往來, 國家處分之事, 無不問答, 且有圖囑之言. 矯令事, 正植輩入送于內人處, 行藥事, 白望送于俺處, 謀逆的實'云.

二英供稱: '白望等所送銀子, 傳納于宮女池氏, 使之圖成行藥之事. 嘗見白望囊中, 有黃色丸藥 密密糊封, 池氏出來其家時, 白望親自給送'云.

正植供稱: '與世相·昌道等, 素所親切, 賊輩常以主上爲有病患, 及聞虛傳, 怯於盡死, 爲此行藥凶事. 且宮城扈衛事, 領相金昌集忌武臣李森勇力, 出爲忠淸兵使, 所親柳就章, 分付於大將李弘述代爲中軍. 弘述與昌集志同義合, 爲此擧措, 蓋世相爲魁, 宇寬爲腹心, 俺爲機括'云.

昌道供稱: '正植旣已直招. 而李器之往見領相曰時事甚危, 扈衛宮城好矣, 領相曰然, 李森有將略, 必不與同事, 甚忌云. 領相與李健命·頤命·趙泰采, 言于兵曹判書李晩成, 出森爲忠淸兵使, 大臣相議以柳就章爲中軍事, 分付大將. 扈衛之計, 不能詳知, 而聞器之言, 則欲使異議之人, 不敢入. 聚銀圖事, 其來已久, 而俺亦不免同參其中'云.

宇寬供與昌道略同.

一觀供稱: '俺受天紀指嗾, 圖爲換局陰謀, 與宇寬所爲, 條件各異. 曾經器之家, 則與人密語曰:「君爲一國首相之孫, 與宇寬輩相結, 作何事乎?」, 此是昌集孫金省行也. 俺與諸賊相親, 所爲無不與知'云.

就章供稱: '頃年十月, 往見領相則曰:「近來事機殊常矣, 軍門將官, 當以親信人布置. 而令公未經中軍, 若有闕則爲之甚好」. 其後李森爲忠淸兵使, 俺謂梁益標曰:「中軍作闕, 若得大臣分付, 則可以爲之」, 益標往告領相, 仍言于大將李弘述, 以俺啓下. 遂卽投剌, 弘述曰:「時事甚危, 一邊以軍兵分守闕門, 一邊大臣白殺宦侍之有害於當路者, 軍兵其聽從乎? 俺答曰:「大將傳令, 豈有不從之理乎?」, 往見昌集則問曰: 君頻見主將, 而從容接話乎?」其意欲使俺數見, 而酬酌此等事也. 俺旣有酬酢同情之罪, 烏得免乎.'

李濾供稱: '家與頤命家切隣, 常常往來. 丁酉後, 頤命與昌集, 每圖廢東宮之事, 俺以家連臂於世相, 庚子間, 天紀·龍澤輩, 日夜經營之謀, 間間得聞, 同參謀逆'云.

益標供稱: '俺以就章圖差中軍事, 往備局云云, 知情的實.'

金盛節供稱: '宇寬言行藥事, 喜之·器之與雲澤·民澤專爲主張, 使吾爲傳給世相之階. 器之言吾父亦已知之, 其父卽頤命也.' 又言其後, '往昌集依幕則曰:「金時泰得弘述家銀, 給世相, 方圖換局」云. 昨年見李宇恒則曰:「昌道外, 又爲使喚於世相者, 禹洪采也」. 以此故言於昌集則曰:「洪采往來世相家, 頗有所傳, 吾覺心豁矣」. 俺旣與昌集輩, 與之酬酢, 難免同參'云.

洪采供稱: '省行謂俺曰:「器之慮其父之被禍, 爲行藥宮中之事, 吾亦與知, 汝往世相家探知」云, 依其言往問, 則世相曰:「內間事旣已整頓, 外事宜善爲, 而兩局大將, 必以吾人爲之, 然後雖有某事, 可以無憂」. 其後昌集問往來世相家事, 以此答之, 昌集笑之. 旣而與省行, 往見世相, 探知行藥事, 同參的實.'

據此照得, 議政府大臣查啓節該.

今玆三手之謀, 蓋非一夕之故. 當先王寢疾之時, 陰謀已成, 逮主上嗣服之後, 凶圖益急, 亂逆之情叵測. 附麗之徒寔繁, 或有頑忍而徑斃, 或有直辭而承款者. 且略其支流, 姑撮其本原, 逆魁昌集·頤命, 以先朝大臣, 久擅國政, 淫於富貴, 黷于貨財, 第宅極其宏侈, 田園殆遍州縣. 戕賢毒正, 蠹國害民, 貪權樂勢, 後義先利.

凡此悖性慝行, 亦是薄物細故, 始則患得患失, 終爲不奪不厭, 竊弄威福, 倒持太阿, 藏無君之心, 蓄不臣之志, 先樹朝廷之黨與, 陰養閭巷之無賴. 使其子姪孫與門孼之屬, 締結逆閹, 鳩得銀貨, 鑽通私逕, 內間行藥之事, 主張而探問, 亞將易置之際, 齊坐而指教.

天紀以喜·器之血黨, 揣白望書掌之字, 而推戴之人已定, 就章承昌集之密授, 贊弘述陳兵之策, 而廢黜之謀將行. 健命同歸爲渠, 泰采未免脅從. 從古以來, 亂逆代出, 而未有若此之窮凶極惡者也.

據此將逆魁昌集·頤命等, 按法勘處, 其餘一應同參謀逆人, 未及正法罪人, 連坐支屬, 從輕重擬議斷過. 外合將所據顚末, 奏聞天聽.

竊想臣嗣位未久, 守國不愼 大逆不道之變, 出於輔相之列. 闇於防患, 失於任人, 反躬自責, 無以爲心. 仍將事狀, 略奏如右云."

6. 경종 제거 음모 관련자 토벌 반교문

01 弘提金一鏡, 製討逆頒教文曰:

"顧予備嘗於艱難, 叨此投遺乎艱大. 師命·致祥之蜚語妖惡, 自戊辰燕禖之初, 賊敞·凶瑞之鬮發陰邪, 在辛巳蠱變之際. 敲撼危動之計百狀, 逼辱詆誣之說萬端. 尙賴先大王止慈之仁恩, 允邁古昔, 獲令予小子不肖之涼德, 式至今日.

謂或異圖之少沮, 豈意賊情之叵測? 三十年醞釀蓋久, 凶徒寔繁, 一二臣嚴憚其誰? 驕氣益橫, 孔·汲·仇·荀之遺直, 吁嗟南·柳·尹·崔之云亡, 冀·顯·莽·操之故奸, 噫嘻頤·集·健·采之得肆.

剪去王室之羽翼, 空朝著而無人, 排布私黨之腹心, 鬻官爵而募士. 夤緣紅袖, 締結黃門, 銀貨錢財, 恣通賄於禁掖, 妖人劍客, 盡儲養於門墻. 挾匕首於深宮, 外擬豫讓之塗厠, 購千金於大國, 內圖霍顯之行盃. 秦 斯爲趙高之深交, 晉 敦有錢鳳之夾助, 變書歷歷, 逆節昭昭.

頤命掌中養字之書, 推戴之謀約已定, 囊裡矯詔之草, 廢黜之情狀孔彰. 用隱語而欲除, 潛呼國舅之姓名, 發誓言而決死, 占驗日變之吉凶. 此苟非猶子家兒, 要皆是死士宿將. 日前得書於閹豎, 獨對知期, 夜半聚首於籌司, 密謀有定.

龍澤結姻婭之親密, 一聽指揮. 天紀托里閈之朋私, 陰受約束. 至於一觀之發語, 尤見諸賊之歸心.

昌集使昌道, 因宇寬而交通, 尙宮暗嗾, 縱省行, 與德修而相結, 昭訓先殲. 內屋戚聯, 伺動靜而成勢, 中權奴使, 擅生殺而立威. 一札更圖於重宸, 遲速數探世相, 三木必出於外閫, 操縱輒要晩成. 倘或遂宮城之陳兵, 抑何免禁庭之蹀血? 幸先庚而改紀, 神鑑孔昭. 待小望而滯程, 異志欲逞.

健命 頤爲兄, 渠爲弟, 於同堂, 性行特類. 集居領, 自居左, 而聯席, 聲勢相援. 異國宣揚, 敢毁吾君而搆揑, 殘孽呪囑, 猶斥首惡以儱侗.

泰采本以患得失之鄙夫, 密附圖簒逆之凶黨. 人情憤一天之共戴, 汝將安歸? 王章揭三尺之至嚴, 其亦罔赦.

大抵四凶之聯箚, 實肇三手之陰謀. 林溥以謀害陳辭, 本非無根而孟浪, 李濳以向刃爲慮, 可謂徙薪之茂陵. 大憝伏辜, 遂致人心之聳喜, 餘醜滿獄, 足想天網之難逃. 前後承款者, 二十餘人, 次第按問者, 七八個月.

已將逆賊昌集·頤命·健命·泰采·弘述·望·麟重·龍澤·天紀·喜之·器之·二英·尙吉·世相·澺·宇寬·昌道·正植·德修·宇恒·就章·盛節·洪采·榰·一觀·克復·益標·明佐, 旣置正法. 搜什百之秘藏, 兼獲佩劍之在匣, 竄二八之奸細, 莫非用銀之尋蹊. 藥未售於季冬, 歎餌毒之未猛, 機暗伺於初夏, 譬炊飯之已熟. 謀議悉出於大家巨室, 貨物皆資於列閫雄藩.

予則特軫股肱之舊臣, 渠乃反爲肘腋之急變. 先朝寵眷忍負, 逆腸橫撑, 今日之刑章莫饒, 我心傷惋."

02 時虎龍所告鄭麟重等事, 皆肅宗末年所謀議, 而金盛節招辭所引就章等事, 又指上卽位以後而言. 前後被告, 皆昌集·頤命家子姪賓客, 而朝議以聯笷爲三手一串. 故鞫招臺論, 多相混公私久近, 證左不甚明白.

03 龍澤·天紀·喜之·器之·省行及望等, 皆不服而死, 輒踣斬之. 徐德修等正刑, 承服之招, 亦多出於累訊, 垂死迷亂之中. 昌集等之死, 臺諫請施盤水加劍之典, 答曰"依." 又啓"然則當加劍乎?" 又答曰"依." 乃遣使斬之, 趙泰耉疏言: "大臣不可正刑." 命收加劍之教, 而獨李健命, 以使者先發, 故被斬, 餘得賜死. 其以株連, 死及流竄者, 不可勝數.

04 虎龍變書, 語侵世弟, 世弟又召宮官 涕泣欲避位, 崔錫恒白上, 鞫案語及東宮者. 幷不載. 獄成, 策扶社功, 以虎龍爲東城君.

7. 분열하는 소론

01 換局之初, 金一鏡引南人沈檀爲吏判, 多用己巳後廢錮者. 欲令南人攻殺老論, 然後幷逐南人. 趙泰耉以爲此詭道不可. 一鏡又力請禧嬪崇報, 而李光佐執不可. 吏議徐命均首劾: "檀老朽不可用, 南人廢枳者, 不當遽錄. 尹志述罪雖當死, 太學生不可殺." 遂被斥.

02 及鞫事之始, 一鏡欲屠殺老論. 大諫李師尙疏請嚴懲討, 有無俾易種之語, 泰耉·光佐及崔錫恒皆以爲過甚. 趙泰采惟參聯笷, 他無可指, 而一鏡以爲四凶不可分首從. 泰耉與泰采爲從兄弟, 故引避, 不預其論.

03 三司懲討之論, 遂分緩急, 緩者主泰耉, 急者主一鏡. 一鏡嗾正言申弼誨盡劾三司, 幷請命均邊竄. 持平趙最壽疏論, 弼誨己巳餘黨, 一鏡不宜引進, 請遞一鏡吏參. 師尙請幷遞弼誨·最壽, 一鏡上疏乞退, 不許.

04 尹淳始與李眞儒謀爲搢紳疏, 及聞一鏡爲首, 下鄕避之. 一鏡用事, 淳多與人言

"一鏡非人望." 一鏡恚目淳爲緩少之首.

05 姜鋧薦文衡, 以一鏡爲首, 李光佐·趙泰億次之. 持平鄭壽期疏論, "鋧老耄不合史事." 一鏡抵書師尙曰: "此事由李·趙," 謂光佐·泰億恥居一鏡後, 嗾壽期也.

06 泰億上疏發一鏡書辭, 一鏡疑泰億從淳聞書事, 乃令正言朴徵賓劾淳回邪. 壽期疏言: "淳文華儒雅, 徵賓鄙猥, 一鏡貪天爲功, 氣勢堂堂." 一鏡累疏自辨, 輒稱"爲國討賊," 爲世所嫉云.

07 一鏡討逆敎文出, 初懷刃鍾巫語, 見者大駭, 旋改之. 而禁塗蹀血句, 或謂"他書多引用, 不必改," 或又"不知其出處而不能言." 旣而一鏡復上疏, 用鍾巫事, 人皆知其故意然也.

08 淳從容語錫恒曰: "今不斥一鏡, 後必爲患." 錫恒曰: "今斥一鏡, 人必群起而救之, 是盡敺而納於一鏡之網也. 且吾輩在朝, 一一鏡何敢爲患?"

09 大諫金東弼獨疏言: "一鏡代撰王言, 插入剩語, 荒雜紕繆, 引用乖異, 衆口譁然, 指謂狂恠." 幷論居官貪恣, 排軋異己.

10 大憲李世最疏言: "一鏡一腔熱血, 扶天擎日, 不可以微眚, 掩其樹立. 昔諸葛亮曰: '法孝直輔翼主公, 令得翺翔, 今豈可禁之, 使不得行其意耶!' 一鏡無法正之驕橫, 而論功則尤大云." 大諫南就明等, 訟一鏡斥東弼, 紛然不已.

11 正言柳壽垣, 鳳輝從子也, 疏言: "趙泰耇牽動浮議, 不嚴國是, 汲引偏私, 心跡莫揜. 淸議不張, 正氣消沮, 替相假借, 姑息富貴, 鄭壽期瀛選東壁, 有若酬勞, 尤出望外." 於是朝論大閧, 吏議李明彦, 欲以東弼補外. 吏判李肇不可, 明彦辭遞.

12 李眞儒爲吏議, 請對, 出壽垣爲禮安縣監, 東弼爲光州牧使. 崔錫恒疏論, 眞儒專輒, 比之金錫冑, 幷請東弼·壽垣還收外補, 尋以東弼爲嶺伯.

13 時急少方盛, 懲討益峻. 校理李眞洙請稍從寬, 有大寒陽春語. 副學李師尙疏詆"眞洙顧瞻他日," 又論"東弼妻弟李廷瑛之妻、趙泰采之女, 怨國咀呪, 埋凶於東弼家, 請先逮問東弼." 持平尹容啓言: "師尙貪鄙傾險, 用意不美," 大憲朴泰尙·司諫李濟疏救師尙斥容.

14 時趙泰耇·崔錫恒相繼卒, 一鏡勢益張. 李光佐爲相, 力主調停, 李眞儒亦擯一鏡, 而多從緩少. 正言李瑞章以微串劾吏判柳鳳輝, 此亦緩少主之云.

8. 임금의 헛소리

01 自換局以來, 復尹宣擧父子官, 贈尹拯諡, 南九萬·朴世采·尹趾完·崔錫鼎配享肅宗廟庭. 朝議謂: "肅宗末年, 政令多非上意," 至請付標釐正. 壬辰科亦復, 吳遂元·李獻章皆爲三司, 而李眞伋獨堅辭不出. 其辭正言疏略曰:

"臣才本鈍澁, 其時應擧之文, 不免僅呈於亂軸. 既以晩呈爲咎, 則亦無可恕之道, 末稍成命, 實是先朝之特敎, 則到今混同追復, 豈非未安之甚乎? 臣之不可以文官自處, 其義皎然. 所謂皮之不存, 毛將焉傅者也? 乞命復收紅牌焉."

02 上嘗於筵中忽曰: "承旨知左相崔錫恒所爲乎? 國亡則已, 如其不然, 左相何敢乃爾? 拿鞫可矣." 因命承旨幷罷職. 右相李光佐入對請收, 上曰: "錫恒無嚴, 右相救之非矣." 光佐曰: "錫恒有忘身殉國之忠矣." 上曰: "然則過矣, 推考可也." 光佐曰: "大臣無推考之例." 上無答.

03 修撰權斗經疏請愼辭氣, 有"吾君譫迷"語, 兩司斥竄之. 一鏡疏曰: "吾君果有病乎? 吾君近四十年無此病, 今何病也? 其必有以也."

04 蓋上疾實不可爲, 換局以後, 諸臣爭言: "天顔勝昔, 明斷無比." 然大小公事多不能處分, 或依, 或依允, 或無發落. 或暴加震怒, 聲震屋樑, 筵臣戰慄, 而皆以微細事, 如承旨行步緩緩, 史官瞻視頻頻等事也. 每上怒發, 諸臣輒言"上今日動火," 相與退出, 少頃復入, 即得准請, 稟旨而出.

05 一日下敎曰: "內官崔泓排軋其君, 照律可也." 諸臣入請泓罪, 上曰: "當用何律?" 諸臣不能對, 上曰: "奪告身可也." 然竟不知排軋何由也.

06 上篤友愛, 每見世弟, 必有笑容, 有時親詣東宮, 佇立門外曰: "欲聞吾弟讀書聲." 少論諸臣亦皆盡心保護, 儲位以安云.

黨議通略 原文

제6장 영조 시대

第六章

1. 영조 즉위와 노론 집권

01 景宗昇遐, 英宗卽位, 李光佐爲院相. 公除後, 首以柳鳳輝爲左相, 而以閔鎭遠先后同氣, 特命放釋. 累下敎飭厲群臣無黨, 而且以雷異求言.

02 幼學李義淵疏言: "大行有疾, 群小壅蔽. 請伸策儲諸臣." 大諫權益寬、司直李明彦等疏辨, 大略言:

"聖上肅廟次嫡, 大行無嗣, 大統自歸殿下. 況策儲, 乃大行奉慈旨而行者. 群凶貪天爲功, 至請代理, 殿下爲此輩所擁立, 何辭以示天下後世?"

03 右相趙泰億白上曰: "唐宦官援立, 有定策國老、門生天子之號. 今以定策自功, 何以異此?" 又引《禮經》'不附太子'、及漢 衛綰、本朝李敬輿事, 以訟柳鳳輝之忠. 又討義淵以爲殿下父兄之讎. 上始無罪義淵意, 諸臣强之, 乃命島配.

04 義淵疏有一鏡牒血語, 司直宋載厚等復言: "一鏡所引鍾巫、沙丘、蹀血等事, 皆骨肉罔極之禍." 上命入一鏡敎文, 累下敎. 有"叫呼殯殿, 寧欲溘然之諭," 而三司無一請討者.

05 玉堂李巨源·承旨李明誼伸救一鏡甚力, 金東弼亦言: "此不過大妄發, 非大逆也." 上命一鏡島棘. 後因諸臣請鞫義淵, 不得已許之, 乃命幷鞫一鏡及睦虎龍.

06 幼學洪得一等疏請親鞫, 勿委諸臣, 至謂: "以衆鏡治一鏡, 何以得情?" 上亦連遣史官、禁隸, 詗鞫事. 趙泰億爲委官, 不自安, 請親鞫, 上乃親鞫. 一鏡向上或稱臣、或稱吾. 上問同情者, 一鏡曰: "吾以白首之年, 寧可賣友圖生乎?" 上曰: "吾將斬汝, 以告殯殿." 一鏡曰: "吾亦願死於大行之側." 虎龍語亦悖慢. 命斬一鏡, 虎龍杖斃, 斬其尸, 義淵亦杖斃.

07 一鏡既誅, 老論言者日起, 少論惴惴無人色. 時上專任領相李光佐, 寵遇甚隆, 少論倚以爲重. 而修撰李匡德疏論諸相曰:

"近以一鏡事, 處分嚴明, 前有護黨之疑, 後有緩討之罪, 大小臣僚, 驚惶戰掉. 雖三大臣之慘被人言者, 進退出入, 惟殿下是從. 夫人謂:'大臣之與誣上之罪人, 同心相掩護,' 此何等罪也? 殿下欲罪讒者, 則固已七八分入其說矣, 欲罪大臣, 則因山迫近, 姑爲此羈縻之計. 此時殿下之心, 誠乎不誠乎? 王乎伯乎?"

三大臣謂柳鳳輝·趙泰億·李光佐也.

08 大憲吳命峻疏劾光佐曰:

"在前盛時, 士大夫當得喪之際, 皆能守正不阿, 無趍合苟容之風. 故雖有一時之敗, 未見遺臭之恥. 今殿下惟欲蕩平建極, 未必有好惡黜陟之意, 而朝廷之風氣先變, 士夫之志趣漸汚.

領議政李光佐, 位在董率之責, 身抛廉恥之外, 言言諛悅, 事事摧謝, 惟恐一言之不合, 一事之或忤. 公除日在殯殿之側, 殿下之哀淚未乾, 急進私親建祠之請, 又於哀遑之中, 請摹御容, 求媚固寵, 惟邀殿下之樂聞. 殿下高臨俯觀, 豈不燭其情狀乎?"

光佐累疏求去, 上慰留之.

09 上之鞫虎龍也, 有"一鏡辛丑疏同情"之教, 承旨鄭錫三白上曰: "辛丑疏, 乃搢紳疏也." 上命入其疏, 於是, 柳應煥·方萬規相繼疏言: "辛丑疏, 有冀·顯語, 其後一鏡文字, 三用冀·顯. 閻顯因太后, 擁立幼主, 霍顯因太后, 鴆殺許后. 此指斥東朝也."

10 先是壬寅, 金盛節之招 有"金姓宮人行藥謀弑"語, 藥院日記中, "上嘗吐出黃水一升." 鞫廳引爲行藥所祟, 諸臣請查覈. 始許之, 旣而以無其人拒之, 大臣三司百官爭請者數歲. 校理尹恕敎疏言: "意或此婢經事先朝, 殿下以所愛亦愛之, 意有不忍乎?"

11 至是萬規言: "恕敎意指不測." 上惡之, 命斬萬規, 應煥亦竄. 時吏議尹鳳朝, 方主時論, 萬規之鞫, 詞連幷竄. 然持其說者不已, 上命竄辛丑參疏人李眞儒等六人,罷李光佐, 悉召老論, 閔鎭遠·鄭澔及前謫廢者, 布滿朝廷.

2. 노론 네 대신의 복권

01 鎭遠入朝爲禮判, 首請以王子敬義君册儲嗣, 上可之. 鎭遠因白辛丑建儲四大臣之寃曰: "彼以建儲爲廢立, 代理爲簒奪者, 非誣諸臣也, 乃誣殿下也. 殿下之誣雪, 然後諸臣之寃可白. 然諸臣之寃不白, 則聖誣不可辨矣." 因上袖箚略曰:

"大行大王以不世出之英姿, 不幸中年疢疾, 自量患候之難强, 托殿下以儲嗣. 仍命代理庶務, 諸臣憂傷哀痛, 不忍奉承, 蓋亦有日. 及其'有世弟可乎, 左右可乎'之敎, 則聖慮愈深遠矣. 而一種諸人, 自生疑怯, 恐其不利於己, 趙泰耉率其黨, 冒入請對, 輒以宗社將亡爲言. 臣未知左右用事, 則宗社可安, 殿下代理, 則宗社果亡乎? 夫疾病聖賢之所不免. 顧何損於聖德, 而曲諱先王之有疾, 陰以自脫其欺蔽無嚴之跡, 而不恤其上加玷累, 寧不痛心? 彼於肅廟處分, 則恣意誣毁, 謂由於積年沈痼, 於先王, 則秘諱疾患, 言或及此, 輒指爲逆. 必也明言, '先王之有疾, 爲小人障蔽, 數年之間, 變易肅廟之舊政者, 一出於群邪之眩亂,' 然後始可解中外之惑, 釋後世之疑, 而亦以明先王本然之懿德矣."

02 鄭澔拜右相, 與鎭遠議伸壬寅獄, 疏略曰:

"虎龍變書, 出於誘引, 只是誣獄而已. 旣知其誣, 則未承服已承服, 未正刑已正刑, 有何別焉? 自古誣獄, 未有如壬寅者. 三年鍛鍊, 惟意所欲, 言出於罪人之口, 不書者有之, 不出於罪人之口, 而書之者有之, 其所謂承服者, 安知不出於渠輩之所粧撰乎, 安知不出於死中求生者之胡辭亂說耶?

至於四大臣之禍, 專出於建儲代理, 而搆成別案, 不過數事. 夫宮城扈衛之說, 不過以李森出忠闔爲證, 而森之自求出外, 通朝共知. 柳就章代差中軍, 未久而又擬平閫, 若如渠輩之言, 則豈有旋使出外哉?

至於養字推戴者, 其果一毫近似乎? 痿字又其有深意乎? 手足不仁亦謂之痿, 何以爲貶誣先王乎?

李健命之禍, 比三臣最酷, 以其自請專對也. 殿下知之否乎? 代理本非簒逆, 則趙泰采之死, 又何罪也? 此四臣者, 徒以肅廟舊臣, 不忍舍吾君之子, 終不免於刑戮而已."

03 李健命之以請册世弟, 入燕也, 淸人問: "上疾何祟?" 健命對以痿, 謂無陽道也. 臺諫以此罪健命, 比桓溫之廢帝奕. 澔所謂痿字事也.

04 於是, 悉復金昌集·李頤命·李健命·趙泰采官賜謚, 建祠曰四忠. 盡翻壬寅獄, 雖已承服者, 皆伸之. 誅前訓將尹就商、內侍孫荊佐等, 李師尙亦以傳敎正刑, 以尙儉·一鏡之黨也.

3. 정미환국과 소론 집권

01 時老論復欲大行殺戮, 上曰: "予亦慘被誣衊, 豈無憤疾之心? 然辨誣雪冤可也, 報復不可." 澔·鎭遠又謂以壬寅翻案告廟頒赦, 次對擧條, 直書"大行大王有疾, 爲奸黨所欺蔽," 以示八方, 時號爲頒疾.

02 於是, 司果鄭錫三疏略曰:

"凡父兄之事, 雖尋常言動, 在身後對人而言, 尙且怵然. 況追提聖候, 暴揚前事, 慼祖宗之神靈, 駭四方之聽聞, 貽萬世之譏議哉? 藉令先朝盡爲群下所欺蔽, 如相臣之言, 亦惟當曰'罪在群下,' 斯亦足以快其意, 何忍爲此反常之論哉?"

徐命均·宋寅明·趙文命等, 相繼言之, 上竄錫三, 而寢頒疾.

03 太學生鄭楺等疏言:

"先王大漸, 李光佐不設議藥廳, 趙泰億撰敎文, 有'那知半夜之間'之句. 意以爲先王無疾而薨."

上命竄楺, 鄭澔等激訐不已. 上頗病之, 而趙文命·顯命·宋寅明累疏言蕩平之說, 上納之.

04 會諸臣爭請殺柳鳳輝·李眞儒等, 庭啓至三十八次, 連三年不休. 兵判洪致中不預庭請, 上遂以爲相. 旣而上命辛丑疏下次一人, 施次律, 次一人李眞儒也, 次律謂絞也. 時辛丑疏下鄭楷已沒, 眞儒及朴弼夢·李明誼·尹聖時·徐宗廈方在謫, 臺諫爭啓言五人當幷正刑.

05 乃合三司請對, 大憲李喬岳等, 先請四人正刑. 上曰: "五何以爲四也? 其一當用次律乎?" 喬岳等曰: "其一亦不可用次律, 將繼此而請正刑." 上忽大怒曰: "四人不幷正刑, 則其一先用次律, 其後又將論四人乎? 諸臣以譎詐籠絡君父可乎?" 命三司幷削黜. 乃悉罷閔鎭遠以下諸老論, 而起李光佐·趙泰億爲相, 召用少論. 是謂丁未換局.

4. 소론의 국시와 경종 독살 논란

01 持平趙顯命疏言:

"殿下朝廷, 爲彼此黨人富貴之傳舍. 自重之士, 孰堪奔走於呼聚喝散之下哉? 且夫懲討多濫, 參以私憤者, 辛壬人之罪也, 報復是急專意傾陷者, 乙巳人之罪也. 兩邊得失, 殿下旣有以知之, 則用舍當以公平. 而乃又純進而純退之何也?"

上善其言.

02 李光佐造朝, 首以定國是爲請. 大司成宋寅明於筵中大言曰:

"臣請爲殿下定之. 壬寅之獄, 可分三等. 喜之·天紀·龍澤·鱗重輩, 自肅廟末年, 爛用銀貨, 締結宦妾, 狼藉不可掩也. 若書掌贈劍之案, 雖不可信, 而旣有不道之言, 不可不謂之逆. 鞫囚之承服者無可論, 而其未承服者當有別白. 自李晩成以下, 罪不明白, 仍其官爵可矣. 若李頤命·金昌集, 或嗾人上疏, 或塞責庭請, 庭請而聯箚, 聯箚而復請反汗, 此陰陽捭闔也. 大抵此事, 若不純然一出於公, 便是逆. 九十九分有公而一分有私, 亦便是逆. 跡雖有據, 心則無將, 孥籍過矣, 而爵謚大不可也."

上褒嘉不已, 命改定壬寅案, 略如寅明言.

03 上欲仍頤命等官, 光佐爭之. 上曰: "聯箚與三手, 自是兩件事, 乃以聯箚混入鞫案, 不其過乎?" 光佐曰: "先王元年釋務, 昌集等爲人臣懷二心, 此覆載所不容也." 上不得已命奪李頤命·金昌集·李健命官, 而趙泰采只收其謚, 光佐又固爭之.

04 吏判吳命恒白上曰: "趙泰耉精忠無瑕之純臣也, 李眞儒辛丑疏外, 無他罪矣." 上命泰耉及柳鳳輝復官賜祭. 時鳳輝沒於謫所矣. 尋又命奪泰采官, 辛丑疏下五人幷量移. 三司金浩等論閔鎭遠·鄭澔頒疾事, 請竄之, 上頗難之, 久而始許.

05 咸原府院君 魚有龜本老論. 辛壬之際, 多與少論相關通, 而外爲老論救護甚力. 乙巳後, 專附鎭遠, 及鎭遠之竄, 上疏言: "景廟實有疾, 群小欺蔽, 皆如鎭遠言. 頒疾之議, 鎭遠主之, 臣實與聞, 請與鎭遠同罪"云.

06 初景廟昇遐, 方大漸, 醫官李公胤出語人曰"不可爲也," 上促召, 不肯入, 語多悖慢. 及臺諫論 鞫諸醫, 公胤供曰: "將傾之天, 隻手何以扶之?" 命竄公胤.

07 沈維賢者, 景宗前妃弟也. 國恤後, 與其友李有翼語, 有翼問大行何疾昇遐. 維賢曰: "吾承急召, 入環翠亭, 上玉色如常, 一宦在側, 而大臣入請臯復矣." 維賢·有翼及朴弼顯等, 乃以公胤之言, 附益而宣播之, 使李天海候上陵幸, 駕前發凶言, 至斥東朝, 上命史官勿書而誅天海.

08 時鄭澔等以爲, 明先王之有疾, 然後凶言可熄, 故創頒疾之論. 任徵夏以臺諫上疏, 直云"殿下當一亂"之後, 又斥言"景廟無所知." 聞者多憤激, 以爲老論侵詆先王, 而上不誅. 少論南人之桀驁者, 煽凶言益甚, 湖南·湖西連年有掛書, 多不忍聞. 世謂丁未換局, 上欲慰安失志者而爲之也. 然掛書終不止, 捕賊不能得.

5. 이인좌의 반란과 소론 온건파의 부화뇌동

01 奉朝賀崔奎瑞馳告逆變. 數日而逆賊李麟佐等陷淸州, 京師戒嚴, 始命摠戎使金重器出征. 重器逗遛不進, 兵判吳命恒自請出征. 上以李光佐領兵曹事, 命恒爲都巡撫使, 賜尙方劍, 統內外諸軍事. 命恒戰十餘日, 而擒麟佐, 又遣其從事朴文秀, 討平嶺南賊.

02 而訓將李森, 嘗以補將主壬寅獄. 老論當國必欲殺之, 幽南間獄數年, 上全釋之, 復援將任. 至是, 森一聽李光佐指, 詷察得宜, 內外諸賊多就捕. 賊招多引森者, 森每待罪, 上輒握手慰諭, 托重兵如故.

03 賊平, 錄揚武勳, 以命恒爲海恩府院君, 文秀·森及趙文命·顯命等, 命皆預焉. 文命無他功, 時册世子嬪, 文命女也, 文命與宋寅明, 方以蕩平主國論, 且兼御將, 故兄弟參勳籍云.

04 初賊黨傳檄列邑, 皆如天海凶言. 而其軍中設景廟位牌, 朝夕哭. 及就招, 多發不道語.

05 任環者供云: "維賢·弼顯·有翼·李河等, 旣倡凶言, 與謀有年. 至昨年, 聞換局曰: '事不成矣. 老論辱先王, 人心共憤, 時事可爲也. 而今少論復入, 入者雖緩少, 而峻少亦皆有覬. 凡人有覬, 則惡心消矣.' 鄭希亮·韓世弘等促之, 使速反, 而平安兵使李思晟, 許以關西兵赴京, 與賊合擧事, 入京, 先殺緩少, 而用峻少與南人云."

06 於是, 老論謂少論多預逆謀, 而緩少亦從老論而附和焉. 亂初老論散班諸臣, 皆以奔問赴京, 揚言"光佐·命恒不可信." 上乃下敎曰: "今逆變由於黨論. 凡爲黨論於此時者, 無彼此皆逆也. 當梟首以徇." 老論以此不敢言, 而光佐·命恒得以戮力成功.

07 及事定, 趙文命·宋寅明, 遍往見老論在京者, 具言環等諸囚供, 且謂光佐·森治逆不嚴. 文命謂兪拓基曰: "鏡·虎之誅, 少論擧皆奪魄, 其時如有大處分, 則無敢復言少論者矣. 聖上仁柔不斷, 孰肯舍其世守之論, 而改心易圖乎? 此今日之變所由起也." 宋寅明謂李亮臣曰: "三南賊不足憂, 帽下賊最可憂." 及入白上則又謂: "今日捨李光佐, 則不可爲國事"云.

08 時老論所欲殺者, 無如光佐·森及李眞儒. 而賊招皆謂: "光佐素有忠節, 森感上再生恩, 必不從, 當先殺此兩人"云. 而眞儒之名, 終始不出於鞫廳.

09 弼顯以泰仁縣監反, 其從兄弼夢, 自茂長謫所僞稱有召命逃去. 弼夢客朴萬廷往羅州, 以弼夢赴召狀告眞儒. 眞儒方在謫, 卽縛萬廷, 以聞於官, 弼夢卽就捕與弼顯, 彼先伏誅. 而上以一鏡疏下復出弼夢, 命逮其餘四人. 尹聖時·李明誼又以他事連鞫招, 明誼杖斃, 尋命眞儒及徐宗厦還配.

6. 소론 탕평책의 한계

01 李思晟·南泰徵·金重器, 皆少論武將也. 思晟·泰徵以賊魁伏誅, 重器亦屢爲賊所引, 其餘少論 株連者甚衆. 而思晟·泰徵嘗爲李光佐所薦.

02 思晟之逮, 吳命恒方出征, 請曰: "臣素知思晟之才. 如就鞫無實, 則下送于臣軍中焉." 上歎曰: "非卿誰能爲此言者." 及思晟誅, 而命恒班師, 白衣待罪, 上慰解之.

03 時宋寅明請悉敍老論被錮者, 稍列三司. 而持平鄭益河等首論, 光佐·命恒量移李眞儒等, 薦引思晟·泰徵以致亂. 光佐疏辨言: "思晟·泰徵在乙巳時, 亦嘗擬閫帥之望, 非臣所獨薦引." 因訟李眞儒之冤曰: "尙儉之變, 眞儒泣告景廟曰: '殿下不誅此奴, 何顔復入先王殯殿乎?' 壬寅北使來封世弟, 皇旨曰: '國王如有螽斯之慶, 王其再奏,' 時諸宰會議所以對, 眞儒曰: '名號已定, 他日一王子生, 何用煩奏?' 此義豈獨眞儒知之, 當時之臣, 莫不然也. 然眞儒之向上赤心, 皦然有如此矣." 上甚不平之, 屢以光佐·命恒前請量移, 有追咎之敎. 而老論言者益深刻, 命恒以憂卒.

04 寅明復請釋閔鎭遠, 又出語洪致中曰: "吾嘗隨人論閔相, 今乃知其先見矣." 致中以其言白上曰: "臣謂臣之子姪曰: '持心當以宋寅明爲法矣.'" 又曰: "今殿下雖欲蕩平, 半朝無一從政者, 奈何?" 上曰: "必殺李眞儒, 追施柳鳳輝逆律, 復建四忠祠, 則諸臣可入乎?" 致中因極言金昌集等之冤, 上納之.

05 時老論起廢赴難者, 皆徑歸不肯留, 致中獨乍出, 以覘上意, 尋亦引歸. 大憲李秉常、持平趙正純等, 相繼訟金昌集等, 攻李光佐. 時孝章世子薨. 趙文命自以戚里失內援, 慮老論因以傾己, 乃益附老論, 數於上前言李光佐短長. 然上猶重光佐, 有論者輒竄之.

06 會兩司連啓, 請李眞儒島配, 而持平任璞獨言: "眞儒名不出於逆招, 罪無加於往日, 島配爲過重." 自此少論爲臺諫, 引避者七人. 上乃命眞儒極邊遠竄, 而猶意臺諫請重律. 持平南渭老停啓不復論. 璞·渭老皆小北也.

07 自辛壬後, 南人·小北皆多與少論同歸, 上益疑璞·渭老受李光佐指. 於是, 修撰李亮臣疏論光佐十二罪, 斥爲逆魁. 上召詰之, 亮臣言: "宋寅明臣之戚弟, 爲臣言: '光佐治逆多緩,' 以是知之." 上命竄亮臣, 而內愈賢寅明. 尋下嚴敎, 幷罷璞·渭老等.

08 自是李光佐亦不敢復訟李眞儒. 而第疏言金昌集等不可伸曰: "代理命下, 渠輩初亦庭請. 旣庭請則何爲聯箚, 旣聯箚擧行節目, 則又何爲隨人而入, 僕僕謝罪, 而請反汗乎?" 大略如宋寅明等丁未初所言者. 自是少論之罪四相, 不敢復言建儲代理事, 而輒曰"庭請、聯箚、請收爲三變"云.

7. 기유처분과 소론-노론 연정

01 趙文命·宋寅明乞退, 上問其故. 趙顯命曰: "以蕩平之不可成也." 寅明曰: "開一線路, 則可以蕩平矣." 上曰: "何謂也?" 寅朋曰: "建儲代理非逆也. 少論爲經而老論爲權而已. 昌集·頤命有悖子逆孫, 當用許積例, 趙泰采·李健命則誠寃矣. 伸此兩人, 則此開一線路也, 老論可以同事矣." 上曰: "金昌集立朝行事, 予所稔知, 又不淸儉. 省行之謀, 不可曰不知, 必非誣也. 其他則無可罪矣." 然上終難之.

02 會有掛書人李錫孝, 其供辭又如天海. 上驚痛, 閉閤不視事數日. 大臣三司請對, 不許, 屢下教言"黨禍致逆變." 久之, 乃引諸臣議四相事. 尹淳以三變罪四相曰: "旣不純於景廟, 又不純於殿下矣." 宋寅明曰: "臣則爲三層議論, 聯箚不敢言, 昌集·頤命不可無罪, 健命·泰采無可罪矣."

03 上曰: "大抵四相以誰請代理, 謂之逆乎? 景廟之教曰: '左右可乎? 世弟可乎?' 少論當之, 將如之何? 虎龍受一鏡之嗾, 欲袪予, 是豈可封君者乎? 李領府、吳海恩, 何嚴於聯箚而庇疏下之甚乎? 聯箚爲逆, 則逼於何處乎? 設有非矣, 旣誅死, 而復追奪, 不已甚乎? 若謂之忠則過矣, 金昌集·李頤命及其子若孫不可論, 健命·泰采復其官可矣."

04 洪致中白上曰: "聯箚非逆, 則昌集·頤命有何罪乎?" 上曰: "今若幷伸四人, 則時人必怫鬱, 姑俟之, 可也." 時李光佐免相, 李台佐爲相, 頗主蕩平, 他少論無敢復爭者. 是謂己酉處分.

8. 이광좌와 민진원, 두 영수의 갈등

01 又下教曰: "一鏡締結尙儉, 已有斷案, 疏下三人, 終不可不問." 命復鞫李眞儒等. 時老論直請正刑, 而大諫趙錫命等猶請鞫. 上以違異責遞錫命. 右相李㙫連日請訊, 李眞儒·尹聖時·徐宗廈, 皆殞於杖, 任徵夏亦杖斃. 徵夏就鞫三年, 受刑數十次, 不服, 至是, 㙫幷殺之, 以自解於少論云.

02 初上起閔鎭遠於謫中, 欲復相之, 而度其必不肯. 乃召鎭遠及李光佐, 左執鎭遠手, 右執光佐手, 使之釋憾. 且謂鎭遠曰: "戊申諸賊, 欲殺領相云, 可知李領府心事矣." 鎭遠曰: "臣則戊申以後, 益疑光佐矣."

03 光佐曰: "臣嘗論鎭遠者, 不得已也. 雖宋寅明主寬緩之論者, 亦嘗請罪鎭遠矣." 上曰: "宋寅明, 戊申以後, 覺其苦心先見云, 而卿則終不知閔判府心事乎?" 光佐曰: "人之心腸非可穿而過也. 臣何以知彼哉?" 因請上放手, 上竟不能釋其憾. 後上每卜相, 輒歎曰: "李領府、閔判府, 當今領袖也, 而一則人不使立於朝, 一則己不肯立於朝, 奈何?"

04 自己酉後, 李光佐引罪歸鄕, 而老論爭疏言"伸雪之不均, 處分之不明." 其自好者皆謂"聖誣未雪, 國是未伸," 居鄕不肯來. 其尤峻者, 如李縡·金鎭商·尹心衡·李台重, 則或終身不仕, 其附洪致中·金在魯, 時時從仕者, 其黨相與詬病之. 少論則不敢不仕, 然其峻者, 亦不肯附趙·宋. 然自李光佐之去, 而益無援於上下矣. 上方專意蕩平之法, 必以一老一少對擧差除, 而南人小北亦間之.

9. 기유처분에 대한 각 당의 비평

01 大憲趙觀彬疏言:

"殿下欲祛黨, 而反添一黨於兩黨之外, 別有非陰非陽之物, 與陰陽列而爲三. 進不得爲君子, 退不得爲索性小人."

02 承旨吳光運南人也, 疏略曰:

"殿下誠得諸色目中自好者, 感以誠意, 責以忠義, 布滿朝列, 使之融化於蕩平之爐冶, 然後其效可見. 今但取其腹下之毳背上之毛, 責以高飛之六翮, 雖多亦奚爲哉? 彼其心以爲少論獨爲, 而老論得之, 則必有禍矣. 乃飾蕩平之名, 以欺殿下, 而又乞憐於一邊, 使一邊之人, 氣豪意健. 臣願朝廷做得眞蕩平, 無爲假蕩平焉."

03 靈城君朴文秀亦告上曰: "殿下終不能使李光佐·閔鎭遠聚頭共事, 此假蕩平也." 持平李錫杓應旨上萬言疏. 其論蕩平一條. 爲知友所挽, 不果呈. 其略曰:

"殿下以金在魯判銓, 則必以李宗城佐之, 以宋寅明判銓, 則必以申昉佐之. 其於用人, 則必雙擧而互對, 於聽言, 則不曾分是而別非, 此韓愈所謂: '賢者亦與千金, 不

肎者亦與千金者也.'

夫我國黨禍, 已成百餘年痼疾, 始而臭味, 繼以參商, 終而水火矣. 昔而傍觀, 繼而操戈, 今而魚肉矣, 雖以肅廟之英明剛毅, 不能破之於前, 景廟之沈量淵度, 不能禁之於後, 以至于今日.

噫! 老黨之於少黨, 固有主客强弱之勢矣. 老黨之人, 世執國命, 黨親盤據, 其根柢固已深固. 而若少黨, 則旣無內外之挾, 權力無所資, 不過一羈旅之臣耳. 是故橫駕凌轢, 氣意豪健, 排軋異己, 務快己私者, 老黨之本習也, 瞻前顧後, 畏首畏尾, 巧避形跡, 不欲擔當者, 少黨之本色也. 彼之長處, 雖若在於勇往直前, 而所短仍在於此, 此之所短, 雖若在於巽軟退怯, 而所長亦由於是, 此固彼此優劣之所由判也.

不幸辛壬年間, 一種貪權之徒, 脫却本來守拙之面目, 循冒黨人務峻之套習, 其機關運用, 專在排異濟私之計, 固已不服乎人心. 而逆鏡鴟張之後, 朝廷又畏其氣勢, 雖其一時士類之厓異者, 終不能明言顯攻, 以效鷹鸇之逐. 故彼邊之勒毆者, 無論淸濁, 混目之鏡黨.

及其伏法之時, 雖乃紛然請討, 而生前斷腕, 旣未勇決, 死後誅心, 殆近後時. 彼方欲凶逆我, 魚肉我, 孰肯曲恕其心, 曲爲之分別乎?

本以積畏約之勢, 示弱受侮, 固自不少, 而況經此刼, 太半韓·魏之膝, 惴惴乎虛喝之威矣. 嗜利無恥之輩, 固不足道, 雖高談大言者, 亦且隨時變化, 向之指爲黑者, 今忽爲白, 昔之目爲陰者, 今反爲陽, 與無恥之輩, 不過五十步百步之間耳.

夫逆自逆吾自吾, 彼自彼此自此. 一一鏡之逆, 何玷乎吾潔, 何解乎彼濁? 而必欲換吾之頭面, 承彼之頷頤, 豈非士大夫之羞乎? 況其地處人望, 足以彈壓彼此者, 亦於一邊偏用寬恕之政, 寬恕之不足, 至於恐畏, 恐畏之不足, 終至卑屈. 此而若此, 他尙何說?

臣於居鄕, 窃聽村諺, 則皆曰: '少論方伯, 老論守令, 雖有如天大事, 營門無不從之請.' 殿下曷嘗見道伯之名少黨者, 敢狀罷老黨之大家者乎? 奉朝賀之行一也, 而閔鎭遠之坐席, 此膝恭趨, 李光佐之到舘, 彼病巧發, 今日體統紀綱之不振, 未必不由於此等處也."

10. 군주를 선택하려는 신하들

01 時老少之峻者, 皆不屑趙文命等, 而上益厚遇之, 文命兄弟·宋寅明·金在魯相繼入相. 世有"趙·宋乾坤金鑄作"謠. 李健命·趙泰采之伸, 雖由於寅明, 而其他尙未盡翻, 老論日以爲言. 而上外憚李光佐, 內顧趙·宋, 輒遷延不許. 上尤不喜金昌集, 有訟其忠者, 輒威氣折之, 或以疑辭阻其說.

02 至癸丑, 臺諫權瑩·李瀗等, 疏訟金·李兩相, 上忽激惱, 召閔鎭遠·李光佐, 幷許致仕, 因下手書於史官曰: "諸黨之中, 俱有亂逆, 本非爲三宗血脈. 其本亦非辛壬戊庚也, 實由乎庚子國恤之日, 此所謂臣擇君也. 閔鎭遠之義理、李光佐之固執, 皆長夜之未悟者也, 今可以悚然矣."

03 承旨趙明翼請對欲辨之, 上擧所佩囊示之曰: "金昌集書在此, 是果爲三宗血脈者耶?" 明翼曰: "當昌集時, 有人妄稱昌集書, 以達於殿下者, 殿下安知其非詐耶?"

04 上謂閔鎭遠曰: "建儲事光明正大, 而使徐德修探知予意, 何也? 德修都目中, 三大臣之名不入其中矣, 德修且謂予曰: '其時若無內應, 則領相有擇君之議矣.'"

05 鎭遠曰: "庚子國恤後, 聖候不豫, 諸臣議建諸. 臣言: '卽位未踰年, 卽爲建儲, 則中外不知, 必有疑惑. 戮力夾輔, 過三年, 然後議之可也.' 昌集與臣議同, 李晩成責其緩, 則昌集曰: '王子衆多, 當早議建儲, 今日吾君之子, 只有一位, 天命人心, 更歸何處?' 及臺疏猝發, 臣甚驚, 往見昌集曰: '一臺官猝然發此論, 何耶? 然此論旣發, 不可以過今日.' 遂至請對決策. 夫三宗血脈, 只有殿下, 上有慈殿之敎、景廟之命, 則殿下雖有泰伯·仲雍之志, 其可逃避乎? 有何可探知者乎? 此不過德修輩陰秘不逞之徒, 以朝廷有遲待三年之議, 故欲其速成, 作爲己功, 藉昌集之名而已. 遲待三年之議, 實由臣始, 臣請同罪."

06 上曰: "德修豈自辨者耶? 鏡·虎名爲景廟, 故爲景廟者, 見欺而入, 德修輩名爲予, 故爲予者, 亦見欺而入. 非但德修之謂也, 探知者乃利欲也. 若予待之, 未充其欲, 則終必懷二心矣." 德修, 上前妃貞聖后從子, 壬寅獄承服正刑者也.

11. 혼돈개벽과 경신처분

01 至乙卯, 莊獻世子誕生. 領相李宜顯等請因慶會復金·李兩相官, 上夜召諸臣, 復以昌集擇君之說下教, 又曰: "昌集嘗以猜忌, 欲殺李頤命." 此教老論所莫知也, 宜顯等難於仰對, 遽辭退.

02 上曰: "今則卿等釋然矣." 因累下教言昌集等不可伸曰: "欲藉定策, 希望其功, 昌集也, 反復其間, 釀成叵測, 虎龍也, 角立誣上, 釀成逆亂, 鏡·夢也. 鏡·夢之逆, 綻露無餘, 昌集之事, 若謙恭下士, 時人不知其心. 昌集·鏡·夢跡雖氷炭, 心實貫通."

03 宜顯等疏辨, 則輒教曰: "卿等既釋然, 而何又出此言?" 宜顯等又言: "未嘗釋然." 命削奪.

04 癸丑之教, 在正月十九日, 故謂之十九下教, 乙卯之教, 時值夜半, 故謂之半夜下教. 自此每以十九、半夜之教, 折老論, 然老論訟冤者, 終不已.

05 至丁巳, 南人金聖鐸疏, 訟其師李玄逸. 於是, 聖鐸以護逆就鞫, 修撰鄭履儉疏言: "天下之逆一也, 今日廷臣, 乃以名在丹書者, 敢稱大臣, 力請伸雪, 護逆之律, 亦有低仰與輕重耶?" 謂老論訟金·李也.

06 老論大譁, 爭疏言: "履儉以代理爲私讐." 尹汲·韓翼謩主其論. 少論卿宰趙榮國·尹東度等數十人疏辨: "罪昌集者, 以其三變之無臣節, 而彼乃以讎代理搆陷"云.

07 上乃命汲·翼謩拿鞫, 既而命却膳. 判府事金興慶、左相金在魯、右相宋寅明等, 率百官泣請進膳, 不許. 筵臣至有出矢言者, "臣等自今復爲黨論者, 誠狗子也," 上哂之.

08 時李光佐屛居有年矣, 馳入力請回怒. 上命汲·翼謩島棘. 起光佐爲領相, 改蕩平之名, 稱曰混沌開闢, 昨日以前付之先天, 敢有言先天事者誅. 趙顯命入賀曰: "今日方見英雄手段矣." 上賜酒, 自李光佐以下同飮之, 諭以洗滌黨心.

09 時閔鎭遠已卒, 他老論在朝者, 唯唯不敢言. 踰歲達城府夫人卒, 徐德修祖母也. 上每以諸賊凶言, 由於德修之承服, 命仍置逆案. 至是, 上命伸德修, 以慰府夫人之靈, 老論因此得復提先天事.

10 兪拓基爲右相, 請復金·李, 上召諸臣曰: "三黨皆有逆, 所重不在宗社而在謀身. 若先朝大臣, 豈染於此哉? 處分之有先後, 何難之有?" 金昌集·李頤命幷復其官. 左相金在魯請幷復李天紀·金龍澤·金省行等, 上不許.

11 李光佐·趙顯命·趙遠命·金始炯·徐宗玉等, 迭疏言: "十年大定之國是, 一朝變改." 上答曰: "今日北面於予者, 何敢開喙?" 因累下嚴敎. 自此少論不敢復爭, 而李光佐以憂卒.

12 持平李台重等三司合請柳鳳輝·趙泰耉·李光佐追奪, 上怒竄台重. 因却大小公事, 有"決意釋負"之敎. 在魯等泣請乃止. 命改壬寅逆案, 名曰鞫案, 癸卯討逆科, 改名曰別試, 因告廟頒赦, 是謂庚申處分.

12. 숙종의 거짓 시 논란

01 時在魯等迭請悉去壬寅案, 幷伸天紀等, 上難之. 而趙顯命·宋寅明亦言: "干犯先朝, 不可輕變." 在魯曰: "干犯者謂三手也. 三手之誣旣白, 而猶曰犯干, 則聖誣終未盡辨也. 且以天紀等爲逆者, 是實虎龍之言也." 顯命等無以難.

02 顯命嘗以私問閔亨洙曰: "天紀·龍澤輩, 辛壬間自謂'保護東宮,' 則猶可也, 而庚子以前, 國言已藉藉, 果何爲乎?" 亨洙曰: "不然. 肅宗使李頤命致意天紀等, 如宣廟之遺敎七臣托王子事. 天紀等雖布韋, 旣承密敎, 豈不盡心乎?" 顯命曰: "何以證之?" 亨洙曰: "龍澤家有肅宗賜詩, 今上親筆也. 吾從兄翼洙見之." 顯命曰: "然則天紀·龍澤可伸也."

03 乃白上曰: "殿下書此詩否?" 上曰: "無之." 顯命頓首曰: "殿下嘗以孤竹淸風, 自言心事, 臣等欲置殿下於無瑕之地, 而乃有此言耶?" 上愀然起, 入東朝, 良久出曰:

"李頤命獨對, 卽此堂也, 至今想之僾然矣. 所謂七臣者誠是也. 東朝教予曰: '四大臣何不自爲建請, 而借李廷熽乎? 其時予之氣力如今日, 則豈能辦建儲乎?' 蓋宋有趙汝愚, 以予處大臣地, 則當如東朝之敎. 而苟無大力量, 豈不難乎? 內有儉·烈,外有斧鑕, 豈不危乎? 予不立, 則三宗血脉墜矣, 朝鮮亡矣. 若非景廟盛德, 予豈有今日乎?

尙儉事出, 予入達于景廟, 欣然從之, 有放逐宦侍之命. 予纔出窓外, 有紅袖直進上前曰: '何爲此敎也?' 而石烈者面斥予曰: '姑待之, 自有爲之之日.' 予不得已泣告東朝, 東朝敎曰: '寧以延礽君保全還邸也.' 予曰: '然則於臣幸矣, 國事罔涯矣.' 予之此言豈徒爲身而發哉? 東朝甫下敎, 而趙泰耉又封還之矣."

04 顯命莫知上指, 不敢有所對. 上良久, 命鞫龍澤子遠材. 且欲幷鞫閔翼洙, 宋寅明救翼洙, 得已. 遠材就鞫曰: "臣何以知其僞也? 殿下以爲僞, 殿下自當知之." 上曰: "非汝父之僞也, 必虎龍所爲也." 命焚其詩於前, 而竄遠材. 時閔亨洙在側, 惶怖無人色. 顯命曰: "因亨洙而僞詩露, 亨洙之功大矣."

05 上忽命逮前奉事金福澤, 親鞫之曰: "汝其死." 福澤曰: "願聞其罪." 上曰: "昔年汝私來見我, 不有兩不字之言. 又不有復寢之說乎." 遂杖殺之. 福澤 龍澤從弟也, 福澤所言, 世亦無詳之者.

13. 신유대훈

01 上旣誅福澤, 而禁諸臣無得復言此事. 久之持平李匡誼啓請福澤加律, 上大怒, 逮匡誼兄參判匡德親鞫問: "何以使弟犯禁?"

02 匡德對曰:

"臣請言之. 當辛壬時, 討逆方張, 而臣父子無一預於其間, 非以彼爲無罪也. 竊以東宮乃先王之子, 當宁之弟. 國家若無嗣續, 宗社之托將安歸乎? 八域臣民, 口雖不敢言, 而心繫目屬久矣. 乃一邊之徒自以爲私奉, 一邊之徒又從而欲不利之, 此何等變也?

今不明爲東宮辨私奉者之誣, 而混致誅討, 無所顧藉, 大必貽禍於宗社, 小必貽害於身名, 不可爲也. 千秋萬歲後, 天位大定, 不利之類, 固當伏法, 私奉之徒, 亦必正罪. '方可以克贊聖心, 奉揚天討'云爾, 此臣父子意也.

乙巳以後, 臣亦未嘗在朝, 及今殿下嚴治福澤, 臣弟以爲私奉者正法矣, 義理可伸,天討可行. 故爲此疏, 臣亦無辭以挽之也. 且福澤以私心謁殿下, 殿下中心憤嫉, 至數十年之後, 因事正罪, 此千古帝王所未有之盛事也. 正宜播諸歌詠, 垂之史册而朝廷反禁不宣泄, 此大臣之過也."

03 上曰: "此汝之罪也. 如汝者不仕於朝, 故朝廷至此." 且累教曰: "汝知予心, 予知汝心, 汝家父子兄弟幾十年說話, 今日頂門上一針也." 命釋匡德, 而猶以犯禁竄匡誼.

04 匡德判書眞望子, 而朴世采外孫也. 世采始爲蕩平之說, 匡德及趙文命等皆主之. 辛壬初, 文命等多爲峻少所擯, 不得仕, 匡德族黨貴盛, 人爭薦引, 而不肯出. 或問之, 則答曰: "吾必蕩平之世, 然後出也."

05 及文命等當國, 蕩平之論大行, 匡德終不進, 人又問之. 匡德曰: "吾所謂蕩平者, 欲取老論之峻者與少論之峻者, 釋憾以共國事也. 豈與嗜富貴捐廉恥者爲哉?"

06 又爲文以諭子弟曰:

"辨聖誣三字, 吾蕩平骨子也. 我聖上心事, 本一延礽君耳. 旣而策立東宮, 竟踐天位, 雖宗社之福, 於聖心實不幸事也.

彼一隊不逞之徒, 敢生貪天之計, 白地藉弄, 公然欲累於不敢言之地, 如是之. 故鏡·虎因此而藉口, 麟·亮因此而下手, 國家幾危而幸存.

今日爲臣子者, 唯當明目張膽, 爲聖上痛辨喜·器輩之誣, 使我聖上孤竹淸風之心事, 軒豁昭朗於八方之內萬世之下, 則彼鏡·虎之誣, 雖百車之多, 自如洪爐消雪, 所謂 '皮之不存, 毛將焉傅'者也.

今則不然. 一邊之人, 必欲刷雪喜·器輩, 以爲如此然後, 聖誣可辨, 其意若以爲喜·器輩所爲, 聖上無不與聞. 嗚乎! 此豈可忍者乎? 一邊人, 則語及此等處, 終不敢明言顯斥, 其意又若尙不能無疑於聖躬也. 此又豈臣子之所可忍耶?

吾家議論, 惟欲辨此輩之誣, 援聖躬者. 此誣旣雪, 則鏡·虎·麟·亮之誣, 不攻自破. 旣兩罪之後, 收拾老少南北之無故而有才者, 同心共濟, 若人心不如我心, 則悠然而退, 老死田廬之下, 如此而已爾."

07 未幾上下特敎, 命盡燒壬寅獄案曰: "鏡·虎以予爲逆魁, 置予逆案, 此豈可仍置哉? 洪啓迪以下九人, 復官贈職, 其餘亂招誣告之類, 勿論." 於是, 左相宋寅明、右相趙顯命請於上曰: "三手之說, 臣等亦不信. 但金龍澤·李天紀輩締結幽陰, 事關景廟. 况有僞詩之罪, 是亦逆也. 宜別置一案." 上從之, 命龍澤·天紀·李喜之·沈尙吉·鄭麟重五人勿論. 金在魯曰: "若是則壬寅之案, 雖燒而猶行也." 上乃幷伸五人, 爲文曰大訓, 將以告廟.

08 御將朴文秀、平安監司李宗城入, 請對, 政院以宗城藩臣不許. 文秀先入, 請召宗城, 幷力陳五人不可不置逆案曰: "不如是, 則殿下孤竹淸風之心事, 無以光昭於後世矣." 文秀引筆書曰: "布衣希功, 玷累兩朝," 請以此爲五人罪, 添入大訓中. 又請以前日三黨皆有逆之敎, 幷載之. 上素重此兩臣, 特許之.

09 兩司劾文秀·宗城突入擅決, 比之趙泰耈. 金在魯等諸老論入言: "今文秀等更不敢以庚子後事罪五人, 而乃以庚子前爲斷案. 然苟如其說, 三黨皆逆, 則是死事之臣, 與鏡·夢爲對也."

10 上乃復改"三黨有逆"句, 而文秀·宗城俱罷職. 旣以大訓告廟, 宋寅明請定爲金石之典, 有議者必誅, 上可之. 是謂辛酉大訓.

14. 노론의 반발

01 後閔亨洙卒, 其兄昌洙疏言: "亡弟爲趙顯命所賣, 輕發僞詩, 以成五人案." 上以語犯大訓, 命却膳, 又命釋負傳位. 顯命入, 叩地呼曰: "大訓旣成, 上告陟降, 而昌洙敢爲此言. 是無殿下也, 無宗廟也. 不殺昌洙, 國必亡. 殿下不殺之, 臣有六子, 必殺之." 上命鞫昌洙而竄之, 未幾釋之.

02 先是, 老論士類, 皆耻言五人事. 閔鎭遠乙巳翻案, 雖幷伸之 而其所著《日錄》, 皆著此等之罪. 尤以金省行私謁爲咎. 及僞詩事露, 老論乃謂"龍澤等皆有功宗社." 甚至締結宦妾, 不復自諱, 而昌洙疏直曰: "建儲定策, 不能無賴於居間."

03 李縡·金元行等號有識, 反引告爲文辭, 以明締結之無可罪. 獨趙觀彬貽書昌洙責之曰: "他人則吾不知, 若吾父則未嘗知此輩之爲何狀人"云. 觀彬 泰采子也.

04 丙寅又以特教, 伸金福澤. 於是, 老論覘上意, 搢紳合疏. 尹陽來爲首. 疏略曰: "鏡·虎·麟·夢, 自有根本. 倡冒嫌之說, 售北門之計者誰也? 懟憾於建儲之議, 敲撼於定號之日者誰也? 以代理爲必亡, 以賊鏡爲可奬, 諱聖疾而啓賢·麟之謀爲逆地, 而擢徵·晟之凶者誰也? 門生、國老之說, 爲一鏡之後殿者誰也? 三年按獄之慘, 作虎龍之窩主者誰也?"

05 於是, 三司合啓, 請趙泰耉·柳鳳輝·李光佐·趙泰億·崔錫恒之罪. 上問趙顯命曰: "柳鳳輝, 卿以爲何如?" 顯命曰: "臣兄每自稱不忠, 以不能討鳳輝也. 鳳輝實戊申之嚆矢." 上曰: "卿兄弟眞血忱也." 遂命泰耉·鳳輝·錫恒·權益寬·鄭楷等, 幷追奪. 兩司又請奪光佐·泰億, 不許.

06 大憲李宗城疏曰: "臣與光佐, 義則祖免, 情惟師表. 忠可以貫日, 善可以宥世." 上不答, 罷其職.

15. 수세에 몰린 소론

01 己巳, 左相金若魯請愍恤金省行與宦者張世相、宮人墨世, 上命書傳敎曰: "墨世·金省行·白望之寃, 國人知之. 墨世·白望從厚恤給, 省行贈職." 仍累敎曰: "白望卽孝章世子外屬也. 其時鞫廳所謂'白望族李氏請鞫'者, 其意可知矣. 墨世橫被訊鞫, 緘口而死. 寧不殘忍? 先書墨世, 可見予心矣." 又以弼夢等凶誣屢下敎.

02 諸臣曰: "此等詬天罵日之說, 豈可留之聖衷?" 上厲聲曰: "今日安知無懷此心者?" 又敎曰: "白望恤典, 或以爲私乎?" 諸臣曰: "孰敢以爲私?" 上又厲聲曰: "卿等雖不以爲私, 必有以爲私者." 又曰: "今則國體圓矣, 君綱正矣. 予當爲之事, 盡爲之矣." 因命世子聽政.

03 自此言者連請李光佐·趙泰億追奪, 吳瓚·閔百祥·趙明鼎等, 皆以論光佐被竄. 上追念光佐曰: "甲辰無此人, 無今日, 戊申無此人, 無今日." 又曰: "甲辰不設侍藥廳, 何不責予, 而罪光佐乎?"

04 壬申, 命追復崔錫恒, 有"與泰耉有間"之敎. 仍命致祭. 時上幸潛邸, 閉閤如己酉事, 諸臣不敢爭.

05 至乙亥, 全羅監司趙雲逵密啓掛書賊尹光哲, 鞫之. 光哲 志子, 就商孫也. 志時謫羅州. 其文書中, 多前牧使李夏徵書, 命逮夏徵, 親問: "何以交逆商子孫?" 夏徵曰: "就商豈逆耶?" 又問: "一鏡何如?" 對曰: "一鏡亦非逆也. 有一鏡然後有臣節." 又自語曰: "豈但吾心? 小論之心皆然." 遂斬之. 夏徵 明彥·明誼之姪子也. 時趙文命子載浩方爲相, 旣勸上行大處分, 出又脅諸少論, 使早自辨.

06 於是, 禮判李益炡、前監司沈星鎭、司直鄭翬良·李昌壽、承旨鄭弘淳、吏議趙載洪、判尹李昌誼、司直李春躋·韓師得、刑參權一衡、司果金始煒·金尙重·金尙耉、司直李裕身·尹東度·李得宗·李重祚、府使趙載敏·尹東暹·鄭純儉·尹得雨、司果徐命膺·鄭尙淳、佐郞李壽勛、司果徐有良·申應顯、仁平君 李普赫、司直李日躋·趙迪命·宋徵啓、副學吳遂采、戶議崔尙鼎、前府使宋昌明、吏參曹命采、刑議朴師訥、佐郞李儁徽、前持平邊致明·呂善亨、前正郞趙宗濂、副正字沈勗之、持平洪良漢、及第鄭昌聖、輔德李堣、司直李昌儒·李昌任、司直李光溥·鄭彥儒·李齊華、前執義李鳳齡、司果沈穀·李光溭·李光瀷、前都事沈埜·鄭景瑞、前縣監柳億基、副正字鄭彥暹·李世孝、及第李永祚、正字李世演、前府使趙鎭世、判書李喆輔、持平韓光恊、及第李宜馣、工判洪重徵、靈城君 朴文秀、廣留徐命彬等, 及小北司直南泰齊、前大諫南泰耆、前及第南泰會、司果南德老·南雲老、僕正李壽鳳·李壽德、司直任煒、正字任瑎、司書任希敎、判決朴玶、司直崔成大、前獻納李埥、司果李壽基·鄭恒齡·崔台衡、司正朴道天、正字申景濬·宋瑛等, 相繼投疏, 或聯或獨, 或請泰耉·鳳輝等加律, 或請光佐·泰億等追奪, 或以曾前蔽於黨習自訟, 或以在外及老病, 不能卽日懲討自引. 或曰"如夢始覺," 或曰"如醉方醒."

07 上皆賜優批, 有"一隅海東乾坤復明"之教, 有"諸臣如此, 予復何憂?"之褒. 乃臨殿受賀, 命不呈疏不參賀之人, 幷令詣闕, 將盡鞫之, 尋命寢之.

08 且敎曰: "人人自陳, 反欠實意. 此後勿捧此等疏. 處分旣定, 苟有北面之心者, 其何有異哉?" 判府事李宗城上疏言: "頃年一疏, 自陷於伸救罪人之罪, 臣惟被罪, 然後臣心可安." 上許之, 命削黜付處. 時惟司直沈錥, 以在鄉不能趁參賀班, 疏引無他語, 但曰: "廢闕常分, 罪合萬死."

16.『천의소감』과 노론 당론의 정당화

01 前承旨申致雲最後呈疏, 政院以禁令不納. 踰月, 上親臨試士, 有一劵, 凶言滿紙. 遂令譏訶場內, 獲沈鼎衍, 誅之. 戊申賊成衍之弟也. 春川地又有聚軍謀逆者. 得志之弟惠、一鏡之姪子寅濟·有濟·德濟·弘濟、及其黨宋秀岳·李埈·呂光學等, 鞫之, 辭連致雲.

02 致雲承服曰: "鼎衍凶書, 臣與朴師緝同爲也." 又發凶言, 不忍聞, 命用李适例, 磔之. 師緝供曰: "弼夢卽臣叔也, 泰徵卽臣舅也, 申致雲·李夏徵·李巨源·沈鏳·柳壽垣·尹尙白·金渻皆臣黨也, 相與稱一鏡之忠, 李光佐之節者, 久矣." 壽垣供辭, 略如師緝.

03 鏳最後就逮, 上親問: "壽垣何如人?" 鏳對曰: "向國有誠者也." 遂以爲承服而幷正刑. 壽垣·鏳之死, 趙載浩入賀, 上曰: "今始拔核矣." 謂二人最峻少也.

04 於是, 命鳳輝·泰耉·就商·師尙、疏下五人、權益寬·李明彦·金浩·權嵆·權縡·金弘錫·尹尙白等, 幷施逆律, 斬. 朴纘新·李光佐·崔錫恒·趙泰億幷追奪, 告廟頒赦, 命撰《闡義昭鑑》.

05 初景廟違豫, 厭進食. 會供新蟹, 景廟爲之加餐. 至是, 致雲供辭, 有蟹醬語, 且逼東朝. 上涕泣入告東朝, 東朝教曰: "其時有進蟹, 而乃御厨例供, 亦非自東朝進也." 上命書《昭鑑》中, 又命李公胤追施孥戮.

06 金在魯爲《昭鑑》摠論曰:

"肅廟甲戌, 壼位光復, 一國均懽, 而首相南九萬乃言'今日臣子, 以復位爲慶, 以降位爲慼, 其心與己巳何異?' 張希載·閔黯·李義徵等, 謀危聖母, 事發逮鞫, 九萬以希載爲東宮外親, 謂'有深長慮,' 徑請酌處.

丙子, 希載奴業同, 埋凶張氏山, 以詛東宮, 欲以嫁禍搢紳. 尋訶其實, 鞫業同, 則九萬及柳尙運·申翼相等, 故緩治. 後更鞫而情節畢具.

及辛巳, 聖母昇遐, 有巫蠱變, 肅廟親鞫宮婢. 首相崔錫鼎, 九萬門人也, 箚請勿問. 肅廟不聽悉行按誅, 幷罪諸相. 蓋自九萬倡爲'深長慮'之說, 終使凶逆假息, 醸成禍變. 而彼輩遂與名義背馳, 反指討逆之論, 爲不利於東宮, 以混合於己巳凶黨,有林溥·李潛繼出. 肅廟燭其將爲亂階而誅之. 又於丙申, 大明儒林是非, 群小蓄憾久矣.

庚子, 景廟嗣位, 無望胤嗣, 孝·顯·肅三朝血脉、景廟同氣, 止有今上一身. 而毓祥宮於聖母, 素有純誠, 上又英睿. 彼輩恐一朝國本有歸, 更無得志之期, 泰耉先發冒嫌之說, 以脅持之, 及上位定儲貳, 則尙運之子鳳輝, 急上章肆其懟筆, 而泰耉從以奬護之.

旣而聖疾愈加, 代理有命. 四大臣上聯箚, 則一鏡等七賊, 投章盜柄, 締結宦妾, 致上有辭位之議. 已又嗾虎龍, 以起誣獄, 上逞凌逼之計, 下成屠戮之禍, 一鏡又預伏凶言於疏章與敎文, 以資戊申滔天之逆謀.

幸賴皇天祖宗之靈, 底訖天誅, 而餘種遺孼, 糾結睥睨, 至於今玆之逆而極矣. 源頭一差, 流波漸漫, 涓涓不塞, 終成江河, 可不愼哉?”

07 元景夏白上曰: “溯論禍源, 恐逼景廟.” 在魯曰: “不然則此爲無頭書.” 上卒不用其文.

17. 흔들리는 대탕평

01《闡義昭鑑》成, 諸臣請復四忠祠. 上曰: “建儲四相, 由我而死, 豈不愴然? 然立祠過矣.” 知事李成中曰: “闡義之後, 不可不褒奬.” 乃許之.

02 惟五人案以載大訓, 故人不敢言. 至丙戌, 上以五人事, 詢筵臣. 且敎曰: “龍澤同休戚之人也. 不可以麟·吉輩比.” 南泰齊對曰: “李喜之獨非同休戚家乎? 希功望賞, 特其餘事, 爲國之心, 五人一也.” 趙雲逵·鄭昌順同聲奏曰: “希望非可論, 專出爲國之心矣.” 金尙喆曰: “希望少, 爲國多矣.” 左相金致仁進曰: “可見擧國之公論矣.” 於是, 命拔五人之名於大訓, 謂之洗補大訓. 仍復李天紀·沈尙吉·鄭麟重官.

03 至壬辰, 忽下敎, 命復李光佐·崔錫恒·趙泰億官 名曰大蕩平. 參判趙榮順、參議金履素及他老論, 多棄官去, 命鞫榮順, 直捧結案. 榮順書曰: “國賊不討, 私讎不復, 不孝不忠, 依傳敎遲晩.” 榮順 泰采孫也. 命梟首, 旋命減死安置. 踰年復敎曰

"榮順賢矣," 命宥之.

04 乙未庭試 崔錫恒孫守元、趙泰億曾孫羽逵·從孫榮毅, 俱登第. 臺啓言"諸券多雷同," 命官金尙喆、提學李福源疏請三人削科, 可之.

05 正宗卽位. 公除後, 因承旨金若行等疏, 復奪尹宣擧·尹拯·李光佐·崔錫恒·趙泰億官. 旋命尹宣擧父子復官.

原論

序

01 嗚呼! 朋黨之名, 所由來遠矣. 然其邪正逆順之分, 與夫衆寡之別, 久暫之殊, 可指而言也. 歐陽修之論朋黨, 自唐·虞、殷·周始. 然四凶與紂之惡, 十六相與武王之賢, 不待辨而明者也. 且堯之時, 所謂朋者, 不過四與十六, 則其亦不足爲大朋也. 若殷之百萬, 周之三千, 可謂大矣. 然是則敵國之勢然也, 非可以朋言也. 且夫四凶之爲朋, 在堯倦勤之年, 而舜立而竄殛之, 其害不能久. 紂之餘風, 至頑民而未殄, 然亦不出乎武王·成王之世而已.

02 降至後世, 朋黨之盛, 莫將於東漢及唐·宋之間. 東漢之黨, 衆且久矣. 然李固·陳蕃之爲忠, 與夫梁冀·張讓之爲惡, 是亦人皆可以言者矣. 唐之黨不然. 牛僧孺·李宗閔均之非君子也, 亦非小人之甚者也, 蓋已難乎言之矣. 宋之黨則有甚焉. 范仲淹·程頤·蘇軾·劉摯, 皆君子也. 雖呂夷簡·王安石, 亦不可斥之爲小人, 斯尤朋黨之所未有者也. 然唐之黨, 前後僅數十年, 宋之黨, 亦不過數世, 而卒以亡國. 且夫唐·宋之世, 亦未必人人皆黨也.

03 若夫擧一國之衆, 而分而爲二爲三爲四, 歷二百餘年之久而不復合, 於邪正逆順之分, 亦卒無能明言而定論者, 惟我朝爲然. 其亦可謂古今朋黨之至大至久至難言者歟.

04 竊嘗論之, 其故有八. 道學太重, 一也, 名義太嚴, 二也, 文詞太繁, 三也, 刑獄太密, 四也, 臺閣太峻, 五也, 官職太淸, 六也, 閥閱太盛, 七也, 承平太久, 八也.

1. 道學太重

01 何謂道學之太重? 夫天下之人, 各有其身, 則各有其心. 自私自利, 喜相競而恥相讓, 其勢然也. 古之聖賢有憂之者, 崇禮以齊其外, 明善以壹其本, 使皆有以勝其暴肆爭奪之氣, 而措之于和順公正之域. 天下之人, 翕然而尊尙之, 親其賢而樂其利, 没世而不能忘.

02 夫若是者, 非以其有勢位氣力. 可以畏服而然也. 由其能爲克己之學, 而得無我之道. 其心曠然, 無彼此同異之別, 而以天下爲一家, 中國爲一人. 善與人同, 而不獲其身, 斯其爲人之所難能, 而道學之名歸焉者也.

03 若夫己有所未克, 而我有所不能無, 則雖其所讀爲聖賢之書, 所服爲聖賢之服, 所行亦未始非爲聖賢之行, 而其自私自利之心, 猶夫天下之庸人, 而卒無以相遠也. 夫以庸人之心, 而居道學之名, 斯已不可矣. 况率天下之庸人, 以成吾道學之黨, 以號令於當世, 而使人莫敢矯其非, 則其視古聖賢, 爲何如也!

04 己日以尊, 我日以大, 私日以固, 利日以厚, 人亦孰不欲爲是哉! 於是, 競奪之勢成, 而禍亂興焉. 與庸人相競奪者, 必庸人也. 故其禍止於一時. 而與道學相競奪者, 必道學也. 故其禍流於無窮.

05 夫所貴於道學者, 以其有無窮之惠也, 不以其有無窮之禍也. 而今其效若是. 意者, 道學之或未必皆是, 而其彼推重者之過也.

2. 名義太嚴

01 何謂名義之太嚴? 夫名義者, 天下之公物, 而非一人一家之所得私也. 昔孔子之世, 天下大亂, 烝報簒弑之禍, 代不絕而國相望, 恬焉不以爲怪. 故孔子作《秋秋》, 以空言代斧鉞. 自是以後, 人倫始明, 今之讀《春秋》者, 其於孔子之所貶, 鮮有不知其爲惡者, 其時然也. 所謂名義者, 亦若是而已矣. 今謂擧天下之人, 皆不知名義之爲何物, 而獨我知之云爾, 則是必其國之亂, 如春秋之世, 而其人之賢如孔子, 然後可也, 不幾近於自聖而誣一世哉!

02 且夫名義, 亦何常之有哉! 孔子作《春秋》, 尊周室, 而孟子勸諸侯, 行王政. 孔子不與衛君, 而子路死之. 孔子欲墮三家之城, 而冉有·宰我臣之. 然孟子爲亞聖, 而三子者, 猶得與於升堂之列. 由今觀之, 孰不謂孟子謀簒奪, 而子路·冉有·宰我從亂逆哉! 又孰不謂孔子非聖人, 而其流弊之至於斯哉!

03 天下之變, 至無窮也, 人心之微, 至難見也. 其要莫如務實, 其變在乎隨時. 固不可以一時一事, 强爲之名而曲爲之義, 封己以禦人, 求爲是必勝之術也. 况甲所以爲名者, 乙又從以成其罪, 乙所以爲義者, 甲又從以發其慝, 名義果何常之有哉!

04 自古朋黨之爭, 莫不自謂君子而斥人爲小人, 後之尙論者, 猶以是病之. 今則不然. 謂小人之名, 不足湛其宗而夷其類也. 故必假名義之說, 悉驅而納之於亂賊, 然後快焉. 其亦可謂不仁之甚, 而甚於作俑者矣.

3. 文詞太繁

01 何謂文詞之太繁? 夫抉摘字句以罪人者, 前世所誡, 而我朝百餘年來, 士大夫之遭黨禍者, 大抵皆坐於此. 其始也, 不原其心, 而求罪於其言, 其終也, 不究其言, 而成罪於其文. 夫心者, 藏於方寸, 言者, 發於俄頃. 故心有過, 人或不盡見, 口有失, 亦不過於一時. 惟文不然, 一登紙墨, 傳之久遠. 旣不可以揜匿磨滅, 而彼其抉摘而求罪者, 愈久而愈工, 有爲之考証焉, 有爲之箋注焉, 有爲之鈔略其要語焉, 有爲之敷衍其餘意焉. 其用心之精, 致力之勤, 不翅如先儒之於經典, 而以之爲攻人殺人之資, 不售則不止. 世安得以有完文, 亦安得以有完人哉! 其亦悲矣!

02 然其所以致此者, 有由. 誠使論君上者, 但曰: "陛下內多欲, 外施仁義," 論宰相者, 但曰: "願得尙方劍, 斬佞臣一人頭"云爾. 則雖其戇直狂妄, 足以于不測之誅於當時. 而其言樸, 其辭簡, 雖欲抉摘而求之, 無可以復加矣.

03 文章之體, 與時俱降, 非惟我朝然也, 而從未有曼衍煩僿, 如我朝之甚者. 曼衍故不切於事情, 煩僿故務刻於議論. 事情不切, 則曲直難明, 而是非難覈, 聞之者易以眩. 議論務刻, 則愛惡愈偏, 而感憤愈激, 見之者易以觸. 徒使公車之牋奏, 搢紳之書牘, 藤竭毫罄, 堆積委藉, 窮老盡氣, 而有不能通其說者. 文旣若是其繁, 則雖有善於辭命者, 難乎其無失矣. 况文之弊如此, 而出之以黨心者歟! 宜其紛綸轇轕, 相尋而不靖也.

4. 刑獄太密

01 何謂刑獄之太密? 夫刑不上大夫, 禮也. 宋不殺宰相, 高麗不殺諫官. 我朝以忠厚立國, 而黨禍相連, 戕殺無紀. 議親議貴之論, 遂爲厲禁. 斯已不能無憾者矣, 若夫鞫獄之嚴, 尤前代所未有.

02 蓋前代所謂關三木下獄, 衣朝衣, 斬東市者, 未始無濫且酷也. 而皆出人主一時之怒, 與權倖宵小之私憾而已. 故淫威方逞, 而正氣莫遏, 大禍不救, 而直名愈伸. 當時之士, 旣顯訟其冤, 而後之尙論者, 翕然稱之.

03 我朝鑑前代之失, 不欲輕殺無辜. 而黨人之相殘也, 則必假之以名義, 傅之以文法, 以成其罪. 定其名爲亂逆, 下之於獄, 拷掠訊讞, 具有節次. 要至於口招手署, 自認當死, 然後誅之.

04《周書》曰: "旣道極厥辜, 時不可殺," 諸葛亮治蜀, 輸情者雖重必宥. 焉有道辜輸情而必誅者乎! 是無他焉, 必如是, 然後方可以義刑義殺, 號於國中. 而雖心知其冤枉者, 終不敢開口一言. 以自陷於亂逆之黨也.

05 且夫殺一人, 則一人而已. 姑無遽殺而鞫之, 使其血肉痛苦, 求死不得. 則誣己猶且甘之, 誣人何惜之有! 於是, 有援引株連, 而可以殲其朋類. 此法所以治寇盜, 而擧而加之於士大夫. 雖其時移事變, 反覆不常, 而若其相殘以相報, 則如踵一轍, 不少改悔. 國之不空, 亦幸矣, 尙何望於人才之衆多哉!

5. 臺閣太峻

01 何謂臺閣之太峻? 夫臺閣之設, 固將與人主爭是非也. 然是亦有輕重大小之別焉. 其重且大者, 言之而不聽, 則去之可也, 其輕且小者, 言之而不聽, 則置之可也. 今不究其輕重大小, 而其言一發, 不得請則不止, 前者雖去, 而後者復繼. 人主亦狃以爲常, 而言之聒聒曰: "故事然也." 有從而停之者, 則譁然以爲大怪. 此其弊惟我朝然也.

02 且夫有事於朝, 言之者固是也, 不言者, 亦未必皆非也. 設令可言而不言, 是亦庸人之常態, 無可以憎嫉者. 而一人倡論, 數十人從之, 其不從則搏擊先及. 故不得不立異以自卞, 所言之事, 未及徹於上, 而所言之人, 已相潰於下, 此又一弊也. 然是猶其節目之小者耳.

03 大要事有一定之理, 人無必同之見. 臺閣雖重, 亦朝廷一官耳. 旣不當以臺閣而獨異於衆人, 亦不常以衆人而苟徇於臺閣. 今黨人相攻也, 必以其類先布列於臺閣, 倡爲峻論, 排軋異己. 以原情爲容奸, 以全恩爲亂法, 請竄請鞫請斬請孥. 一有少緩, 則又移鋒以加之. 此古所謂獄吏之深文, 而我朝所謂臺閣之體也.

04 夫臺閣之職, 在於補拾繩糾, 成君德而正官邪而已. 掇拾短長, 黨伐是事. 其自待也已薄, 而猶求勝於朝廷, 其何以感人主之尊, 而服衆人之心哉! 故峻論之名, 始於臺閣, 終爲黨伐之藉口. 以峻爲戒, 猶恐其過, 以峻爲貴, 何所不至!

6. 官職太淸

01 何謂官職之太淸? 夫天工人代, 罔有不愼. 官之有大小內外, 則然矣. 若所謂淸者何名哉? 有淸斯有濁, 人雖不肖, 寧肯自安於濁, 而不慕其淸哉! 此必爭之勢. 自隋·唐來, 重文詞貴科第, 而文職始盛. 然唐之翰苑、宋之兩制, 其員額猶不至如我朝之濫, 而權勢猶不至如我朝之重也.

02 我朝專以文職爲激厲士大夫之具. 所謂淸官名塗, 視古亦已濫矣, 而卿相之重, 皆出於此. 又其制多以相薦引爲用. 於是, 年少氣銳之士, 權傾朝野, 咳唾顧眄, 足以榮辱當世. 而不悅者乘之, 急則爲士禍, 久則爲黨論.

03 然士禍者, 小人之害士類, 固其宜也, 黨論則士類自相爭也. 同一士類, 而何爲其相爭哉? 其必有所以爭之之資矣, 道學與官職是已. 爭道學者一, 則爭官職者十, 道學之黨百, 則官職之黨千. 非道學之重, 則無以爲官職之宗主, 非官職之淸, 則無以爲道學之聲援. 此其勢交相爲內外, 而其得失成敗, 亦未嘗不交相爲終始焉.

蓋天下之禍, 常啓於盛美, 世道之患, 必由於偏重. 故曰:"大名之下, 難久居," 又曰: "國之利器, 不可以示人." 豈不信哉!

7. 閥閱太盛

01 何謂閥閱之太盛? 夫天下之事, 當與天下人共之, 萬世之事, 當與萬世人共之. 非吾之所得與也. 吾猶不可以得與, 況吾子孫乎! 吾賢也, 子孫不肖也, 子孫之不及於吾, 吾其如之何! 吾未賢也, 子孫賢也, 子孫之不同於吾, 吾又如之何! 且使吾賢, 而子孫亦賢, 又安必其事吾事哉!

02 吾事農也, 吾子孫未必皆農, 吾事工也, 吾子孫未必皆工. 農工之賤, 猶然, 況吾幸而貴顯, 有言議於朝廷, 又敢必吾子孫之皆貴顯哉! 設使貴顯矣, 吾所言議, 乃爲一時而發, 吾子孫之時, 何必復有此言議哉! 吾子孫猶然, 況吾所與爭言議者之子孫, 又何能皆貴顯, 而復與吾子孫爭此哉! 此必無之理也, 而獨我朝有之. 其爲閥閱, 則可謂盛矣, 而國家何利焉!

03 夫習久則不變, 守固則不通. 不變不通之人, 難與爲一家之務, 而況國乎! 今雖欲變而通之, 强者安其樂, 弱者恥其絀, 賢者戀其祖, 愚者畏其族, 勢不可也. 且自其有生之始, 至于婚姻交遊, 皆是黨也, 顧寧有可改之路哉!

04 惟上之人, 一日奮勵, 立賢籲俊, 不拘資地, 其所擧措, 出尋常萬萬, 則從前悠悠之談論, 皆可束之一隅. 以付天下萬世公心公眼而已, 誰肯弊弊然黨論爲哉!

05 自黨論之分, 而取閥閱愈甚. 前之閥閱, 猶以資地, 後之閥閱, 純以黨論. 祖宗名器, 遂爲黨人之私物, 而一國之慕歸焉. 黨論何得以不熾哉!

8. 昇平太久

01 何謂昇平太久? 夫昇平之久, 國之福也, 亦國之優也. 孟子曰: "國家閑暇, 盤樂怠傲, 亡之道也." 故古之明君哲輔, 必兢兢於是, 修明政刑, 勤民詰戎, 維日不足. 尙何暇爲黨論哉!

02 我朝列聖繼作, 比隆前古, 賢士大夫, 號爲極盛. 其於盤樂怠傲, 無一事或近者. 惟文治過隆, 議論多於成功, 聲容盛於懋實. 故其經邦制政之要, 有遜於漢·唐, 而寇敵之來, 卒然無以當之, 及其旣去, 則上下晏如, 若未始有難者.

03 國小壤偏, 仁恩浹洽. 外無巨盜之呑噬, 內絕權臣之覬覦. 不惟人事, 蓋亦有天幸焉. 於是, 士大夫之精神心術, 無所用之, 始相與爲朋黨之論, 相矜以道義, 相高以名節. 固將以維持世敎, 聳動人心, 有所裨益於國家, 而不專爲私利而已.

04 然向使移斯心而措之實用, 內以自治其身, 以消其感慨激切之氣, 外以施之國政, 以袪其支離文飾之弊, 則君臣同休, 福垂後世. 亦何事之不可辦, 而何他日之足憂哉!《傳》曰: "必世而後仁." 又曰: "積德百年而興." 夫世與百年, 可謂久矣. 今黨論之久, 不翅倍蓰. 而講之極其詳, 守之極其專, 行之極其遠, 自有國有家以來, 所未有者也. 誠能擧斯心而行王政, 則其効又何如也! 使孔·孟而見之, 則其有不痛惜於斯者乎!

結

01 夫是八者, 黨論之所由來也, 而其得失則彼此均焉. 吾非爲一偏之黨而言之也. 吾固曰: "邪正逆順之分, 卒無能明言定論者也." 吾固曰: "至大至久至難言者也."

黨議通略跋

01 嗚呼! 是書卽寧齋先生所著也. 先生嘗言: "本朝黨禍, 爲至大至久至難言." 其原論敍之詳矣. 竊嘗論之, 國家昇平累百年, 晏然無疆埸之虞, 士大夫不以國計民憂爲慮, 而惟同室操戈互相殺伐.

02 細究其故, 則雖不無是非邪正之分, 而其植私樹黨以競權利, 而促亂亡則一也. 且彼此記述煩僿, 各出於一邊之偏見, 苟非參互綜覈斷之, 以公心公眼 則莫能衷其是焉. 夫至大至難言, 而加之以歷年至久, 則公私之藏不下百十種, 豈尋行數墨, 造次而得其實哉! 此先生所以著之之意.

03 惟删煩就簡, 不亂於衆說, 不主於一人, 而後庶可得以言其故也. 雖然是非不難知, 惟私意偏見之習久, 若性者, 至今未已. 則吾恐覽是書者, 不知先生之心, 而徒以相訾嗷爲先生病耳. 何者? 先生亦黨中之人耳.

04 不悅先生者, 固疑先生之不能無私, 而愛先生者, 又疑先生之言, 或近於絀己而伸彼也. 於此, 可以見先生之心之公, 曠然無彼此畛域之分, 則又安有所謂黨者哉? 使先生而有黨, 則愛先生者, 可無疑於先生之言也. 雖然以余觀於先生, 先生之過, 不在於黨, 而在於不爲黨也.

05 蓋辛壬之際, 此直而彼曲, 不可掩也. 惟先生之不欲黨之意過, 而懼人之疑吾私也. 故或不能無絀此而伸彼也. 意之過而失其平, 則無惑乎愛先生者之疑其言也. 夫以先生之公, 而猶不免此, 何也? 以先生亦黨中之人故也. 寧失於過, 毋狃於舊聞, 毋主於偏見, 此又先生所以著之之意, 而讀者不可不知也.

再從弟建芳謹書

찾아보기

인명

ㄱ

ㅂ

ㅇ

ㅈ

용어

ㄱ

ㄴ

ㅈ

ㅊ

ㅌ

ㅍ

ㅎ

서명